FUTURE FINANCE

未来金融

How Money Got Free:
Bitcoin and the Fight for the Future of Finance

[美] Brian Patrick Eha ◎ 著
柳伊朵　靳书聪 ◎ 译
韩　锋 ◎ 审校

電子工業出版社
Publishing House of Electronics Industry
北京・BEIJING

版权贸易合同登记号 图字：01-2017-7612

图书在版编目（CIP）数据

未来金融 /（美）布莱恩·帕特里克·艾哈（Brian Patrick Eha）著；柳伊朵，靳书聪译. —北京：电子工业出版社，2020.4

书名原文: How Money Got Free: Bitcoin and the Fight for the Future of Finance

ISBN 978-7-121-35465-6

Ⅰ. ①未… Ⅱ. ①布… ②柳… ③靳… Ⅲ. ①金融学—研究 Ⅳ. ①F830

中国版本图书馆 CIP 数据核字（2018）第 254595 号

策划编辑：董亚峰

责任编辑：刘小琳　　特约编辑：白天明

印　　刷：天津画中画印刷有限公司

装　　订：天津画中画印刷有限公司

出版发行：电子工业出版社

北京市海淀区万寿路 173 信箱　　邮编：100036

开　　本：720×1000　1/16　印张：26.75　字数：410 千字

版　　次：2020 年 4 月第 1 版

印　　次：2020 年 4 月第 1 次印刷

定　　价：128.00 元

凡所购买电子工业出版社图书有缺损问题，请向购买书店调换。若书店售缺，请与本社发行部联系，联系及邮购电话：（010）88254888，88258888。

质量投诉请发邮件至 zlts@phei.com.cn，盗版侵权举报请发邮件至 dbqq@phei.com.cn。

本书咨询联系方式：liuxl@phei.com.cn，（010）88254538。

飞翔吧，比特币

韩　锋

MIT 区块链研究室和基金发起人，亦来云联合创始人

比特币虽然只有十几年历史，却足以写一部史诗，来记录她的足迹。

2008 年，当全球金融危机的乌云还重重压在人们头顶，人类被那些高度中心化的所谓金融巨头盘剥得不知所措时，一场充满义愤的“占领华尔街”运动，在全球蔓延开来。其声势浩大，但似乎对解决人类信用生产过度中心化的问题，并没有找到什么解决方案。

但这场运动，对于一个自称“中本聪”的人（也许是一个小组），不知是否有某种重要的启示，让 TA 在地球上一个至今不为人所知的幽静计算机机房里（也许就是一个车库），用算法编造了一个完全去中心化产生信用（货币）的玫瑰梦想。

这与其说是一场颠覆式的创新，倒不如说是人类的某种金融返祖。

众所周知，金融的产生，不外乎两种核心需求：一是信用的生产，二是未来的变现。

当远古人类发现以货易货的商业行为效率极低时，信用资源便顺理成章地成为市场交易的润滑剂，后人甚至把它在市场中的作用比喻成人体中的血液。

最早的信用资源，毫无例外都是“去中心化”的，因为大部分依赖的是自然资源。汉字中与财金有关的字大多带“贝”字旁，到近代几百年全球货币的金本位制，不言而证。

但是 20 世纪 70 年代以来，中心化产生的纸币的代表“美元”与金本位脱钩以来，人类才第一次进入一个“信用生产”（货币）完全中心化的时代。

其中复杂的经济和政治原因，不是笔者在这篇序文中能胜叙的。但让我印象极为深刻的是：2018 年 5 月，在华盛顿特区，我有幸和美联储前主席格林斯潘先生进行了一场关于比特币的受益匪浅的对话。

2018 年 5 月 24 日，与格林斯潘先生在他华盛顿特区的椭圆办公室一起深入讨论比特币和未来金融。

格林斯潘先生先给我看了一张他事先准备的图表。

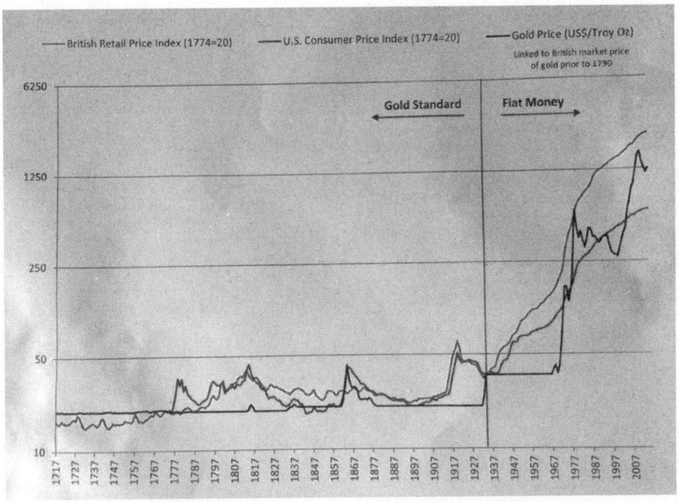

格林斯潘先生非常严谨地准备了图表，图表明确地显示了英美两国法币在金本位制存亡前后的超发情况。（图表由格林斯潘先生提供）

格林斯潘先生在 1967 年发表的一篇文章——*Gold and Economic Freedom* 中，也明确提出了：无限制的法币超发，是一个中心化政府对民众财富的掠夺。

在讨论的最后，我们基本达成一致：比特币是全球自由市场对于法币发行机制金本位缺失的一种反制。

其实，当初中本聪设计比特币时，显而易见地模仿了金本位制：总量有限（天然稀缺）、挖缺需要工作量（POW）、分布去中心化、容易切割（数字可分性）、物理化学性质稳定。

10 年对人类文明发展史来说，仅是弹指一瞬。但是比特币，就这样从某些极客的乌托邦幻想世界中冲出，急速地进入了现实资本世界，已经开始成为人类越来越无法回避的一种资产类型和储值方式。

恐怕当初中本聪没有想到的是：比特币兼具了锚定自然资源产生信用（麦克斯韦妖机制）和为未来数字资产变现两大金融功能，从而特别受到全球风险投资家的追捧！

这个过程，自然是万花筒般的光怪陆离。极客、冒险家、极度投机者、金融灰色地带的玩家等，在这个舞台上表演着近乎荒诞又可歌可泣的一幕幕人间喜剧。

本书记录了这一幕幕精彩的喜剧，唯一的遗憾是本书未能详述对于发生在以中国为代表的东亚的故事，只能另待其他专著的论述。

但不管怎么说，在这本书里我们看到了比特币，这只金融的黑天鹅，在人类去中心化的玫瑰梦想背景下，已经飞起来了。

人类金融史的天空，恐怕从此再也无法忽视她的身影！

译者序

比特币与区块链是目前社会上十分火热的两个名词，引发了众人经久不息的讨论，但是，什么是比特币？什么是区块链？它们是怎么被创造出来的？比特币和其他的法定流通货币有什么区别？它们到底是天使还是恶魔，为什么在波谲云诡的变化环境中，能让无数人为之着迷，同时又让无数人为之沮丧？如果不了解清楚这些问题，可能就不能对比特币和区块链的本质有充分的理解，也就无法理解这两者到底是如何影响我们的社会生活的。

本书从对比特币发展做出关键贡献的各个人物出发，介绍了比特币的诞生、曲折的发展过程，以及与其纠缠的各个人物的经历。作为译者，我也常常被原著中透露的惊心动魄的事件而打动，为比特币的安全问题而担忧，也为企业家们面对风云变幻的局势时，做出的不同的选择而钦佩或叹息。

如果想了解比特币的前世今生，那么相信本书对中本聪的介绍，能给各位读者带来一些深刻的认识；如果各位想了解比特币和区块链对当今社会的影响，那么相信读者也能从本书中所阐述的比特币重大事件，如交易平台 Mt. Gox 的破产、线上交易网站的倒闭中了解清楚；如果各位想了解在面对比特币变幻莫测的局势时企业家的核心发展策略，那么相信各位能从诸如 Barry Silbert、Roger Ver 等人的身上学到很多经验。就像人类发明的其他"双刃剑"一样，希望在将来的发展道路上，人们能更好地利用比特币和区块链，让它们真正为社会服务，创造更大的价值。

限于译者的知识和水平，恐怕译文中存在不少问题，读者或多或少会遭遇一些阅读不适，我也诚恳地欢迎读者批评并指正。

译　者

目 录
Contents

CHAPTER 01

造 钱

一个年迈的老人看到的也许只是被栅栏包围、开垦着的土地及已经建好了的房子；而真正的强者往往看见的不仅仅只是眼前有的这些，他的眼光就是土地，可以去造未来的房屋和农场，他的慧眼使他可以如太阳迅速抚育云朵一般，快速地给他带来财富。

——拉尔夫·沃尔多·爱默生

就如雅典娜女神在从宙斯的头颅里降生到这个世界上时，已经发育成熟，并全身武装一样，比特币诞生时也已经是一种相当成熟的数字币种了。2008 年秋季，一位自称中本聪的匿名人士在网上邮件讨论组里向一些密码学家宣布了比特币的诞生。如果比特币能够成功长存，那么它的发明与诞生就应该和 1876 年 3 月 10 日前聋哑儿童教师亚历山大·贝尔在证伪了聋哑儿童不能学说话的偏见之后，证明电流可以记录人的声音这一成果一样，被记入世界伟大发明的编年史册里。

就如伟大发明家贝尔一样，比特币的匿名创造者肯定花了不少时间在比特币身上。中本聪每天都要花很长时间，顶着也许什么都创造不出的风险，为的就是终有一天能够创造出人们潜意识里想要的东西。然而，他的发明之路与大多数人是相反的，他没有在写完代码以后直接写论文去列举他的观点和概念，而是用这些代码去证明比特币这种币种是有可能存在的，它不仅仅是一场白日梦。当著名密码学家哈尔·芬尼要求他用数学运算和详细的数据结构解释比特币的基础协议时，中本聪回答说："如果直接把第一版的软件发布，那么需要的时间会减少很多。"

像其他人一样，中本聪见到过，也听到过太多试图创造数字货币的人以失败告终的例子。

正是因为见证过这些失败的经历，他才会不走寻常路地不用论文的形式去讲理论，而是用他写的代码去给人们展示比特币是有未来的。

中本聪在宣布比特币诞生时说："我现在研究的这个电子货币系统是不由信任的第三方支持的、完全点对点的一个系统。"在美国东部时间 11 月 1 日下午 2 点 16 分，中本聪在邮件讨论组里告诉每个成员，他已经研究出可以让金钱在互联网中能像信息那样传输的方法——将这些钱变成比特和字节从而给予它们自由，不需要任何管理员就能让金融交易像发邮件一样轻松。中本聪想要让他的同事们成为最先知道这件事情的人。

在解释他的发明时，中本聪准备了一本白皮书。在这本白皮书上，他列举了比特币作为较早的电子货币形式在技术上先进的特点。比特币全网挖矿记账节点会变得非常分散，这也就意味着负责运行比特币软件系统的人会被假设为发行方和记账人的双重身份，不仅仅是铸造钱币还扮演着审计和记录交易的角色。这样的排列组合是具有革新意义的。在比特币诞生之前，从未有人在没有可靠的第三方支持下成功搬起电子货币的绊脚石，也就是所谓的"双花问题"。对于现金，比如说美元，我们可以轻易阻止人们把一张花过的钞票重复花第二次。如果你给你的朋友 10 美元的纸币，每个人都可以清楚地得知现在是她而不是你拥有着这 10 美元，你已经给出去了，这张 10 美元的纸币就不属于你了。此外，现金的交易是不可逆的：当你把这 10 美元的现金给出去时，你就不能在未经你朋友允许的情况下拿回这 10 美元，除非你硬抢。现金使得交易双方在不了解彼此、不信任彼此的情况下也可以做买卖，因为现金是有公认价值的一种货币形式，并且现金交易目前是市面上交易量最大的一种交易形式，但是现金交易也给了不法分子和没有信誉的人可乘之机。

电子货币，从另一方面来说就像其他的电子数据一样可以复制，并且以无限大或无限小的形式散播出去。当你想要发送一个非常重要的文件给你的上司，但又要把原文件保存在你自己的计算机上时，我们刚刚讲的这种电子数据的优点就显而易见了，但是当我们想建立一个应用相同概念的付款系统时，后果就有点让人无法承担了。想象一下，当你想要和一个人结算债务时，用我们刚刚提到的付款系统给对方汇过去价值10美元的数字货币。然而，因为你的计算机上还保留着这价值10美元电子货币的副本，有什么东西可以阻止你再一次地使用这10美元呢？这样就会出现伪造，甚至比伪造更加糟糕，因为每个副本都与原件毫无差别。就好像一个人狡猾地许了一个能够无限许愿的愿望一样，拥有电子货币的人将是这个世界上最富有的人了，因为除非他的电子货币真的没有价值，否则就没有人会不接受这种电子货币的支付。

在比特币诞生之前，对于"双花问题"的解决方式是简单明了的，尽管这种解决方式带来了副作用：必须要雇一个可靠的第三方。比如说PayPal、Venmo及现在市面上的任何一个网上支付平台都扮演着这个角色。这些网上支付公司的后台把钱从一个客户的账户里借出来，再把这笔钱记到另一个账户里，并且在后台中央系统记录每笔钱的走向，以核实交易信息。使用这些网上支付软件的客户认为，这些公司的后台服务可以保障他们的交易被精确地记录下来，"双花问题"不会在交易中发生。当使用者让这些公司追踪他们钱的走向，并记录他们的交易时，也就把掌控资金的权力交给这些公司了。第三方公司，比如说PayPal，可以选择在任何时候使交易逆转，也可以在找到适当理由的情况下冻结客户的资金，最终的裁决权归属PayPal，就像信用卡退款时一切都由信用卡公司说了算一样。而现在更加糟糕的是，这些公司操控着整个支付网络的安全度和信誉度。就算是在当时看来很奇幻的网上超市，在蓬勃发展的全球电子商务支撑下得以实现，互联网还是不能还原传统的、不可回滚的现金支付模式。

中本聪发明的这种电子货币可以让人们永久使用，并且让所有人都可以查看每笔交易的正确性和有效性。每个支付比特币的人都要在其数字上签下他的名字。因此，就如每个拥有过这枚比特币的人都要在一个航海日志一样的记录册上署上他们的名字一样，一个硬币就变成了记录所有权的数字，也就是中本聪口中的“数字签名链条”。比如说，当你想要把一枚你从中本聪那里收到的比特币转给你的朋友时，你的朋友可以通过中本聪在这枚比特币上的签名，检查之前的交易是否合法，从而核实这枚比特币到底是否属于你。

但是，中本聪知道在不依靠银行或者其他的中央权力的情况下，单靠数字签名链条是不能彻底解决“双花问题”的。他进一步要求所有交易都必须在运行比特币软件的整个网络中公布，因此，任何人只要在有网络的情况下都可以检查之前每笔发生过的交易记录。

至少在中本聪的理论中，人们甚至可以追溯一个比特币的历史到它刚刚被创造出来的时候。（查看比特币的交易历史对于外行人来说可能会比较困难，并且有可能导致匿名支付，但是还是可以实现的。）中本聪在设立比特币初期的规则时努力实现了这个壮举——一个被大家称为挖矿的过程，这个壮举为加密货币建设了一个分散的铸币厂，并且给“双花问题”戴上了紧箍咒。

当一个人把比特币发送给另一个人的时候，这项交易就会从比特币交易的原始点开始分散到全世界，发布到网络信息收发的每个节点。当每个节点收到了交易信息时，都会将交易信息向更远的地方发出，不断地将信号放大，这样在很短的时间内全网络的交易者都可以得知，并承认这笔交易了。如果说刚刚这个发送比特币的人想二次使用这些已经发送出去的比特币，第二次交易的信息同样也会发布到网络中。但是，这就像在100米赛跑中，一个人想要在让对手50米的情况下还能赢得冠军一样不可能，第一次交易已经领先于第二次假交易太多了，以至于假交易根本就别想追上第一次交易的脚步。

但是，现在假设在我们刚刚提及的100米赛跑中，有一小部分裁判没有看到领先的第一个运动员，他们也许会认为第二个到达终点的运动员应该拿金牌。道理相同，在网络信息传输中的有些节点也很有可能会先接收到第二个交易的信息，以为这笔交易是合法的，并且继续传播下去。然而到那时，大多数的节点已经接收了最初的消费金额，并且开始将消费金额处理成一批交易，也就是我们所知的区块。当处理完一个区块时，这个区块就会被添加到公共账本里面——我们称为区块链，然后每个节点开始处理下一个区块。每个区块都是建立在前一个区块之上的，就算一些计算机正在处理的是那些包含假交易的区块，但是第一个交易的区块链最后也会长过假交易。因为大多数的网络都在处理第一个交易的区块，并建立区块链。用不了多长时间，整个网络系统就会认为长的区块链是真的。只要诚实的矿工掌控着 51%的网络处理区块的能力，中本聪说过："真的链条就会以最快的速度增长，其速度也会超过其他与之竞争的区块链。"也就是说，百米赛场上那一小部分误判了的裁判员们可以认同大多数裁判员决定出的冠军。

处理并核实交易信息是需要非常复杂的计算机计算处理的，就好比分解素数一样。为了奖励那些把计算资源用于核实交易的复杂处理过程的计算机，中本聪决定给予任何能够解决复杂数学问题的计算机新比特币的奖励。对于每个比特币网络里活跃着的节点，这都将会是一场胜者为王的比赛。每 10 分钟，比赛都会重新开始。像黄金或石油一样，比特币也有有限的产出率和供给的上限。每 10 分钟，新的交易区块就会被连接到区块链上；每 10 分钟，好比从土地里挖出来的黄金，新的一批比特币就会以数学计算的方式被创造出来。但是相比于挖黄金需要体力劳动和重机械，中本聪说："比特币矿工只需要中央处理器的时间和电的消耗。"

比特币的极限数量是 2100 万比特币，尽管每个比特币可以被分为 8 个小数位，或者是百万分之一个比特币，犹如油田终有一天会干涸一样，比特币的供给迟早有一天也会耗尽。中本聪知道，正如其他商品一样，只要一件商品供给稀缺而人们又认为它实用，那么这件商品的价格就会随着时间的推移而上涨。通过一些密码学家的帮助，中本聪找到了一种可以模仿实物商品性能的方法。《新帕尔格雷夫经济学大辞典》提及，比特币是第一种不用第三方的力量，而是用户自己去核实的不可拷贝的数字资产。在比特币建立之初，搞明白这些道理的人都为之震惊。比特币的诞生也使困惑了计算机科学家好几年难题的解决方式浮出了水面。

目前为止，一切都简洁明了了。但是，如果所有的交易都是公之于众的，那么哪里还有所谓的金融隐私权呢？而比特币是一种反直觉的货币。对于银行业务而言，所谓的隐私不是指替你保密你在美国富国银行或美国大通银行有一个账户，而是让你账户里有多少钱成为一个只有你自己知道的秘密，然而比特币颠倒了这种关系。任何人都可以看到一个给出的链接里有多少钱，但是没有人可以知道这笔钱到底是属于谁的。这对于比特币是可行的，因为比特币的链接地址是由一串随机字符和数字组成的，链接地址上是不会附加个人信息的。这同样是有革新意义的，因为这样可以允许双方在不熟悉或者不信任对方的情况下匿名地在网络上做交易。基于此，给非营利机构捐赠匿名款项也成为可能。但是这种机制也给了很难追踪的毒品交易可乘之机。就算是有时候人们在交易过程中必须要提供自己的个人信息，比方说要接收一个网购的货物时，使用者可以很简单地在每笔新的交易中建立一个新的比特币链接地址。这样看来，每个链接地址都不会泄露客户的购买记录，并且几个地址互相也不会关联在一起，因此也就可以保证使用者的隐私了。

密码学家穷其一生地探索并创造那些可以保证通信隐私的技术。密码学身处于计算机科学、数学和电子工程学相交叉的位置，现在最杰出的密码学家不是那么容易就被一些新发明所折服的。在中本聪将比特币介绍给他的同事们之前，他当然已经准备好应对批评声了。但是，他没有预料到会有一片想要压倒他的质疑声。一个在邮件讨论组里的成员后来说："我发现那些老一辈的密码学家都有愤世嫉俗的倾向。当中本聪向密码学讨论组宣布比特币的诞生时，他得到最多的就是质疑声。"

其中一个成员质疑比特币是否能够按照比例增加，从而满足人口众多的需求。但是这个作者在他的批评言论前写的话很明显是想要被推翻的。他告诉中本聪："我们非常非常需要这样一个系统。"

一个有从事软件质量保证工作背景、在计算机编程圈子里称自己为 Ray Dillinger 的旧金山人谴责中本聪没有对改善的计算机硬件随着时间的迁移所带来的挖矿能力的提升做出解释。摩尔定律提出计算机处理信息的能力大约每两年就会翻一倍。运行快的计算机就会开采出比预期更多的比特币，大量的新比特币会导致现有比特币的贬值。（值得一提的是，同样的事情也发生在美国联邦储备银行。银行增加货币供应量导致 2015 年 176807 美元的购买力和 1975 年 40000 美元的购买力相当。）Dillinger 曾经写道："计算机技术的发展基本上可以保证每年 35%比特币的产出率。"

但是中本聪对于这个问题做出了解释。他解释说他设计出的这个系统可以将人们开采新的比特币的能力和开采函数它本身的难度联系在一起，从而维持比特币产出量的稳定性。矿工用越高的处理能力去产生效力，也就是为了快速地做大量的运算，然后有更高的产出量，创造比特币所要解决的数学问题也就会随之变得越复杂。此外，不管怎样，数学问题的难度都会像设计好的那样随着时间的推移而变得越来越复杂，也就保证了难度的变化和摩尔定律预言中计算机硬件能力的提升是并驾齐驱的。中本聪不仅对于总共将要产出的比特币的数量——2100 万感到很自信，他对未来每年新比特币的产出量也感到很自信，最后一枚比特币将会在 2140 年被开采出来。

中本聪曾对 Dillinger 说："虽然新比特币的产出意味着比特币的供给将会在预期值范围内增长，但是它不一定会导致通货膨胀。如果货币供应量增长率和人们的使用率持平，那么物价将不会有浮动。如果说货币供应量的增长率追不上货币需求量，那么通货紧缩就会发生，到那时早期比特币买家所持有的比特币就会增值。”中本聪说的这最后一句话尤为关键，因为就好比金字塔骗局，它激励着人们趁早买入比特币，这个预言也被证明是完全正确的。

另外，一个反对声比前面讲的那些更加重要。不管中本聪是谁，他已经和中央银行势不两立，比特币的出现阻碍着政府发行货币和管理国家经济，中本聪也很平静、很自信地向他的同事们解释了比特币所具有的破坏性潜力。他凭什么这么自以为是，认为仅仅那 31000 条代码就可以解决几十年来都未解决的难题？就算比特币是一个改变游戏规则的发明，中本聪当初发明它到底是对还是错？毕竟中本聪没有给大家表决的机会。像其他互联网时代的创造者一样，中本聪只是在写完代码以后将它发布到了数字混乱的网络中，在那里比特币也许会大火，人们会认为它毫无价值。一个记者告诫中本聪说：“用密码学你是不会找到解决政治问题的方法的。”

中本聪早就预料到，在接下来的几年里会有不同形式的指责声在各种各样的论坛里回响着。

中本聪回答道，比特币至少将会让它的用户在一场重要的军备竞赛中赢得胜利，并且在几年内获得新的领土自由。他也发现了政府部门和公司利益很快就会瓦解对他们独裁统治的任何威胁，就好比音乐产业曾经控告音乐文件分享服务商的领头羊 Napster 一样。但是你要怎样做才能阻止一个用户遍布全球、没有领导管理的网络呢？中本聪到底是谁，这无人知晓。如果没有身份可知的人提起诉讼，或者抓捕并关押中本聪，政府在解决如何阻止比特币这个问题上就会像无头苍蝇一样。

2008 年秋季，大多数人都认为发行一种非传统的货币很明显就是个笑话。尽管发达国家正在逐步朝一个不需要现金的未来迈进，不真实的电子货币，而且是匿名的、不属于任何国家的另类货币似乎只能出现在科幻小说中。电子货币领域布满了那些曾经尝试过但最终被拍死在岸上的人的“遗体”。

电子货币其实已经出现几十年了，大部分的货币现在都以电子的形式存在。

尽管中本聪和他的前辈们脑中的这种电子货币是一个重大且前卫的发明，银行在接收电子货币这件事情上可一点都没有怠慢。美国银行间支付清算系统——一个为了大多数用美元的大型交易而建立的结算中心——在 20 世纪 90 年代中期每天都在电子支付网络中移动着 1 万亿美元。作为唯一一家被大型银行拥有的结算中心，美国银行间支付清算系统使美国运通公司、西班牙国家银行、德意志银行和其他金融机构在结清账款时能够完全不用现金，让业务更加轻松。

客户不太知晓美国银行间支付清算系统的内幕，但是他们通过使用借记卡、预付费电话卡和交通卡接触电子货币，更不用说苹果和三星给客户提供的手机支付功能了。截至 1994 年，日本的一家电信公司 NTT 已经卖出 3 亿 3000 万张预付费电话卡。虽谈不上越来越普遍，这些支付形式的确是挺实用的，但是也有人认为它们有一些致命的缺点。根据法律，电子货币是和个人大量的识别信息相连的，尤其是在美国，这些信息包括个人姓名、生日、社会保险号、家庭住址和交易记录。政府可以查看这些信息，银行也可以将这些信息卖给要做广告的商家，信用卡公司也掌握客户的这些信息。这也就意味着我们熟知的那些信用卡业寡头垄断者——维萨卡、万事达卡和美国运通公司，都是网络信息盗窃者的眼中钉，黑客们也像如饥似渴的猎人随时想要捕获一只大狮子一样地潜伏在这些信用卡公司周围。

成千上万的客户信息被掌控在少数公司手里已经足够让人头疼了。但事实是，每个处理信用卡交易记录的零售商网站都是身份信息盗取者的潜在目标。通常系统会要求客户信任各种各样的零售商和网站，但是它们中的一些根本就没有保护客户信息安全的能力。除此之外，一些客户的恶习，比如说在个人账户中使用方便记忆、没有什么安全性的密码，并且在好几个网站中共用一个密码，都会给他们酿成悲剧。

在 2013 年圣诞节期间，泛欧实时全额自动清算系统客户信息（Target）被盗事件震惊了美国。

2013 年 11 月 27 日—12 月 15 日期间，黑客团队利用恶意软件攻击了 Target 的销售系统，从而盗取了 4000 万名顾客信用卡和借记卡的数据，以及至少几千万条客户信息。尽管 Target 在这起悲剧的早期就已被警告过信息正在泄露，但是他们没有及时有所作为。这导致了上百万的账户和银行卡用户没有任何抵抗信息盗窃者的能力，Target 也因此被一堆法律诉讼缠身，这家公司圣诞季的利益相比 2012 年下滑了几乎一半。

尽管 Target 的信息泄露案轰动一时，但是这起泄露案只是冰山一角。根据非营利机构信息盗窃资源中心的数据显示，美国的数据泄露在 2012—2013 年增长了 30%，在这一年中发生了超过 600 起重大信息泄露事件，导致了超过 9100 万条客户信息泄露。然而数据泄露的趋势一直在增长，2014 年数据泄露案件的数量甚至超过了前些年，相比 2013 年增长了 27.5%，创造了高达 783 条案件的新纪录。

数据泄露这个问题其实是全球化的。PlayStation（PS）这个索尼公司的摇钱树是一个让用户在网上下载并体验游戏的电视游戏机，它为日本电子产品制造商带来了 5 亿美元的利润，但是一名黑客在 2011 年 4 月侵入了索尼的 PS 网络系统，并且盗取了 7700 万用户的个人信息，包括姓名、住址、邮箱地址、账户密码、生日，甚至连银行卡数据都有可能泄露了。这起网络攻击案使索尼不得不关闭 PS 的线上服务。同样，2014 年 1 月，一名韩国征信机构员工，在作为 3 家信用卡公司的顾问时盗取了这 3 家公司至少 2000 万用户的个人信息，并把他盗取的信息卖给了那些电话营销公司。

这年头，不仅黑客组织正在不断扩大，并且变得越来越狡猾，他们的下手点也比以前多了许多。这一切都说明，现在系统里客户对于防止个人信息被盗的无能为力超乎他们自己的想象。除了个人用户，商人也头疼并想要找到改善的方法。商家在每笔信用卡交易中都要缴纳购买总额的 3%给银行和信用卡公司，所以当你不用现金支付而想要刷卡交出租车费时，司机不给你好脸色也就在意料之中了。虽然信用卡公司从收取手续费中获取了上十亿美元的利润，但是那些小型公司显然生存得胆战心惊，这也就是为什么很多便利店都需要客户购买的商品达到一定价钱时才可以刷卡支付了然而大型企业和连锁店，如沃尔玛或者 Pret a Manger，其实是从这种系统中获利的，因为它们相比于那些小公司可以毫无压力地消化掉这些交易中产生的费用。因此，就算你在这些大型商店刷卡买一小罐糖，也没有人会限制你的。

当 2008 年美国造币局的一个团队开始研究当时的支付形势时，他们发现尽管信用卡和借记卡已经成为重要的交易渠道，但是在美国 1/3 的交易还是通过现金完成的，而电子货币的弊端是导致这种现象的源头之一。然而，现金实在不是互联网时代的理想货币形式，人们不能用现金在网上购物或者向远方的人汇款，况且运输大量现金也是一件让人头疼甚至危险的事情。

现在看来，剩下的办法就是数字货币了。不像传统的电子支付那样只是谈理论，数字货币保证客户享受互联网的速度和使用现金时所能提供的信息私密性在网上购物甚至面对面汇钱。

通过去除银行和信用卡公司这样的中间商，企业家也可以通过使用数字货币省下不少钱。

此外，匿名的数字货币账户显示不出任何个人身份信息，也就是说数字货币是不会像上一代的电子货币那样向信息盗窃者们低头的。数字货币甚至可以阻挡美国国税局查看用户的真实收入和资产。但从另一方面来看，正因为数字货币和现金的本质有异曲同工之妙，数字货币的丢失和被盗也是不可挽回的。在数字货币领域，没有退款这么一说。只要用户将一笔数字货币花出去了，这笔钱基本上就永远和这个用户说再见了。

数字货币的开创者是一群密码朋克。在一个像中本聪后来宣布比特币诞生的邮件讨论组里，有一群由发型飘逸的电脑极客、数学高手和主张自由市场的无政府主义者组成的密码朋克。他们想要做的事情是通过加密技术和不需要服务器的对等网络，实现个人自由的增加和用户被监视情况的减少。他们不觉得这个想法不切实际，而努力通过设计一个个软件去实现这个梦想。他们的座右铭就是：密码朋克就是写代码的。1992年秋，一个在密码朋克圈起决定性作用的团队开始在帕罗奥图召开月例会。当年 9 月的一个星期六，第一次月例会召开了，在一个为科技创业团队提供场地的综合办公楼里，名为 Timothy May 的前因特尔员工在其他极客面前宣读了宣言，并引出了密码学（货币）乱象的概念。像 1848 年的共产党宣言，May 想要掀起一场“从根本上除掉大公司和政府对经济交易进行干涉”的革命。May 还说，无政府主义秘密委员会将会用非中央集权的密码学代替中央官僚主义、用个人自由代替政府控制、用互联网代替单一的国家。

May 所追求的是从高压政治中脱离出来的自由——人们可以有自己的想法，选择怎样消费，选择与谁来往。达到这一切的条件就是匿名政策，包括有完全的金融隐私权。很多密码朋克都站在 May 这一边，他们都很看好电子货币。但是，直到 6 年后才有两个密码人——Wei Dai 和 Nick Szabo 发表了他们对于数字货币系统到底应该怎样运行的观点，就算在那时，他们的观点也只是止步于私人的邮件讨论组，根本没有让世界知道的机会。

与此同时，其他人也在追求着同一个梦想。1996 年，来自佛罗里达州墨尔本的肿瘤学家 Douglas Jackson 和他的律师 Barry Downey 开始发行一种不需要转换汇率就可以在网上以匿名方式支付的电子货币。他们二人将运种货币称之为“电子黄金”。他们的公司 Gold & Silver Reserve 存着价值连城的金属，这些金属对数字货币有着重要的价值，因为它们让人们在花费数字货币时心里更有底了。这个公司的客户会电汇钱给 Jackson，然后他就会买入更多的黄金并投入到股票当中去，最后给客户与之相等值的“电子黄金”。

人们很喜欢这个系统，“电子黄金”也因此渐渐地成为当时最受欢迎的一种电子货币。截至 2001 年夏天，这个公司已经有了大约 23.7 万个注册的用户账号。到 2005 年 11 月，这个数字翻了 10 倍：250 万个来自超过 100 个国家的用户都属于这家公司，每天都有价值百万美元的“电子黄金”被转手。据大家所说，“电子黄金”是一个非常好的跨国家的付款方式。一些私营的“电子黄金”交易商也大量涌现。为了让电子货币有坚强的后盾，该公司在伦敦和迪拜的银行金库里储备着价值超过 8500 万美元、重将近 4 吨的黄金。尽管当时大型零售商均不接受“电子黄金”，检察官后来称“电子黄金”已经在对等交易、投资骗局和黑市交易中泛滥了。

“电子黄金”相比于其他支付系统，匿名制度和能够使钱在任何国家之间流动的能力确实吸引了很多的不法分子。在注册时，人们只要进入 www.e-gold.com 这个网站，然后提供一个邮箱地址便完成注册了。用户大可以给自己编一个非真实姓名的用户名，事实上很多用户也是这么做的，比如说一些明显的匿名用户名唐老鸭、米老鼠和佚名者。因此，“电子黄金”给信用卡盗窃贼和其他一些暗箱操作的人们带来了好处。2011 年 9 月 11 日以后，相关法律对于货币传输机有了更全面的定义，要求相关企业持有大量的报告和执照，但是 Gold &Silver Reserve 公司没有一个验证用户身份或者报告可疑交易的系统，因此该公司被认为触犯了法律。同时，该公司加入纵容非法行为出名的圣基茨和尼维斯（中美洲加勒比海地区岛国），这一事件使它变成了执法部门的必抓对象。

美国特工处于 2005 年 12 月突袭了该公司在墨尔本的办公地点。他们拿走了超过 100 个箱子的信息记录，作为行动的一部分他们还以 Operation Goldwire 的名义冻结了该公司在美国的银行账户。Douglas Jackson 说："他们基本上掠夺了我们所有的电脑和所有的纸质文件，并且让我们在 36 小时之内必须处于下线状态。" 但是，除美国以外，该公司的海外货币账户还都是可以运行的，也就保证了公司的正常运营。

当 Jackson 意识到非法使用他的系统是多么严重的一件事情后，他便开始和联邦政府官员合作。经过一些改进，所有"电子黄金"账户的全部交易记录，包括那些匿名账户，都在公司数据库备案，这样公司就可以追踪客户的金融活动。Jackson 深入到客户的历史交易中，从而可以揪出那些活跃的不法分子，在他发现以后，他就会封锁这些账户，并把相应的交易记录交给当局。仅 2006 年 12 月，Jackson 就封锁了大约 2000 个账户，这证明了 Jackson 想要清理他系统的愿望，但也说明了这个系统被很多身份信息盗窃者、诈骗者和其他不良作为的人滥用着。

但是，Jackson 所做的努力并不能征服公诉人。在 2007 年的一封公诉书中提到，"电子黄金"这个公司，除别的罪以外，因为允许 47.5 万美元用于儿童色情作品的贩卖，使之有转手的机会而被告。经过了一场法律持久战，Jackson 在 2007 年承认了自己公司涉嫌运营一个无执照的汇钱系统，并且涉嫌洗钱罪。他因此被判 6 年缓刑，并且被强制要求佩戴 6 个月的电子监控脚环，方便相关部门时时刻刻追踪他的动向。"电子黄金"的其他高层领导，比如 Jackson 的兄弟 Reid Jackson 和 Barry Downey，也承认涉嫌运营无执照汇钱系统，因此被判缓刑并被罚款。

他们的公司被罚了 30 万美元；他们的整个金库都交给了破产接管者

处理，公司也做了最后的清算，将钱补偿给了那些合法用户。

另一个另类货币失败的例子是“自由美元”。美国联邦储备系统从1913年建立之初起，到现在这么多年，美元基本上都处于贬值状态这个现象使Bernard Von NotHaus感到震惊，因此他在1998年创立了可以替代美元，以贵金属作为靠山的“自由美元”货币。在NotHaus看来，没有贵金属去控制联邦储备票据的价格，再加上通货膨胀所导致的购买力一年不如一年，联邦储备票据正在慢慢地变成一种独裁的货币。“自由美元”靠着黄金和白银的支撑可以很好地替代美元，它不仅仅是铸币和纸币，也是电子货币。虽然它永远也不会被认为是一种交税或者还债的法定货币，但是它可以被用在以物易物的私人交易中。

Von NotHaus，这个以前喜欢冲浪并且嗜好吸违禁物品，成年后将他那厚厚的白发梳到脑后，留着白胡子，带着圆眼镜，对夏威夷式衬衫有着由衷爱好的70岁老头不走寻常路，他不遵照那些企业家赚钱的套路。1974年，当他顿悟并在政治和经济领域发表了200页的“心理描述法”后，他在夏威夷岛上开了一家私人铸币厂，那时的他住在一个没有电的小木屋里。那个铸币厂现在以皇家夏威夷铸币厂的名字运营着，总店在火奴鲁鲁，主要负责铸造纪念夏威夷历史和文化的纪念币。然而，Von NotHaus早在1998年就离开了他的铸币厂，然后用他毕生的积蓄创造了“自由美元”。

Von NotHaus不是一个货币理论家，但他也不是一个美国的恐怖分子，虽然北卡莱罗纳州西区的联邦检察官Anne Tompkins这么称呼他。然而，他确实对美国外交政策有独到的看法。他对于美元的抵触不仅仅来源于它的持续贬值，更来源于联邦政府没能挽救通货膨胀，从而没有钱为全球的军事行动提供资金。Von NotHaus说：“钱也是有道德品质的。我们现在的法定货币的道德品质出现了问题，因为它只让那些可恶的政治家更加富裕，它扼杀着我们，还为战争提供资金。”

他不是在孤身奋战，有很多人都支持他的观点。在创造了“自由美元”的前 10 年，Von NotHaus 的组织向 25 万人分销了价值 8500 万美元的“自由美元”。据 Von NotHaus 自己所述：“‘自由美元’当时一跃成为了美国第二大货币。”

然而，当几十个 FBI 人员和特工们对“自由美元”在印第安纳州埃文斯维尔市的总部进行突袭时，“自由美元”的黄金时代也就告一段落了。这些人把所有没有锁起来的东西全部拿走了，包括超过 40 盎司的黄金、500 磅的白银，以及将近两吨重的刚铸出炉并印有共和党总统候选人 Ron Paul 头像的铜币，另外公司所有的文件和电脑也统统被没收了。对于这些联邦特工们来说，这肯定是他们秘密调查“自由美元”两年后的一场发泄。他们在公司总部待了 6 个小时，装走了所有的东西。公司的员工还要负责在 FBI 卷走所有对他们有用的东西后留下来收拾残局。

Von NotHaus 当时是心烦意乱的。在这场突袭之后，他给“自由美元”用户的一封邮件中表明，组织的银行账户已经全部被冻结了，并且所有的数据记录都被没收了。他写道：“我们没有资金，没有产品，我们甚至对顾客购买了什么，我们欠顾客什么都无从知晓。我们仅仅希望可以继续向前迈进，并且要战胜对于我们自由和美国宪法所定义的我们拥有真正货币的权利上的侮辱。我们不应该被政府的假货币欺骗。”

但是，那时正义的车轮已经开始滚动了。Von NotHaus 于 2009 年 6 月 6 日被捕，并且在 2011 年 3 月，经过长达 8 天的审判后，他因铸造并销售非法货币被判违反了防伪法（这起案件最终以 Von NotHaus 铸造的钱币和美国法定货币相似程度太高这个说法而告一段落）。他说，政府没收了他公司 11 吨的黄金和白银，政府根本就不接受除美国法定货币以外的另外一种理想货币的存在。公诉人要求判他至少 14 年的服刑期。作为一个年过古稀的老人，他将要在监狱里度过他人生的最后一段时间。但是，2014 年 12 月 9 日，当他的最终判决结果出来时，他却轻松地被免去了服刑，法官只判了他 6 个月在家拘留，同时还有 3 年的缓刑，但是他被扣上了终身重罪犯的名号。

第三次创造全球性另类货币的重大尝试，于千禧年之交在硅谷这个温床里发生了。20 世纪 90 年代末期，当 Douglas Jackson 的“电子黄金”正处于刚刚起步阶段时，Peter Thiel，这名英俊的斯坦福法学院毕业生就已经开始运营“电子黄金”的对手 PayPal（贝宝）了。Thiel 最初对于公司的设想是简单但又宏伟的——创造一种新的可以替代美元的互联网货币。他有可以实现这个设想的聪明才智，有干劲，也有自由论者的抱负和坚定不移的决心。于是贝宝就朝着这个方向迈进了，他们实现了从一台掌上电脑将钱直汇给另外一台掌上电脑的功能，这是较早期的一个人给另外一个人现金的数字模拟方式，但是贝宝不久后就发现掌上电脑只是极客用的一种小众产品罢了，因此贝宝在 1999 年秋天发行了一款可以允许人们通过邮件的形式收发钱的产品。然而，两件事情很快给 Thiel 的预想泼了一盆冷水：第一件事情是贝宝终于幸运地筹集到了能让公司运营下去的一亿美元投资款，2000 年春季的互联网泡沫就爆发了；第二件事情是被“9 • 11”打醒了的美国，出台了大量的防止恐怖主义融资的金融管理政策。Thiel 曾经说：“我发誓我绝不会在第一年聘请任何律师，因为我知道反正他们来也就是告诉我们，我们现在在做的事情是犯法的。”很快，他就放弃了他之前在做的事情，因为贝宝当时在做的业务如果不停止就会因为触犯了新出台的法律而被起诉。因此，他们只能退一步，不再那么激进。他们也许不会实现他们改变世界的梦想了，但是至少他们不会沦落到落入法网。

尽管在中本聪发布比特币时，他还无从知晓所有电子货币失败的案例，但是美国政府发狂般地对在密码学空间不断产生和湮灭的另类货币的法律制裁让大部分的创造者望而却步。尽管如此，中本聪选择了抬头向前迈进。他明白，用不了多久政府部门就会像狗闻到生肉一样来找比特币麻烦，但是他是不会把这块肉轻易拱手让人的。在他发布比特币几个月之后，他说："很多人都自认为电子货币是注定要失败的，因为1990年以后，前仆后继的公司因为运营电子货币而最终破产、倒闭。我希望大家能清楚地明白那些公司失败的原因是因为他们都有一个中央控制系统。"然而，比特币最为突出的一个方面就是这种货币不属于任何人，所以它的系统也就不会受犯罪分子影响了。用中本聪的话说："比特币的网络之所以强大并健全，就是因为它有不被任何人结构化的原始状态。"每个节点都可以随意组合和分裂，区块链精准地记录着当这些节点不组合在一起时发生的事情。所有比特币的参与者都是受到网络保护的。正是因为比特币没有一个中央控制系统，取而代之的是每个人负责验证自己每次的交易记录，所以相关部门没有在交易被批准时做严格的评估这种说法也就无从说起了。比特币网络也就不会出现网络终端崩盘，也找不到那个真正应该被起诉的人。中本聪虽说是比特币的创始者，但是就算政府真的要找比特币算账，也赖不到他头上。但是，比特币能够成功的概率还是让人怀疑的。毕竟谁会愿意用现金去买入一种没有黄金做担保的互联网货币呢？

中本聪发布比特币后一周，发生了一件决定性的事情。一名来自加利福尼亚州名为 Hal Finney 的天才密码学家在他们的邮件讨论组里给中本聪发了一封邮件，Finney 也是密码朋克中的一员，但是在这之后不久他就被诊断患有葛雷克氏症，他对于比特币有一箩筐的问题。

Finney 在 2004 年 8 月发布了他自己发明的虚拟货币，但是他发行的货币并没有大火。尽管如此，已步入中年的 Finney 仍秉持着对于知识的好奇心，他不同于大部分的人，他用理想主义看待比特币。之后他写道："我一直都热爱密码学，尤其是它的神秘和它的自相矛盾。"尽管其他人都在尽全力找比特币的茬，Finney 却称比特币"是一种靠谱并且新颖的想法"，并且称自己很期待看到这个概念被编成代码。

在比特币诞生初期，它的奇闻就已经在至少两个邮件讨论组和三个论坛中传开了。Finney 很快地成为了这些虚拟讨论组中的发声人。他有充分的理由对比特币感兴趣，他是为数不多的为中本聪的突破铺路的人。尽管比特币在它诞生的第一天就已经是它本身了，但是比特币不是在真空中被创造出来的。中本聪的白皮书积累了很多年，世世代代的密码学家都接触过数字货币，他们的想法都是数字货币的发展基石；就算全球金融危机蒙蔽了他们的成功和失败，对于数字货币的重要性，他们遗留下来的东西是不能被忽视的。当矿工们开始开采比特币的第一个区块时，后来被称为创世区块，中本聪为了不让外界误解他的意图，他引用了报社 Sunday Times of London 的一个标题："首相将很快地第二次向银行伸出援助之手。"中本聪当然知道他这么做会成为比特币建立史上的一个神话。这个条目被盖上了一个英式风格的印章。英国政府宣布了对银行的第一个援助计划：超过 7500 亿美元的贷款和债务担保，还投资 850 亿美元买入了借贷机构的优先股。换句话说，政府当时基本上就是在使英国银行业国有化。

其实不止中本聪一个人对国家政府和大型银行互相依赖的这种关系感到厌恶。迄今为止，美国政府已经用高达 8500 亿美元保释了美国国际集团，为摩根大通收购破产的贝尔斯登公司提供了 290 亿美元的资金援助，并且最后迫使国会通过了一个归政府所有的大型援助计划——"问题资产救助计划"，简称 TARP，这个计划筹备了 7000 亿美元用来援助濒临瓦解的金融机构。但是，就算是政府这么竭尽全力的援助对有些企业来说也太晚了。作为美国最大的抵押贷款银行，华盛顿互惠银行尽管旗下有两个银行分公司、超过 2000 个零售店及超过 43000 名员工，但是最终还是在 2008 年 9 月破产，并被摩根大通抢先买下了。拥有 6390 亿美元资产的雷曼兄弟控股公司，也在 2008 年的秋天宣布破产，这是美国历史上最严重的一起破产案。同年秋天，美国银行用 500 亿美元收购了运转不畅的美林证券，截至 2009 年年初，美林证券的所有市值都可以被美国银行的资本横扫拿下。仅 2008 年 11 月，超过 50 万美国人失业，更别提全球的失业率了。

当信贷紧缩和金融危机正在席卷全球时，还有紧随其后的失业率飙升，世界经济陷入大衰退，中本聪当时仍然致力于研究一种反逻辑，可以修复全球金融这个地狱引擎扳手一般的另类货币科技，他全心全意地做着所有的事情。当他在 P2P 基金的官网上第二次宣布比特币的诞生时，为了能够注册账户而提供了他的生日——1975 年 4 月 5 日。1933 年，已故的罗斯福总统签署了一份美国人民没有合法拥有黄金权益的行政命令，违反者将最高被判 10 年刑期；而 1975 年是罗斯福总统的这条命令被废除的年份，也就代表将经济自由交还给了美国民众手中。

但是，在比特币可以在这个世界上站住脚之前，必须要有所突破。就像 Miles Davis 一到纽约就去找 Charlie Parker 一样，中本聪在研发比特币的过程中自然也会去找他的前辈们寻求一些建议。中本聪最常提到的两位前辈是 Wei Dai 和 Nick Szabo，他们两个人都曾研究出让电子货币运作的有说服力的方法，但是其实有比他们俩更早的前辈早已为中本聪正在建的“大楼”铺上了奠基石。有证据表明，中本聪在后来才知道他和 Wei Dai 的很多研究发明都不谋而合，就像牛顿和莱布尼茨同一时间分别发明了微积分一样，两个伟大的大脑因为一个相同的想法而汇聚在了一起。

Szabo 和 Wei Dai 是两个在业内都有头有脸的人，如果说他们否认自己是中本聪这件事可信的话，那么说明他们两个当时确实不知道中本聪是谁。在密码学家或者程序员网站上以前从来没有中本聪这个名字的存在记录，这个未解之谜在 2008 年 9 月开始渐渐不那么神秘了。中本聪当时向 Adam Back 发了一封邮件，询问关于他的密码学发明：散列现金。他的这项发明对比特币挖矿功能有着重要的影响。Back 回忆中本聪时指向了 Wei Dai，他认为 Wei Dai 就是中本聪，因为 Wei Dai 在 1998 年提出的“B 币”跟中本聪发明的比特币概念很相似。在 Wei Dai 提议中，他承认他收到了 Timothy May 所提出的密码学（货币）的乱象理论。Wei Dai 写道：“在一个密码学（货币）的乱象中，政府不是暂时被摧毁的而是永久性的被禁止而且多余的。这是一个武力威胁无效的群体，暴力在这里就是不可能的，因为参与者根本就没有真实姓名和地址。”他所设想的“B 币”是一种可以使人们互相合作，并且不提供真实姓名，用匿名的形式与彼此签合同的币种。中本聪在给 Back 发的邮件中说他在这之前不知道“B 币”的存在，尽管中本聪在他之后的白皮书中有提及。

中本聪与 Wei Dai 取得了联系，想要让 Wei Dai 评价一下他一篇论文的初稿，但是 Wei Dai 从未回过他邮件，Wei Dai 后来才知道比特币的伟大之处。他后来写道：“比特币在现有的艺术领域里是个重大的科技和哲学进步。”比特币的重要性远远超过那些智能手机上的软件或者网页，甚至超过了一个成功的互联网公司。Wei Dai 还说：“它对于社会的影响甚至更大。如果说 Craigslist 或者贝宝当初没有被创造出来，那么与它们概念差不多的公司用不了多久就会出现。但是如果现在比特币没有被发明出来，那么我们可能需要再等 10 年。”

Nick Szabo 尽管在之后的几年里多次被认为是最像中本聪本人的竞争者之一，他大方地承认自己不是中本聪，并且说中本聪的比特币已经超越了他自己对于数字货币的想法，因为被他称为“比特黄金”的数字货币从来就没有发行过。Szabo 在之后回复一名声称比特币就仅仅相当于将一堆拼接玩具组装成一个新结构的研究人员 Gwern Branwen 时说：“比特币不是加密功能列表，它是一个由相互作用的数学和比特币的基础协议组成的追求小众化目标的复杂系统。”用 Kevin Kelly 的话来说，比特币的目的就是要去替代除抛硬币意图外其他零钱的使用，这个目的已经被讨论很久了，直到比特币的问世使得离这个目标更近了一步。

据 Szabo 所说，只有他、Wei Dai 和 Hal Finney 认为这个目标是值得追求的，并且只有 Finney 进一步地将他的想法编入了软件程序里。现在，尽管中本聪对比特币的发展有重大的贡献，他在 2010 年 7 月称比特币为“B 币”和“比特黄金”的结合体，将比特币的发展也归功于 Wei Dai 和 Szabo 二人。Finney 为什么对比特币如此兴奋也就不足为奇了。

中本聪确实曾经努力地使他的发明能融入，并立足于密码学的整体历史中。他曾经解释说就像是人们在涉及钱的时候就会不相信别人一样，处理电子信息时同样会遇到这样的问题。密码根本就没有什么用处，因为大系统的管理者操控着这些密码。中本聪在 P2P 基金的网站上写道：“现在高强度加密对普通老百姓来说也是可用的了，这样一来就不需要信任了。不管用什么理由，再好的借口也罢，数据都可以用一种在现实世界中他人无法获取的方式被保护起来，现在我们要对货币也施行这种措施。”

就这样，在 2009 年 1 月那个充满着怨气的冬天，当整个世界的金融系统看起来到了无药可救的地步时，中本聪发布了比特币软件版本 1.0。他选的这个时机真的是再好不过了。当全世界都因为金融危机而产生了信任危机时，比特币这种认为信任本身就是传统货币问题根源的新式货币问世了。中本聪将传统货币系统中的问题一一揪了出来。他写道：“人们信任中央银行可以维持货币的价值，避免让它贬值，而法定货币的历史却说明银行辜负了人们对他们的信任。我们信任银行可以保住我们的钱财，并让我们能够电子汇钱，但是他们却将我们的钱转手就投入了信贷泡沫中去，连一颗籽儿都没剩。我们还必须将我们的个人信息都告诉他们，并相信他们不会将我们的信息泄露给信息盗窃者。”但是中本聪心里清楚，当我们每次将我们的个人信息告诉一个人或者一个公司，我们就增加了诈骗、管理不善和信息盗窃的概率，也就使我们更加被动。如果正当使用比特币的话，我们就可以通过每个人自己管理自己的财富而避免上述的这些问题。

除中本聪本人之外，Hal Finney 是最先运行比特币第一版软件者中的一位。在接下来的日子里，他仔细考虑了数字货币的价值问题：让我们来做一个有趣的思考型实验，想象一下比特币成功成了世界上主流的支付系统，那么比特币的总值就应该等于整个世界财富的总值。

现在世界上所有的房产总值为 100 万～300 万亿美元。如果我们有 2000 万个比特币的话，那么每个比特币的价值就大约是 1000 万美元。今天创造一个加密数字货币只需要付出很少的计算力代价，这是一场很划算的对赌，就像拿 1 元去赌 100 万元。就算赌赢比特币的概率很小，但是难道就等于拿 1 元赢回了 100 万元吗？这些都是很值得思考的问题。

虽然 Finney 所设想的未来他可能看不到了，但是他还是对比特币的未来很有把握，于是他开始开采比特币了，他也收到了中本聪给他汇来的 10 个比特币作为试验，这是历史上第一笔电子货币汇款。Finney 在接下来的几天里一直和中本聪保持着联系，向他报告他发现的系统漏洞。

Finney 之后写道：“在那时，我认为我正在接触的这个人一定是个聪明且真诚的年轻日裔。我感觉非常幸运在我的一生中能够遇到这么多聪明绝顶的人，所以我把这看作一个好预兆。”之后的几天里，Finney 开采了上百个比特币，尽管在一段时间之后他停手了，因为他解释说：“我的主机因为长期在运行状态所以机身变得很烫，而且散热器发出的噪声也让我很烦躁。”在他被诊断出患有肌萎缩侧索硬化后，他就提前立下遗嘱，说明他开采的比特币都留给他的孩子们作为遗产继承，这些比特币现在被安全地储存在一个离线账户里。

在中本聪发布比特币后的几周，Finney 就向中本聪传达了他乐观的态度，因为人们都很积极地支持着比特币网络，他说：“比特币系统现在看来是很有社会实用性和价值的，所以那些节点运作者们都认为他们在为世界做贡献呢。”中本聪赞同 Finney 的观点。他回复 Finney 时说：“如果我们能准确地解释比特币的运作形式，那些自由主义观点的人会对比特币更加感兴趣的，但是我只会编码，不太能言善道。”确实，那些主张自由主义、认为存储黄金才是最好的投资方式的人，比如说 Bernard Von NotHaus，可能认为比特币就是一种和贵金属有很多相似点的电子商品，包括它们都对政府所导致的通货膨胀有免疫力这一特点。但是，要怎样做才能让比特币合法地和国家货币并存呢？

如果要选一名对货币知根知底的人，那么这个人非前美国铸币厂厂长梅冠芳莫属。他的工作，毫不夸张地讲，就是负责监督和检查美国小到五分和一角美元的硬币铸造。他对于中本聪的这个合成的发明物的看法是：“比特币介入了几个不同的领域，并忽略了其他关于货币的领域。因此，宪法到底会怎么评判比特币，现在还无从知晓。”

梅冠芳在任期间，铸币厂曾经帮助联邦调查局和特工处调查“自由美元”，在梅冠芳看来“自由黄金”触犯法律是个不争的事实。梅冠芳说：“‘自由美元’的意图基本上就是要创造一种可以取代美元、值得那些人相信的货币，因为他们对美元失去了信任。作为美元的取代者，他们在美国领土上制造并发行这种货币，作为美元直接的竞争对手。”但是比特币不一样。

中本聪已经知道了一个可以使比特币昌盛，但现在法律制度还不是很明确的漏洞。迟早这个漏洞会被发现，也就会使比特币企业家陷入无法脱身的困境，但是至少对于比特币本身的成长而言，这块地已经算够肥沃的了。

梅冠芳是出生于密西根、成长在威斯康星的华裔，回忆起他在 2008 年末的一场财政部高级官员会议中提起过电子货币。在像这样的每周例会上，财政部长汉克·鲍尔森会安排好会议议程，然后每个部门的领导轮流对他们所负责的事情做一个简单的汇报。2008 年早些时候，联邦储备银行的 25 分钱、一角钱和其他钱币的订单量直线下滑，这迫使梅冠芳召集一帮人成立了研究这个现象起因的专案调查组。是因为到头来电子交易还是开始占据现金在市场中的位置了吗？直到后来他才意识到这个现象是经济不景气的不祥之兆。他告诉那个专案组说："我们要研究到底钱币需求量为什么会下滑和这个趋势会对未来经济有什么潜在的影响。"在他们的调查过程中，他们发现了中本聪的白皮书。

通常在所有的财政会议上，40 多名高层管理人员中，超过一半的人，也就是梅冠芳所说的"所有那些真正做事的部门领导"都会说"过"，也就意味着他们在那一刻没有什么重要的事情需要汇报。而这一次，当轮到梅冠芳发言时，他详细向在座的管理人员说明了他部门给出的初步报告，其他的成员就报告中几个部分提出了问题，但是当他提起数字货币，也就是比特币时，会议室里变得鸦雀无声。他在与美联储现金办公室员工开会时第二次提起比特币。

梅冠芳回忆说："他们基本上没有给出任何反应，所有人基本上都是环顾四周，然后说我们连见都没有见过这东西。如果你发现了任何能让我们感兴趣的事情，到时候通知我们一声。"这就是美国政府和比特币的第一次接触。

对于中本聪而言，是时候开始让比特币进一步成为一种支付方式了。在发布比特币软件版本 1.0 几天之后，他沉思道："也许我们现在应该弄一些比特币出来试一试，说不定它就真流行起来了呢。如果足够多的人跟我们的观点相同，那么这将变成一个自我应验的预言。"大体上来说，中本聪尝试让人们买入他的数字货币，他这么做的结果与帕斯卡的赌注有异曲同工之美。如果人们都不愿意买比特币，坏处也不会有多么不堪，也就是一切都回到原状罢了。但是如果成功，并且有利润了，那么对于早期买家，更不用说创造者本身，好处都是庞大的。

换一种说法，就像一个刚起步的公司会给所有的员工公司的股份，就可以不用给员工那么高的工资一样的道理，中本聪当时也给他的同事们一部分靠谱但又有风险的公司非固定股息的股份，说白了就是一场赌博。如果公司开始有利润了，那么每个人都能获利，比特币也一样，它可以使那些早期买家大赚一笔。

但是为了使比特币能够盈利，人们就要建立一些设施。Alex Waters，这名帮助中本聪找出软件中的问题、修复问题、改善系统的程序设计员，说比特币原始的客户端，也就是这个软件，它的目的仅仅是"人们建造更好的垃圾的参考物"罢了。比特币为未来的研究和技术做了奠基。Alex说："比特币不是为了速度最快或者有最好的用户体验，它的目的不是这些。它的目的是安全、保密。"当然它也做到了，证明了最初的概念是正确的。

所有在比特币发布早期参与进来的人都应该明白他们必须要让商人和有钱人参与进来，让有影响力、无犯罪倾向的人来申请加入比特币交易网络，并且建立起相应的公司、开发市场，这样才能让比特币蓬勃发展，而不只限于一个极客圈，上述的所有这些都是很花费时间的。但是比特币经得起时间的考验。与之前的那些电子货币相比，比特币最出色的特性，Gwern Branwen 写道："来自它的分布式机制；它还在等真正的爆发机会。"他引用了一句名言："如果你在河岸边坐得够久，那么你会看到敌人的尸体被河水冲过。"

他们努力并等待着。2010 年 7 月，世界上第一家名为 Mt.Gox 的比特币交易所在东京开始运行。但是就像比特币一样，交易额度比较低，并且在接下来的一年内都很低靡。Mt.Gox 只有几千名客户在进行交易。如果比特币要实现中本聪的最初梦想，它所需要的还有很多，它需要捍卫者。

CHAPTER 02

虚拟违禁品

人类的所有思想都像是从身体中流淌出来的音乐。

——盖伊·达文坡特

Roger Ver，这个曾经是美国公民的人，到现在还活在钥匙声的恐惧中。他现在生活在东京，这个让人们永远都不会停止喜爱或厌倦它的霓虹灯的不夜城，20 世纪 80 年代兴盛起来的东京仍在 21 世纪以未来城的姿态吸引着人们前仆后继地涌入。尽管他已经在这样一个大都市生活了 8 年了，虽然他不像扎克伯格、巴菲特或者贝克汉姆那样腰缠万贯，但是起码也是一名就算损失了 100 万美元也对他产生不了太大影响的成功企业家和投资者。他对巴西柔术也比较精通，在比特币圈子里也算是个赫赫有名的大人物，钥匙碰撞时发出的叮当声将他拽回了那个不幸的、可怕且孤独的噩梦，让他回忆起他曾经是一个无法反击、无法逃避不公正待遇的受害者。

钥匙声让他回忆起十几年前他因为在网络上非法销售烟花爆竹而被判在加利福尼亚州隆波克一个中级联邦监狱待了 10 个月。监狱中的看守人员都会在腰带上绑着每个牢房门的钥匙，每次当他们巡视牢房时，那金属物所发出的不祥的碰撞声大到可以让监狱里所有人都听见。这声音好似警钟一样警告着犯人们看守人员来巡逻了，也就意味着他们最好把他们的走私品藏起来，站得笔直点，装作若无其事的样子。但是刚刚说的这些还不是这场“精彩表演”的全部，有些时候那些看守人员还会找某一个牢房的茬。每个犯人都有一个装着他们在监狱里所有东西、大概 3

英尺高、1 英尺宽的铁柜子。一些犯人因为被监禁的原因患上了强迫症，他们对于他们仅有的生活用品，如衣服、牙刷、牙膏、笔记本和圆珠笔的摆放方式极其在意，所以当看守人员将他们柜子里的东西全部扔出来翻了个遍时，他们的感受是极其痛苦的。犯人最后一点管理自己财产的权利也被剥夺了，这种无法控制自己人生的感觉实在是令人厌恶。

Roger 于 2001 年被捕并被起诉，但是等到法院真正宣判结果已经是 2002 年 5 月了。Roger 于 2002 年 8 月 2 日上午 9 时，开始了他在加利福尼亚州隆波克监狱服刑的日子。他本以为他会被安排在有着三层楼高、由灰色石头建起的、配有警戒塔和铁丝网栅栏的中级监狱边上的初级监狱里服刑，这也是他的辩护律师和检察官向他承诺的。

但是当 Roger 入狱时，他发现自己不是被安排在曾经关押涉及水门事件的白宫官员的初级监狱。刚开始的时候他被关进了中级监狱的特殊牢房，犯人们都称它为“SHU”，在英语的发音中听起来像“鞋子”或者被称为“洞”，因为这房间通常是关押还没有真正被分级的重罪犯的狱中狱。于是在“洞”中待了 3 个晚上之后，在一个星期一他终于被分到了他将要度过 10 个月监狱时光的牢房，并被分配到厨房劳动改造。Roger 认为没有比在厨房工作更糟糕和劳累的了。Roger 不认为自己犯的错误构成犯罪，经过这么一段时间的审判和定罪，他认为自己至少不能被判为重罪犯。

凭着他对语言学习的热情和天赋，他开始学习日语。在他入狱之前，他曾经交过一个日裔女友，并且有一段令人愉快的感情。当时，他下定决心一定要尽快离开美国，而日本可以让他在狱中学习的日语大有用武之地。

在服刑期间，他每天早上五点钟起床，五点半就要开始在厨房忙碌，早餐其实在八点半就结束了，但是厨房里的罪犯要等到 3 个小时后负责午餐的犯人们跟他们交接工作后，他们才可以下班。Roger 回忆说，监狱里的犯人们是没有其他消磨时间的办法的，玩牌也不行。

于是，Roger 就把这些休息时间用在了学习上。在监狱图书馆里，他每次会复印几页日语学习书，并偷偷地带到厨房里去。虽然这样做是不符合规矩的，但是他实在受不了牢房里千篇一律的生活。当他在厨房无所事事的时候，他就会反复学习他复印的那几页纸，并且将上面的内容背下来。

有一天，正在学习日语的他被看守员抓了个正着，看守员对他的行为大发雷霆，一把抢过他手上的纸，命令般地问道："你这是在干什么？" Roger 不加思考地反抗着回答说："我正在让自己成为更好的自己"。看守员看了看这些纸，然后将它们撕了个粉碎，扔进了垃圾桶。

Roger 没有丝毫的恐惧感，继续偷偷地学习着。当他学习日语时，当他已经啃尽了他的朋友给他寄过来的经济学和伦理学的书籍时，一份珍贵的包裹到了，就像诺亚的和平鸽叼着橄榄枝一样作为世界和平的象征——他对于 2002 年 5 月 2 日，他量刑的这一天，难以忘怀。

他签下了一个能够帮助他减少服刑期的认罪协议，承认他作为重刑犯无证销售爆炸物，非法存储爆炸物，并通过美国邮政局向他的顾客寄爆炸物。他的辩护律师，Christina Arguedas 向法官请示能否将 Roger 共 10 个月的服刑期分成两部分，这样的话，前 5 个月 Roger 就可以在监狱里待着，后 5 个月在过渡教习所度过。Roger 之前有他自己在网上的生意，他的公司 MemoryDealers 是一个负责卖电脑配件的网上购物公司。尽管他的公司可以通过让其他人接管而撑过他不在的第一个 5 个月，但是 Arguedas 说如果 Roger 不在，公司绝对撑不了 10 个月。辩护律师在量刑庭审中说："他就是公司的全部，现在的问题是我们难道想要让这个公司就这么倒下去吗？恐怕答案应该是不。"

但是法官没有对这样的说辞给予理会。他对 Roger 说："我觉得任何一个社会都不会允许人们在网上销售爆炸物，这种行为是不能被容忍的。”他敷衍着 Roger 自由主义者的信念，努力将被告人的犯罪行为和他自己的政治事业分开。但是，这关乎到社会安全。他继续说：“我不认为只有完全相信政府统治的人才会觉得我们不应该在网上兜售爆炸物。”

Roger 说，事实上，他做的事情实在是无伤大雅的：通过在 eBay 上买入并再次卖出烟花爆竹挣一点小钱。他尤其专注于卖一样商品，这种商品之所以那么受欢迎是因为它能够发出巨响声，它就是病虫妨害器 2000，一种农民和农场工人用来吓走鸟类的农用鞭炮。每个鞭炮都有 1000 毫克的火药，这是民用鞭炮合法火药含量的 20 倍，所以说这些农业鞭炮被认为是爆炸物。随着时间的推移，Roger 卖出了 100 个农用鞭炮。有一次，他从 All Purpose Ammo 花了 1664 美元买进了 36 个病虫妨害器 2000，也就是总共 2592 个鞭炮，然后再以 1 美元 1 个鞭炮的价格卖出。同时，生产商 Max2000，从 1998 年 1 月起，向全美国的零售商和批发商卖出了超过 100 万个病虫妨害器 2000，这 100 万个病虫妨害器有 40 万个卖给了印第安纳州 Anglo 的 All American Professional Fireworks，45 万个卖给了南卡罗来纳州 Seneca 的 Planet Ammo，10000 个卖给了阿肯色州 El Dorado 的 Firequest，29 万个卖给了得克萨斯州 Richardson 的 Self Defense Supply，33000 个卖给了新罕布什尔州 Hooksett 的 Astro Spectacular。这些公司跟 Roger 的公司一样，将他们买入的这些鞭炮转手卖了出去，比 Roger 的规模要大得多。Roger 当时被抓时一次会卖出 22 个鞭炮，他大可以巧妙地声称自己不懂烟花爆竹的法律制度，本来也是枪支经销商或者烟花爆竹零售商才会更懂这些条条框框。

但是 Roger 触犯法律的时间实在是太不凑巧了，被公众所关注的双子塔还在因为“9 • 11”事件的大火而闷烧着。没有人会这么轻易地就让一个销售爆炸物的年轻人从法网中溜掉。法官说：“Roger 的这种行为，在我看来需要判比 10 个月更长的刑期。”Roger 所签署的认罪求情协议使他的命运更加糟糕了，联邦政府对他的控告其实是有最多 12 年的服刑期的。

生产病虫妨害器 2000 的密苏里公司 Max2000 也收到了联邦政府的控告，最后这个案件于 2003 年 1 月在密苏里美国东部地区法院结案了，Max2000 承诺从今以后再也不生产或销售烟花爆竹类产品了。因为 Max2000 的承诺，该公司和它的老板都没有受到任何处罚。

Roger 对于他为什么在整个受审过程中受到了不公平的待遇有自己的理解，他自认为所有的不公正都归结于一件事情：他的反政府活动。Roger 在他的青少年时期接触了像 Ludwig vonMises、Adam Smith、Milton Friedman 和其他自由市场主义者的作品以后，转变成了自由主义者，并在 20 岁那年作为加利福尼亚州议会自由党候选人参加竞选。在共和党与民主党于圣何塞州立大学举办的辩论会上，Roger 向观众承诺说如果他当选了议员，他将不要任何工资，因为所有公务员的工资都是靠美国人民所交的税，而在他看来税收和盗窃没什么区别。他反对那些认为吸食毒品是不道德的想法，并且称美国政府那些负责监管酒、烟草和武器的工作人员是“一群暴政徒并且也是谋杀犯”，他后来说他讲这些是为了纪念“那些被这帮美国政府官员在 1993 年 4 月于德州韦科杀害的人们”。Roger 后来称，当时的观众席里有几个 ATF 部门的便衣官员，所以他认为从那天起他就和 ATF 结下了“世仇”。

尽管 Roger 现在还是一个理想主义者，当他回想起他极力为他的公司争取时，他认为那时的做法真是太天真了。他承认说：“我不认为所有的专制政府都应该结束。”他在政府控制的监狱里度过了几个月的失去人生自由的牢狱时光后，他再也不认为美国政府能做出什么好事了。他说：“也就是这种绝望让我下定决心要离开美国。”

当他在 2003 年 5 月 27 日被释放后，他准备让他的公司重新复苏起来。但是在他入狱之前，他不得不解雇了他公司所有的员工。在他服刑期间，他的母亲帮助他运营着，尽管也称不上运营。就算是在她的帮助下，Roger 在监狱的这段时间也只完成了 1 笔与销售商的生意。有个叫 John 的人用 12 万美元买下了一个计算机储存器，然后转手卖了出去，挣了 4 万美元。

当他开始了为期 3 年的缓刑时，他大可以将自己重新投入工作中去。缓刑并不代表他就自由了，一个罪犯在缓刑期名义上还是在监狱里的，只不过就是有了可以或多或少自由活动的特权罢了。如果一个罪犯的缓刑期被撤回了，那么这个人就要在监狱里服完他所有的刑期。

对于 Roger 而言，这也就意味着要在隆波克的监狱里再待 3 年。在他服刑期间管理他的官员时时刻刻都提醒着 Roger 他那卑微的地位。有一次，这个官员无视 Roger 要他脱鞋的请求，将脚上的泥踩满了 Roger 几百万美元家里的瓷砖和干净的地毯。Roger 说："那人就是个蠢货，他只是想要行使他的权利罢了。"

他缓刑期的这 3 年中，他一直都活在要回监狱牢房的恐惧中，一天天眼巴巴地倒数着，还得容忍管理他的官员展示他那点权利的小伎俩。这种日子也更加坚定了 Roger 从美国逃出去的决心。他专注于重新建立起自己的事业，将一切都拒之门外，做一个不想要外界关注、疯狂工作的禅僧。在那时，东京对他来说就像是一个遥不可及的梦想，在那里有美人和霓虹灯，在那个文化古都他不会被认为是一个重罪犯。

在他 25 岁那年，他挣到了他的第一个 100 万美元，并且他的缓刑期一结束，他就移民去了日本。

Roger 在硅谷最大的城市圣何塞长大，从小他就对经济学和计算机科学产生了兴趣。还在他青少年早期时，他就已经在卧室里研究并运行了一种电子公告栏，这种电子公告栏在第一个互联网浏览器诞生之前还是很流行的。

他付钱注册了 5 个电话账户，以便于更多的顾客可以在同一时间给他的电子公告栏打电话。像很多其他的电子公告栏一样，用户可以在 Roger 的页面上发送信息、聊天、下载软件，并玩线上游戏，而其中最火爆的当属一款用户可以进行角色扮演，基于文本，叫作 Legend of the Red Dragon 的游戏了。他当时对于他电子公告栏运行官和系统操作员的身份是相当满意的，但是他具有极端宗教思想的父母因为从来没有接触过科技，而对 Roger 进行了限制。Roger 回忆说，在他犯下了一些青少年常犯的错误，比如说熬夜不睡觉或者一次考试失利后，他的父母切断了他所有的电话线路以示惩罚。他说："几星期之后，父母原谅了我，但是我必须要用自己的钱去重新将电话线路连接起来。可是作为一个 13 岁或者 15 岁的青年来说，我没有足够的能力去挣那么多钱啊。"

在他自己可以支付起房租前，Roger 在他青少年时期就搬出去与他朋友的家庭一起住了。

在上大学时，他于 1999 年发布了一个销售廉价电脑部件的网站：MemoryDealers.com。他的启动资金是他在暑假打工时挣来的 1400 美元。他用这 1400 美元买入了 14 个 9GB 的硬盘，并转手在 eBay 上以每个 350 美元的价格卖出。虽然很多网络公司都在互联网泡沫的危机中破产了，但是 Roger 却在这场灾难中获利了：他发现他可以从那些破产的互联网公司手中买下公司电脑的部件并在网上卖出，这样他可以获得很可观的一笔收入。在他发现做一个企业家可以比他在一家大型科技公司工作挣的钱还要多以后，他便从大学辍学了，专心经营着他的公司。

虽然之后他面对的就是 10 个月的牢狱时光和出狱后为了能让他的公司重新振兴起来而每时每刻都在工作的日子，但是成功最后还是眷顾了他。在他的缓刑期结束，并移民到东京以后，他为了能获得一张信用卡而建立起了 Memory Dealer 在日本的分公司。所有的事情都已经整装待发地与他一起迎接属于他的命运了。

2010 年年末，他第一次听说了比特币，那时比特币只值 25 美分。虽然他已经准备好迎接电子货币这种形式了，但是他对比特币不屑一顾。他说："我记得我当时想说，啊，这东西还挺有趣的嘛，只可惜没人在使用它，所以它也就没什么价值了。" Roger 偶尔会回美国看一看他在圣克拉拉的办公室，所以那段时间他会待在他在圣何塞的家中。他都快忘记比特币了，直到2011年2月的一个早上，他在圣何塞的家中吃着 Wheaties，收听着一个他平常喜欢听的叫 Free Talk Live 的自由党脱口秀，比特币才重新进入他的脑海中。Roger 说："我本来那天是打算去公司尝试着销售思科设备的，但是我那天没去成，我第二天也没去成，我后来的几个星期都没有去成，因为我一直沉浸在比特币的狂欢中。毫不夸张地说，接下来的 10 天里我成了只吃外卖的宅男，搜寻着我能找到的任何关于比特币的信息。" 在 2011 年 2 月 9 日，比特币的价值第一次与美元持平，又在当天 Mt.Gox 交易中继续超越，最后以 1.09 美元的价格收盘，这在比特币的发展史中是具有里程碑意义的时刻 Roger 当时还不知道这个重大的飞越，但是在他第一次和第二次接触比特币之间，一件颠覆性的事件发生了：一个网上黑市上线了。当时在 bitcointalk.org 网站上的在线比特币讨论会才刚刚起步，Roger 说："在讨论会的页面上你可以一下子阅读到所有人发布的信息，每天也可以看到许多条更新的信息。" 确实，他也这么做了，他曾经在监狱里面学习日语的那个劲头使他现在有足够的精力和努力去吞食和消化以数学原理建立的货币。Roger 说："比特币就像是虚拟的违禁品一样，我对它好像上瘾了一样。" 就像是毒品一样，比特币一时损害到了他的健康。在他对比特币上瘾期间，他好像被那种疯狂的求知欲所缠绕着，他超过一周每天都只睡一个小时，就像是那种吸食过违禁品或者正在接受肉体审判的苦行僧一样。他钻研比特币的这种热忱，将他送进了医院。等到他出院后，他好像听到了命运的呼唤，原来他的"真命天子"就是比特币。

在他对比特币发狂的这段时间，他买入了他的第一枚比特币。他的公司 Memory Dealers 那时已经有将近 30 个员工，并且年收入也将近 1000 万美元。他自己公司的成功使他有能力将钱投入比特币中，并在后来创立一家与比特币有关的公司。他进入比特币行业的方式非常激进，在 2011 年 3 月，他就询问 Memory Dealer 的那些合作商们是否接受数字货币的支付方式（有一两个商家竟然还同意了），他自己作为商家也开始接受比特币支付，因为他希望可以通过这种方式将他对这种新式货币的热情传播出去。他还把他的公司加入到了比特币维基百科里，这是一个包含了所有可以用比特币交易的商家的网上工商目录。Roger 说：“我的公司是第一个不只有销售的网上购物平台，不像 Alpaca Socks 那样。”尽管他这么说有一点夸张，但是其实和事实相距也不是很远。

在基督教中有一个分支被称为否定神学，这个学派认为人对上帝的认知只能通过上帝而不是进行讨论，因为人不可能彻底了解上帝的本质。其实不能说 Roger 慢慢了解比特币的方式是上述这种方式，但是他看比特币的价值和一般人的看法不一样。比特币不是政府发行的，也不受政府的控制，它不在任何大型银行或者信用卡公司的掌管之下，它也不被视为是任何大人物一时兴起的想法。而且，至少现在使用比特币是不用被课税的。用不了多久，Roger 就会因为他对比特币传教士般的热情而得到他“比特币耶稣”的称号。他曾作为一个基督教基要主义的信奉者而度过了一段艰难的青春期，所以他现在是一个无神论者。但是那种劝说他人改变信奉的宗教的本能好像是他与生俱来的本领一样，被神保佑的他拥有着可以使一株烂掉的根茎照样能长出他想要的水果的本领。在 2011 年 5 月，Roger 开始每个月花费 2500 美元在 Free Talk Live 这个脱口秀上投绝妙的比特币广告，这个脱口秀在全美国的 100 个电台播放，并且在 XM 卫星广播中也有播出。

这个广告是这样的：对一再贬值的美元丧失希望了吧？厌倦了银行收取你的手续费了吧？想要夺回掌控自己钱的权利吗？那就来了解一下

比特币吧！

比特币是世界上第一种不受中央集权控制、匿名进行交易的互联网货币，并且它的热度每天都在上升中。比特币是一种免费使用、不需要汇款手续费、永远不会受通货膨胀影响的货币！

你可以在世界上的任何一个角落使用它，并且比特币的市值只会随着时间的推移而增长。

详情请点击 weusecoins.org。再强调一遍，weusecoins.org。

Roger 每个月还会花 1200 美元在圣克拉拉市劳伦斯高速公路边的巨型广告牌上投放比特币的外观和他公司 Memory Dealers 是接受比特币这种 P2P 加密数字货币的信息。在广告牌上的比特币是一个像太阳一样明亮的巨型金色钱币，这个钱币上用纹章刻制着比特币的符号——如同美元的符号一样，比特币的符号就是由两条平行的竖线贯穿的大写 B（有时是一根竖线，有时是两根）。他甚至还劝说那些给他提供电脑配件的供应商接受他用比特币支付一部分的费用。Roger 坚持道："比特币的价值会随着人们开始在他们的日常交易中使用而持续上涨。我们现在应该专注于让人们在日常生活中能够更轻松地使用比特币。"

Roger 不认为自己是在用美元去投资比特币，而是在使用美元，这种他认为已经过时、会导致通货膨胀的法定货币，换来一种更高端的货币。他的这种想法就算在激进的科技怪人群体里也是相当有特色的。但是这些日子只是让人兴奋一瞬罢了，比特币的市值正在稳步上升中。2011 年 5 月 26 日，Roger 宣布他要买进大量比特币——超过 1000 比特币当时市值大约 9000 美元的量。截至 6 月 8 日，这批比特币已经价值 31900 美元了。在那个春季结束时，Roger 在蓬勃发展的比特币圈子里已经有了卓越的地位，圈子里的人都认为他是一个千禧一代的愤青中老练的"老手"，所以说当灾难降临时，他挺身而出去制止"血流成河"也不足为奇了。

2011 年 6 月 20 日，东京时间凌晨 3 点钟，一名黑客侵入并开始控制一个管理着很多交易的 Mt.Gox 账户，这个账户当时控制着全球 90%的比特币交易，那个黑客很明显想要将“储存罐”里的所有比特币全部抢光。但是有一件事情阻挡了那个黑客的脚步：比特币每天有一个取钱上限，一名 Mt.Gox 用户每天最多可以取出市价为 1000 美元的比特币，而黑客入侵那天 1000 美元等同于 55 比特币。但是如果他有本事能让比特币 17.5 美元的市值跌到 1 美分，然后将它们全部抛售再以极低的价格买回的话，按道理来说他也许可以偷走 10 万比特币，等到比特币的价格慢慢回升以后，他将会变成一个富豪了。于是，那个黑客开始疯狂地抛售比特币。

当时是美国东部时间的中午，所有的比特币交易者眼睁睁看着比特币的价格如电梯的电缆被剪断了一样，在仅仅半个小时之内从 17.5 美元骤降到 0.01 美元，这一切还得“归功于”那个黑客的手动抛售。对于那些想要在加密数字货币上“豪赌”一场的人来说，比特币价格的骤跌对他们来说简直犹如世界末日。但是，正当这时，贪婪成性的大众市场力量介入了：投机者们虽然不知道比特币价格骤降的内幕，但是他们看到了可以低价买入成千个比特币的良机，他们发疯似地买入比特币的这一举动将比特币的价格再一次抬高了，并且在不知不觉中就阻止了黑客的脚步。最后，那名黑客只偷走了 2000 比特币，也就等价于当时 35000 美元的交易价格。

Mt.Gox 的首席执行官 Mark Karpelès，一个圆胖并且动作有点笨拙的法国男人立即停止了系统里的交易，尽管他手下的员工们正在解决这场灾难。Karpelès 恳求他的同行们能够伸出援手让比特币交易恢复，并重新运转起来。Roger 当时住在 Mt.Gox 总部所在的东京涩谷，所以当他听说这个消息时，立即就赶到了总部办公室，帮助解决当时不景气的交易市场存在的问题。当他赶到 Mt.Gox 位于蓝塔东急大厦的办公室时，眼前的景象让他惊奇：Karpelès 正在与仅剩下的两个员工处理着交易的恢复，公司把那些仅报到上班几天的员工全部都卖给其他公司了，公司当时的处境确实是艰难。在这时，Roger 扮演了领导者的角色，并打电话给与他一样对比特币有浓厚兴趣的老友 Jesse Powell，作为后援。

他打电话给 Powell 说："我现在在 Mt.Gox 总部，你最快多久可以到东京？" Roger 的这一席话让 Powell 非常困惑，因为他知道 Mt.Gox 有成千上万的用户，他们怎么可能在仅有 3 个人的情况下运行交易系统呢？

Powell 接到消息后搭乘了最早一班飞往东京的航班离开了旧金山。Roger 在东京羽田国际机场接到他以后，两人箱子都没顾得放下就冲向了 Mt.Gox 办公室，并准备在那里扎营几天，决心要帮助 Mt.Gox 度过这次难关。所以，拯救电子货币生态系统的重任也就落在了他们的肩膀上。如果没有 Mt.Gox 这个掌握多于所有其他系统交易总量加起来 50 倍的平台，大多数的商家都无法接受数字货币的支付，贸易者们也无法盈利了。这就像把一个大缸子的龙头给关掉了一样，会导致人们对比特币失去兴趣，比特币的市值也会跌到零。Powell 说："Mt.Gox 能否重新活过来对我来说意义还挺大的。" Powell 不惜砸下自己的 5000 美元为当时帮助恢复交易系统的员工和志愿者们配置笔记本计算机，因为 Mt.Gox 对他来说实在是太重要了。

当时实在有太多事情要做了。Karpelès 告诉用户们："事实上 Mt. Gox 对比特币这么迅速增长并没有做好准备。我们当初建立的是单纯为了那些比特币爱好者服务的业余系统，因为 1 比特币当时才值 1 美分，它不像诺克斯堡那样可以保证每天上百万交易安全的系统。" 比特币领域内最大的公司就像是一个业余木匠在他自己家车库里用锤子随便敲敲打打造出来的东西，这个景象对于那些靠比特币挣钱或者很相信数字货币具有潜力的人们来说是让他们胆战心惊的。但是比特币诞生的方式，用前面那个比喻还是很恰当的，因为比特币不是被哪个州立或私立大学的研究者们创造出来的，而是出自一名天才般的外界人士，就像是一人支撑起来的曼哈顿项目一样。此外，那些最开始被比特币的开源代码所吸引的，其实是一群很年轻的密码学朋克们，他们比专家对比特币更有热情。Roger 后来说："比特币出自一群年轻的热爱计算机的人士，他们认为比特币这种货币形式实在是太巧妙了。很多早期的比特币用户都是一群仍与父母住在一起、没有商业经验的 19 岁青少年。" Powell 则解释得更加直白："刚开始比特币发展完全就是业余爱好者的派对。" 但是也就是这群业余爱好者们让他们的同事跌下了悬崖。

现在救援部队已经来了。Roger、Jesse 和 Karpelès，以及他的员工和志愿者们并肩作战，一起应付着顾客的投诉和对于他们账户状态的询问。好像比特币的骤跌和黑客入侵还不够折磨人似的，Mt.Gox 所有包含用户姓名、邮箱地址的信息资料库也全部被盗，并且公布在了网上，信息盗窃现在成了大家最关注的问题。Powell 说："所有人都必须在重新登录进去之前证明他们曾经拥有过这个账户。很明显，有些人正在尝试登录不属于他们的账户。"为了解决这个问题，他和 Roger 设计了一个问卷调查，这个问卷调查的结果可以证明用户的身份信息。最终，他们终于干完了堆积如山的那些用户支持请求。

经过这起黑客事件以后，Powell 对于任何依赖于中央集权的交易都不再有百分之百的信心了，尽管他在之后的一年里还继续在 Mt.Gox 的系统上进行交易。对于 Roger 来说，这个失败的经历给他上了重要的一课。在过去的几个月里，比特币从 Powell 口中的"一文不值的荒唐互联网货币"变成了小偷都会去盗窃的有价值的商品了。就如 Roger 梦想的一样，如果有一天比特币真的能大规模地收获成功，那么有合格领导力的大型公司就必须要参与进来，有了他们的帮助才能建立起有能力支持比特币这种新型货币的基础设施。但是 Roger 不是个程序员，所以他自己是肯定建立不起这些基础设施的，然而他倒是有大把大把的资金，所以他可以扮演一个投资者。于是，他开始寻找那些运行得还不错的、需要启动资金的比特币创业公司。

2011 年 6 月 26 日，在 Mark Karpelès 定制运作系统将近一周以后，Mt.Gox 重新上线了，并且呈现出了一个新的、改良过的网页，紧跟于新页面之后上线的是所有在比特币骤跌之后恢复的交易。

事实上，公司捕获了在骤跌时间之前数据的快照，并且将所有顾客的账户都恢复到那些数据所给出的状态，这就好比一个高尔夫球员在打了很不走运的一球之后有机会再打一球一样。

现在所有人都重新拥有了在骤跌事件之前，他们账户里的余额了。所有那些在价格骤跌时被抢购的比特币，还有那些快手们尝试在比特币交易平台关闭和交易恢复之前转出的比特币，都被认为肯定是被盗的。据 Powell 说，因为用户们在平台上各式各样的行为，大约 2000 比特币通过这种方式被盗，再加上黑客偷走的 2000 比特币，Mt.Gox 必须得填这个洞。

在整个比特币圈子里和刚刚开始关注数字货币这新奇东西的高科技博客网站上，很多人们拿这起安全事故说事儿，认为比特币用户依靠来自世界各个角落的陌生人运行的无管理的交易系统简直就是愚蠢。在这次黑客事件以后，比特币的价格慢慢地回升了，一只电子热气球回到了地球的怀抱。Mt.Gox 为之付出了代价：它将市场份额的 10%拱手让给了一家来自旧金山、突然蹦出来的叫作 TradeHill 的交易平台。

对于那些很早就开始接触数字货币的人来说，这一系列的悲剧都代表着比特币将要褪去它的茧，变得成熟起来。没有人知道一个没有管理者的系统，到底要怎样面对盗窃和市场操纵，也没有人知道这样一个没有合格领导力的平台会有多么大的损失。比特币没有一个官方权威会在危难时期出来救济；在失去资金的时候也没有后补资金去支撑。是 Roger 和 Jesse 的合作和团队精神拯救了问题重重的交易平台，又或许是比特币自己救了自己。无政府主义秘密委员会的成员们对于一个不被官僚主义保姆式管理的金融系统很感兴趣，但是这个系统缺乏保护措施和适当的监管力度，也使得它成为犯罪分子的下手目标。

就在 Mt.Gox 处于低靡状态的时候，另一个比特币创业公司兴起了。一名 26 岁来自德克萨斯州奥斯汀名叫 Ross Ulbricht 的科学家发布了一个无管理线上交易市场。他把这个平台藏在互联网的一个隐蔽处，只有使用不暴露个人信息软件的那些用户才能使用这个交易平台。这种网络被认为是黑暗网络，在这里聚集着一窝恶心的犯罪分子，毒品贩子、洗钱者、儿童色情作品贩卖者，甚至职业杀手在这里都很猖獗。对于其他人来说，这个“线上交易网站”就是在当今这个自由和隐私两种权利都渐渐消失的世界里，还可以有不受监视的自由和自己隐私的地方。Ross 的理想是建立一个网站，就像他在自己的日记中描述的努力方向：“人们可以在购买过程中匿名，不会留下任何回溯的痕迹。”这家公司融合了科技和药物两个概念，它变成了一个像科技公司那样运行的药物公司，这个公司里面有自己的程序员，有自己的管理人员。它也使 Ross 成为一个百万富翁、一名数字货币的先锋和医药行业的当代传奇。

比特币使得这个“线上交易网站”有了成功的机会，“线上交易网站”也成就了由这个英俊、大度，并且他自己也承认他是一个懦弱的人所领导的国际性的麻药组织。为了确保买家和卖家的隐私，比特币是“线上交易网站”唯一接受的支付方式。所以这样看来，Ross Ulbricht 可能是继中本聪之后对比特币有影响的第二大人物了。虽然之前很少有人对数字货币感兴趣，但是 Ross 开始对刚形成的数字货币产生了需求。在他们创造比特币两年内，比特币还是一文不值的，并且除那些顽固的密码极客和反政府主义者们以外的人都认为比特币就是一种荒谬的互联网货币罢了。比特币提供的服务实在是太少了，也很少会有商人愿意接受比特币作为支付方式，所以导致它根本竞争不过银行和信用卡公司。但是暗黑市场的特点就是提供传统金融不予提供的服务。比特币实实在在地提供了一种丰富的传统金融无法给予的服务。

在 Ross 的大部分人生中，他在大家的脑海里并不是一个犯罪主谋的形象。他所住的并不是当地的富人区，很长时间他连计算机都没有。直到他 14 岁那年，才拥有了属于自己的一个电子游戏机。他在奥斯汀长大，从小就是一个爱画画、喜欢滑板运动和冲浪，并且很聪明的精英学生，打破一切规则这件事情发生的好像挺顺其自然的。尽管他在高中的时候就开始大量吸食毒品，他还在德克萨斯州达拉斯大学以物理专业拿到了几份奖学金。他在校园里面是个神奇的人物，是一个有着科学头脑的嬉皮士风格运动员。他有着游泳运动员的身体素质、很强壮的腿部肌肉和肩部肌肉，他还对爬树有极大的热情。他会赤脚在户外行走，就算是去上课，也很少穿鞋。然而，就是这样一个人，很快就在物理系成为最聪明的人之一。其他几个优秀的学生都是因为他们有着很强的数学功底，而 Ross，一个他的同班同学回忆说："他依然可以与他们媲美。"他和他的合著者们一起发表了关于太阳能电池工程的论文，比如说《变体光电装置的多层封装》和《热敏温控太阳能电池》。这些论文发表在了同行评审的科技杂志上，比如 *Synthetic Metal*，称自己为一本"电子聚合物和电分子金属的杂志"，并且其包括的领域已经涉及了碳纳米管技术。在 Ross 作为第一作者的一篇论文中，他向读者展示了一种可以使光电流速度加快两倍，并有效提升太阳能电池效率的方法。他所做的一切都让大家觉得他会是一个很有前途的研究型科学家，他的同班同学们都记得他那贪婪的智慧，因为他对所有事情都很感兴趣。

但是，在攻读硕士学位时，他对于未来的预想发生了改变。尽管他当时正在材料科学与工程专业全美排名第 8 位的宾州州立大学读研究生，并且获得了杰出研究奖，但是他却开始研究货币理论、经济学和政治哲学了。在学习这些领域的过程中，他跟随的是一群卓著的但是充满幻想的人们的脚步。就如 Ayn Rand 在她的小说 *Atlas Shrugged* 中给书中的英雄的人物设定一样，Ross 最终以物理学和哲学双学位硕士的身份毕业。

他之前在德克萨斯州达拉斯的同学们不认为他对政治领域很感兴趣，但是如果说自由主义在之前悄悄地在他的身体里埋下了种子，那么现在就是开花的时候了。他平常上课的时候会穿支持来自德克萨斯州竞选总统的共和党人 Ron Paul 的 T 恤衫，Ross 认为他是一个“非常有见解并且聪明的男人”。2007 年 4 月他在 YouTube 上传了一个呼吁美国退出联合国的视频，该视频的目的是回应总统候选人 Mitt Romney 对大家提出的问题——“你们认为美国现在所面临的最大挑战是什么？”Ross 打算在 2007 年的秋天拍一部以“货币的本质”为名的电影，并组织一系列研讨会，想要让宾夕法尼亚州立大学学生对政府货币政策更加了解。作为当时学校自由主义者的代表，他公开谴责美国“全权受政府管理的医保系统”，并呼吁美国应该解除对医保的控制。

Ross 向学校自由主义社提出申请，过了一年后，自由主义煽动者 Paul 准备于 2008 年 4 月 11 日在宾州州立大学演讲，Ross 很希望这场演讲能够有影响力。他说：“我们可以从他身上学到很多东西，并且我们还可以从传递给我们的信息中学到作为一名美国公民意味着什么，作为一个自由的个体意味着什么。”

Ross 自成年之后就一直在做一名探索者，他一直在钻研关于药物和东方哲学方面的知识，为的就是能够找到人类行为的统一理论，这对他来说就好比他人生的指导原则。他之后对“线上交易网站”的用户说：“好几年，我都因为现在的这个世界和我理想中的世界有不可跨越的鸿沟而感到挫败。我在寻找到底什么是对什么是错，还有到底什么是对人性有利的。这条道路走得太长，也很艰难。我在寻找真理的路上和很多充满智慧的人一同辩论，向他们学习，并读这些人的著作。这个过程很艰难也是因为我们现在的世界充满着很多错误信息和让人分心的事物。”

只有当他接触到了同样对 Roger Ver 影响深刻的 Ludwig von Mises、Murry Rothbard，还有其他奥地利经济学派的伟大经济学家以后，Ross 才觉得他终于找到了属于他的那块陆地。于是他加入了宾州州立大学的奥地利经济学派组织，并且和社内的其他成员一起去了位于阿拉巴马州的奥本市，这里是 Ludwig von Mises 研究所的创始地。Ludwig von Mises 在开创一个能够维护自由市场、精通经济学分析的学校上所做的努力比任何人都要多。10 年之后，在当时新政经济学风靡美国的情况下，他在使自由市场复活，在为美国的自由资本主义提供坚强后盾方面也做出了比其他人更多的努力。

Mises 论证说，尽管西方自由民主国家的政府，都或多或少地介入国家经济发展，但是政府对于自由市场的干涉绝对会阻止国家经济发展的脚步；此外，这样的政府干涉永远都不会让社会稳定下来，因为政府每介入一次就会有预想不到的坏结果，也就是它会不可避免地增加公众对政府的依赖性。因此，政府作为经济参与者就会无限地出台一些政策去允许一些事情或者去禁止一些事情。举个例子，美国 2000 年发生房地产泡沫一部分的原因就是因为美国政府鼓励银行借给那些次级贷款者们钱，但是这些人后来都拖欠他们的贷款不还。政府本来应该控制那些差别对待的贷款，从而让那些没有房子的少数人也能买得起房子。

但是当新政与贪婪的贷方、不靠谱的借款人、鲁莽的投资者，还有不好的政府官员碰撞在一起时，紧随其后的信贷紧缩和金融危机也就依次激起更响亮、更急切地想要政府介入，来拯救这个正在跌入谷底系统的呼声了。因为担心德国军队随时都会找上门来，Mises 在当初纳粹主义兴起时就从奥地利逃去了瑞士，随后当他到美国的时候他又抛弃了瑞士。但是，Mises 很清楚地知道在美国那柔软的手套下有多么强硬的一双铁掌。他写道：“我们要时刻记住政府对于经济的干涉总会带入暴力的手段。政府的最终手段不外乎就靠军人、警察、宪兵、士兵、监狱看守员和执行绞刑者罢了。政府的一大特点就是用暴力、杀戮及监禁的方式去强行实施他们的决定。那些要求政府继续介入经济活动的人，其实就是在给政府更多强制自己的机会，并最终断送了自己的自由。”他认为，让人民互相和平、自由地交往和交易要比国家强制人们干他们不想干的事情对国家的发展更适用。

奥地利学派中当然也有很多看不惯他们的人，这些批评家比起奥地利学派给出的错误数据，他们更加在意的是导致这些错误数据的那些不受欢迎的政策。当 Mises 的著作《人类行为》被译成英文并出版时，一个书评家嘲讽这本书的作者说：“Mises 给人们传递的信息是资本主义就是上帝，但是接触资本主义其实应该是让我们有罪恶感的一件事情。”然而，接触经典自由主义的典范对 Ross 的影响是不可想象的。所谓经典自由主义就是指对于个人财产和个人自由的崇尚和对于小型政府的忠诚信仰，而不是欧洲那些政府高层官员很多的、社会福利极好的国家。Mises 还有他的前辈们，以及他的学徒们，比如说 Rothbard 和于 1974 年赢得诺贝尔经济学奖的 Friedrich Hayek，这些人的名字都出现在“线上交易网站”网络管理员的宣言中。

Ross 之后在“线上交易网站”的一个研讨会上写道：

“在读他们的著作中，我才知道了自由的结构和暴政的影响，但是这样的预想其实是个诅咒。

不管是哪个国家，政府的保姆式管理都有着使人们灵魂枯萎的可怕力量。然而，在这个世界中，我也看到了那些试图割断他们的脚链，愿为他们的同辈人、他们自己和他们爱的人做任何事。我看到了自由市场的神奇和生产财富的力量，它还培育着团队协作能力、公民素质和忍耐力。在这个市场里，陌生人甚至是敌对方都会成为生意伙伴。怎么可能靠规划这个社会每个人的每个思想行为，在如此错综复杂的情况下准确地预见财富的产生和流动？怎么能不产生任何资源的浪费就能让最合适的人干正确的事？”

Ross 对于经济哲学的不断研究使他感受到了一股皈依宗教的力量正在朝他袭来。他开始幻想在这个世界上不管哪个国家的男人和女人都好比在公共海域上不属于任何国家的军舰一样，他们想去哪里就去哪里，并且也没有必要服从外部权威。然而，他钻研这门学问钻得太深以至于他在他博士资格考试中竟然得了个不及格。这场失败对他来说不是件小事，他也感受到了少有的失落。但是如果他当初过了那场考试，“线上交易网站”可能就永远也不会出现在这个世界上，每个国家的政府也就不会为了这个未被发现的网络犯罪的“原产国”而头疼了，一切的一切都会是不一样的。

在他笔试资格考试失利之前，那个夏天，他曾经对他的朋友们和亲人们自信地说：“我对科学发现有着极为热情的追求。”但是，之后他对于科学的这种热爱慢慢地被他对商业贸易的兴趣而吞噬。与此同时，他还认为自己不应该只当一个置身球场外的局外人。他于 2008 年 6 月写道：“除对于市场的分析以外，我当然愿意参与其中，成为自由市场中的一分子。只是通过与他人自由贸易而获利已经不能满足我了，有更好的事情可以给我带来更好的体验。”而他想要做的事情就是造钱，并且要大量铸造。

在他放弃了他的博士梦，回到了得克萨斯州奥斯汀开始在那里攻读硕士学位后，他开始自学编代码。

后来在他计算机的日志中发现了他创造并运行“线上交易网站”的记录，他在日志中也表露出了他的自信，他认为他的黑市终有一天“会成为一种非凡的食物”，而且至少有一个人会在不知道他是网站的创造者的情况下跑来和他讨论这个“线上交易网站”。最终，他为了能够和此网上交易市场的用户更好地互动、交流，他以《公主新娘》中“恐怖的海盗罗伯茨”的用户名与用户沟通。18 世纪的海盗们将巴哈马群岛的新普罗维登斯作为他们的大本营，而 Ross Ulbricht 也有属于他自己的流氓国家。

这个“线上交易网站”于 2011 年 1 月正式上线。在全网，线上的地下交易这个概念第一次出现是在 2011 年 1 月 27 日，由一个在“psychoactive mushrooms”网站 Shroomery 讨论组里用户名为“altoid”的人提出的。当时 Ross 看到以后以一个凑热闹旁观者的身份在讨论组网页里写道：

“我无意中发现了这个线上交易的网页，这是一个允许用户以匿名的方式做交易的 Tor 秘密服务。我现在有意愿想要收购这个网站，有人听说过它或者想要跟我推荐它吗？”

“altoid”这个用户只在 Shroomery 上发表过一次文章，尽管两天后在 bitcointalk.org 上以同样用户名注册的用户又出现了，这个网站也就是 Roger Ver 在 2011 年 2 月开始疯狂阅览的网站。(“线上交易网站”的自属网站域名于 2011 年 1 月 23 日注册，而在 Shroomery 上的“altoid”于 4 天后注册成功，同样的用户名两天后在比特币讨论会里出现了)。

几年之后，一个用户名为“Timo Y”的比特币研讨会成员在论坛里发声说，这样激进、前沿的讨论到底是否可行？Timo Y 当时是这样说的：“以前这个讨论组还不是很成熟，感觉在这里发言的人都是梦想家，他们成天讨论着犹如威廉·吉布森小说里的情节，那些在现实生活中不可能发生的事情。但是，没过多久我惊奇地发现梦想竟然变成了现实，当初人们口中的比特币竟然变成了一个正规的交易形式。”

其实，“线上交易网站”帮了比特币一把，让它在线上黑市中真正发展壮大，因为在“地下交易”为使用电子货币敞开大门之前，很少有买家会去花费他们的比特币。2010 年 5 月 22 日，一位来自佛罗里达州 20 岁出头的软件编程员 Laszlo Hanyecz 通过网络向住在英国的一个人发出邀请，劝说那个英国人接受他用一万个当时 0.003 美分 1 枚的比特币去换两个棒约翰的披萨。据我所知，这笔交易是比特币整个历史上的第一次交易。也是正好三年半以后，当时 Hanyecz 手中的那些用来买披萨的比特币已经市值 740 万美元了。Hanyecz 说："比特币当时不是很值钱，所以用它们去换一块披萨还是很炫酷的一件事情，谁知道比特币会变得这么有前途。"

所有的迹象都表明，"线上交易网站"就是比特币蓬勃发展的最主要原因。Ross Ulbricht 的本意是想发起一种善意的乌托邦实验，这在现实世界几乎毫无价值，但是在地下交易市场第一次可以流通货币。在早期比特币用户和专家中，他们有一个观点是相同的。当时唯一一个比特币交易平台 Mt.Gox 在 2011 年年初显示出来的比特币价格走势更好地证明了"线上交易网站"与比特币之间是有关系的。1 月 28 日，Ross 在比特币讨论组宣布比特币诞生的前一天，比特币的市值是 0.43 美元；到了 1 月 31 日，比特币的价格已经是 0.43 美元的两倍了，并且在 2 月突破了一美元，这是一个持续了好几日且前所未有的增长。2011 年 4 月 16 日之后，比特币在日常的交易中再也没有跌至 1 美元以下。

2011 年 5 月 10 日，在一次价值 5 万美元的比特币区块被大量购买后，数字货币的价格飙升到了 5.99 美元一枚的价格，这在当时比特币小范围的商圈内引起了轰动。一个比特币讨论组里的成员说："我记得那些随意挑选 1 美元廉价短裤的日子。"

Roger 的观点是："也许一个在毒品贩卖市场中的轴心人物决定要使用比特币作为支付的货币了。"他的这个观点没有使他苦恼。尽管他非常厌恶毒品交易中产生的暴利，但是他明确地表示他相信个人的地位是大于一切的，所以每个人都有权决定他要成为什么样的人，也许这种想法是不符合社会现实的，或者可能是有潜在害处的，但自由要比让人们看惯其他人或者去强迫别人做某事要重要得多。他好几次向媒体透露过他的想法，他认为对社会真正有威胁的不是那些毒药贩子而是“那些警察、法官和监狱看守员”。他认为他在隆波克遇到的超过一半的犯人所犯下的罪都不构成侵害他人罪。

尽管这样，Roger 也是有底线的。虽然他后来选择支持 Ross Ulbricht，但是他不是无政府主义秘密委员会的一员，他不希望在网络上看到不良的市场，但是这逻辑的终点看起来却恰好是 Ross 提倡的那胡作非为的市场。

Ross，对他而言，是有一双慧眼的，这双眼睛可以使他预见“地下经济”，不像是任何被管理的市场，“地下经济”会给比特币一个将其他形式的货币踩在脚下的机会。尽管比特币是靠一个非法组织出名的，或者它天生就是个祸害，但是数字货币终将有一天会向全世界证明它的价值。他在“线上交易网站”发布 4 周之后沉思道：“比特币肯定有比其他的支付方式更加出众的、适合这个市场的特点，但是这些特点我现在还没有发现。也许将来有一天它会变得很稳定，而且被广为使用……但是商机就在于比特币和其他法定货币的兑换领域。”然而在 Ross 脑海里出现的在行业中突出的网站都会受到没有必要的法律制裁。这些网站很容易就会被抓出来，除非公司可以将管理人员的个人信息、家庭住址、网站后台的主机还有该网站用户的信息全部都藏起来不被发现，但是没有一个正常的网站是可以办到的。

他是很走运的。在不到 10 年之前，美国海军研究实验室发布了可以让人们匿名在网上冲浪的第一版软件。但是，三人帮——Roger Dingledine、Nick Mathewson 和 Paul Syverson 就已经在研究“洋葱路由技术”了，一个解决用户访问拥堵的办法就是转换到多个服务器，就好比用来逃跑的车子会突然在小街上改变方向以达到甩掉追捕者的目的。他们的“洋葱头”（简称为 TOR）这绝对是一个突破（后来简称改为了 Tor）。这项技术本来是只在美国军事情报人员内部使用的，因为他们也许有时候会像在一层神秘的外衣下与别人交谈。但是，2004 年美国海军研究实验室意识到，如果 Tor 只在美国政府部门内部使用的话，那不就是在告诉外界只要用 Tor 的就都是美国政府的人了吗，比如说在使用这个软件的美国中央情报局就会暴露，所以美国海军研究实验室决定将 Tor 向大众开放。Syverson 后来解释说："如果有一个系统是只被美国海军使用的，那么任何关于 Tor 的东西跳出来就都说明是从美国海军那里发出的了。现在我们需要一个可以让大家一起承载通信量的网络系统。"

比如说，你想要在你的计算机上登录推特。通常情况下，当你在网页浏览器上输入"twitter.com"时，你的计算机就会直接通过互联网服务提供商连接到推特的网页。然而 Tor 是与众不同的：Tor 将你的通信量通过 3 个中心或者轮换着按顺序依次发送出去，在你最终到达推特网页之前，Tor 对互联网服务提供商隐藏了你要去的地方，并对你要去的最终的网页隐瞒你的真实身份。你的互联网服务提供商只知道你是在使用 Tor；发送通信使得第一个轮回暴露你的真实身份的，因为你的计算机是与它直接连接的，但是第一个中心并不知道你要去往的页面就是推特；第二个中心既不知道你的身份也不知道你要去往的页面是什么，它只知道这个用户是在使用 Tor；第三个中心只知道你是要前往推特的。没有一个中心既知道你的身份也知道你要去往的页面是什么，用这种方式防止 Tor 的用户被监视。这种形式是可行的，因为 Tor 会记录你的信息，也就是刚才例子中所说的"我要浏览推特"这一条信息，然后将它进行三层加密，最外面一层加密可以被第一个节点揭开，第二层就被第二个节点揭开，那么第三层也就被第三个节点揭开，道理就如同剥洋葱一样。

换一种说法，通过加密和代理服务器，Tor 被包裹在一个不知晓所有通过它网络网站流量的乌云里，所以它不可能通过查看进入的通信流而去研究出这个用户要去向哪里。同样地，通过查看流出的通信流也不能知道这个用户的身份信息和地址。对于 Tor 的用户来说，一个好处就是从四面八方来使用 Tor 的用户会使整个流程更加不混乱，这些人可以是容忍着专制政体的那些持不同政见者，也可以是想要防止卖家们了解他们的购买习惯的消费者们，又或许是那些何时何地都在网页上的绝对数量。

截至 2007 年 11 月，也就是美国海军研究实验室将 Tor 对外发布 3 年后，这个匿名软件每天都会有 20 万个用户使用；7 年之后，Tor 的使用人数已经是 7 年前的 10 倍了，达到 230 万个用户，并且它现在的火爆程度仍然在增长。所有的这一切都说明 Tor 是可以放心使用的，因为如果当初只有黑市卖家使用它的话，那么这也就给了人们归罪于 Tor 的证据了。但是 Tor 是一个用户质量较好的软件，所以才可以从全球吸引这么多人来使用它。一位 Tor 的开发商说："以前总有很多可以隐藏你的位置、你在网上干什么或者隐藏两者的办法，但是让我们最惊喜的就是在过去这几年我们发现这些工具实在是太实用了。"

Ross Ulbricht 不仅用 Tor 隐藏了自己的身份信息，并且用它遮盖住了他的网站。在刚开始的时候，"线上交易网站"是只能通过 Tor 网络来登录的。它烦琐的网址——最初是 http://tydgccykixpbu6uz.onion——在你不使用 Tor 浏览器，而只是使用普通的浏览器时是根本无法找到"线上交易网站"这个页面的。所有的秘密都在这".onion"里面，它不像是".com"或者".org"又或者是一些最高层的域名，就如一个组织有一个内网，是只有内部人员能进入一样，这个网址也只有在使用 Tor 的情况下才能进入。尽管 Tor 提供允许用户运行秘密网络的服务，但是用户必须要将他们的网站设计得与其他网络没有太大的区别。因此，Ross Ulbricht 需要网站开发的能力（根据很多报告的结果，准确地说，一个像"线上交易网站"这样的秘密网站不是被 Tor 所拥有的。Tor 只是让普通浏览器无法接受的网址在它这里可以呈现出来罢了）。所以说，Tor 和比特币两者的结合让"线上交易网站"有了发展的前途。

当用户进入交易网站页面以后，迎接他们的是跟 eBay 差不多的一个页面。你会在一个列表中找到你喜欢的商品，并把它添加到你的购物车里，然后开始付款。虽然在这个网站上也有卖合法商品的，但是毒品那一个分类显然是整个平台最受客户欢迎的。“线上交易网站”使得人们不需要在那些狭窄阴暗的巷子里做毒品交易了；买家和卖家现在可以通过这个网站以不见面、不知道对方姓名的方式做交易。

在此网站短短上市几个月内，很多毒品就都在网站上有供应了。

但是那个在背后管理着“线上交易网站”的人明显是有原则的，因为在他们的网页中有一些东西是无法销售的，比如说“任何用于伤害或者诈骗的商品，像偷窃信用卡、暗杀或者大面积破坏性的武器”。不久后，这些原则都会被打破。很快偷窃信用卡卡号服务、假币、黑客工具及假身份证都在网页上出现了，但是零散的俄罗斯核武器承包商却不能在这个网站上出现。

虽然 Ross Ulbricht 曾经称他的“线上交易网站”为匿名版的亚马逊，但是这样说其实不够准确。不像亚马逊或者其他的网营商，这个“线上交易网站”不是直接卖东西的。它不是一个在线零售商，它更像是 Craigslist 或者 eBay 这样给买家和卖家提供交流机会的平台。卡耐基梅隆大学一个研究员在把“线上交易网站”和其他那些正大光明的同行网站做比较时说：“它更专注于确保买卖双方的隐私。”这个“线上交易网站”本身是合法的，就如租客在一片土地上所做的非法行为不能归罪于土地所有者一样，此“线上交易网站”只是一个提供给买卖双方的交易平台，它本身不是一个不合法的企业，所以用户在“线上交易网站”上面的不合法行为是不能归罪于它的。后来，因为这种说法，Ross 的律师在预审前动议时提出，他们不接受诉讼书所说的内容。因为政府不能说 Ross 对于此“线上交易网站”的用户来说扮演的是“一个组织者、监管者或者其他任何管理者的角色”。

换句话说，Ross 也许促进了犯罪活动，但是，仅仅为用户提供“线上交易网站”这样一个平台，是不足以违反针对毒品团伙头号分子的法律的。Ross 的律师在这个过程中扮演了相当称职的一个角色，他故意忽视了“线上交易网站”是一个买卖毒品平台的事实。在“数字市场”中，也就是“黑网”市场，买家是不直接向卖家付钱的，而是在他们提供的交易平台交割或者继续持有第三方合约，直到证券包安全到达，买方也付款为止。这是非常不同于 Craigslist 的，因为 Craigslist 只是给感兴趣的买家和卖家一个可以讨论他们想要的商品或服务的平台，并且可以直接地联系对方，Craigslist 也不会从交易中拿回扣。

当他的权威被质疑时，Ross 对“线上交易网站”用户回答道：“不管你喜不喜欢，我就是这艘船上的船长。”他继续以“线上交易网站管理者”的名字给用户发信息：“你是自愿登上这艘船的，如果你不喜欢这个游戏的规矩或者你对我有意见，那么你可以下船。”在讨论会上他又发了一条信息，进一步地对他的用户说；“我就代表线上交易网站，不管是市场、人或者企业都是我，所有的东西都是我”。他说，“线上交易网站”是绝对封锁、很安全的，这个断言不完全正确。

尽管 Tor 在正确安装的情况下会隐藏掉浏览历史和网页的管理者，但是这不代表它在法律面前也是不可攻破的。首先，Ross 编写了“线上交易网站”的代码，“幸福地奔向自由”，就像他自己承认的，用飞行中学来的 PHP 和 MySQL 拼接在一起。他发现自己经常要更新代码“去修补安全的漏洞”。其次，网页的设计允许用户上传文件，比如说商品的照片。像“线上交易网站”这样对外开放的网页，在给用户上述权利时，也就存在一些人会上传恶意代码的风险，比如说 PHP 脚本可以让上传者潜入后台服务器，然后摇身一变开始掌控这个网络。有些人也可以上传恶意软件，于是当别的用户下载了这个软件以后，他们的计算机也会受到伤害。尽管是有办法去避免这些问题的，但是像 Ross Ulbricht 这样自学成才的编程新手是不会考虑到这么多方面的。Runa Sandvik 说：“在那时，你需要把 Tor 看作一个正常的浏览器，而不是一个提供信息隐藏服务的网页。”一件更加不祥而且 Ross 还不知道的事是，美国国家安全局在过去的几年中一直在尝试破解 Tor 网页中的那些匿名的东西。

更多在“线上交易网站”上交易而发生的安全问题出现了。因为支付比特币代表这笔钱肯定是从某个地方付出来的，区块链也就成为了轨迹，网络分析技术可以通过这个轨迹秘密追踪到某个比特币的使用者。Sandvik 说：“在 Tor 上如果只是简单地浏览网页的话不会有什么大问题，但是用它去购物还是会出现问题的。”当然也就会出现商家发货时在货物中放非法物品的风险，买家也要承担将自己的地址泄露出去并且收到非法物品的风险。出于这个原因，“线上交易网站”在卖家须知中有着一套很详细的安全检查的措施。真空包装的毒品可以逃过警犬的鼻子；内有填充的包裹可以防止商品在运输过程中被打碎；机器打出来的地址要比手写的地址更不方便被追踪。Ross Ulbricht 告诉那些卖家们，他们的目标就是要让寄出去的包裹“可以完全融入所有包裹中去，没有任何的突兀”。

除这些风险之外，在整个市场的买家圈中，形成了一种“线上交易网站”是没有任何安全隐患的、坚不可摧的想法。大多数的“线上交易网站”用户，不管他们是在网上买禁书、色情作品或者毒品，这些人十有八九都不会考虑区块链带来的潜在危险。Sandvik 说：“他们以为用 Tor 和比特币就可以使他们处于匿名状态，并永远都不被抓到。”很长时间内，Tor 和比特币确实可以保持用户一定的私密性，所以也就有了一传十、十传百的效应。

一个网名为“StExo”的在“线上交易网站”洗钱的人后来回忆说：“刚开始的时候大家都挺老练的，每个人都很安全，大家也都很警惕。当时没有安保系统，因为来到这个网页试图买‘线上交易网站’上销售的那些东西的人都是非常有防范意识的。”

在比特币讨论会上，就算因为 Ross 的“线上交易网站”这个市场在影响着比特币的价格，他在讨论会上还是扮演着电子货币价格预言家的角色。他在 2011 年 3 月警告人们说："虽然我很看好比特币长期的发展，但是绝对不认为比特币会平稳发展。"在 2011 年 4 月底，每一比特币的价格是 2.59 美元，他运用可以预测股市走向的艾略特波浪理论做出判断：在这个月初大家见证到比特币市值超过 1 美元，但是在月末它会以 4.54 美元收盘。他决定要将自己所有的比特币以 4.2 美元的价格抛售，然后等到比特币跌到低于 1 美元时再将它们买入。在 2011 年 5 月 10 日，比特币开盘价为 3.8 美元，并且很快就涨到了 Ross 预估的 4.25 美元，这样的涨幅让 Ross 赚了 4 倍的本钱。但是，价格并没有像他预计的那样回落，而是继续飙升，在那一天以 5.99 美元的价格收盘。3 天后，Ross 还是认为比特币的熊市随时可能出现，尽管比特币的价格还在持续增长，一直飙到了 8.45 美元。

然而，一件事情的发生不仅粉碎了 Ross 的预言，而且让他长期处于幕后的地下市场曝光了。

一个横跨二线媒体和一线媒体的新闻社 Gawker 在 2011 年 6 月 1 日曝光了此"线上交易网站"。

此媒体将"线上交易网站"销售的所有毒品及它电子商务的交互界面更加详细地报道出来，在报道中记者还将黑市形容成了"一种好似是从网络朋克小说中出来的东西"，并且将"线上交易网站"上的购物体验描绘得就如在亚马逊上买一本书那样安全和大众化。关键是，记者还在报道中曝光了这个"线上交易网站"的资源地址，并且指明必须要用 Tor 才能进入真正的网页。这条爆炸性的新闻甚至引用了记者和 Ross 邮件往来中的一些对话，当然 Ross 当时是以"线上交易网站"的名字和记者对话的，他在"线上交易网站"上"恐怖海盗罗伯茨"的用户名当时还没有被挖出来。就像一个罪犯会答应接受采访一样奇怪，Ross 在一场只有对他的采访中大肆宣传一位对他本人和很多其他早期比特币玩家影响很大，且呼吁废除美国极端左翼自由党人 Samuel EdwardKonkin 三世，他提出了“反经济学”，这种策略讲的是可以绕过政府部门的管理，从而削弱政府从税收和关税中所获益的权利。但是 Ross 在接受 Gawker 采访中所说的话，可比 Konkin 的“剧本”离谱太多了，他说：“与其用你们交税的那些钱去资助这个国家，还不如把这些钱投入黑市中去。”

Gawker 的报道触发了媒体的广泛注意，事件的高潮发生在 2011 年 6 月 5 日，在一名来自纽约的民主党议员举办的新闻发布会上，他向媒体谴责了这个“线上交易网站”，称之为“他从未见过如此厚颜无耻地在网上兜售毒品的网站”，并且呼吁美国政府立即将“线上交易网站”叫停。他说，美国缉毒局知道这个网站，但是他没有确定地回答说相关部门是否已经开始搜捕行动。

开始，Ross 还是相信他的安全协议和比特币，以及 Tor 浏览器对他隐私的保护，他认为这些防护措施可以使他远离法网。所以“线上交易网站”在事情曝光后还是正常营业的，但是 Gawker 雇了很多人去注册成为“线上交易网站”的用户，所以“线上交易网站”的规模不降反增。到那时，Ross 已经从这个“线上交易网站”每笔交易中的回扣挣得 10 万美元了，并且这个线上市场每个月都会收入 2 万美元。

所以当 Mt.Gox 受到灾难性的黑客入侵时，Ross 却在幸灾乐祸并且从中获利。在那之前几个月，Ross 把他的比特币以 8.5 美元的价格卖出，并获得了薄利。等到 6 月 6 日，比特币的价格已经涨到 18.5 美元了，但是他不担心自己错过了这艘向空中飞去的火箭。他打算在“比特币被认为是不合法，然后大家都认为它是夕阳货币”，并且比特币的价格暴跌到 1 美元后，再重新买入比特币。于是他在 Mt.Gox 上设定了一个每比特币 1 美元价格的共 25000 美元的订单。

他自己也不知道要多久才能实现他的愿望。当黑客入侵并开始大量抛售比特币使得价格跌入低谷时，Ross 的一份本来价值 22000 的合约，在当天的价格下升值到 371580 美元了。因为比特币降价抛售所带来的预料之内的疯狂购买，比特币的价格重新涨到了 10 美元。Ross 对同样玩比特币的人说："让总共价值 20 万美元的比特币待在 10 美元的位置，这实在是太垃圾了。"

Ross 尝试着把他从 Mt.Gox 获利的比特币转入他的电子钱包里，但是他和黑客都遇到了一个相同的问题：每日取钱有上限。他想要取出 80 比特币，但这实质上就是在从交易中偷钱。当 Roger Ver 正在连夜帮助 Mt.Gox 重新上线时，他表面上的战友却在试图利用黑客的入侵利己。

Ross 说："希望当网络恢复之后，我的钱能回来。"但是现实是很残酷的，当 Mt.Gox 找回了所有崩盘前的数据时，Ross 的意外之财也消失了。他总结说："我不觉得我现在是一个百万富翁了。"但是他也不用心急，因为他的"线上交易网站"正在吸引越来越多的用户。

"线上交易网站"跟数字货币市场一样具有革新意义，它正站在最前沿引领着整个世界趋势。在 2008 年金融危机和紧随其后的全球经济衰退之后，黑市在全世界激增。一种很简单的解释，这种"阴影经济"或"非正规经济"，是指在黑市中的每笔交易政府都是看不到的。它被称为"非正规经济"是因为黑市从来都不受国家政府的控制，早在联邦税务局成立的时候，就有黑市出现了。就比如说，相邻的两个农民，一个用一筐番茄去换隔壁农民的一打鸡蛋，他们不会因为做了这件事情就对这些食品进行估价，并将其加入他们所交的税里，这两个农民因此被认为是参与了非正规经济活动。又比如说，大家都见过的小女孩儿夏天在街边卖柠檬汁，她和她的父母既没有向政府上报卖柠檬汁所得的收入，也没有将小姑娘从她邻居那里挣来的钱用来缴税。作家 Robert Neuwirth 用奥地利约翰开普勒大学经济学家 Friedrich Schneider 始于 2003 年的经济学数据，在 2011 年秋季估算出全球黑市的交易总值已经达到了 10 万亿美元。

Robert Neuwirth 为 Foreign Policy 写的一篇文章中称黑市是"现在经济发展最迅速、最有前景的市场"。

所以说除美国之外的任何一个国家的GDP都会不及黑市的交易总值也就不足为奇了（除公开的那些文件证明，Ross的地下身份“Dread Pirate Roberts”扮演的是一个帮助第三世界人民通过售卖非法DVD来消除贫困的角色）。但是就算是Schneider的模型估算出的黑市交易总额也许都估低了。在他们的估算中，他们就没有将代人照看孩子这个工作所得收入算进去，也没有将“非正规家庭经济”中的任何一个部分纳入他们的估算中。在他们的估算中，Schneider也会尽量避免估算那些比如说抢劫或者毒品交易挣来的钱。如果把上述的这些交易所得收入都算在里面的话，那么整个黑市将无疑是世界上最大的经济体系了。

尽管法律部门成功的案例很少，但是近几年正非常努力地想要根除那些不是很让人愉快的网络。早在1997年，那些用来讨论怎样种植非法毒品，还有在哪里能购买到这些化学制品和制作毒品机器的网络论坛，如果不是完全买卖违禁品的话，会直接出现在网络上。这些网站早在互联网兴起之前就在新闻服务器时代出现了。尽管这些网站有着它们使用起来不方便的地方，但是不管是那些靠着求知的本能想要多了解一下新兴事物的人，还是那些真正有犯罪企图的人，因为他们的加入使得这种网站才能一直延续下去。美国联邦调查局不但让网络中最有名的写如何制作摇头丸书籍的作家破产了，而且关闭了他在德克萨斯州为其他生产毒品者做先例的化学制品公司，并且通过他的这个案件一举破获了好几个贩毒团伙。尽管如此，那些偷偷摸摸制造、销售非法化学品的网站还是活跃在社会上。

这个“线上交易网站”为毒品市场打开了一扇大门。“线上交易网站”与在它之前的任何毒品交易平台都有所不同，不只是在数量上有跨越式增加，在性质上也有不同。用议员Schumer的话来说：“就像辛辛苦苦靠自己造汽车的人，总要比世界上拥有汽车的人少一样，那些在自己家里厨房辛辛苦苦、冒着风险制作着他们自己的非法毒品的人总要比那些只是买毒品的人少，而且少太多了。”“线上交易网站”虽然与之前的那些线上毒品交易市场一样充满着热情，但是它拓展到了一个前所未有的发展范围，就像是比特币在货币和商品王国中前所未有的地位一样。当 Ross 自己提出这个话题时，他时而沉思，时而兴奋。在他感到兴高采烈以前，他自问道：“世界上有多少个商机已经被匿名网上市场给填补了？能够将一场壮观的革命壮大，并且参与其中的机会就在我们的手中啊！”

截至 2011 年 11 月，在“线上交易网站”上的公共列表上已经有 220 个活跃的卖家了。截至 2012 年 2 月初，就有 281 个，到 7 月底就有 564 个。大部分的卖家会在加入“线上交易网站”3 个月后消失，但是这并不代表他们真的退出了。当小商贩们在“线上交易网站”上已经建立起较好的名声，并且有了自己的客户群以后，他们就会选择隐身，这是他们的一种习惯做法。这样做也就代表着他们在公众市场是隐身的，只有那些知道他们真正网营店网址的客户，也就是那些他们信任的客户才能与他们交易。那些有公众页面的卖家也可以为某些客户指定隐藏列表，比如说如果他们想要给忠于他们店的一些老客户折扣商品或者当他们为一帮独具慧眼的鉴赏家拿到了稀有商品时，商家都可以把这些客户加到隐藏列表里来。这种隐藏模式对于“线上交易网站”的用户来说，也是一种可以让他们免于落入法网的方式。在 2011 年的秋天，一位来自澳大利亚科廷大学国家药物研究所的教授 Monica Barrett 在学科杂志 *Addiction*（《上瘾》）中称：“‘线上交易网站’已经革新了在网络中获取毒品的方式。”

当顾客们蜂拥而至前往非法市场时，他们对于比特币的需求也就使比特币的价格增长了。

就像一个热门股不能避开雷达的搜索一样，比特币也遇到了同样的情况。不仅那些较早的企业家（如 Roger Ver）参与其中，那些曾经对比特币表示不屑一顾的投资者和科技人士，还有那些早期就了解比特币，称其为黑客的玩具或者政治圈的独裁货币的记者们也对比特币产生了兴趣，并想进一步看看它的操作流程。不久后，硅谷就要求拿到比特币这个新兴技术。

比特币确实是一个新兴产业。虽然在全球范围内开始有越来越多的毒品商贩和无政府主义者使用它，但是电子货币的真正实施还是很难做到的，因为它虽然对技术怪杰们很有吸引力，但是普通人很难学会存储和花费比特币的技术。比特币现在需要更多的捍卫者了，它也需要更完善的基础设施，它更需要一个真正懂它的有用之处，并将它简化的人。

CHAPTER 03

灰帽黑客

面对一个非自由世界的最好方式就是让我们的存在本身成为一场自由的革命。

——阿尔贝·加缪

当他已经成为一个合法的企业家以后，Charlie Shrem 还是喜欢把自己当成一名黑客。

他感觉“黑客”这个称呼已经成为他的一部分了。他声称，他在九年级的时候就已经潜入德国机场的安全系统，并且控制了十几个安全探头；后来，他曾经侵入加纳大学的计算机系统，居然受到一个冗长的大学系统安全漏洞警告的邮件启发就把坏事干了。在当今这个世界上有两种黑客，一种被称为“黑帽”黑客，他们蓄意闯进系统想要盗取人们的身份信息或者摧毁这些信息；另一种是“白帽”黑客，他们被公司雇佣寻找这些公司的系统是否存在安全隐患。白帽黑客们具有被允许侵入其他系统的执照，并且他们做这些其他人来做会是犯法的事情所得来的报酬是相当可观的。然而 Charlie 作为一个容易反抗和造反的人是不适合当白帽黑客的，但是他也不至于恶毒到去做黑帽黑客，所以只能待在这两个极端中间，当一名灰帽黑客了。如果说他既没有经过允许就侵入他人的系统，也没有心存恶意侵入别人的系统，而且就加纳大学这一事件来说，他还将自己做了什么，怎样侵入的经验分享给大家，他就成为一个没有佣金的事后白帽黑客了。Charlie 说那些曾经被他入侵过的受害者们事后都很感谢他，所以也就没有采取任何法律行动了。

在网上，当 Charlie 在黑客圈活跃的时候，他的网名是“洋基”，他在一个名为 Christer Mustvedt 的挪威人所领导的小组，Christer 的网名是“Casi”。这两个瘦巴巴的年轻人很快就成了朋友。在他以 Casi 身份出现时，Christer 主持了一个 10000 多人组成的黑客网上讨论组，一开始的时候这个讨论组的名字为 ZerO-Day，后来变成了 CasiHacks，之后经过一番调整，又先后改名为 CyberXtreme、TheUnkn0wn 和 XtremeRoot，这个讨论组不仅给大家提供讨论的机会，并且给成员提供偷窃来的信用卡、特洛伊木马或其他的恶意软件、黑客工具、技巧、贸易时的诡计、关于海盗类的电影及电视娱乐节目。Charlie 被这个讨论组深深地吸引了，因为它充满着激情和不被拘束的自由。就如同其他很多青少年一样，他也想要在网络上找到一个他在现实生活中找不到的地方：一个真正属于他的地方。他说：“我已经在学如何编代码了，我是我的朋友圈中唯一一个知道编代码的人。所以我想要在网络上找到一个可以和我一样懂编代码的朋友，并且和他们一起讨论。”他不能与他在真实世界的朋友们分享这份对于智慧的热情。他的朋友通常会说：“你在说啥呀，Charlie，我们听不懂，去打球吧。”但是在黑客讨论组中及在网上聊天室里，他是“一名懂编代码的名为洋基的人”。

在俄罗斯人和犹太人聚居的布鲁克林，Charlie 的父母有一栋大约 2500 平方英尺的别墅，而 Charlie 就住在这栋别墅的地下公寓里，在那里 Charlie 慢慢接触着那个他父母无从知晓，Charlie 却在里面臭名昭著但又被他无限崇敬的阴影世界。像他的很多朋友一样，他去的学校是一个传统的犹太人学校。但是在网上，作为一个犹太复国主义者，他发动了一场与巴基斯坦黑客之间的激战；他也帮助他的讨论组避开那些来自其他讨论组的入侵。2009 年，一个很有权威的科技博客 MakeUseOf，将 CyberXtreme 评为“五大教会你成为黑客老手的网站”的第一名。在黑客圈里一直都有帮派和帮派之间的对抗，Charlie，作为“洋基队长”，在让 CyberXtreme 成为超越其他讨论组的过程中是立了汗马功劳的。

但是当他快要成年时，这一切都已经是过去式了。尽管这样，他还是会被那些阴暗面的事情，在角落不容易被发现的事情，还有真正的行动任务而吸引，也就是这样的好奇心让他听说了比特币。在其中的一个故事版本中，Charlie 确实是在中本聪宣布比特币诞生的那个密码学邮件讨论组里；在一场采访中，他回忆起看见中本聪的邮件和看完的想法："这简直就是荒唐，比特币到底是什么破玩意儿，它根本就不会有用。"他说他第一次听说比特币可能是在一个他熟悉的黑客论坛里。记忆像一个不靠谱的车驾，发布关于邮件群的故事的那位记者说，此事发生的年份是 2010 年，而不是中本聪发布比特币的 2008 年。

尽管记忆有时可能会扭曲，但是不可否认的是，在 2011 年 6 月初，Charlie 真的开始对比特币产生了极大的兴趣。他为了能够开始积攒比特币，给 TradeHill 发去了一笔汇款，而 TradeHill 是一个新的比特币交易平台，也是 Mt.Gox 最强劲的对手。他开始在网上用美国捷蓝航空公司的收据和公里数去换比特币。他那时 21 岁，而且已经是一个自大的、对自己充满信心的、认为自己一定会很快成为成功的企业家的人；一位在比特币讨论组里注册了账户的退休黑客沿用了 Charlie 的网名"洋基"。2011 年 6 月，新闻里都是关于"线上交易网站"的报道。他在一篇报道后面评论说："真倒霉！这些记者可以不用再报道这个'线上交易网站'了。它现在已经引起了广泛关注，但是如果最后它倒闭了，那我要去哪里卖我的曲奇饼干啊？"

他大部分的自信都是高中时期在校内和校外形成的。但是，当时 Charlie 还没有资格住在布鲁克林的 Flatbush。在他 14 岁的时候，他只有 1.58 米高，缺乏自信并且也没有什么特别的计算机技术，他自己说："我只会把计算机打开然后上美国在线看看。"而且，他对什么事情好像都没有什么天资，也不是很在乎课业成绩。他后来说："我当时是一个不敢交新朋友，也不敢尝试新事物的小男孩儿。"就这样对自己失望着，他开始把计算机当作了一种娱乐消遣。他说："我当时确实需要一个能够发泄情绪的方式，所以我开始对科技产生了兴趣，并且开始像吸尘器在脏地毯上工作一样地吸取新知识。我会在计算机前一坐就是好几个小时，做着实验，学着新东西。"也就是这样，一个当时谁都没有想到的天才"苏醒"了。4 个月后，他就已经是那个潜入机场系统查看他们的安全探头的人了，他真正成为了"洋基"。

在一个犹太人的劝说下，他加入了他所在学校的视听社团，就这样，他迅速成为学校的大人物。因为他用他刚学到手的计算机技能帮助学校设计出版物，并且制作视频。在他的闲暇时光，他经营起了一家修计算机的小铺。他说："我有一个叫显现节设计与出版的公司。我也不知道我为什么要给它叫这个名字，我就是喜欢显现节这个词罢了。真正让我感到兴奋的是我可以骑着我的单车去别人家帮他们修计算机。"他的劳务费是每小时 50 美元。人们往往都很愿意付钱给这个弱不禁风、语速很快，并且对计算机有独特天赋的犹太男孩儿。他说："这钱来的还是比较容易的。"他从一个害羞、胆小的孩子蜕变成了一个矮小、充满干劲的人。

他得到的东西或者实现的目标越多，他就有越多的梦想想要去追寻。

2009 年年初，当他在纽约城市大学下属的布鲁克林学院读书时，Charlie 在一个叫作 Daily Checkout 的公司上班。"每日交易"网站给客户提供特殊折扣的平台，大部分的打折商品和服务都是当地的一些公司提供的，也就是在这个公司，他加入了"每日交易"网站的思想飞绪中。Groupon 这家后来成为这个行业佼佼者的公司于 2008 年 11 月在芝加哥成立了。

Charlie 所在的 Daily Checkout 为顾客提供的是与其他商家相比便宜很多的电子商品，Charlie 作为这家公司的营销主管是不走寻常路但又很有天赋的。有一次，他为了推销一款 2G 的照片储存卡，写了一首诗，内容是这样的：

“感谢你提供给我们这么便宜的 2G SD 卡，每日清算。现在我的老婆不会再因为我不得不删掉的照片而找我麻烦了。”

身为“洋基”，他还是过着他的双重生活，但是他做黑客的日子已经接近尾声了。就如时机会成熟一样，机会也一样会溜走。正当 CyberXtreme 开始处在风口浪尖的时候，Charlie 渐渐对这个事业失去了兴趣。他说：“其他人开始入侵 CyberXtreme 内部，损坏我们的页面，偷走我们的域名，所以我们只能选择侵入他们的系统作为报复。这就是一个非常危险的旋涡。我既觉得它恐怖又觉得它没有任何的意义。”更糟糕的是，他后来回忆说，他挚爱的灰帽论坛正在一步步踏入黑帽黑客的深渊：他们讨论组里的一些用户与一群无名的黑客行为主义者拉帮结派。Charlie 对这件事情高度重视，他意识到他再也不能参与其中了，因为他有一家创业公司啊。“我不能因为这群垃圾而惹祸上身，”Charlie 说。最终，他将他的焦点转移到了自己的生意上。

在他年少时，一切都只是玩笑，只是为了好玩儿去做，但是现在他要变成一个有担当的男人了。

对于 Christer Mustvedt 而言，尽管他确实证实自己拿下了当时宣称要与 CyberXtreme 对抗的 3 个网站，但是他记不清楚 CyberXtreme 与其他网站之前的冲突到底有多么严重，他也记不清楚他网站中的任何成员以匿名的方式与他并肩作战。关于他这笼罩在阴暗中的讨论组，他说他的政策永远都是要向左右阵营的黑客敞开怀抱，要让他们能够说干就干，付诸行动。

“我们不属于灰帽黑客，也不是白帽黑客或者黑帽黑客，如果有人非要知道我们对自己的定位的话，那我觉得我们是一帮戴着彩虹帽的家伙。”不管 Christer Mustvedt 怎么说，Charlie 就是想要让所做的一些事情合法化。因此，他就要面对一个艰难的抉择，最终，他选择了离开。

但是到了2011年年初，他开始对“每日交易”产生了厌倦之情。与此同时，比特币成了他的心头爱。于是，他开始在各大比特币讨论组中埋伏着，并阅读着中本聪和其他人发布的言论。

2011年6月，他无意中发现了一篇由23岁来自威尔士名为Gareth Nelson的程序员发布的帖子，内容是召集人们投资一个可以加速人们把钱存入比特币交易的服务网站。在那时，银行电汇负责大部分的转账，可以使资金转入Mt. Gox的办法屈指可数。但是就在这些仅有的办法中，转账的速度也都太慢了。比特币市值的增长突然增加了人们将比特币转入和转出系统的需求。因为比特币价值的飙升，人们开始认为比特币是一种真的货币了；人们都想要在它便宜的时候买进，并且在它跌之前卖出，但是，转账的时间如果需要好几天的话，这真是太让人窝火了。

在这种情况下，就必须要有一个人站出来提供资金援助。住在英国的Gareth在2011年6月13日称他会伸出援手，那一刻对于在纽约的Charlie来说还是半夜呢。在前一天，Mt.Gox见证了它自2010年10月以来的次高交易额，2010年比特币的市值是0.09美元，但是2011年的这一次交易按当时的汇率来说交易额是151194.16比特币，也就是245万美元。对于Gareth这样的公司，这个机会对他们来说实在是再好不过了，但是他的公司当时手头很紧，他需要至少1000美元去启动，所以他在网上写道：“有没有人有兴趣，想要投资？”

Charlie是第一个做出应答的人。经过和Gareth的交谈，他在私信中向Gareth要了更多更详细的信息。Charlie说：“我愿意与你一起工作。”于是这两个年轻人就互相点击鼠标，开始了他们的合作。Gareth当时正在学计算机科学和心理学，他的目标是为人工智能做贡献。他为Charlie企业家的身份背景所折服。Charlie对Gareth说他有可以掌握网络服务的资源，并且他也可以获得融资。Charlie还拿出1000美元作为启动资金的一部分。Gareth说：“Charlie不只关注钱的问题。我本来只想找个投资人的，但是 Charlie 是一个以大局为重的人。”

在 Charlie 主动联系 Gareth 还不到 8 小时后，他们成为了合作伙伴。

Charlie 说：“我们一开始就决定由我负责所有关于商业方面的决策，并且他会完全信任我。那么所有关于编码、编程的决策都由他来做出，我也会 100%地相信他。”他与 Gareth 从来都不打电话，只通过邮件和信息来沟通。Gareth 这个有着一口浓厚的威尔士口音，并且患有亚斯伯格症的人，还是通过敲击键盘来交流比较合适；而对于 Charlie 这个已经适应和那些他不知道真实身份的网上黑客们交谈的人来说，与这个他从来没有见过的 Gareth 合作也不会成为什么让他担心的事情了。Charlie 说：“我已经适应这种情况了，事实上，我觉得这样更好。”

在 2011 年 9 月 1 日，他与 Gareth 创办的 BitInstant 上市了，人们马上就对他们公司的服务有了需求。

BitInstant 的第一个交易是与当时从 Mt.Gox 那里抢到势头的 TradeHill。2011 年 7 月，TradeHill 总管就退款问题与该公司的支付服务供应商 Dwolla 发生过争吵。TradeHill 与 Dwolla 合作有两个原因：第一是因为它极其低廉的手续费——每笔只收取 25 美分，这让 TradeHill 所做的决定比强它太多的 PayPal 还要英明；第二个原因是 Dwolla 有一条永远不会交易回流的政策。交易回流或者退款是两大让客户在一个不安全的电子货币时代唯一能抓住的安全网，但是它们同时也是每个商人的灾星。当退款正式成功后，也就意味着倒霉的商人们就要在货物已经发出的情况下把钱退给客户。TradeHill 与 Dwolla 合作期间，最不想发生的就是由于虚拟 Bitcoin 购买而在交易平台上损失钱。

但是这事儿还真就发生了。事情是这样的，比如说一个顾客会在网上注册一个 Dwolla 的账户，这个账户是和她的美国富国银行的账户连接起来的。假设她买了 10 比特币，在 2011 年 7 月 15 日那天的市值是 13.9

美元，那么一共也就是 139 美元。她会在支付的时候选择 Dwolla 作为她的支付方式，然后 Dwolla 会从她美国富国银行的账户里取走 139 美元，到现在为止，没有任何问题。但是随着时间的推移，TradeHill 发现他们的内部销售额和他们所收到的美元交易总额是不匹配的，这中间有一个巨大的差额。根据 TradeHill 所说，Dwolla 有时会在交易完成好几天甚至好几个星期后才开始退款给那些要求退款的人们，并且从来都没有人发现过，这也就使得 TradeHill 很难连贯地查看交易总额了。

2011 年 7 月 25 日，TradeHilly 因为问题无法解决而停止了与 Dwolla 的合作，这就像是为了救一个人必须要截肢一样。就算终止了合作，血还是止不住地往外流：TradeHill 后来称，在那个 8 月，Dwolla 还是在回流上个月的交易。TradeHill 的代表后来说，当时公司真的亏损得一塌糊涂，亏损了上万美元，连员工的工资都付不起了。在接下来的两个月，使用 Dwolla 作为交易中介的交易总额超过了 200 万美元，这其中包括能够使公司拿到一小部分回扣的比特币和美元互换交易额。虽然那些使用 Dwolla 支付的顾客可以给他们收益，但是公司不能再继续使用这样一个容易让骗子得逞的支付方式了。

TradeHill 和 Dwolla 之间的矛盾给了 BitInstant 一个机会。Charlie 说：“所有的一切都完美地交织在了一起。”BitInstant 会让 TradeHill 和 Dwolla 之间保持平衡。虽然这两家公司不合作了，但是 BitInstant 的客户们可以从他们 Dwolla 的账户里将钱转入 BitInstant 的 Dwolla 账户里；反之，BitInstant 会从公司在 TradeHill 的账户里把钱打进客户 TradeHill 的账户里。简单来说，Charlie 和 Gareth 在本来的鸿沟之间建立了一座桥。

顾客们的订单排成了一条龙，所有顾客都是先到先得的。关于转账服务，Charlie 吹嘘着说：“它最多需要 5 分钟。钱从 Dwolla 账户到我们账户的平均速度是 11 秒。”但是这家公司很快成为它自己成功的受害者。当一个客户确认取钱后，BitInstant 马上就把钱存入了该客户的 TradeHill

账户，但是因为银行的支付服务提供商很慢，所以 BitInstant 需要等几小时或者几天才能收到客户取出来的那笔钱。因此，BitInstant 需要一笔稳定的现金流作为金融缓冲。但是很快，公司发现他们没有那么多钱。

Charlie 和 Gareth 其实一直都想要和这个世界上首个也是最大的比特币交易平台 Mt.Gox 合作，起初他们是想叫 Fast MtGox Pay 的，但是 TradeHill 给他们提供了一个合作的机会。

Gareth 说："合约的一部分是说我们可以有暂时的所有权。" Charlie 为了维持公司，他和前美国海军、TradeHill 的创始人 Jered Kenna 达成了一个特殊协议。Charlie 会在一个 BitInstant 的顾客进行交易时截屏这个交易的额度，然后发给 Jered，Jered 需要马上将 BitInstant 给客户存的相应的钱数填补到 BitInstant 公司的 TradeHill 账户里，所以 BitInstant 就会在下一个用户要取钱时有足够的钱了。Charlie 说："我一给他发截图，他就会把钱转进账户里。" 但是尽管这样，结果还是不尽人意的。BitInstant 需要的是一个真正的、速度必须很快的投资者。

当 Charlie 18 岁时，他将他的大众 Eos 卖给了一个叫 Keith Rosenbloom 的人，而且这个人还挺喜欢这个傲慢自大的犹太小孩。Keith Rosenbloom 是一个眉毛浓密、头顶有点秃、面容很平静、行为举止都很严肃的人，然而这个人原来就是纽约一家医疗投资机构的管理人员。Charlie 和 Keith Rosenbloom 是在 Swapalease.com 网站上认识的，这是一个二手汽车代理商，为想要卖车、买车或租车的人提供一个平台。Charlie 回忆说，Rosenbloom 愿意帮助任何一个正在领导一个公司且又需要资金的年轻人。2011 年 9 月，Charlie 遇到了资金短缺的问题，但又不知道找谁帮助他，所以他最后给 Rosenbloom 去了个电话。

一切都开始得特别好。Rosenbloom 让 Charlie 到他位于纽约东部中心位置，第三大道 830 号的办公室。他的办公室在一个 141000 平方英尺（1 英尺=0.3048 米）、由玻璃和钢拼接起来的、像水族馆一样的楼里面。

Charlie 对投行工作一无所知，他只知道如果他自己有足够的能力去说服他的投资人，那么他将得到一张大额支票。大堂的地板是由红灰色大理石拼接而成的，在大堂的上方是一个高达 20 英尺的拱形屋顶，这跟他在布鲁克林居民区的地下室简直就是天壤之别。然而，当他真正开始和 Rosenbloom 交谈时，他发现自己根本就没有什么说服力。他后来失望地说道："我当时对比特币的理解程度还不及我现在的 1%。我很难向 Rosenbloom 解释比特币是个什么东西，也不能解释清楚我们当时到底在干什么。" Rosenbloom 后来说："我当时的反应就是你们的交易中如果没有安保系统，那么要怎么阻止洗钱的发生呢？"

然而，Charlie 回忆说 Rosenbloom 没有审查这位年轻企业家的主张的能力，所以他介绍了另外几个懂得如何检验年轻企业家的投资人。其中一个因为投资了一家手机游戏公司 Zynga 而挣到了钱，另外一个投资了一家酒店评论网站：website Oyster.com。Charlie 记得 Rosenbloom 说："如果你可以说服他们中的任何一个投资你的公司，那么我也会拿出我自己的 15000 美元给你"。Charlie 使出一切招数劝说他们，但是却都以失败告终。他当时就是一个有一台笔记本电脑的小屁孩儿。那一段回忆 Charlie 现在想起来都还深深地刺痛着他的心，他说："当时我简直就像个笑话一样，他们都嘲笑我、看不起我，没有一个人相信比特币会成功。"

上帝给他关上了一扇门，他却找不到可以打开的那扇窗。时间的流逝就代表着他们公司距离倒闭又近了一步。他说他当时请求 TradeHill 能够给他们更多的信贷。渐渐地，Charlie 的父母意识到他们的儿子好像陷入了金融危机。当他给他的父母解释比特币是什么东西时，他发现比他跟 Keith Rosenbloom 解释的时候还要困难。但是，他父母还是很愿意赌一把的，就算他们不知道他们的风险有多大。他妈妈告诉他说："我对你所做的一切都一无所知。"但是他妈妈给了他一张 10000 美元的支票。Charlie 说："当时这笔钱实在是雪中送炭，它对我们的帮助实在是太大了，但是我们都知道这笔钱维持不了多久。”

尽管他遇到了困难，但是他在比特币圈里还是照样昂首挺胸的。他告诉所有人说：“我在整个美国会见很多投资者，还有那些在金融界有很高成就的人。”但是他的目标不只是寻找种子资金。在这个月之前，BitInstant 遭遇了两起黑客攻击，并且还遇到了技术问题，这些问题使得 BitInstant 不得不在接下来的几天每天都下线几个小时。虽然黑客最后没有侵入到公司的资源库，但是他们所做的一切足够引起公司的注意了。Charlie 已经不是一个黑客了，只是在网上搞一些网络恶作剧罢了，他是一个可以遭遇失败，然后奋身跳入火坑去抢救的人。

当网络在下线状态时，他自己会日以继夜地守在计算机旁手动帮助客户操作转钱手续，还要处理客户的邮件、电话和网上信息，但是，这一切对他来说工作量实在是太大了。

因为他的努力，公司正在慢慢复苏。到 2011 年 11 月底，他为用户们已经转移了总共将近 400000 美元的资金了。大部分的生意都来自那些尝试套利的人们，所谓套利就是指利用暂时性的价格差来营利，比如说当你在 Mt.Gox 上以低价买入了一笔比特币，然后再在 TradeHill 上以更高的价格卖出，反之亦然，这一切的操作只要在当天市场关闭之前就可以。比特币作为一种价格较低的交易资产，为套利者提供了很多机会。没有什么风险就可以获利，虽然套利不是什么高尚的事情，但是如果人们手速够快，这是一个很容易赚钱的方式，只要你能找到价格的差异，那么套利这种方法就可以帮你赚钱。越来越多的人意识到 BitInstant 是一个将钱转入他们交易账户的最快的平台。如果一个人想在 TradeHill 上以低价买入，但是在 TradeHill 账户里没有足够的资金，那么人们就可以将钱汇入 BitInstant，然后该公司就会把钱打入客户在 TradeHill 的账户里。Gareth 骄傲地说：“在我们做出更加严格的防诈骗系统之前，我把汇款的速度从几小时或者几天降到了几秒钟。任何使用 Dwolla 系统的操作都要经历成批处理的过程，而我们是实时的，很快就处理了。”

虽然当时他们都很为他们在技术上取得的成就而感到自豪，但是他们两个都不知道 BitInstant 能不能度过这一劫，他们仍在这种情况下多处下注。Charlie 还是照旧运营着他的 Daily Checkout，而 Gareth 则继续以学业为重。

一个叫作 Bruce Wagner 的人给他们带来了幸运。在 2011 年夏天，一位杰出的比特币倡导者在纽约召开了第一次比特币大会。虽然 Charlie 错过了这次大会，但是他收到了非营利的开放资源软件公司 Mozilla 的邀请，他们想让 Charlie 就数字货币这一话题在 Open Video 大会上发言。Charlie 给 Wagner 发去一封邮件，告诉他关于他要在大会上发言的消息，并询问 Wagner 是否愿意出席，Wagner 说他愿意参加这次活动。

另外两个人也加入了他们：第一个人是 Private Internet Access 的总裁 Andrew Lee，Private Internet Access 是一家为用户提供隐藏他们原始网络流服务的公司；第二个人是 Yifu Guo，是一位直到 2011 年才知道 Charlie 原来和他都住在布鲁克林的那个小区的人，他也和 Charlie 一样对比特币有兴趣。Lee 所引领的公司正是 Charlie 想要运行公司的最好代表。在两年后的一场采访中，Lee 说他公司的目标就是“要将那遥远的、我们深爱着的网络带回来”，就像 20 世纪 90 年代的网络一样，一个没有很多监管的、可供人们学习和探索新事物的自由空间。他说：“我知道这一切听起来有点过时了，但是创造一个没有界限、可以使人们实现他们梦想的网站就是我们的目标。”

Charlie 现在也许已经不是一个灰帽黑客了，但是他还是想让人们认为他是一个好“战士”。

在 2011 年 9 月 10 日会议结束之后，参会的人们一起去韩国城吃烤肉，Wagner 对韩国的食物有极大的爱好。因为 Wagner 心情特好，所以他邀请Charlie在他的一个网络脱口秀中作为嘉宾来聊一聊比特币。他说：“我们一起来聊聊BitInstant。你觉得你有什么很想讲的话题吗？”Charlie承认说：“我们的公司正在发展，我想要攒钱，但是我不知道怎样去做，我根本就无从下手。”

Wagner因为他传道士般的努力，在比特币圈当时已经是一个大人物了，他很理解Charlie的处境。他说：“有很多人观看我的脱口秀，所以你大可以在上面提这件事情。”

因为参加了那场脱口秀，Charlie在几周后接受采访时宣布：BitInstant会和一个货币服务公司联手，为客户提供即时取钱服务。不久后，你们就可以从你们的银行账户将钱打入BitInstant的账户里，然后BitInstant就会在扣除手续费后将这笔钱换成相应数量的比特币打给客户，速度很快，并且操作非常便捷。Charlie的营销计划是先在美国上市，然后等到美国这边都疏通了，就把这项服务推向欧洲市场。尽管他也嘲笑那些以别人的名义做套利，但是又只借钱不还钱的人，在那时他需要钱去将他的想法变成现实。他解释说：“现在只有资金问题了，任何投资人都可以联系我。”

2011年11月23日，Charlie作为嘉宾参与的那场脱口秀在YouTube上播出了。那天晚上也就是东京的早晨，Roger Ver联系上了Charlie。他开门见山地说：“我看了你的节目。你需要多少钱？”他们通过Skype视频，并且讨论了投资的一些条款；Charlie争取着曾经愿意放弃的那部分股票。最后，Roger投资给他120000美元，作为回报，他得到了BitInstant共15%的股份，并且他愿意以一个支持者、领导者的身份加入这家公司。最开始的时候，他担任了市场总经理一职，后来负责商业开发。Roger说：“我当时投资给BitInstant的钱不及我投给别家公司的多，所以在业务上面帮助他们也是有道理的。”他把钱汇给了Charlie。他们签署的协议也是虚拟的，没有纸质凭证。这说明BitInstant还处在起步阶段，但是现在回想起来，这也说明这家公司的总裁在做决定时是比较草率的。Charlie 承认说："我们在那之后几个星期都没有纸质协议。"就算他和 Gareth 的合作也没有在书面上承诺。他们只是通过聊天对对方说："永远是你一半我一半。"直到 Roger 给我们钱，我们才创办了 LLC，并且将一切都分得很清楚。

早在 Roger 把他的那笔钱汇过来之前，Charlie 就已经想好了它的用途：10 万美元作为流动资金，也就是说在收到客户们所取的钱之前，用来给客户转成比特币用的钱，这笔钱维持整个系统的运行；剩下的资金将被用于发工资和运行系统所需要的支出。直到那时，Gareth 还担心自己"刚孕育"的发明会在"婴儿车"里就死掉了。他说："种子资金的到来让我们松了口气。"Roger 对于他们来说就是天使，他们觉得他们的头顶上蓝天再现。

CHAPTER 04

血　脉

货物无法穿越的国界，士兵可以。

——弗雷德里克·巴师夏

Roger Ver 不在乎大量地损失钱，但是税收对于他来说就是另外一码事儿了——税对他来说好像就是生死这样的大事儿一样，他时常在 YouTube 上看的一个视频提醒着他风险所在。这个视频是一个时长为 60 分钟、1995 年制作的宣传短片，在这个短片里记者告诉时任美国驻联合国大使 Madeleine Albright 一个消息，美国作为重要成员国的联合国安理会强加于伊拉克的经济制裁，可能已经导致自海湾战争以后 576000 个伊拉克孩子死亡了。记者想要从 Madeleine Albright 口中得知，我们到底应该怎么理解这看起来让人恐惧的数字？这么做真的值得吗？

Madeleine Albright 回答："我觉得这是一个艰难的决定。但是我们觉得所付出的这一切还是值得的"。后来美国参议院一致同意她担任克林顿执政时期的美国国防部部长。Roger 认为他所看到的这一切是可怕且令人震惊的，他认为他缴税的钱正在支持这样一个政府，这实在是太悲哀了。当他被问到他有什么观点时，他说："不要用武力去解决世界上正在发生的暴力，永远都不要考虑用武力去解决事情。"（这种不激进却将暴力深深包裹住的观点是自由主义的基本原则）。这虽然听起来很不现实，但那时 Roger 相信，"当人们在自愿的情况下做出的行动使得全人类都快乐、富足、安康，那么还有什么必要去强制呢？" 对于他来说，比特币不是一种抽象的玩具或者什么数字古董；它是一种可以让 Roger 重新找回他的财富的货币，就算在初期他好不容易挣来的钱可能会存在风险，但他能够找回平静就靠比特币了。

就像 Charlie Shrem 的信仰一样，Roger 也相信比特币不只是垄断市场的一种数字货币，而是有自己真正价值的。但是，年轻的人们在经商方面要走的路还很长。那时，BitInstant 正在蓬勃发展，Roger 建议 Charlie 多雇佣点人来应付那些琐事，Charlie 则很生气地回应道："你不应该管这些客户服务的事情。"这就如 Roger 发现，Mark Karpelès 在 2011 年 6 月黑客事件后，那么紧要的关头有整个一个周末他居然都不在公司时一样的惊讶，Roger 对于 Charlie 犯了这样一个菜鸟错误而感到吃惊。他想要发展比特币，但是他却要和这样一群虽然有着热情和技能但没有商业管理头脑的人们一起工作。如果要说在 Mt.Gox 灾难性事件中他学到了什么，那就是比特币玩家严重缺乏专业度。如果数字货币真的能在社会中如他预想的那样有一席之地的话，那么他和其他爱好比特币的人们就需要积极主动参与进去，并且要有实战经验。

Roger 见到过像比特币这样的实验性货币会"摔得有多惨"。他在数字货币界的第一个尝试就是电子黄金，当时 250 万名用户中就有他一个。在电子黄金被强行关闭以后，他损失了些钱，但是这绝对不及他现在投入到比特币中的多。

对于 Charlie 和 Gareth 来说，BitInstant 还是他们两人共有的一家公司，只是他们两人中间隔了个大西洋罢了。

就算是在这种情况下，他们的公司还是在很好地发展着。2011 年 11 月 28 日，公司单日交易额达到了 3 万美元，创下了公司内部的记录。Lawrence Lenihan 认为 BitInstant 看起来应该是当时比特币创业公司中最值得投资的公司了。Lawrence Lenihan 是一家风险投资公司 First Mark Capital 的总经理，这家公司后来想要投资比特币创业公司，Lenihan 对 Roger 在 BitInstant 里面的地位一点也不嫉妒。他说："谁让他比我们都早一步呢，所以是上天眷顾了他。他是个聪明的家伙。”

Roger 将 Charlie 带入了他的思维模式。但是让这个年轻总裁真正不再管客户服务的那些琐事还是需要很长时间的。当时，任何时候一个顾客如果有问题或者想投诉，这些信息都会发到 Charlie 的个人邮箱里。他还是像一家小公司的小老板，而没有一家创业公司的大领导范儿。他后来说：“我以前太顾及客户服务这一块儿了，然而现在后果正在一点点显现。”但是，真正的敝端两年后才暴露出来。

现在最大的问题就是要招聘新员工，主要负责公司与客户之间的交流，还有将公司的品牌做大。Roger 还记得 2011 年 8 月 Bruce Wagner 在纽约的大会上遇到了刚好满足他要求的人，这个大会对于整个比特币经济圈绝对是一件大事。在位于曼哈顿中部的罗斯福酒店中，70～80 位与会者在这里参观由商人们办的展览，参加开采比特币研讨会，观看那些创业公司举办的演讲，并且在那些只接受数字货币支付方式的餐厅吃饭，他们就这样度过长达 3 天的会议。也有传言说会有更多的会议在除美国之外的城市举行，更有人传说还会有一个比特币巡展。

当然也有一些流言蜚语。2011 年 8 月 11 日大会期间一直有传言说 Mt.Gox 收购了世界上 Gox 和 TradeHill 之后的第三大比特币交易公司，位于波兰的 Bitomat。

Bitomat 在上市几个月后就搁浅了，然后公司马上就被出售了。公司倒闭的原因是在一次服务器重新启动时，公司损失了大多数属于客户的 17000 比特币。这次不是因为有小偷入侵，这次钱币就像是电子数据被抹除了一样没有了。因为没有后台钱包的备份，所有的钱就这样打水漂了（这也就是 Roger 所厌恶的不专业的态度）。Mt.Gox“为了重振比特币经济圈的信心”宣布他们会偿还 Bitomat 客户损失的钱，并且为了 Bitomat 的客户能够继续使用比特币进行交易，Mt.Gox 的网站上新增了波兰语，并且在他们的货币里添加了波兰货币兹罗提，这样客户们就可以直接在波兰银行和 Mt.Gox 之间进行交易。

Mt.Gox 的发言人说要建立一个比特币企业同盟会，并且说整个行业的团结可以使在那几个月币值跌至个位数的比特币再次复苏。他写道："Mt.Gox 相信比特币和它的整个圈子都可以挺过这些非常不幸的事件，并从中成长，就像是 Mt.Gox 度过 2011 年 6 月的那次黑客攻击一样。"我们挺了过来，并且继续繁荣发展。"

但是说到任何行业动态，"每周六特邀主题演讲"带给大家关于数字货币未来前景的消息是最值得关注和讨论的。这个演讲是由当时帮助中本聪改善过比特币软件的 Gavin Andresen 和 Jeff Garzik 做的，因为中本聪在 2011 年 4 月后就销声匿迹了，所以他们两个人现在接管着中本聪的位置。Garzik 警告大家说比特币现在仍然"处于起步阶段"，失败的可能性也是有的，它现在的净值只有 8100 万美元。如果它真的繁荣昌盛下去的话，Garzik 预料政府肯定会给比特币套上锁链。他说："我敢肯定政府会出台针对比特币的法律，但愿政府不会直接把它废除掉。"

也就是在这种情况下，Roger 遇到了 Erik Voorhees，一位有着智慧的眼睛、高高的额头、稀疏的金发、身材高大的年轻人。Erik 向 Roger 介绍自己时出示了自己的名片，这张名片上除他的名字和联系方式之外，还有醒目的一行字——"我是中本聪的朋友"。这张卡片上没有列举任何公司的名字。这张卡片的设计启发了 Roger，让他在市场营销方面有了一个相当聪明的主意。这两个人也是一见如故。

你也许会认为他们的志同道合是因为他们在工作进度或者想法上是完全一致的。其实他们两个都读过奥地利经济学家 Friedrich Hayek 的《货币的非国家化》，现在看来这是一本预言比特币到来的书。Hayek 曾经倡导人们使用多个互相竞争的货币，而不是只使用一种权威货币，并且宣称不久后新的货币就会取代当时的货币。尤其值得关注的是，Hayek 认为货币也是一种商品。他曾经争论说无政府干涉的私人企业"早就可以为公众提供另一种货币了”。他认为，在多种货币之间的竞争之后，最终胜出的货币将会是最稳定、最强大的货币。然而他没有预料到的是，他设想中的货币，或者类似的那种货币形式会以科技的形式展现出来，而不是政治的行为。

美国经济学家 Mark Thoma 曾经写道：“新经济学思想意味着阅读老祖宗的书。”就像他在监狱的痛苦经历让他对比特币突破性的潜力敞开怀抱一样，多年来通过了解像 Hayek 这样经济学家的经济学思想后，Roger 在一遇到比特币时就能够领悟它的概念。他知道，货币会有很多形式；人们对于某种货币的接受是一个社会传统，这也就是为什么中本聪说如果有足够多的人能够赋予比特币价值，那么它将会变成“自我应验的预言”。Roger 非常清楚比特币会超越在它之前出现的任何一种货币，因为它满足了货币的所有基本要求：数量不多，具有可移动性和可分解性。正因为它没有任何重量，比特币的转账可以比纸币和硬币更轻松；正因为比特币不受到任何人的管理，它才可以在世界上任何国家之间不受阻碍地随意转移，不会像美元、英镑或者欧元那样受限于银行手续费或者各种情况导致的操作延迟。正因为它有稳定且透明的涨跌规律，它也就享受着这种由人们自己创造出来的稀缺性；正因为它可以被分解到小数点后 8 位，所以比特币可以被拆分成无限小以此来实现那些微观支付。因为 Roger 对美国已经没有任何感情，甚至可以说厌恶美国了，所以不久后他决定要大范围推广比特币，以此来阻碍美国。他写道：“比特币完全不在美国的手掌心里。它剥夺了美国纳税者、管理者和掌控经济者的权利。”现在，因为 BitInstant 需要人来接管公司的设计和对外交流的职务，Roger 想到了 Erik，这个和他以同样的理由对比特币抱有期望的人。

对于 Erik 来说，他以前没有参加过比特币大会。他比较缺钱，是个搞市场工作的自由职业人。他因为“自由州计划”，一个为了让新罕布什尔州能够有更多自由主义或者自由党人，从而影响当地政府的计划而住在新罕布什尔州。所以，要去纽约对他来说可能有些吓人。但是最终，他因为不想错失遇见和他一样对比特币感兴趣的人的机会而来到了纽约。他说："从我听说比特币开始，我就认定这是我要做的一切了。"但是如果他期待在大会上遇见一些冲在前线、团结一致且对比特币真心关注的人的话，那么他可能要失望了。

他说："我不感觉这像一个圈子，它还不够大。"虽然失望，但这却是机会所在。他说，这种现象的结果就是"比特币圈里的人都是编程员"，就是那些会最先接受尖端技术、像极客一样的人。"所以也就没有人能够真正写东西或者设计品牌了"。

但是，Erik 可以干这些事情。他在当自由职业者的时候就已经有好几个比特币创业公司找上门来了，他为一家支付处理公司 BitPay 设计了他们的第一个商标。参加那个大会对于他来说就是扩大社交圈的良机，果真见效了。除了 Roger Ver，他还结识了一名虽然不那么平和但是却很内向的青年计算机工程师，Ira Miller。在那时，Ira 在运营着一款比特币钱包，为顾客们存贮数字货币。但是不久后，当他的合作者在没有告知他的情况下将存储着几百个比特币的服务器卖掉以后，Ira 觉得他有义务自己掏腰包把钱还给那些绝望的客户。事发之后，Ira 说："我实在是太失望了，不是对比特币失望，而是认为这个世界上根本就不存在什么企业家精神"。

在他的人生低谷，他找到了他的救星 Roger Ver。Roger 对 Ira 的那项有独特功能的服务有很大的兴趣，它可以向人们的邮箱发送比特币，甚至可以向那些从来没有听说过比特币的人发送比特币，这个功能证明了 Roger 那传道士般的热情是有用的。比特币和邮件其实挺相似的，它们两者都为远距离发送信息的双方提供协议，但是双方之间不会有直接的连接，也不会交汇。Ira 曾创造了一种他称作"可以将比特币网上的信息和邮箱信息粘连起来的胶水"。应 Roger 的请求，Ira 重新启动了这个功能，并且为这项功能开发了一个简单的网站。他的这项发明让 BitInstant 变成无价之宝，所以他必须要感谢 Roger Ver。

Erik 一回到新泽西州，Ira 就和他签了合同，想要让 Erik 为他的新服务系统做品牌设计。Erik 创造了一个叫 Coinapult 的网站，但是它很卡。他当时很希望被一个比特币创业公司录用为长期员工，但是 BitInstant 看起来不像是和 Erik 一拍即合的那种公司。有一次他和 Charlie 在比特币研讨会上为资本主义到底对那些受它影响的人公不公平而争吵过。Charlie，作为一个机会主义的资本主义者，争论说这个系统是不公平的。他告诉 Erik："如果个人想要自由的话那么集体就不能有自由。没有工薪阶层就不可能实现资本主义，他们作为在资本主义社会里的工薪阶层是不会有自由的。"但是，尽管劳工维权者们会要求改变，但是 Charlie 看起来好像很享受这场零和游戏。他继续说道："只有在一些人失败，或者输掉的情况下，我们才会有资本主义，而且这也就是为什么我是个资本主义者"。Charlie 的父亲已经经营一家珠宝店超过 20 年了。他父亲是一个矮小、谨慎但是看起来很强大的男人，他时常将他那卷卷的黑发梳到他的脑袋后面，人非常耿直。他认为他遗传了太多东西给他的儿子 Charlie 了，他对于儿子所具有的企业家般的雄心的评价是："那是我遗传给他的，而他的口才是遗传自他母亲的。"

但是 Erik 的立场也是很坚定的："自古以来只要是不撒谎、不作弊、不偷窃、不伤害邻居的人，都是有道德的，而一个能够使人像我刚刚说的那样成为有素质的人的体系，也就不可避免地是资本主义市场或者一个以市场为基础的体系。"最终他们俩之间的争论没有一个结果。但是当 Charlie 要选择是否雇佣 Erik 的时候，他们曾经的瓜葛没有成为障碍。Erik 于 2012 年 2 月 8 日加入了 BitInstant，Charlie 开玩笑说，这正好是"玛雅末日之前"11 个月。

在金融危机结束后，就算大家认为"世界末日"已经过去，但大家还是坐立不安，心情也都不好。较早对比特币有兴趣的人们都是因为对国家货币失去了信心，随着全球经济衰退的继续，投资者们用买黄金和白银来预防通货膨胀。2010 年的秋天，白银的价格飙升到每金衡制盎司 21 美元，这是自 1980 年以来的最高价格。一个总部在纽约、资产高达 15 亿美元的基金 VanEck International Investors Gold Fund 的投资组合经理告诉《达拉斯早报》的记者说："所有大国家的货币，包括美元在内，都因为政府严重的赤字而顶着巨大的压力。市面上的钱越多，也就是不断印刷货币，货币的价值就越低。"

因为世界上任何国家的政府都无法为他们国家填补繁重的债务，所以比特币倡导者们的最后一个请求就是要立法机关和管理者们能够完全控制数字货币。

但是，有害的管理是很早就出现的、永存的顾虑。

就算没有管制，银行还是高度警惕着。那些被 Dodd-Frank 吓到的金融机构面临的是更加严格的审查和更加高昂的税务执行费用，金融机构对比特币和数字货币的用户们的合法性也产生了质疑。从开始就负责接收客户资金、提供支付系统和电子钱包服务的三家公司中，有一家是来自加拿大的 Paxum，在 2011 年 2 月 11 日，这家公司宣布他们在与比特币公司，包括 Mt.Gox、radeHill 和 BitInstant 合作，尽管他们这样做会有失去所有银行关系的危险。Paxum 自 2010 年 12 月起就与 Mt.Gox 进行合作，于 2011 年 7 月与 TradeHill 开始合作，并在 BitInstant 建立时就开始与他们合作了，但是因为多家银行、万事达公司出台了新政策，这样的合作关系可能要终止了。Paxum 的一位发言人对他们合作的银行及相关审计员解释道："最大的顾虑就是比特币是一种无管理者的货币，同样也就不受什么控制。"虽然比特币当时还没有被非法化，但是它已经是个烫手山芋了。那位发言人继续说道："比特币对于银行和审计员来说是一个很模糊的东西，他们不知道这个货币靠什么东西在支撑，也不知道是谁在偷钱进去，最重要的是他们不知道人们为什么会对比特币感兴趣。”在接下来的一天，Paxum 在所有与之合作的比特币公司注册的账户都被关闭了，所以也就导致那些受到影响的客户只能通过电汇取出他们被冻结的资金。

这不仅妨碍了 TradeHill 的业务，还使得客户无法从交易中取出 Jered Kenna 本来想要退还给客户的钱。比特币作为数字货币有一个优势，就是可以很轻松地汇款和收款，但是美元就是另外一码事儿了。人们迫切地想要从 TradeHill 取钱出来造成了一定的危机，让取钱变得更加困难了。一个欧洲的用户想要把他的 1 美元余额从 TradeHill 中取出，然后放入 Mt.Gox 或者另外一个交易平台，他希望这样做就可以拿回电汇或兑换货币所损失的钱。

这时候 BitInstant 开始发挥作用了。就算当时 Charlie 试图说服 Paxum 的首席执行官撤回他们的决定，他当时叫停了所有交易让 TradeHill 的用户们可以快速且没有损失地将钱取出，因为他知道这些钱可以再次被投入到比特币经济当中。当时 BitInstant 和 Mt.Gox 还在友好合作，除 Dwolla 以外，用户们可以选择将钱转移到总部在日本的 Mt.Gox、在澳大利亚的 CryptoXchange、在奥地利的 VirWox，以及在新加坡的 Bitcoinica。比特币当时正在逐渐变成一个全球瞩目的事物，但是它的用户们并没有试图通过不同国家之间的差价而套利，如果美国不想要他们的钱，那他们就把钱放到世界上的其他国家。

Charlie 在他父母别墅的地下室里掌控着整个世界比特币的走向。

但是写代码从而能够让全球的系统互相连接起来的重任就落到了 Gareth Nelson 身上了。在之后的几天，为了能够让 BitInstant 成为交易平台的媒介，他全天只做写代码这一件事。Charlie 告诉大家说：“我必须要给予我的合伙人 Gareth 极大的赞扬，因为他在面临着四个不同计算机语言系统的情况下，在几天内研究出了让客户能够取钱的方法，这可不是一件容易事儿。”取钱的系统于 2011 年 2 月 22 日上线了。在 Kenna 宣布所有的交易都将暂时终止 10 天后，美元才真正开始大量退出市场的。

在 TradeHill 解决了所有顾客的账户问题并且开始歇业后，他们做了一件令人绝望的事情。他们称 Dwolla 违反了退款的政策因而控告 Dwolla。他们称 Dwolla 手中有将近 16.5 万美元是应该还给 TradeHill 的，并且说真正的损失比这笔数目还要大。在辩论时，当时市值 1000 万美元的 TradeHill 称他们已经为了得到 3 个有价值的网域：bitcoin. com, bitcoin.co，and bitcoin.co.nz，而卖出了公司 10%的股份。如果 TradeHill 倒闭了，也就意味着这些网页都要回到他们原来的拥有者手中去。Jered Kenna 曾经见证过，虽然不属于他的公司，但是价值 100 万美元的数字货币从他的手中滑走了，这笔钱本来是为比特币钱包服务、商家用具和其他软件做储备的。在那一个月，Dwolla 筹集了 500 万美元的风投资金，这看起来好像不公平。但是在 5 月底，加利福尼亚州的一位法官取消了这个案件的审判，将这起案件送入了仲裁委员会。

这个事件将刚起步的比特币置于进退两难的境地。中本聪最初的想法是每个人做自己的银行，管理自己的钱，但是现在看来这个想法却一点都不实际。对于大多数人来说，他们没有能够保护自己数字货币的计算机技术；同时，商人和投机者也需要将比特币转换成美元（或者欧元、日元）以保护好他们账户里数字货币获得的收益。作为一种可以转移的货币，比特币有着不可低估的实用度，用 Charlie 的话来讲，“比特币是血也是血管，它不仅是一个赚钱的系统，更是被转移着的价值”。但是对于那些不开采比特币的人来说，整个“血液循环”都得靠国家货币来注入血液。对于比特币创业公司来说，想要得到更多的血液就意味着要和第三方合作，如钱包服务方、支付处理方和银行，这就像一个贫血的人需要到医院接受输血一样。但是现在，靠这些公司的后果就是导致了风险，这是一种在完全依靠对方时才会出现的风险，而比特币恰好在设计的时候就是为了要避免这种风险，这个窘境看来是无法解释了。

很显然，比特币已经在发展壮大中了。仅 TradeHill 网端域名的价值就可以证明一切了。Charlie Shrem 和他的伙伴们就像淘金热时淘金者涌入加利福尼亚州一样，他们很确定在这块土地上可以得到他们想要的东西，就算在通往成功的道路上可能会有同伴因遇到危险而离去，也不会阻挡他们前进的脚步。

但是这段旅程会非常的艰难。BitInstant 失去了 TradeHill，这个曾经依靠着 BitInstant 才会上市的公司。BitInstant 同样也失去了 Paxum。当时 BitInstant 还在与 Paxum 协商，Charlie 在告诉他的同事们关于接下来安排好的电话会议和他要去 Paxum 位于蒙特利尔总部的行程时说："我们想要重新与他们合作，但 Paxum 更想要重新与我们合作。"但是当他的努力失效时，他告诉比特币玩家到底什么是危险的："事实是，比特币越是发展壮大，它就会遇到越多的危险。比特币阻碍了一些人或者机构获利的脚步，他们会不择手段地阻止比特币的发展。"在 Charlie 看来，Paxum 已经认输了，并且投奔敌人，变成了他们的走狗。他继续说道："你们看看清楚啊，这简直就是一场战争。别再发牢骚了，我们应该时刻准备着，投入到战争中去。"

在那个冬天和随后而来的春天，是 Charlie 在布鲁克林学院的最后一个学期，这个学期之后 Charlie 也许就可以得到经济学硕士的学位了。也就是在那时，他决定要采用自己的决定，他将 Daily Checkout 抛售了，以便更加专注于比特币事业。在刚开始的时候，Erik 还是待在新罕布什尔州，并且给 BitInstant 打工。这样一来，整个团队遍布世界各地。Charlie 的办公室，BitInstant 的心脏，就是 Charlie 父母布鲁克林房子的地下室。Gareth 还是待在威尔士。在东京的 Roger 当时仍在运行 Memory Dealers，以及一款新的电子商务网站——the Bitcoin Store。在创业公司甚至是已经成熟的公司中，他们的这种管理模式都是分布式工作潮流到来的一个印证，这一切都是因为电子交流科技所带来的行动力。

伦敦商学院主任 Adam Kingl 是一位非常支持这个方式的专家。Kingl 说，让整个团队分开工作、开会，然后在虚拟世界里大家一起合作的这种方式可以减少单位中的勾心斗角，并且能够促进精英管理的发展。对于 BitInstant 来说，这种管理方式开始起效了。2011 年 4 月，尽管失去了 Paxum 和 TradeHill，BitInstant 公司的月转账量超过了 110 万美元，第一次达到 7 位数。（这样比较起来，在 2011 年 2 月公司只有 50 万美元的转账）并且这个趋势还在持续上升。Charlie 和 Gareth 两个人都觉得自己好像坐在火箭筒上面一般。Gareth 说："看见我们超过了预期后，我好像看见自己变成百万富翁的未来了。"

Charlie 在比特币事业上的成就对他学业上的帮助是极其大的。他说："我每天都生活在经济学的世界里。"在一堂课上，教授甚至允许他不用期末考试，而是做一个关于比特币的演讲。他曾经想过会有一种口头期末考，就是他与教授之间的问答环节。但是，他没想到的是，教授竟然直接把班级的讲台交给了他，让他来掌控整个班级。Charlie 在整理他的思路时，有很长一段时间都是冷场的，然后他开始了将近 45 分钟的演讲，而且中间还没有什么停顿。他后来回忆说："我当时简直是太兴奋了，感谢上帝让我即兴表演时也可以发挥得这么好。"

现在，BitInstant 为客户们提供各种各样的服务，每项服务都有不同的收费标准。比如说，使用 Dwolla 将美元转入交易账户中，需要大概 3%的手续费，而取钱需要 3.99%的交易费。BitInstant 的所有服务中，有两项业务是要与 Erik 和 Ira 的公司 Coinapult 合作的：将比特币转移到电子钱包里或者将比特币转移到邮箱里。严格来讲，BitInstant 不直接管理比特币，BitInstant 真正扮演的角色是为比特币用户在交易平台上提供美元，并且在各大交易平台上转移美元。对于那些想要把美元在短时间内换成比特币的顾客，他们现在不用再通过交易平台了，因为 BitInstant 和

Coinapult 已经签约，这也就表示顾客们可以在任何他们选择的钱包里取钱。

值得一提的是，Coinapult 用一种非常棒的方式将数字货币推向了市场。如果一个人想要和一个没有比特币钱包的人分享比特币，他可以直接将比特币发到他朋友的邮箱中，Coinapult 会提醒他已经收到了一笔比特币，并且等待他接受这笔钱。与此同时，他的这笔比特币会被安全存放在 Coinapult 为他创建的钱包里。这个让比特币能够被发送到邮箱的工具，与它可以自由转移并且存储比特币的功能，将那些没有听说过比特币的人引入比特币市场，这是在中本聪最初的软件基础之上的一个大进步，用 Alex Waters 的话来说，这绝对是鼓励人们“建造更好的垃圾”。

Coinpult 对于 BitInstant 的服务体系是很重要的，而随着 BitInstant 的发展，公司对于能够帮助 Gareth Nelson 的技术人员的需求也在增长，在 2011 年 7 月，Charlie 雇佣了 Ira Miller 并任命他为工程部负责人。就像 Ira 的合作伙伴 Erik 一样，Ira 和 BitInstant 的合同不是全天工作而是独立的契约人，虽然说它是兼职，但是在接下来的几个月里，他很多时候都要熬夜工作。最准确地说，BitInstant 的系统是存在很多问题的。网站用户的界面可能会崩溃；人们在转钱的时候会遇到卡顿，进而破坏了他们套利的机会，甚至有可能影响人们以一个好价钱买进比特币的机会。Gareth 最初设计的基础设施无法承受这么大的客户群，而与 Coinapult 的合作好像让事情更加复杂化了。Ira，这个被他的同事们称为“超级胜任者”的人，完全能够解决他自己系统里本来就存在的问题。他的同事说：“所有事情都与 Coinapult 有关系，但是 Ira 可以解决它们。”Gareth 有时候可能会保护他的知识财产，也就是 BitInstant 的代码库，Ira 在 Coinapult 中最专注的就是对代码库的研究了。

虽然系统里面会有各种问题，但是客户们还是依然在使用。BitInstant 在他们这个行业算是垄断者了，这也就是为什么公司一直可以保持净收益。随着 BitInstant 的发展，Erik 一直强调说 BitInstant 可以作为比特币经济是否在健康蓬勃发展的检测计，但也许这是 Erik 用来平息 BitInstant 的成功引来的嫉妒的方法。他说："BitInstant 不是比特币资金的终结点，只是去往终结点的一个过渡罢了。这也就意味着不管比特币发展到多大，真正的比特币经济圈都会比 BitInstant 要大很多。"

尽管 Erik 也想要看到 BitInstant 成功，但是他最大的追求还是数字货币本身。他后来解释说："我们都是为比特币工作的，或者说是为比特币准组织工作。这是第一个分散管理、开放源代码的公司。每个比特币都是那个公司的一个股份，没有人领导比特币，但是它却将我们都拴在了一起，这也是比特币的一个优势，因为我们真的都被联系在一起了"。他从来都没有忽视过大问题，这也就是为什么他成为了 Charlie 的"右臂"，渐渐变成了公司的首席运营官，虽然 Charlie 没有正式宣布过。或许这有点夸张，但是一个职员形容 Erik 扮演着一个启发人的角色："我刚开始在这里工作时，我觉得 Erik 是万能的，他好像什么都管，后来我发现这也是事实。"

这家公司开始走上真正的创业公司道路了。尽管直到那个夏天 Erik 才从新罕布什尔州搬到纽约，到了 2011 年 4 月 19 日，他和 Charlie 在 New York Tech Day 建立了一个摊位。此活动在曼哈顿 69th RegimentAmory 一个叫作 Beaux Arts 的建筑里举行，是一个庞大企业的展示。这个建筑在建成初期到现在举办过各种各样的活动，如 1913 年的国际现代艺术展。这个展当时向美国的公众展现了极端现代主义的艺术品，如 Marcel Duchamp 的 NudeDescending a Staircase No. 2。更值得骄傲的是，这里还曾经举办过维多利亚的秘密时尚秀。Charlie 和 Erik 在他们的摊位挂起了标语并且用一个 42 寸的电视向路人展示比特币宣传片和比特币的实时价格，他们这样促销产品的方式终于见效了。他们和 Richard Beyda 还有 Morris Levy 熟络了起来，Beyda 和 Levy 像 Charlie 一样都是叙利亚犹太人。这两个人当时有一家叫 The Yards 的公司，这是一个位于 Williamsburg 和 Greenpoint 之间的提供联合办公空间的公司，但是布鲁克林社区已经不是当年以加工业和造船业出名的地方了，现在那里汇聚着一群既专业又有创造力的人。在这个由原来的大仓库红瓦房改造而成的，可以提供会议室、私人办公室、高速网络、一个厨房，还有鼓励不同的租客一起合作的公用空间，很多创业公司都在这里起家，如 Uber。

Charlie 和 Erik 对这个地方动了心。

2011 年 5 月的时候，BitInstant 搬进了他们位于 The Yard 的第一家实体公司，在那里公司宣布了他们最大的计划，他们要将除银行取钱以外的取钱服务扩展到位于美国、俄罗斯还有巴西的 70 万家零售店、便利店、药店和其他的销售点。Charlie 在一则发布的新闻中称 BitInstant 最大的困难，就是让对于大多数人来说很困难，并且让人头疼的比特币慢慢地被人们所接受和使用。为了让人们能够更加容易获取比特币，BitInstant 通过和一家支付公司 ZipZap 的合作，让俄罗斯、巴西和美国三大经济国的用户可以匿名将他们的法定货币转成数字货币。在俄罗斯，QIWI 和 Cyberplate 是提取现金的网络，为进入比特币系统提供了当地的接口。在巴西，Boleto Bancário 让人们在分行、ATM 机、邮局，甚至是超市和药店都可以取钱。而在美国，人们的选择就更多了。BitInstant 之前在美国只在摩根大通、花旗银行、富国银行和美国银行的分行提供取钱服务，但是现在人们不需要提供任何个人信息，就可以在沃尔玛、CVS 药店、7-11 还有其他超过 1000 家当地的私人商店和货币供应商用现金买进比特币。之后成为 BitInstant 首席情报人员的 AlexWaters 说："这个新的取钱系统就像同样一种东西的另外一个版本。"

在一次新闻发布会上，BitInstant 团队对他们的动机做出了解释：

"我们现在为成百上千万没有银行账户，或者不愿意透露个人信息的美国居民设计了这个取钱网络系统。通过使用这个取钱系统，所有顾客都可以给线上商人汇款或者收钱。就像比特币是一种不会受到任何阻力，且不需要用户们有一个银行账户的线上货币一样，将比特币和银行真正连接起来，这简直就是再好不过的配对了。”

取钱的时间是多变的。尽管 Charlie 不能保证任何事情能在 30 分钟之内完成，但是客户可能立即就能收到他们的比特币。有一次，他说在俄罗斯和美国取钱，可以在一小时内收到；在巴西取钱，可以在 24 小时内收到。客户在决定他们的资金走向时有两个选择：他们可以选择在使用法定交易账户时收到的钱是他们国家的法定货币（如美元、卢布或雷亚尔），或者他们可以选择在他们的比特币账户中收到比特币。换句话说，就是客户们可以用收到的合法电子货币消费比特币或者用比特币买任何东西。

如果铅笔被直接输送到用户们比特币的账户里，那么这个赚钱的过程就是由 Coinapult 来运转的。尽管整个系统是复杂耗时的，并且容易出故障，但它还是很有效果的，这个系统给予越来越多的比特币用户一种可以在一定程度上以匿名的方式或者说很难被追踪的方式获得数字货币的服务。在 Erik 的影响下，Charlie 对 BitInstant 将来的发展也有了往这一步走的想法和计划，公司对自己的定义是：他们正在领导这个国际化、开源的比特币支付网络踏入金融一体化时代，并且将这个不属于任何国家的货币与全球的大型银行及支付行业联合起来。他们从之前的革命中得到了启发，在宣布新的取现系统时，Charlie 宣称说：“比特币对于钱就像是邮件对于邮政服务。”

Charlie 的热情是会传染的。Gareth 现在说活的口气已经很像 Charlie 了，他对 BitInstant 取得的成功和丰收的果实也同样沾沾自喜。那个夏天，他给自己举办了一个用他的话来说“极好的生日派对”，他坚信他们公司的业绩会蒸蒸日上。

就算是 Gareth 渐渐开始模仿 Charlie，Charlie 正在被 Erik，后来又被

Ira 这两个自由主义者影响着，他们 3 个火速成为好朋友。对于在纽约之前没有任何社交圈的 Erik 和 Ira 来说，他们很容易就只是沉浸在工作中或者说是数字货币的世界中。他们发现自己一天到晚聊的都是这些东西。Ira 说："比特币真的占据了我们的大部分时间。我们正在做的事情是世界上大部分人都无法理解的。"他甚至开始与 Gareth 接触，虽然他承认 Gareth 的性格有点难相处。但是他说："我觉得两个性格内向的呆子在世界上两个不同地方合作挺好的。"

Ira 和 Erik 的反政府哲学观点潜移默化地影响着公司。相比 Charlie 来说，Erik 的口才似乎更胜一筹，而且他在经商方面有相当多的技巧，但是 Erik 也是一个非常苛刻，对自己的观点很坚持的一个人。尽管他不愿回答关于不公平这个问题，他认为对于财富的拥有就等同于生产价值，"一个人的个人财富价值大约代表他所创造的价值，而且价值的高低是根据上一个拥有这笔钱的人来评判的"。他继续说道："所以正确的解读应该是，比如说一个国家最有钱的那 1%的人坐拥这个国家 50%的财富，那么这也就说明这些人所创造的价值占国家财富的一半。"如果这么想的话，惩罚、征税或者阻止这些创造价值的人，简直就是政府做出来的一件荒谬的事情，这也证明了大部分人的生产无能。

虽然说 Erik 上大学的时候在商学院接受过公司管理和经济学的教育，但是 Erik 实际上是个自学者。他上的第二个学校是由热衷于硬性货币、反对政府干涉国家经济的米塞斯的弟子，同样是经济学家的穆瑞•罗斯巴德创办的。罗斯巴德的想法是，政府干涉经济发展所造成的不可避免的通货膨胀只会在以后牺牲一部分人的条件下，给某一群人带来一定的利益。

Erik 在新罕布什尔北部怀特山上每年一次，每次为期一周的 Porcupine Freedom Festival 露营会议上，向大家介绍了 Charlie 并且表达了他们的这些观点。

大家都知道 PorcFest 是 Free State Project 的标志性事件，Free State Project 是一个让 20000 名自由主义者在自愿并承诺的情况下搬迁到新罕布什尔州居住的项目。虽然新罕布什尔州本来就以个人主义出名，但是前往的自由主义者希望他们的到来可以影响当地政治制度，从各个方面减少政府对人民权益的干涉。2004 年之后，每年 6 月，上百个自封为自由主义者的倡导者会在新罕布什尔州聚集好几天，他们一起徒步，一起吃烧烤，一起讨论，享受着这份欢乐。Erik 说 PorcFest 为大家提供热水洗澡和卫生间设施，所以这个活动不太像野营活动，但是他说："这是一位让上千名自由主义爱好者能够聚在一起，喝喝酒、抽抽烟，一起讨论、说笑，甚至有时还会辩论，并且展示他们新的半自动手枪的地方。" 2012 年是 Erik 第三次参加 PorcFest，这次他有一个新的目标：向大家介绍比特币。

在向外界宣传比特币这件事情上，Roger Ver 帮了 Erik 很大的忙。因为这个活动的参与者是可以用数字货币付注册费的，所以当 Roger 决定要为了支持反政府事业而大范围宣传比特币时，他向 Free State Project 捐助了大量比特币。这样一来，主办方同意让 Erik 通过他的小摊位来游说参加活动的人。在他的小摊位上，他以 3%的价格差来买卖比特币，并且帮助在场的新手们下载一个由一家区块链创业公司设计的钱包软件。

Charlie 和 Ira 在摊位上帮忙，Roger 也从日本带着他的未婚妻来帮忙了。在这里，他们根本不需要付出多么大的努力，因为他们需要的就是两台笔记本电脑，一个可以连到手机热点为他们提供网络，还有一个能够显示出整个世界所有交易的动态列表。有时候，让 Charlie 很高兴的是，Erik 会用他车子里的音响放 BitInstant 的"主题歌曲"，这首歌曲的副歌部分也就是前几个月 Roger Ver 为公司提出的标语：

"这是属于你的财富啊，所以还等待什么？

迅速的转账速度，不要担心会有延迟。

这是属于你的财富啊，所以还等待什么？

时间就是金钱，所以别再等待了！

这是属于你的财富啊，所以还等待什么？

BitInstant 提供最低的比特币买进价格。

这是属于你的财富啊，所以还等待什么？

所以快来买比特币吧！”

在群山环绕的优美环境中，他们向驴友们推销比特币，只要这些人喝着酒，他们就能赚到钱。那些森林中鸣叫着的鸟儿们让 Erik 想起了迪士尼卡通片里唱歌的鸟儿。他成年后都在倡导着一个强大且开放的市场，这种公共集会或者大家做贸易的地方在希腊语中叫“agora”，而这里就是那个市场的缩小版，一个被比特币赋予了能量的地方。其他的商贩都认为 Roger 捐的这笔钱就是一剂催化剂，因为比特币在这个活动之前还不是很有名气，但是后来，Erik 回忆说，至少有一半的商人都接受比特币这种支付方式了。

有一瞬间，他躺在椅子上喝着啤酒，想着他和朋友们的雄心壮志，比起在这个活动中弥漫着的那所谓的自由言论，他意识到他们所完成的事情明显有意义得多。

他想，蝴蝶刀和无执照的发型设计师是挺酷的，但是他们正在做的事是用一台连接着 50 块钱买来的 Verizon Mifi 的计算机重建整个金融系统，这简直就是一个展示资本主义的最好例子。

但是，就算 BitInstant 的新服务远远超过同行，但是它违反了国家法律，这个事实拖了公司的后腿。在美国，所有货币服务公司都要在美国财政部反洗钱的金融犯罪执法网络上注册，并且需要遵守多项旨在停止非法滥用这些系统的管理条款。这些反洗钱和必须要知道客户信息的管理条款使BitInstant不得不向金融犯罪执法网络报告那些额度较大的转钱服务和可以进行的活动，并且必须要记下所有收发款超过3000美元的客户信息。但是BitInstant上市的时候是没有任何法律保护的，到2012年3月26日，BitInstant没有在规定时间内在金融犯罪执法网络上注册登记为一家货币服务公司。在这个网站上，BitInstant称自己为一家反对“洗钱、恐怖主义融资，还有任何使用比特币网络做非法事情”的公司。从表面上看，Charlie看起来正在尽他最大的努力去做出一个诚实、自然的解释。

在2012年夏天快结束的时候，Rachel Yankelevitz被公司雇佣，她回忆：当时公司没有很好地落实反洗钱和通晓顾客这两个政策。她说：“开始的时候，公司就像一个对谁都提供自由的地方。系统里根本不会反复检查客户的个人信息。人们经常会用一些很搞怪的用户名。”比如说，John Doe或者其他一看就是假名字的用户名。虽然BitInstatn规定使用该系统的客户都必须年满18周岁，但是公司并没有办法确定人们的实际年龄。在一些节点，当客户要取钱的时候，服务器会要求客户提供身份信息，但是其他时候是不需要的。Rachel这么说道：“我很肯定有很多人发现在7-11 这样的便利店里，店员们根本就不在乎你的身份信息，只是收钱罢了。”确实，坊间证据表明蛙跳的落点是一种被“线上交易网站”网络用户喜爱的取钱方式，这种方法比在银行取钱要更加方便，隐私性也更好。

BitInstant确实对客户取钱的额度设置了上限：用户们每人每天不能取超过1000美元。（一位公司的员工后来回忆说，公司规定用户每单取现不得超过500美元，每天的限额是2000美元。）但是如果一个用户的朋友用这位用户的账户来取钱，或者一位用户使用新的邮箱地址或者化名的话，用户们其实可以轻松规避这些限制。Charlie Shrem和他的团队肯定早就知道那些使用比特币的人们完全有这个技术去利用这个系统中的漏洞。

其他的服务，比如说内部交换系统服务，则更加宽松，他们不会给顾客任何上限。Rachel 说："除非 BitInstant 没有可以提供转钱的资金了，他们才会有提现限制，系统也才会有卡顿。"

2011 年 2 月的时候，Charlie 对落实反洗钱和通晓顾客的政策敷衍了事，他说就算 TradeHill 抬高了用户每天可以取钱的上限，可以允许用户在一笔转账中把所有钱都转走，但是任何经过 BitInstant 转钱的用户只要在 30 天内转超过 10000 美元或者同等的比特币都需要上报个人信息，并且等待公司核实。

美国的货币传输流程，不只包括货币服务公司，都被要求在每个拥有客户的州拥有一张执照，47 个州加上华盛顿特区都有这个规定。这对 BitInstant 来说，就是要遵守 48 条规定了，这同时也意味着公司要办理 48 种执照，付 48 次申请费，签 48 次履约保证。每个州的申请费也许不同，加起来约有 20 万美元，如果公司的风险更大，这笔费用甚至会更高。但是还远远不只这些。比如说一个正在纽约申请资金转账执照的公司，必须要交出接受过审查的公司资产情况证明、对公司运营的最详细的分析（所有公司的股东和高层都需要提供指纹）、一份能够说明这家公司未来两年都会继续在美国运营的证明；还有更多，比如公司所有高层执行官的背景都要接受审查。这个复杂且浪费时间的过程足以让世界第二大比特币交易平台 TradeHill 倒闭。

BitInstant 现在也步入了 TradeHill 的后尘，但是 Charlie 好像从 TradeHill 的悲惨命运中学到了些什么。然而，Charlie 和他的团队却在很多方面都拿管理准则当儿戏。Charlie 在公司的职位是检查主任，负责确保公司在金融犯罪执法网络上进行注册并且遵守所有该公司客户所在州所公布的转钱条款。但是，他没有做好他的工作。比如说纽约州规定一个合格的检查主任必须拥有三年以上的为转钱公司或银行做检查主任的经验，当时年仅 22 岁的 Charlie 显然不符合这个条件。但是这位年轻的 CEO 没有像 TradeHill 那样将公司关闭了，而是选择继续运营下去从而能够从投资者手中筹集到钱。

Charlie、Erik 还有 Ira，更不用说 Roger 了。不管是金融犯罪执法网络、美国国税局还是任何联邦或者国家的政府部门，都没有明确规定比特币是一种货币，并且尽管 BitInstant 的领导团队认为比特币是一种货币，但是实际上他们只是在钻政府的空子，并且在政府还没有注意到他们这种行为的时候做出行动。在整个世界都还蒙在鼓里的时候，这群冉冉升起的资产阶级的情况是未知的。Ira 当时持不同看法地说："比特币可以是一种信息、一种语言或者是一种商品。"

但是就算公司本应遵守的反洗钱和知晓顾客这两个规定遭到了公司 CEO 的破坏，Charlie 在处理用户发来的投诉时，提到了一位 52 岁的、在 BitInstant 用户名为 Robert Faiel 的人，这个人在"线上交易网站"上的用户名为 BTCKing。他在"线上交易网站"买卖比特币，"线上交易网站"用户向 Faiella 买 500 美元的比特币时，Faiella 就会在 BitInstant 上用银行提现的方式提取相等金额的比特币，只要用户向 Faiella 付了钱，他就马上将比特币转换到用户的"线上交易网站"账户中，以减少手续费。整个过程其实是很烦琐的，但是这是不义之财。

Faiella 的这种赚钱模式，会被检察官起诉为一种无照转钱服务。但是在那时，他只为订单被卡在 BitInstant 系统里而发愁。BitInstant 投靠的一家第三方支付公司已经将 Faiella 加入了一天多次提款的名单，并且称他超过了每日提款 1000 美元的上限。在几天内，Charlie 就研究透了 Faiella 的赚钱模式，并通过邮件与他进行对峙，同时他也将这份邮件抄送给了 Gareth Nelson 和 TrustCash 公司的 CEO。他很明确地表明 Faiella 的这种行为是不会被公司所容忍的："我们以前警告过你，根据公司的相关规定，每人每天不得提现超过 1000 美元。你已经违反了我们的服务条件，并且我们已经知道你在'线上交易网站'二次倒卖比特币了。这样做是非法的。" Charlie 告知 Faiella 他已经被 BitInstant 列入黑名单了，以后他将不得使用公司的服务。

他还告诉 Faiella 说，BitInstant 是一个合规的 MSB，但是其实公司还需要两个月才能成功地在金融犯罪执法网络上注册。他说："你的信息我们已经递交给金融犯罪执法网络了。"但是根据美国国税局犯罪调查组的特工 Gary Alford 说："Charlie 根本没有提交过类似的报告书。"在一封和 Faiella 的私人邮件中，他甚至一改之前所说的话，对 Faiella 说，只要他每天能保证提现金额不超过 1000 美元，他可以继续使用 BitInstant 的服务，并且告诉 Faiella 用新邮箱开一个账户以掩饰他的身份。

当 Gareth 发现并认定这位新用户就是 BTCKing 时，他建议公司应该禁止这位用户使用公司的服务，而不是在触犯法律后就这样让他溜掉，但是 Charlie 说服了 Gareth。虽然 Gareth 是支持不正当商品合法化的，但是他本身是一个洁身自好的人。他说："我从来就没有喜欢过这个"线上交易网站"。我坚定地相信我们在某些情况下还是需要和政府联手的。公开的反抗只会减慢人们接受比特币的速度。" 1 月就这样过去了，随着 Faiella 那边顾客需求的增长，他受够了。这次是他自己真的想要 BTCKing 被禁止了。但是，Charlie 却劝说他继续干。Charlie 说："他给我们带来太多生意了，况且我们根本就不能禁止他的活动，他大可以改掉他的所有信息然后重新再来。"公司无法阻止 Faiella 使用公司的服务，因为他每次都可以通过更换邮箱地址的方式来阻止公司通过用户名来追踪他的真实信息。况且，公司为什么要这么做呢？Charlie 告诉他的合伙人："我们从他那可以赚到一笔很可观的钱。"

不久后，Charlie 开始帮助 Faiella 躲避现金处理公司的追踪，比如说当他的邮箱被显示出来时，Charlie 就会通知他，并且帮助他在违反联邦法的情况下能够提出超过 BitInstant 每日上限的现金额度。2 月的时候，Charlie 对 Faiella 说："我只是想让你知道，我会罩着你的，兄弟。"据联邦检察官说，每次 Charlie 都避开了他自己的 AML 政策以保证 Faiella 的订单都可以完成，甚至有时还会因为 Faiella 高额的转款金额而给他一定的折扣。公司通过这些交易赚到了 15000 美元，对于当时刚刚起家的小公司来说，这已经是一笔巨款了。

Faiella 只是通过 BitInstant 在“线上交易网站”倒卖比特币的众人之一罢了。在比特币出现之前，Gareth 就在网络上尝试搜索类似比特币的东西了，但是他没有找到值得信任的东西，他没有找到可以使他逃避身边债务拖欠、违约事实的东西。他说：“我有一个不实际的幻想，我想永远可以藏在自由主义的数字天堂中。”他的公司现在变成了一个这样的天堂，尽管他触犯了法律。而公司的客户，Rachel 说：“没有人使用他们的真名。我每天都会收到用户的来电，询问要怎样把比特币转到‘线上交易网站’的钱包里？”一般敷衍的回答是：“我们与‘线上交易网站’不合作，我们和他们没有任何的关联，但是我们可以将你们的钱发到一个比特币地址。”（事实是，任何的地址都可以，包括“线上交易网站”钱包。）Rachel 继续说道：“这其实不关我们的事。如果人们从银行取钱，然后用来买不正当商品，这难道是银行的错吗？”

利用 BitInstant 在“线上交易网站”赚钱已经是一种普遍现象了，甚至影响到了 Gareth 这位在平日里热爱音乐的人。他说：“我在一场爵士乐即兴演唱会上认识了一个朋友，他根本就不相信刚刚和他在台上演奏的人就是 BitInstant 的合伙人，因为他也用 BitInstant 在‘线上交易网站’上赚钱。我告诉他不要让我知道他的用户名，公司的规定是，用户们钱的去处不关我们的事情。”但是如果他之前就知道这个客户的用户名，他一定会展开行动，因为他意识到比特币在这种情况下，是用来做不正当商品交易的。不提 BitInstant 自身的成功，单讲比特币自己的发展，Gareth 说：“‘线上交易网站’确实在其中扮演了一个重要的角色。”

Roger Ver 也许是唯一一个有能力让大家意识到遵守管理规定重要性的人，但是一个 BitInstant 的员工回忆说，Roger 并没有付出任何行动。他没有鼓励 Charlie 在暗中操作，但是他也不急于看到政府干涉 BitInstant 的事情。2011 年 4 月，当发展比特币的领军人物宣称他受 CIA 之邀，将在兰利做一个关于比特币的演讲时，Roger 感到非常惊奇。一个 BitInstant 的员工说："当时 Roger 真的是恨美国政府，恨到咬牙切齿了。"

很多比特币倡导者都坚定地认为数字货币代表的是货币史上一个模式的迁移，因为数字货币是一个以数学为基础，用来防止政府干涉的货币模型，而且这种数字货币是完全能够适应现有金融模式的。邮箱的到来使人们可以不用再付给政府强制的印花税，还可以逃避检察员的监管。这样看来，比特币为什么就应该跟银行一样，遵从同样的向上级汇报的程序和反洗钱方面的规定呢？

很多时候，当在公众场合发言时，Charlie 似乎都是按照规矩做事的。Charlie 意识到比特币现在受全世界瞩目，所以他觉得就算不是为伦理道德，让比特币公司遵从所有的规定和程序，用于防止洗钱和金融恐怖分子钻空子都是合理的。

他说："这些机制不需要像银行机构那样严格或者残酷，但是我们需要证明给大家看，我们正在做的事情。"

在比特币的网上讨论组里，有很多人嘲笑他的观点。一位评论家写道："你的观点让我感觉你是一个会为了打击所谓恐怖主义而放弃大家自由的人，又或是那种不介意被别人仔细检查一遍的人。"Charlie 回击道："对，你说的没错，我就是那样的人。但是，在这种情况下，如果我不接受检查，那么我就是那个进监狱的人。"

在这个世界上，被管得最严的当属金融市场。用总部位于加利福尼亚州的比特币交易公司 Kraken 的运营者 Jesse Powell 的观点来说，管理就是在孕育违法行为。他说："如果你刚刚开始在数字货币领域创业，那么你基本上是要被迫违反法律的，然后希望自己能够尽可能拖延时间以免被抓，用以在投资方那里拿到更多的钱。在那之后，你可以尽快了解相关的规章制度，用来求得原谅而不是准许。但是在公司合法化前的每一天，你们都是处于违法犯罪状态的。”

Ira 同意他的观点。他说：“这就是美国目前的现状。我们都是在政府出面整顿之前被迫犯罪的。”所有企业家都是受政府管制最严重的，因为作为一个转账公司要承受各种复杂的费用和政府管理才能拿到执照。这也是 Kraken 公司在上市整整一年后，尽管可以在欧洲运营，但是在美国只可以在 5 个州为客户提供比特币交易服务的原因。

政府介入不仅只影响金融业的发展。2014 冬天，俄罗斯索契冬奥会开幕，但是同样被报道出来的还有在建设场馆时发生的严重腐败问题。此届冬奥会的建设费比温哥华冬奥会的高出 7 倍，俄罗斯花了超过 500 亿美元在建设上，这实在是在浪费钱。纽约客的 James Surowiecki 借此机会发表了一篇关于“腐败和建设的联系”的文章，他说这种情况不仅发生在俄罗斯，而是“蔓延到全世界了”。他在报道中写道：“是什么导致了建设行业有暗中交易的趋势？其中一个原因就是政府在这个行业插手太多了。政府不仅是在基础设施建设上最大的花销者，私人项目也要通过政府的准许和审查等。规矩越多，就会需要越多的人来执行，从而也就导致了更多腐败事件的发生。”

大概 Surowiecki 本人在写这篇文章的时候，内心是没有任何冲突或者悔悟的。腐败是在大家公认的金融智慧的对立面，更不要说医保了。尽管新的管理条例提倡公平竞争，但是这样会使那些有想法、有能力改善僵化市场的年轻人们失去机会。Ira 回忆说，这些来自银行和相关管理部门的消极注意力，还有持续增加的压力都会使 BitInstant 在成功的路上“分散注意力”，并且成为公司的绊脚石。严密的审查制度使 Paxum 不得不退出这个行业，也使 BitInstant 不得不雇佣 Patrick Murck，这个来自西雅图的律师。希望他的到来能够让公司免于牢狱之灾，虽然那时关于比特币的相关法律还没有出台。

Ira 说："对于一个只有八九个员工的小公司来说，他们其中还会有几个人只是兼职，并且你还想要哄顾客开心。在这种情况下，给律师 60000 美元或者 10 万美元的工资实在是让公司承受不起。Charile 当时是用 10000 美元起家的，但是如果换做是现在，想都别想。"

两年后，当 Charlie 回过头去看这段在比特币经济中"人人都自由"的时光时，他说："当时人们有这种心态，那就是如果现在处于灰色地带，我们可以想办法把灰色地带变成白色地带，将一切合法化。如果有什么事情触犯到法律了，拥有好的律师，是可以将其变得合法化的。我认为现在正处于一个如果我重新来过，当时就算是发现有一点触犯法律，那么我也是死路一条。"

在 2012 年年末，BitInstant 不再提供银行提款服务，因为公司的第三方服务公司 TrustCash 拒绝再与比特币公司合作了。但是 BitInstant 的客户当时仍然可以在沃尔玛、CVS、7-11 及其他当地零售商提款。与此同时，Charlie 也不再接受 Faiella 的订单了。

以前的那些灰帽黑客可能会被看成是叛乱者，他们也许会想要避开那些毫无意义的法律，然后赢得他们自由主义朋友的尊重，他们也许会愿意为他们的公司，那些地下交易市场的经济活动埋下奠基石。"线上交易网站"的创始者后来说："我知道'线上交易网站'上大部分的交易都是非法的，我也知道这个网站在销售不正当商品，我知道我当时做的是错的。"但是最后，他最想要的还是能够在这个高风险的创业市场中保留他有竞争力的优势，保持上涨的趋势，并且能够让 BitInstant 继续发展。从现在开始，如果这一切都代表着要和联邦调查员搞好关系，从而可以"白化"，或者至少可以尽量让公司合法化一点，那就得这么做。

CHAPTER 05

伊维萨岛的一场会议

投资者要面临的最大问题，甚至可以说是他们的天敌，很有可能就是他们自己。

Charlie Shrem 正在慢慢失眠。那是 2013 年 2 月，他的投资者们给了他最后通牒：要么劝说 Erik 和 Ira，能把 Coinapult 的代码在不用付任何钱的情况下签入 BitInstant；要么开除他们两个。而且投资者要求 Erik 和 Ira 必须要合作。Charlie 也认为他的市场部负责人和工程部负责人确实是“天生一对”，但是从法律的角度上来讲，他们都是兼职员工，是承包商，而且合同明确规定他们可以干除 BitInstant 之外的工作，包括 Coinapult。Coinapult 是他们智慧的结晶，而不属于 BitInstant。他没有权利从承包商那里将 Coinapult 夺过来，也不可能在不给予他们任何补偿的情况下就承包商将他们智慧的结晶拱手让人。但是，投资者们却执意要他这么做。

当然，也不是全部投资者都逼他这么做。Roger 就很反对这个最后通牒，他反对开除同是自由主义战友的 Erik 和 Ira。但是他不再是 Charlie 要取悦的唯一的人了。Charlie 遇到了浮士德交易的问题，为了使 BitInstant 能够继续运营下去，他需要应付那些根本无法理解比特币创业公司特殊需求的人们，还有那些根本就不在乎 Charlie、Erik 及 Ira 深厚友谊的人们。

在 2011 年之前的一个秋天，Charlie 经人介绍和一位拥有一家支票兑现公司的私人投资者 David Azar 见面了。他听说 David 和他的叔叔，同是叙利亚犹太裔的 Victor Azrak，对 Charlie 在做的事情很感兴趣。当 Charlie 安排时间与 Azar 见面时，他只是希望他可以成功说服他们二人以顾问的身份加入 BitInstant。

他根本就不指望 Azar 能够提供投资，但是 Azar 有他的想法。Charlie 回忆说："我一走进去，他就说想给我们投资一百万美元。" 然而 Charlie 告诉 Azar，公司已经和很多投资者有投资条款清单了，比如说 The Yard、Richard Beyda 和 Morris Levy。在公司刚刚搬入他们现在的办公室时，公司整个团队就已经同意 Beyda 和 Levy 作为主要投资方了。

但是 David Azar 的态度是很坚决的，而且他现在要彻底改变格局。Charlie 回忆说，在这三家投资方的会议中，Azar 最后明确表明他想要的就是把公司占为己有。Charlie 当时束手无策，他说："我的道德准则告诉我，应该选择 Richard 和 Morris。他们很友好，不是凶猛的鲨鱼。" 但是 Azar 给出的方案都很好，他也非常坚持自己的观点。Charlie 认为他在金融服务业的经验应该对他自己的创业公司有利。但是 Erik 却犹豫不决，Roger 也踌躇不定，并且对 Azar 的看法持保留意见。这样一来，公司高层之间就上演了一场辩论赛。他们每天都给彼此发邮件，商讨着各种选择的利弊。

2012 年 6 月，当 Charlie 还在为公司未来担忧时，他和 Erik 去了一趟维也纳，在那里，他们尝试检测一种为安全、独立的比特币钱包和支付系统设计的智能卡。Roger Ver 和 Gravin Andresen，这两个在中本聪消失之后挑起比特币大梁的人，在奥地利与 Charlie 和 Erik 碰头了。在奥地利期间，他们 4 个人开始策划建立一个数字货币交易协会，在 2012 年秋天，非营利的比特币基金会正式问世了，Charlie、Roger 和 Gravin 都是这个基金会的创立者。他们发现维也纳是一个很有魅力的地方。他们在那里享受着炸肉排和匈牙利红烩牛肉，并且与其他的比特币爱好者攀谈。比如说一名年轻的、有一半伊朗血统的无政府主义秘密委员会成员 Amir Taaki，他也是一名掌握 C++语言的程序员。还有 Bitstamp 的 CEO Nejc Kodric，BitStamp 是一家总部在斯洛文尼亚的比特币交易公司。

他们两个人都对这张智能卡的功能很感兴趣，都慕名前来。

出人预料的是，David Azar 也会在那里。他知道 Charlie 要去维也纳，但是没有邀请他一同前往时，他就开始紧紧跟着 Charlie 以便得到这位年轻的创业者的认可和支持。当他想要为 Charlie 的晚餐买单被拒时，他继续向 Charlie 示好，他向 Charlie 保证说只要 Charlie 和他签署一份在 3 个月内不与第三方进行签约和交易的条款，David 就会给 Charlie 和 Gareth 一笔合约签署成功奖励。在一个虚拟的资金世界里，一份排他协议就像是订婚时的戒指一样，这意味着公司不需要再找投资方了，因为在这份合约到期之前，公司都只能和所签署的这家公司合作下去。尽管像离婚法不能管辖到两人结束一段订婚关系一样，法律很难强制实施排他协议，但是排他协议确实是一项非常重要的条款。但是 David Azar 给 Charlie 和 Gareth 每人 15000 美元的奖励，只要他们在合约上签下他们的大名。Charlie 后来强调说这是一笔私人的钱，当时他的心情就像是孤儿在知道终于有一个家庭愿意领养他时一样惊奇。

属于个人的钱，也就意味着这是不属于公司的。Charlie 说："这是要我出卖公司啊。"他本来还对 David Azar 保持观望态度，但是他现在相信他就是公司最合适的投资人。他说："我当时劝说 Roger 和 Erik，说 David 是我们前进最好的帮手。当时我们之间意见不合，所以辩论了很多次，但是最终我做了决定，并且他们也同意了。"

Azar 也是有自己的合伙人的。在 2012 年夏天 Charlie 见到了 Azar 的合伙人，一对脸长长的双胞胎 Cameron Winklevoss 和 Tyler Winklevoss。这两个人很出名，因为他们就是自称扎克伯格曾经窃取了他们的社交网站想法的那对参加过奥林匹克划艇赛的双胞胎。在那几年，扎克伯格从哈佛退学，创建 Facebook 并成为世界上最年轻的亿万富翁。Winklevosses 兄弟俩，也在这几年从哈佛毕业，参加了 2008 年北京奥运会，并在他们的项目中得到了第六名，后来他们与 Facebook 的案子了结了，他们得到了总共价值 6500 万美元的现金和股票，并且于 2010 年在牛津大学取得了工商管理学位，最后创建了他们的风投公司，取名为 Winklevosses 资金。他们认为自己是“天使加速器”，因为他们给予不同的公司资金和指导，以让他们能够发展下去。他们对于 BitInstant 应该是非常珍贵的投资者，也代表了新的资源进入比特币世界的方式。不像是专业的科学家，这对双胞胎听说数字货币不是通过专业的渠道，也不像早期的比特币爱好者通过论坛学习比特币，而是在伊维萨岛海边从一个同行那里学习到的。

这哥俩确实不难认出，他们那 1.98 米的大个儿，220 磅重的强壮身躯，还有被艾米·汉莫在《社交网络》中的演绎，无不让人立马就能认出他们。当 David Azar 认出他们后，他就开始给兄弟俩介绍比特币。他们以前几乎没有关注过数字货币，但是那一刻起，他们开始认真地思考比特币是否会给电子商务和金融服务领域带来突破性的改变。Cameron 说：“我对比特币在金融行业的应用实在是太感兴趣了。”

David Azar 将这对双胞胎兄弟介绍给了 BitInstant 团队。帮助兄弟俩开发了他们的第一个电子钱包的 Ira 说：“他们见到我们的时候，虽然对很多事情都还不太了解，但是却异常兴奋。他们要在钱包里积累为竞争而准备的资金。”大部分的筹措资金——上万个比特币都需要从 BitInstant 那里提取。当 Carlie、Erik 和 Ira 快速地给兄弟俩上了一堂关于数字货币的课后，Ira 说：“兄弟俩马上就陷进去了。”另外，David Azar 让 the Winklevosses 和 Charlie 见面还另有原因。因为他给了 Winklevosses 兄弟俩一次投资的机会。

与此同时，Charlie 与 Azar 签下的排他协议，使 BitInstant 与 Morris Levy 及 Richard Beyda 之间的关系恶化了。2012 年 6 月，在从维也纳回来之前，BitInstant 准备搬出 The Yard，另寻办公室。在此期间，Charlie 和 Erik 就在他位于布鲁克林的公寓里工作。8 月，他们和 Ira 一起将公司搬去了位于 Flatiron 区第 23 西街 20 号的办公室。这里在所有科技型创业公司圈中都是赫赫有名的一个地方，它在有着纽约硅谷之称的 Silicon Alley 的中心地带，也就是在这里，Azar 将双胞胎兄弟 the Winklevosses 介绍给了 BitInstant 团队。

然而在人群背后，公司与 Azar 的关系正在破裂，况且他们 3 个月的合约也快到期了。Azar 在有些方面是绝对不妥协的，包括他投入的资金会“一滴一滴地喂给 BitInstant”，而不会“一堆、一下子”给公司的。Roger 和 Erik 都不想和他再合作了。Charlie 回忆说，Azar 有一次威胁他说：“如果你不跟我继续合作，我就会在叙利亚犹太人圈里诋毁你，让你的名字永远消失。我不是一个可以被你耍的人。”这种行为没有任何专业度可言。对于对他的家族有着浓厚感情的 Charlie 来说，这个威胁是有一定分量的。他曾经写到说，他的爷爷奶奶“告诉我关于他们曾经在叙利亚是多么富裕，但是后来他们所有的财富，所有属于他们的东西都被抢走，然后被驱逐出境。他们搬到美国之后，只能从零开始。真的让人无法相信”。在 BitInstant 的员工看来，Charlie 与 Azar 之间的争吵就好像是夫妻之间的小争执，或者是父亲对儿子的教训。

机会最后还是眷顾了 BitInstant，但却是在人们都没有预料到的情况下来临的。这位使者就是从投资银行家转型为企业家的 Barry Silbert，他当时要将自己变成一个为比特币创业公司服务的天使投资人。与 Charlie 和 Roger 一起创立了比特币基金会的 Peter Vessenes，将为他的数字货币创业公司 CoinLab 投资的 Barry Silbert 介绍给 Erik。同为经济爱好者的 Barry 和 Erik 很快就聊开了。两年后，Barry 由于为大约 30 家比特币创业公司投入种子资金，而被称为比特币界最重要的天使投资人。但是在 2012 年的秋天，当他第一次开始研究他投资的这些公司会给他带来多少收益时，他却发现他能得到的油水实在是太少了。他说：“我从第三方的角度看来，比较值得投资的也就是 CoinLab、BitPay 和 BitInstant 了。”在 Barry

和 Erik 的第二次会议中，他对 Erik 说，他正在寻找值得投资的比特币创业公司。他说："我很想看一看你们正在做的事情。"

所以这样也就导致了一场连公司内部人士都蒙在鼓里的融资。在 Barry 介入之前，Charlie 已经基本上准备接受 David Azar 的投资了，尽管这场投资合作会很不愉快。Charlie 当时希望能换其他的合作者。Barry 对 Charlie 说："先别急着拿 Azar 的钱，再等等。"但是当时公司急需用钱，Barry 同意投资 10 万美元的可转换债券，这种债券是种子资金中经常出现的一种短期贷款，可以在公司筹募第一笔风险投资的时候将可转换债券换成公司的优先股。优先股的发行是一个耗时又耗钱的过程，一般来说发行时需要公司交 10000～30000 美元甚至更多的费用，但是一张可转换债券可以在一天之内使用本票来关闭交易，一般只需要付 1500～2000 美元的费用。总的来说，和所有优先股投资人一样，Barry 给 Charlie 提供的贷款是能够得到 BitInstant 的普通股的。而为了能够给在公司的第一次融资投入钱，Barry 早就准备了一个随时待命的风险投资公司。

Barry 将 Charlie、Erik 和 Ira 介绍给了这位帅气、发色银白，毕业于沃顿商学院，时任 First Mark Capital 管理经理的 Lawrence Lenihan。他所在的 First Mark Capital 是一家位于纽约的风投公司，这家公司当时就已经有 2.25 亿美元可以支配了。这家公司主要的投资对象就是刚刚起步的科技公司，当然 BitInstant 完全符合这项要求。除此以外，Lenihan 本身就对未来金融服务很感兴趣。因此，他才会给 Barry 有创意的海外资产经纪业务 Second Market 投资。当他们几个人聚在一间屋子里时，BitInstant 的代表犹如在一盒蜡笔中随机抽出来的三支颜色不同的蜡笔。Erik 和 Ira 都是又高又瘦的，而且也很帅气，金发的那个人已经开始有点秃顶了，另外一个人是红头发的，但是 Charlie 与他们相比又瘦又黑，并且还顶着一头黑卷发，一脸难以打理的胡子，还有一对看起来像黑色毛毛虫一般粗粗的眉毛。Lenihan 对 Erik 和 Ira 是很欣赏的，但是对这个公司的领导者 Cahrlie 却是感到困惑的。他说："Charlie 在他们中看起来就像是负责搞笑的那个人。我很认同 Erik 对于他们公司走向的看法，但是我不明白为什么这两个人要跟着 Charlie 干。我只能认为 Charlie 在某些方面有过人之处，因为这两个天才都愿意跟着他干。"

在 Erik 看来，BitInstant 会成为首个比特币网络中的"上匝道"和"下匝道"，中间的交界处就是当数字货币取代法定货币时，比特币就可以和美元、卢布还有雷亚尔相互兑换了。只要公司在数字货币中站住脚跟，那么 BitInstant 就会有大批量的产品和服务机会等着他们：钱包软件、支付服务及汇款服务。First Mark 想要在比特币界做出名声来，他们投资的公司都必须是有收益的公司。而 Lenihan 相信 BitInsant 是最合适的人选了，因为公司当时的月收入就已经有 10 万美元了，对于一个成立一年的虚拟货币服务公司，这已经很不错了。

到那时 Lenihan 与 Erik 观点不同的地方是他对于比特币的政治立场，又或者可以说是因为 Lenihan 根本就没有政治立场。他关心的只有比特币的应用。他说："我根本就不在乎什么宏伟的政治观点。比特币对于我来说根本就不关政治什么事儿。它不是要打败那些专制法定货币的条条框框，而是关于货币到底应该怎么应用。如果你是一个外星人，你来到这里创造一种可以供人们交易并且有地方储存资产的货币，那你创造出来的货币肯定特别像比特币。这也是我对它感兴趣的原因。"他对比特币的热情让他将 Charlie 及其团队邀请到了 First Mark 的办公室，介绍他们互相认识。

Charlie 在会议结束以后坚定地认为 Lenihan 已经深深地被他和他的同事们吸引。接下来发生的事情丝毫没有打消他的这个想法。在他们与 First Mark Capital 见面之后，Lenihan 告诉 Charlie 说他的公司想要投资 BitInstant。他将一份合同摆在 Charlie 面前，合同条款包括要 Charlie 马上跟 David Azar 停止所有谈判。Lenihan 曾公开表示 Azar 的想法与

BitInstant 公司的发展有直接冲突，并且 Lenihan 个人非常看不起 Azar。他说："David 想要干的事情就是搞一个可以产生钱的公司。"总之，Lenihan 认为他见识很短浅。

但是告知 Azar，他已经没有与 BitInstant 合作的机会了还是有一定难度的，Charlie 对此感到很焦虑。最后，Erik 给予他精神上的支持，才使 Charlie 鼓起勇气拿起电话。但是，对话最终还是变成了争吵，电话那头的投资人 Azar 吼叫着，说着他为公司所付出的时间和精力，抱怨 Charlie 怎么可以这么做，认为 Charlie 这样做就是在背叛他。Erik 后来说："这一切简直太混乱了。"最终，因为其中一方挂断了电话，才结束了这场电话战役。

后来电话铃声又响起了，打电话过来的是 Azar 的叔叔 Victor Azrak。Azar 告诉了 Azrak 发生的一切，在叙利亚犹太人圈里颇有影响力的老 Azrak 也打电话来，以更加严厉的口吻来谴责 Charlie，想要让他觉得愧疚。Erik 听了他们的对话内容后，非常同情 Charlie，他说："管理整个公司，寻找对公司更加好的发展方向已经很有挑战了，但是被这群人教育关于伦理道德方面的问题都能把他弄疯了。"

但是最后 Azar 提出了一个新的、更加吸引人的合作方式，他提出可以少要公司的股份，并且给 BitInstant 投资更多的钱，Charlie 就可以继续保持对公司的掌控权。更加重要的是，他在从前非常坚持的几个条款上做出了让步，比如向 BitInstant 慢慢地投入资金。他非常真诚地对 Charlie 说："我真的很想达成这笔交易。"

但是，在 BitInstant 的内部工作人员中，对于外部投资的意见不合又掀起了一场新的腥风血雨。Charlie 总结了他们的困境，他说："现在摆在我们面前的，要么是 Larry 的合同，要么就是和 David 完成交易。Erik 和我现在都不适合处理关于 Azar 的事情。我们很讨厌 David。他很喜欢多管闲事，也非常严肃，让人讨厌，而且他还很吵。但是我们需要钱，而且我们看来没有那么多时间等待 Larry 的消息了。”

Lawrence Leinihan 对于公司内部的意见不合的事件毫不知情。Barry Silbert 也不知道，这也成为几个月后在 David Azar、Victor Azrak、Cameron 和 Tyler Winklevoss 这些投资人同意的情况下，Charlie 提出要放弃这个投资公司 First Mark Capital 的理由。Charlie 很想和 Lenihan 达成交易，但是他说：“耗时太长了。”BitInstant 急需钱招聘新人、支付员工工资及支付日常开销，所以 Charlie 只能与 David Azar 的律师（他还可以好好与之讲话的人）沟通。Charlie 在与他协商时，带上了能够支持他的 Erik，并且还接到了 Roger 打来的电话，“全程护送”他签合同。但是 Charlie 回忆道，在签合同之前 Charlie 坚持 Erik 必须要拿到公司 2%的股份，Ira 必须要拿到公司 3%的股份，因为 Erik 和 Ira 对公司的贡献是有目共睹的。Charlie 说：“我当时把 Erik 拉到一边对他说，现在合同里写着他将会拿到公司 2%的股份，这就是我能够让他同意我签这份合同的方法。”最终，David Azar 和 Victor Azrak 一起为公司投资了 50 万美元，Winklevosses 兄弟俩为公司投资了 100 万美元。

剩下的就是要把这个消息告诉 Lawrence Lenihan 了。Charlie 和 Lenihan 在一家相当火爆的叫作“咖啡店”的餐厅吃了早饭，从这家餐厅的落地窗向东看去，就能看见纽约的联合公园。当阳光照进店内，将整个店照亮时，Charlie 抬起头看着他曾经的潜在投资人，向他解释说他已经和 David Azar 签了合同。

作为一个年轻人，Lenihan 毫不掩饰自己的失望之情。他说：“Charlie，你是个不错的小伙子，但是你太天真了，你这样做会遭到报应的。”在 Lenihan 看来，Charlie 在好几家公司之间犹豫，想要做一笔生意但是又反悔的这种表现都说明他是一个没有经验，甚至很愚蠢的人。更加糟的是，在 Lenihan 看来，Charlie 的这种表现突出了他不够果断的个性，他认为 Charlie 没有能力掌管整个公司。他说：“你不够坚定和自信。”

然后继续说了一大堆 Charlie 的缺点。Charlie 对他说的话根本不当回事儿，也没有表现出不礼貌，但是却让 Lenihan 清楚地意识到，Charlie 对他的话就是左耳进右耳出。Lenihan 在几个月之后说，他认为 Charlie 只是因为喜欢 Winklevosses 这对兄弟而让他愚蠢地选择放弃 First Mark Capital。

但是，做任何事情都没有意义了，因为合同已经生效。现在，Charlie 必须要面对事实了。

也许是为了能够更好地看到他们投资的公司的发展情况，Winklevosses 兄弟在那年 1 月搬入位于 Flatiron 区 5000 平方英尺的办公室，这里距离 BitInstant 不远。在那年冬天之前的一个晚上，在双方都对合同上的条款表示没有异议时，Erik 和 Charlie 在 BitInstant 的办公室与 Winklevosses 兄弟会面。这对兄弟当时对比特币还不是很了解，他们还有一些事情要与 Erik 和 Charlie 商量。当兄弟俩到了以后，Charlie 和 Erik 为他们提供了酒，毕竟当时已经是晚上九点半了。他们喝的是 Neft，这是一家支持比特币的俄罗斯伏特加公司生产的酒。

在这家公司的网站上，在他们的宣言旁边就有比特币的标志，他们的宣言是："我们支持比特币经济"。这就是一款人们可以用比特币购买的酒。Neft 在俄语中的意思是"油"，这 4 个人当天晚上大口地喝着从油桶一样的瓶子里倒出来的威士忌，他们几个人对酒都是很有品味和鉴赏力的。Charlie 说："我们 4 个人直接对着瓶子喝，你喝完一口我喝，最后喝的酩酊大醉。" 之后，Charlie 和 Winklevosses 兄弟俩去了一个屋顶派对，Charlie 说他们在那里很疯狂。

这也就证明了 Winklevosses 有多想和 BitInstant 完成合作。他们在 Fatiron 的办公室也就有了解释。现在他们向公司投入了 7 位数的资金，他们是不会让 Charlie 及其团队有一点的懈怠。

公司的员工说，他们对时间的要求越来越紧，但是他们的加入并没有阻止一些年轻人恶作剧、玩弄小把戏。BitInstant 公司所在的 Flatiron 有两间大办公室，Charlie 用了一间，还有一间作为会议室和休息区，他不想扮演所罗门那样居高临下的角色，他想让公司的其他员工能受到跟他同级的待遇。和很多创业公司一样，BitInstant 的工作压力也很大，很多时候的工作都要加班才能完成。好多个夜晚，Charlie、Erik 和 Ira 加班后，都会在休息室里吸烟、休息。渐渐地，这变成了他们之间的一个惯例，他们后来把这个房间称为 the Bakery。对于 Charlie 来说，这里就是他一天中必须要去的地方。他后来说："我不会在没有和一个人喝过酒或者吸过烟之前就录用他，这是一个铁定的事实。"

对于很多千禧年出生的人来说，工作和社交生活没有分得很清楚，虽然也分程度，但是一般都比其他人要极端。对 Charlie 的这种招聘条件持保留意见的 Rachel Yankelevitz 说："Charlie 对同事们主要的资质评鉴就是他们是否会和他一起喝酒或者吸烟。我不认为单单只是和 Charlie 合得来，能够与他称兄道弟就能证明他们是称职的员工。"但是，她马上补充道，很幸运的是，Erik 和 Ira 除能够满足 Charlie 的这两个要求之外，也确实是非常称职的员工。

在 2012 年 1 月的时候，他们就已经准备好发布一款全新改版的网站和与之相配的服务，公司将之称为 BitInstant 2.0。在开发了他们最初的服务项目之后，Charlie 和他的团队现在想要彻底改变公司的运营模式。他们想直接与顾客进行比特币交易，将公司变成数字货币圈里的证券商，变成用自己的账户进行买卖的商人，而不是那些代表着顾客的经纪业务公司。更进一步的发展即将来临，如客户钱包、商人处理资金和汇款工具。虽然现在他们根本无暇管理旧的系统，但是他们还是会把老版系统和新系统区别开来，留在另外一个发送箱中，为现存的顾客服务。一旦新版本的研究完成，他们就会马上发布，就如同为了一套高级公寓而放弃了现有的经济公寓一样。Ira 当时正在努力开发产品的后端，但是他需要帮助。之前的一个秋天，Alex Waters，这个说话很温和但却从大学辍学，曾经为比特币主要的软件编码做安全担保的人加入了 BitInstant。刚开始的时候，他负责无限比特币工作，这是 BitInstant 推出的一项可以让南美洲人民用比特币为自己充话费的服务。但是这个项目后来做不下去了，Alex 就只能来到 Ira 身边和他一起开发 BitInstant 2.0。

至少在概念里，版本更新会让 BitInstant 在合法的情况下快速发展。Ira 说："我们花了近十万美元雇佣一名律师给我们一份写满法律条款的列表，然后告诉我们他们相信 BitInstant 应该遵守这些法律。但是在一天结束的时候，你能够做的就只有猜。毕竟，我们搞数字货币的还仍然存在很多不确定因素。数字货币可以是信息，可以是语言，也可以是商品。"但是每个人都知道那些纽约部门的监管者总是更怪异地做出各种卡脖状。只是现在他们好像还没有盯上 BitInstant。公司的交易一个月比一个月高，"土狼"发现正在变肥的"小羊羔"是迟早的事情。

BitInstant 希望通过将系统更新到 2.0 版本，使公司可以在管理部门介入之前行动。Charlie 说："我们的律师说，如果我们直接和顾客进行比特币交易，那么我们就不是转账公司，我们拥有自己的库存。"尽管这样，公司还是在金融犯罪执法网络注册为货币服务公司，所以公司也就需要知道顾客的身份。最后，公司开始检查顾客的身份背景。这是一个分层系统，对于顾客身份背景了解的多少是基于顾客的交易量的。BitInstant 现在看起来是发展的最好的时候了。Charlie 说："我们的团队实在太棒了。公司正在蓬勃发展，我们都充满斗志。Gareth 和 Ira 合作得也很愉快，我们都是最好的朋友。"

但是障碍还是存在的。作为 BitInstant 独立的承包者，Erik 和 Ira 处在一个特殊位置，他们位于 Charlie 的公司和他们自己的创业公司

Coinapult 之间，之前看起来令人羡慕的自由渐渐地因为双方的利益冲突而出现问题。Coinapult 实际上不能算是一个公司，只是 Ira 编写的一堆软件罢了，因此虽然他们效忠于“比特币元组织”，Erik 和 Ira 在让 BitInstant 使用他们 Coinapult 的技术时没有收取任何费用。然而，当 BitInstant 越做越大时，他们之间的关系开始变得紧张起来。当时，越来越难分析出到底是哪家公司先结束，哪家公司先开始的，双方的利益已经在一条线上了。是时候让他们不单单是和谐共处，而是要完全成为一体了，也就是说双方该合并了。

一个计划迅速地实行着，BitInstant 将收购 Coinapult 的技术，然后让 Erik 和 Ira 变成正式的员工。这将是一个具有历史意义的时刻，因为这是比特币历史上，两家比特币公司的首次合并。这次合并也会解决一些管理层问题：Coinapult 的技术可以使 BitInstant 有自己比特币的库存，而不需要从第三方得到数字货币然后再发送出去。

在大家都很满意的时候，Charlie 和他的团队将这个计划告诉了 David Azar，但是他却反对这个计划。Coinapult 这些日子都是为 BitInstant 免费服务的，所以买进持有该技术的公司似乎是一定会发生的事情。当他们向 Winklevosses 兄弟询问观点时，兄弟俩很生气。Erik 说：“他们对于让 David 看起来像是一个明智的人而感到愤怒。”看来他兄弟俩不知道 Coinapult 是另外一家公司的，也不知道 Ira 和 Erik 不是公司的正式员工。他们的观点是，因为 Coinapult 的代码已经属于 BitInstant 了，所以现在 Ira Miller 和 Erik Voorhees 如果要索要赔偿金的话，这种行为是在诈骗公司的钱财，因此而产生的所有支出都无异于拦路抢劫。Ira 后来冷冷地总结这场纠纷：“他们因为不能从我们这儿抢走 Coinapult，看起来还挺伤心难过的。”Roger Ver 尽全力在 BitInstant 和公司的投资者之间周旋，但是他的努力都是白费的。

在接下来的两周，Charlie 发现自己每天都在忍受着一连串的谩骂。

因为 BitInstant 的 CEO 坚持公司不能没有 Erik 和 Ira，电话那头的叫骂声又重新上演了。但是 Winklevosses 兄弟当时并没有放松。那些投资人告诉 Charl 说："Erik 和 Ira 是在利用你。你们是朋友，所以你脑子根本就不清楚。我们才是好人啊。"值得赞扬的是，Charlie 一直都站在 Erik 和 Ira 这一边。Erik 说："那个 1 月真的像入地狱一般。"

在 2 月的一天，当大家和 Winklevosses 兄弟开会时，事情终于爆发了。Charlie、Erik 和 Ira 都出席了会议。当时 Erik 和 Ira 已经想好，如果投资人还是不能被说服的话，他们会主动辞职。在会议期间，Cameron 和 Tyler 抢先发号施令，说他们是不会被这两个二十出头的自由主义者勒索的。他们坚持要换掉 Erik 和 Ira，他们说 BitInstant 可以创造出属于自己的技术。最终，他们发出了最后通牒：要么 Ira 和 Erik 把 Coinapult 所有的知识产权转让给 BitInstant，要不然他们俩就被炒鱿鱼。投资人们说："Charlie，如果你不开除他们两个人，那么以后你提出的任何一个决策都会被我们拒绝，你的公司就会这样走向灭亡。"Charlie 说，公司在做任何大的交易、资金筹集或者任何重大决定时，投资人们都需要全部同意才算通过。Winklevosses 兄弟威胁说他们会直接压垮 BitInstant。显然，他们拥有的不仅是权力还有决心。Erik 对于兄弟俩在会议上的表现的评价是："他们简直就是一帮混蛋。"

最终，在那兄弟俩的攻击下，Erik 和 Ira 起身走了，已经没有一起讨论的必要了。

Erik 和 Ira 知道他们下一步应该做什么。他们会全身心地投入到 Coinapult 的经营中去，他们还会把公司总部搬迁到美国政府无法管制也无法给他们发传票的巴拿马，这不是一个临时决定。很早以前，Erik 和 Ira 就建议 Charlie 将公司搬到巴拿马去，那里的法定货币虽然是美元，但是因为没有中央银行，所以在那里是不可以随意印钞或者操控汇率的。因此，巴拿马将是 BitInstant 最理想的办公地。现在，他们又把这桩事儿挑起来了，他们尽全力说服 Charlie 带着公司跟他们一同前往巴拿马。对于 Coinapult 来说，这是一件毫不费力的事情。但是对于在纽约布鲁克林区出生的 Charlie 来说，离开纽约对他来说有太多的未知因素。而且他知道他的投资者们会想方设法阻挠他去巴拿马，最终他还是决定留下来。出发之际，Ira 警告他说："我们走了之后，就没有什么团结一心可言了。我们觉得有些事情会站不住脚，大体的方向都会走偏。"

Barry Silbert 很赞同 Ira 的观点。当时 David Azar、Victor Azrak 和 Winklevosses 都还没有将 Charlie 给他们的可转换债券转换成公司的股份，但是如果换作 First Mark Capital 这种大投资公司肯定已经得到公司的股份了。这也就让 Charlie 处在一个天使投资人非常不青睐的处境，就好像南瓜，如果没有仙女使用仙法，在短时间内它不可能变成南瓜马车的道理一样。Barry 认为 Ira 和 Erik 的离开是对其投资最大的威胁，所以他要求撤回投资。Charlie 后来将 Barry 的这种做法理解为 Barry 对 Winklevosses 兄弟的厌恶，因为 Barry 受不了和这两个人一起共事，尽管后来 Barry 说在那几个月之后，他才知道原来 Charlie 接受了兄弟俩的投资。当 Barry 告知 Charlie 他的决定时，他的表现非常的老成，他没有说很多，但是暗示了很多。他说："我不会说很多，但是过去发生的事情让我觉得危机四伏，所以我决定将我的投资撤回。" Charlie 将他的钱，本金 100000 美元加上利息，电汇给了他。

Barry 将这笔钱投入到了 Coinapult 中。（Erik 和 Ira 的不辞而别没有浇灭他们对比特币的热情）。2013 年的秋天，Larry Lenihan 的公司给 Coinapult 投资了 6 位数的资金，这事实上是给 Coinapult 两位将变成极富智慧的创始人的投资。Lenihan 说："他们是比特币界中最棒的科学家和发明创造者，所以我根本就不用担心下了这个赌注。"

与此同时，Charlie 不太愿意去外面招聘新人，他相信在公司内部的老员工中找一个懂得比特币的人来做事会更容易，也许他的这个决定是对的。在 Erik 和 Ira 留下烂摊子后，还有 Alex Waters。很明显，他就是一个选择。不算 Gareth Nelson 的话，BitInstant 有两个全职开发者，一个是 Alex，还有一个是远程工作者。

这场瓦解带来的伤感情绪仍然在蔓延。Rachel Yankelevitz 回忆说，有些人看到了机会，并且抓住了机会，有些人没有看到机会，从而错过了机会，“Winklevosses 兄弟俩看到了这次机会，但是他们却搞砸了”。在接下来的一个月，Roger 因为想要除去兄弟俩对于公司的影响，他和兄弟俩做了笔交易：要么他以兄弟俩所持股份的 115%买进兄弟俩的股份，要么兄弟俩以 Roger 所持股份的 50%的价格买进他的股份。（Roger 拥有公司 15%的股份。）他们说没门，因为多加的那 15%根本就不是什么好收成，况且 Charlie 说：“这两个人根本就不在乎钱。如果有个人愿意给他们 2000 万美元，他们也不一定会要。他们要的是自尊心和权力。BitInstant 曾经是最大的比特币公司，目前也是最大的。”Roger 当时仍然无法相信这一切。他说：“我们在两周内就挣到了他们投资本金的 15%，将他们的决定告诉任何一个商人，都会觉得他们兄弟俩一定是疯了。”

为了避免失去顾客，BitInstant 只能继续将 Coinapult 的服务提供给顾客，但是现在公司需要交手续费了。这两个公司之间有着重大技术上的协同效应，用 Ira 的话来说，现在只能靠一张合同来维持。然而经过几周不好过的日子后，Charlie 在 2012 年 3 月 15 日不得不对他的顾客就他们的订单遭到拖延而道歉。他解释道：“Coinapult 正在改进系统的核心技术。”因此，这几天交易速度会下降，但是马上就会得到解决。为了平抚那些不满的客户，Charlie 提出为那些交易不成功的顾客提供美元和比特币之间最原始的汇率，并且为顾客承担所有手续费——这对顾客来说是件大好事，但是对公司来说却损失很大，因为在 2 月 28 日比特币的价格已经上升到了 30.9 美元，并且在 3 月 15 日飙升到了 47 美元。Charlie

写道："公司成长时难免会遇到挫折，但是我们的顾客是不能被这些困难影响的。"

然而，这不但是成长中的困难，而且公司的管理已经开始出现裂纹了。他现在作为一个事后诸葛发现，他的好朋友也是知己 Erik 和 Ira，这两个公司的企划家和编程员的离去，就是 BitInstant 灭亡的预兆。他说："2013 年 2 月就是公司开始逐渐走向灭亡的一天。"

CHAPTER 06

领导者的压力

每个人都会给家庭带来一定的改变，但是之后家庭的整体环境会限制每个人的个性发展。

——拉尔夫·沃尔多·爱默生

Ira Miller 走后，留给 BitInstant 要继续完成的业务量是巨大的，比如说，重新编写公司旗下所有服务的资源代码。Gareth 当时设计的这个代码库不是为大批量客户服务的。Gareth，这个鲁莽的编程员，独来独往的自学者，用自己独到的手法写着代码，但是他写的代码就像一座摇摇晃晃的桥，越多人在桥上穿行，这桥就越不稳固，他那充满错误的系统最终还是露出了马脚。就算是一个小小的错误都可能造成重大失误，比如说会导致交易有 1%的概率遭遇卡顿，毕竟几百分之一甚至几千分之一造成交易中出现卡顿的概率都是让客服头疼的概率。新的编程负责人 Alex Waters 将这些问题都看得很清楚，他简单地总结道："系统里有太多恼人的问题了。"

Alex 是个有雄心壮志的大学辍学者，虽然只有 26 岁，但是他在这个行业已经顺风顺水了。他曾经在一个产品设计所做项目管理经理；还在纽约一家网页设计公司工作过；也曾做过网络开发员；还自己做过生意。现在，他正式成为 BitInstant 信息部总监，渐渐地他会同时扮演 Erik 和 Ira 的角色——招聘新人，带领 BitInstant 2.0 团队，并努力完成 CEO 和其他投资者下达的命令。

他的上任从多方面来说都像是领袖换岗。他不是一名精英，但是他也不是那种会对那些认为每个方法都无法实施，认为全球经济一定要脱离政府管理的人。他说：“我了解自由主义者的言论，但是单单挑战那些权威人士是不会有任何改变的。”从更深的层次看，Alex 是一个实物主义者，或者说它在通过较实际的方式表达他的理想主义。他说：“我关心的是什么有效果。我们都在被限制，但是我们可以在这个范围内做一些可以突破这些限制的事情。”

换句话说，Erik Voorhees 没有说过类似“比特币简直就是金融界的新领域”之类的话。Erik 认为比特币引人入胜的地方是通过将富人的权力平分一些给贫困人群，它能够减少全球不平等现象的发生。他非常受不了那些企业圈内人士想要达到政治目的而制定他们要用的数字货币，“他们会说银行对他们非常不利，但是比特币是可以使他们将要结束的命运回头的工具。然而，比特币没有他们说的那么低俗”。Erik 认为比特币意识形态上的武器已经成为比特币科技最大的敌人。这也是他现在所处的境地，但是这不是一件不光彩的事情。在 Erik 的管理下，BitInstnat 系统最大的一次实验性测试，就是政府通过银行盗取市民的钱引起了经济危机导致的，人们肯定会认为这简直就是他生命中最具讽刺意义的一件事情。

一个位于地中海，人口不超过 100 万人，名为塞浦路斯的岛国撞上了霉运。这件事情其实只对塞浦路斯人有影响，因为它整个国家的 GDP 只占整个欧元区的 0.2%。但是这个国家的银行，存储着俄罗斯银行及公司价值 310 亿美元的资产，其中大多数资金来源都是非法的。塞浦路斯政府将银行里的存款全部都投入到了希腊贷款和希腊债券，以及他们自己的外债中去了——外债只有在两个国家的经济条件都很好的情况下才算是有利的投资。当希腊遇到困难时，希腊方面威胁称会将塞浦路斯一起拖下水。其余的欧洲国家为了防止一个国家的破产筹集了 130 万美元，但是他们的条件是塞浦路斯国会必须同意，以后从该国银行取钱时，必须要征收所取资金 6.75%的税。也就是说，所征收的这笔税不仅会影响到那些俄罗斯商业大亨的财富，更会影响到整个国家人民的存款，连最穷的人也不放过。

这是一个前所未有的政策是为了让塞浦路斯为自己的债买单而提出的。Jefferies 市场策略主管 David Zervos 在给客户的一封信中表示："这是一场关于存款和财富的核战争。"经济学家一个个都站出来说这场灾难会导致的严重后果。摩根士丹利的 Joachim Fels 直言不讳地告诉他们的客户，这个计划是"可能导致大家一起被拖下水的令人担心的先例"。德国经济专家协会的一名成员及维尔茨堡大学货币政策及国际经济学教授 Peter Bofinger 警告说，欧洲其余国家提出的这种做法会动摇整个欧洲大陆取钱者的信任。欧洲人民现在要开始为他们的钱担心了。

人们确实是应该为他们的钱担心了。3 月 18 日星期一，开盘时，全球的股市都大跌，所有不可靠的欧洲国家，如意大利、西班牙、葡萄牙及爱尔兰发行的政府债券价格都大幅下跌。欧元也贬值了，塞浦路斯人民在取款机前，为了取出他们存在银行里的钱而排起了长队，国家中央银行只能颁布每日 100 欧元的取钱上限，以防银行业务过于繁忙。这股不祥的预兆在日本却鲜为人知。

正当有些国家的货币贬值时，有两种资产是在升值的。一种是黄金，在那几周里，黄金价格第一次超过了每金衡制盎司 1600 美元，涨了 0.8%。另外一种资产就是比特币。显然，塞浦路斯自由主义的比特币玩家持有的观点提供了不可忽略的证明，因为这件事情证明银行和政府不值得人们将钱交给他们，他们也不值得得到人们的信任。突然之间，这个试验性的货币看起来是一件值得尝试的事情。在西班牙，iPhone 上比特币软件的下载量飙升。人们开始向比特币迈进。那一年年初时，比特币的价格只有 13 美元，2 月初时，比特币的价格已经上升到 20 美元，到了 3 月末，比特币的价格就已经涨到了 90 美元。在那一刻，整个市场中比特币数量为 10958700 个，第一次，比特币的总价超过了 10 亿美元。这是一个非常重要的、具有象征意义的起点。从这个起点继续前进，代表的是世界上所有比特币会比包括中非共和国、利比里亚，及其附近的国家，共 23 个国家的货币值钱。3 月 25 日，塞浦路斯国会重新出台了一个维持保险存款为 10 万欧元或更少的政策，当时塞浦路斯第二大银行 Cyprus Popular 倒闭了。在这家银行和塞浦路斯银行存款超过 10 万欧元，会收取近 30%的手续费，尽管这样，比特币的价格还是在上升。4 月初，比特币的价格已经飙升到了 150 美元。Charlie 和其他早期玩比特币的人当时都变成了百万富翁。

但是 Charlie 没有因为他的一夜暴富而狂欢。在美国、欧洲及亚洲市场，黄金正在变成市场主流，人们的天性就是这样，斯洛文尼亚、保加利亚和日本都见证了交易量的激增。与此同时，人们也开始重视起比特币，这时的比特币在 4 月中旬时日交易量达到了之前的 43 倍。从 3 月中旬到 4 月中旬，交易量从 89.5 美元涨到了 3800 万美元。

仅仅 Mt.Gox 这一个平台在 4 月的前 10 天就有 75000 个新账户成功注册，比上个月总注册量约多 10000 个。所谓新进的那些对于数字货币爱好者和投机者都利用 BiInstant 快速存钱和交易转钱的功能，使公司的交易量大幅度上涨，一天有可能会有 300 多次甚至 3000 多次交易。突然之间，那些本来就已经在加班加点工作的 BitInstant 的员工，现在只能继续奋斗了。Charlie 对一个来采访他的纪录片导演说："一切都像疯了一样，我连轴转了好几天都没有睡觉。"

当顾客的订单因为某些原因没有成功时，顾客就会来投诉，这 Rachel Yankelevitz 和其他员工要手动输入所有信息以使这笔订单生效。这一直是一个漫长并且让人头疼的过程，现在因为顾客量和交易量的增长，系统也快承受不住了。更加糟糕的是，因为有一些交易遭遇了前所未有的拥堵，他们的 APIs，也就是软件能够和交易取得联系的一系列口令一直在传。但是因为交流的连线被截断了，BitInstant 用户的交易也就遭遇了拥堵。就是说，不仅是公司的交易量在上涨，公司交易中无法成功完成的交易数量也在上涨。

为了减少外界的压力，Alex 研究出了一套叫作“requeque”的方法。这种方法可以让订单自动排队，然后在适合的时候重新发出交易命令。Alex 说，这种编程方法比手动发出重新交易的命令要快 100 倍。后来，大家发现 Alex 的这种方法能为公司平常的业务带来巨大的好处，这种方法很好地解决了客户量的问题。

但是现在有一个价格泡沫需要公司应付。在 2013 年 4 月 10 日，Mt.Gox 系统的日交易量一夜之间达到了之前的 3 倍，并且比特币的价格涨到了 266 美元，这是一个历史新高，也是几个星期前想都不敢想的事情。但是后来，这过山车到达了顶峰之后就开始迅速下滑，比特币失去了它之前的幸运，价格直接跌到 130 美元，后来继续下滑到 105 美元，这是几小时之前一半都不到的价格。在几天之内，买家犹如患者听到死亡的钟声一样，价格也直接跌到了 50 美元。(尽管之后价格很快又回到了三位数)。暂时地，这一阵疯狂算是过去了。BitInstant 也算是逃过了这场泡沫危机，但是它才勉强过了塞浦路斯的这场考验。如果要说 AlexWaters 从这次磨难中学到了什么，那就是：公司需要更多的程序开发员。

在 5 月初，因为得到了 Charlie 和其他投资者的支持，Alex 开始招聘新人，他寻找他能够找到的任何编程天才。Alex 找到的人都太年轻了，以至于对 Alex 很失望的 Rachel 都开始称自己的办公场所为 Puppy Pen 了。他接到 Winklevosses 的命令，称 Alex 要在一个月或者两个月内开除所有不能证明自己实力的员工。Cameron 告诉 Alex 说：“如果一切都顺利，那么开除这些员工不会对公司的长期发展造成什么损失。但是如果不能顺利进行，那我们也会有很大麻烦。走一步看一步吧。”

现在位于 Flatiron 的办公室已经无法容纳所有员工了，公司只能在 36 街西 256 号租了一整层精装修的办公室，面积有 3400 平方英尺。公司的月租费从原来的 4500 美元涨到了 16000 美元。Winklevosses 批准了支出，他们认为这样做有利于招入新员工和公司进一步的发展，但是他们越来越怀疑 Charlie 的领导力了，他们想要有些改变。

后来，Cameron 和 Tyler Winklevoss 将 Alex 拉到一边，对他提起 BitInstant 主管人选的事。他们告诉 Alex 说，他们希望他能够站出来管理公司。

Alex 可以接受这个意见。对于科技创业公司来说，到某一时刻，创始人无法继续带领团队的这种现象不少见，所以这不是什么政变，尽管包括喜欢站在聚光灯下的 Charlie 在内的所有人都很清楚 Charlie 是不会这么轻易地放弃他一手建立起来的公司及其管理权的。但是，那些人根本就没有给他选择的机会。那个月，所有投资人都要求在 30 天内建立一个新的升级版网页。如果 Charlie 没有按时“上交任务”，那么这些投资人就会把他们投入的钱撤回，这会致 BitInstnat 于死地。Rachel 说：“他们简直就是一群混蛋。但是公平起见，我们一直在拖延上市的时间。”

现在给新上任的 CEO 资金补偿的问题出现了。Alex 想要升职，并且还想要公司的股份。他说，实际情况是他没有公司的股份，年薪为 90000 美元，虽然这对任何曼哈顿的一个刚起步的开发者来说都是不错的了，但是与他之前所要负担的一切是不能匹配的，当然就更不用说作为一个公司的 CEO 了。他的目标定的很高，他想要拿到公司 6%的股份，并且 5%是他的最低价格。

Charlie 手里就有 6%的股份，并且那些人向他保证说会给予他一笔钱，作为对公司贡献的回报。但是 Alex 不是那种采取强硬态度的人。他觉得有公司 5%的股份就足以了。有那 5%的股份在银行里，他会更有信心并且可以全身心地投入到 BitInstant 的工作中。作为一个出生在长滩一个中等家庭的人，Alex 认为他有义务向朋友和家人解释他时间的去向，而这些日子，他大部分时间都用在了忙 BitInstant 的工作上。他不介意通宵熬夜，但是他想要展示给他的亲朋好友一些成果，他说："我就是喜欢工作。"

投资者们都觉得 Charlie 会同意退位的，但是 10 天之后，Cameron Winklevoss 询问这件事情的时候，却没有任何进展，Charlie 在拖延时间。Alex 解释了他的观点。Cameron 说："行，让我来跟他们谈，迂回一下。"

Alex 继续尽最大的努力运营和研发程序，独自一人做着 Erik 和 Ira 两人的工作，但是现在的公司规模已经是当时的 2～3 倍了，这对他的挑战是巨大的。不满意的用户发来的谩骂声堆积在 Rachel 和其他客服人员那里。不满意的客户不止一次找上门来，弄得每个人都紧张不安。很多钱都处在紧要关头：在那年春天的早些时候，BitInstant 的交易总额达到了 600 万美元，其中有 30 万美元都是公司收入的手续费。

但是在价格泡沫发生的 4 月，公司的交易总额达到了 910 万美元。Charlie 是公司账户唯一的签署人，但是员工们说 Charlie 对待这个账户还是像对待他自己的个人账户一样。Charlie 好像把这一切当成了他的副业，感觉像是在用他的私房钱向公司卖比特币一样。他称公司是需要流动资金的，但是这种言论很难被证实，尤其是当公司财物长时间都只允许 Charlie 一人经手时。比如说有一笔 5 万美元的汇款到了 Charlie 的账上，但是没有人知道这笔钱的意图。Rachel 说，对于外界来说，这笔钱有可能是用来行贿的，甚至是用来洗钱的。他说："我能说的是，如果真的有人要查我们，我们不会好过的。"

他脑子里不是只有审计、金融这些东西的。2013 年秋天，他恋爱了，Charlie 在处理公司方面的事情时就无法投入原来那么多精力了。但是，公司当时遇到了管理问题和一波又一波竞争，公司年龄还不足一个学龄前儿童大，还不是时候让公司放任自流。

与此同时，他身后的世界也在发生着改变。2013 年 3 月，金融犯罪执法网放出了他们会开始用现有法律管理数字货币（或者用他们的话来说叫“虚拟货币”）的消息。这是美国政府第一次公开宣布要管制像比特币这样的数字货币。根据金融犯罪执法网上的消息，任何用比特币兑换法定货币，用法定货币兑换比特币或者用两种虚拟货币互相兑换的公司都是提供赚钱服务的公司。

一个观察者说：“金融犯罪执法网很明显是在将他们根本无法管理的科技领域强行纳入他们的管理体系中。”直到现在，没有人可以讲明白比特币到底会在什么样的管理政权下倒下。尽管政府没有制定任何关于数字货币的法律，这也让其中有很多不确定性，到那时只能靠金融犯罪执法网，这个不能制定法律的体系来弥补政府的失误，但是也使数字货币世界的未来更加混乱。一位已经给几家比特币公司提过建议的律师说：“就算是没有法律的制裁，这也会是改变比特币命运的一件事情，因为它完全改变了比特币的管理模式。”

金融犯罪执法网这次的行为其实有多层含义。第一，他们出台的政策代表美国政府下面的某个部门正式承认比特币是一种货币了，承认它是有价值的并且认为比特币和美元及其他货币一样，应该被平等对待。当然，Erik 认为 2013 年 3 月和 4 月使比特币价格暴涨，更多是因为这次金融犯罪执法网放出的消息，而不是塞浦路斯事件。

金融犯罪执法网发布的政策说明比特币本身不是非法的，并且这些政策也不会改变比特币网络的核心管理方式，尽管金融犯罪执法网仍然将虚拟货币和“真实货币”区分开。顾客们使用比特币购买产品和服务这种行为没有被认为是违法的，个人想要注册成为赚钱服务者也是被认同的。主流的投资者现在都愿意与比特币公司合作，因为他们很有信心地认为政府是不会将这一切毁于一旦的。

到了 2013 年 5 月中旬的时候，很多公司已经筹集了超过 1400 万美元的新资金。其中就有 Roger Ver 之前投资的支付处理公司 BitPay，BitPay 的众多投资者中，有一家是 Peter Thiel 的风投公司，叫作 Founders Fund。这位硅谷的亿万富翁当时还没能意识到，他梦想的无政府管理的电子货币已经出现了，但是至少他可以得到一枚比特币了。

但是另一方面，这些政策对于像 BitInstant 这样的大型比特币公司，以及很多小公司都是有害的。尤其是小公司，它们很快就会被美国市场完全淘汰掉。对于 BitInstant，Santori 说："这些管理政策会导致公司客户群大量缩小，因为公司的客户中有一部分人是冲着比特币是无政府管理的货币才对它产生兴趣的无政府主义秘密委员会成员。这样一来，对那些不愿意提供真实个人信息的顾客，我们就必须马上断绝一切与他们的交易。"

对于公司的一个选择就是跟 Coinapult 一样往沿海的地方搬，但是就算在那里他们也是在美国法律管辖范围之内的。根据大部分州的法律规定，就算这些公司在这些州没有总部或者办公室，海外金融公司如果想要和美国境内的用户做交易，那么这些公司也是需要执照的。

在纽约那一年炎热的夏天，Nesenoff & Miltenberg 律师事务所于 7 月开始让顾客用比特币支付时，Marco Santori 就接到了无数想要向他请教关于数字货币管理的电话。但是，当他告诉那些想要在美国经商的人们比特币公司的法律前景时，大多数人都不再报什么希望了。

在金融犯罪执法网真正开始实行其发布的政策之前不久，当所有人都认为这个政策不能判定整个行业都违反法律的时候，2013 年 3 月的一件事情打破了他们的美梦。美国国土安全局在巴尔的摩办公室的工作人员没收了 Mt.Gox 旗下 Dwolla 账户里的一笔资金。Mt.Gox 旗下的 Mutum Sigillum 当时没有联邦注册记录，也没有在任何州内运营的资格证。该公司也没能做到知晓顾客的基本信息，并且也没有根据反洗钱和知晓顾客基本信息的标准检查顾客的交易。确实，Mutum Sigillum 长久以来一直在躲避他们自己的银行里。根据扣押令，2011 年 Mark Karpelès 涉嫌为公司开设一个只有自己是法定签署人的 Wells Fargo 账户。开户时，他曾经在一张表单上被问到 Mutum Sigillum 是否为用户兑换货币，或者做货币交易，或者为顾客转账。对这些问题，Mark Karpelès 的回答统统都是“否”（他自己的解释是，2011 年时，美国政府根本就不愿意承认比特币是一种货币）。国土安全局认为公司没有在相关部门注册成为一家具有转账服务资质的公司，因而在 2013 年 5 月至 7 月期间没收了公司超过 500 万美元的资金。有了这个血的教训后，Mt.Gox 才在金融犯罪执法网上注册，并且开始通过审核其用户的护照首页照片或者驾驶证及其他信息来检验用户的身份。

但事情还没有结束。2013 年 7 月，美国证券交易委员会抓住了一个来自得克萨斯州名叫 Trendon Shavers 的 30 岁男子，委员会认为他正在做的事情是比特币庞氏骗局。在比特币研讨会上，他的用户名是 pirateat40，早在 2011 年 11 月，Shavers 在研讨会上就开始为名为 Bitcoin Savings & Trust 的对冲基金寻求投资方。这个基金最初名为 FirstPirate Savings & Trust，它承诺投资者每天都会有 1%的回报，但是多数人都认为他的承诺很可笑，所以一般他们的第一反应是“这看起来就像是一场高回报的投资骗局”。然而，还是有几十个人选择信任他，投了资金进去。在接下来的 9 个月中，他收到了超过 70 万比特币，按照那段时间的汇率，这笔比特币价值 460 万美元。他花费了 50.7 万比特币，将剩余的钱归于自己，他用这些钱做日常交易及比特币交易。Shavers 的基金会刚开始时还算隐蔽，但是后来慢慢地在人们之间开始流传起来，这也使得他的基金会在比特币研讨会上的曝光度很高，从而使基金会成了反庞氏骗局者的眼中钉。在 2012 年 2 月，一切都毁于一旦，包括 Bitcoin Savings & Trust。Shavers 在 2012 年关闭基金会时告诉投资者们：比特币已经比我刚入这行的时候成熟多了，我想让你们知道你们对于他的成长做出了很大的贡献。

在一年之内，美国证券交易委员会就判定他涉嫌参与庞氏骗局。然而不同寻常的是，美国证券交易委员会竟然通过报纸报道出他们要对 Shavers 进行制裁，更加让人震惊的是，他们还提醒投资者们要小心比特币投资骗局。联邦管理者们这样做很显然是想让这件事情得到最大的曝光。Marco Santori 说："这样做传达出的信息很明确。美国证券交易委员会管理任何投资项目，不管这些投资资金是美元、比特币还是土豆。"新型科技已经诞生，美国证券交易委员会的这种做法是在争夺比特币的管理权。但是这对于比特币的发展和增值完全是不利的。比特币市场中有很多都是没有执照、没有注册的交易平台，他们在销售非法证券。人们直接从公司内部购买公司股份，这是公然违反证券法的行为。但是正在运营的一家名为 SatoshiDice 的比特币网站作为 Erik Voorhees 运行 Coinapult 的副业，他用其中一个名为 MPEx 的交易平台，他用这个平台来卖 1300 万美元的 SatoshiDice 股份。他后来因为这个没有登记的行为被美国证券交易委员会抓住。

其实早在之前就有政府对比特币进行回应的预兆了，但是大家都忽视了这些预兆。2012 年 12 月，一位公开宣称自己是无政府委员会成员，名叫 Cody Wilson 的人在阿肯色州小石城机场排队安检的时候，遇上了商品期货交易委员会主席 Bart Chilton，Wilson 后来因为制造出世界上第一个 3D 打印的手枪闻名。Wilson 上前介绍自己并称自己在搞比特币。Chilton 问他："是吗？那一切进行的还顺利吗？"

Wilson 回答道："我不得不承认一切都挺顺利的。"

Chilton 回过头去看着这位年轻的无政府主义者说："嗯，这一切都是暂时的。"

当比特币爱好者在每场大会上，每个信息版上，或者每个比特币行业的角落里为他们的货币系统狂欢时，越来越多的人开始关心比特币的管理问题了。

BitInstant 有三种选择。第一种是公司可以注册一个执照，这样就可以消除许可证要求（这些要求其实完全是跟公司的运营体系相斥的）；第二个选择就是搭那些已经得到执照的公司的顺风车。2013 年 3 月金融犯罪执法网颁布政策以后，BitInstant 决定选择第三种做法，和一个叫 Obopay 的手机支付公司谈合作，希望成为他们的代理商。Obopay 不仅在美国多个州都有运营执照，这个收益高达 800 万美元的公司与 Visa 的 Interlink 借记网络有着紧密的联系。这意味着 BitInstant 如果和他们签约成功，就可以让顾客直接将钱从银行打入 BitInstant 的账户里，然后公司为顾客提供等价的比特币，就不需要取现、电汇或者第三方支付平台了，也不用再和海外那些没有执照的比特币交易公司打交道了。然而，双方的洽谈进行得却没有那么顺利，并一直在拖延着。Rachel 说："每个星期他们都会对我们提出新的要求，他们简直就是在耍我们。"（其中的一个条件就是，Charlie 必须发给 Obopay 一份 BitInstant 的反洗钱政策复印件，否则他们就没有签约的可能性。）最后，双方终于签下合约，这也就说明 BitInstant 可以在十几个州为顾客提供货币服务。但是，银行汇款让一切都成为白日梦。Rachel Yankelevitz 说："银行没有满足我们能够与一家公司合作的条件。我不认为他们的技术达标，我也不认为他们所有的银行关系是我们需要的。"

这件事情发生时，BitInsant 2.0 的上市时间正在逼近。Charli 将股东那边的压力转移到了 Alex Waters 身上。2013 年 6 月 10 日，因为顾客暂时无法取出现金，Charlie 让 Alex 调一份新网站的状况报告给他看。但是距离正式上市只有几个小时了，尽管当时新网站还在封闭状态，只有收到公司邀请的用户才可以使用。通过暂时限制顾客群，给研发小组发现并且解决问题的机会，来防止新系统在上市时遭遇问题。

但是 Charlie 当时并不满意。他通过 Skype 给 Alex 发信息说："我觉得我们现在可以上市了。我们需要确定的是我们可以承受的交易量。"

Charlie 还想要确保新网络的首页和“How It Works”的页面已经准备就绪。公司的首席信息官告诉他“How It Works”的页面当时已经没有问题了，但是首页还需要一些时间才能调整好。Alex 继续说：“至于是否可以承受所有交易量，这还是很容易做到的。”

Charlie 回复他说：“好的，太棒了。”

第二天早上 7 点，售后告诉 Charlie 说，Alex 准备先回家补个觉，下午两点和公司一个年轻的开发员 David Iserovich 修复问题。Charlie 非常焦急，因为到了傍晚系统还是无法在不使用账户的情况下进行交易，而且顾客发来的意见反馈已经堆积得越来越多了。一位员工告诉他说：“交易是无法停止的。我们现在要解决的是什么可以用的问题，而不是哪里出了问题。”但是 Charlie 发现，如果“客人交易版块”能够成功运行，那么投诉就会减少很多。他说：“顾客如果没有在我们的网站上注册，每天的交易上限是 1000 美元。”也就是说，没有在网上注册的顾客每天可以通过 BitInstant 移动 1000 美元，网站必须收集他们的个人信息、证实其身份、检查他们是否在恐怖分子名单上等来监管他们的交易。

Alex 解释说，在让客户交易成功运行之前，他还有一些收尾工作要做，客户交易服务很快就会准备就绪。他说：“顾客生气是因为他们无法注册开户，而不是因为他们的钱在我们手中。”

Charlie 让步说道：“我同意你的说法，但是你知道他们为什么不能注册账户吗？”

Alex 告诉他，系统中最重要的数据库还需要再做一些调整。他说：“整个团队 24 小时连轴转，编程团队正在创造奇迹。”

2013 年 6 月中旬，BitInstant 2.0 终于上线了。新版本中有很多老版本没有的功能，如提供线上比特币兑美元的兑换率，还有网站收取手续费的明细表格。新版本还为顾客提供了更多比特币合作交易的机会，一个改良版的顾客意见反馈系统，还有一个更加简洁直观的用户界面。

但是技术上的突破是无法保证财务方面不出错的。2013 年 6 月 19 日，BitInstant 的银行账户被封锁，所有开发者接收薪水的支票都被退回了。据 Rachel 说，因为大家都知道 Charlie 经常会忘付钱，所以他也就懒得通知大家了。当 Alex 作为整个团队的代表查找问题的根本原因时，Charlie 告诉他说："我们会在几天之内把问题处理好的。"当时，Charlie 对所有情况都守口如瓶，很多投资者都失去了耐心，只能打电话给 Alex，从他那里得到一些情况。但是 Alex 只能把他从会计师 Brandon 那里得到的消息转达给各位投资者。在投资者眼里，还有另外一个问题：只有一个会计师是不够的，就算他和外面的委员会一起为公司做账，也是不行的。David Azar 表态说："我们需要一个会计公司，我们需要绝对的公开和透明。如果需要投资人投资更多资金，那么我们就需要财务公开……"但就在这时，Charlie 冲进房间，将 Alex 的手机抢过来告诉 Azar 说："以后有什么事情直接联系我，不要打扰 Alex 的科技研发进度。你有我的号码和 Skype。"Charlie 想要做的就是让所有投资人都只和他联系。Azar 收到信息后惊呆了，他回复说："这是一个自由的国家，你这样做是不尊重我。"

那时，Charlie 和所有投资者之间的关系都是让人感到崩溃的，他达不到投资者的要求。Charlie 是一名企业家，但却当不好 CEO，他不适合管理一个像 BitInstant 这样迅速发展的公司，很多投资者都不愿意让他在这个位置了。Charlie 说："我需要好好地接受一下培训了。Azar 不想插手这件事情，他想要在两周内不管公司的任何事情，然后等他回来的时候，一切都已经妥善处理完毕。"

Charlie 回忆说："Winklevosses 兄弟也一点都不好对付，他们给我发了很多邮件，称我为孩子，冲我大吼大叫，这一切都让我觉得跌入了谷底。我不知道怎样去做一名 CEO，我当时还在学习过程中。"

Erik 和 Ira 辞职离开后，Charlie 成熟了很多，从前的年少气盛、年轻人的雄心壮志和天真都随着他们的离去消失了。他们曾经立下豪言说，他们过去所做的正在改变世界，并且会做得很好。Gareth 说："这就像是说，我们会变成百万富翁并且在 30 岁的时候退休一样。"他现在已经没有这种自信了，Charlie 也无法再准确地看清前面的路了。

当他终于出现在办公室时，他是非常没有主意的。Coinapult 辞职之后， Charlie 说："我和 Winklevosses 兄弟在那之后就很少说话了。他们会让我自己决定所有的事情，他们说要好好整治一下公司。"Charlie 确实是尝试这么做的。Charlie 鼓励 Alex 要继续努力，他也招聘了更多员工。Charlie 认为他做的这一切对公司来说都是最好的，但是他说他自己不是一个好的 CEO。Charlie 说："我不会管理一个超过 5 人的公司，我们公司发展得太快了，我根本不知道怎样解决这些问题。"在 4 月价格泡沫最严重的时候和 Mt. Gox 有纠纷的时候，Charlie 便甩手不做了。他在给 Mark Karpelès 和其他人写的一封邮件中说："我们正在经历的这一切，实在是让我感到压力太大了，我不想再管这些事情了。Alex，你来接管吧。"

当时，所有的投资者都决定好好地和 Charlie 谈一谈，他们提出了荒谬的要求，而 Charlie 把这一切都转交给了 Alex。Rachel 说："投资者们对比特币一无所知。"到了 6 月底，他们仍然在问一些最基础的问题，比如从比特币上市后，要在哪里查看比特币的价格浮动。

这个问题的回答是：在 Blockchain.info.网站上。还有问题问，在哪里可以找到 2009 年 1 月至今全球比特币供需表。回答是：没有一个单一完整的表格可以展示这个数据。这些认为他们自己是 Facebook 创造者的投资人不想错过任何具有革命性的科学技术，所以他们就带着一箱现金，空降到了比特币的世界里。但是他们虽然满腹热情，却对当地的语言一无所知，也不去学习了解当地文化的精髓。因此，尽管他们正设法补救比特币，但是他们不会很好地表达他们对于公司的预期或者都不能很好地判断他们的这些要求是否合理，他们在家长式管理和放任不管之间犹豫着。一名前公司员工说："我们根本无法说服他们，因为我们做什么事情都是错的。"

Charlie 带领公司时，好几个月都在考虑放弃 CEO 这个位置，他说："在 Erik 和 Ira 离开以后，我基本就退居二线了。Alex 才是公司真正的 CEO，我们只是不签合同，这不代表什么，他其实已经是公司的领导了。" Charlie 坚持认为他如果失去了 CEO 这个职位，那么他在同事们心中的形象就会遭到破坏，权威也就会随之减少。文书工作的缺少不仅仅只是一种正式的象征，如果没有书面记录，Alex 也不会有他上任 CEO 之后所得到的一笔股份了。后来，Charlie 坚持说如果没有找到一个切实可行的领导来替换他，它是不会全身而退的。但是他说，Alex 不是他心中的人选。Charlie 说："他没有这个行业所必须的经验。我当初认为他可以做这份工作。如果我当初不这么想，我也就不会给他这个机会。但是我应该听 Gavin Andresen 的话。当时当我询问 Gavin 的意见时，他说 Alex 是个好的研发员，但却无法胜任团队领导者的职位。我当时却没有听他的劝告。"

Alex 在公司做核心代码的品质评估时，Gavin 就已经在比特币软件公司做研发团队的领导了，而 Gavin 认为他对于 Alex 所做的事情也是很在行的。在 2012 年的一封邮件中，研发人员告诉 Charlie，Alex 非常聪明，和他一起工作也很轻松愉快。Andresen 虽然说 Alex 有些经验不足，但是却承认如果有人帮他、指导他、告诉他先做什么后做什么，Alex 确实有希望走到那一步。当 Alex 开始承担越来越多的责任时，他在 Ira Miller 的手下已经干了好几个月了。当然，如果 Charlie 真的想腾出 CEO 这个位置，那个时候他就应该出手帮助 Alex，提前训练他成为一名合格的 CEO。Andresen 对 Charlie 总结道："如果你只是想要请他作为测试工程团队的一名员工——也就是 Alex 进入 BitInstant 的第一个岗位——我就会毫不保留地推荐他。"

但是，Charlie 还是不能接受 Alex 是一个有能力的 CEO 继承者这一事实。在投资人和顾客赋予的使命驱使下，Charlie 继续做着公司的 CEO。尽管他在大家心中的形象不是这样的，但是 Ira Miller 说："他非常有责任感和使命感。当他向他人做出承诺时，这个承诺对他来说意义重大。我已经习惯了 BitInstant 就是他的公司的这个概念了。所以这个公司之后的发展怎么能没有他呢？"

又有谁能理解顾客们的需求呢？CEO 大部分时间都不在公司，他转移了许多责任，但没有转移权利，因此，这种情况是维持不了多久的。一位离职员工的一种过激言论就是"一团糟。"

让情况更加糟糕的是，Perkins Coie 这个美国排名第 33，为谷歌、亚马逊及波音公司服务，同时也为 BitInstant 服务的法律团队对公司自称的运营初衷很是怀疑的。Rachel 说 Charlie 那段时间一直都在躲避律师。如果 BitInstant 不符合法律规定，不够资格成为一家转钱服务公司，那么金融犯罪执法网早就会起疑心了。

但是 Charlie 严重歪曲了公司的运营模式。就算公司已经为要注册公司账户的顾客跟进了反洗钱和了解客户背景两个程序，但这样做是不够的，因为公司没有在美国的所有州都拥有运营执照，并且将他们的顾客置身于司法之外，无法保护他们的顾客。

2013 年 6 月的一天，BitInstant 2.0 上市不久后，Rachel 接到了 Perkins Coie 一个律师的电话。律师让 Rachel 带他在公司里走一圈，为他全方位展示公司的细节，这位律师听得非常仔细。Rachel 介绍完，律师说："你们需要将公司的网站马上下架，否则我们就不会再做你们的代理律师公司了。"

Alex 说，当他们把网站从市场上撤下来后，研发者们就仔细检查了代码库，然后删除掉了很多，这样他们就没有多少时间可以睡觉了。

BitInstant的研发者们被告知，他们需要找出能够追踪顾客IP地址的方法，这样他们就可以确定这些客户所在的州是否可以运营，他们要在网站重新上线之前将这些检查工作做好。他们最终找到方法并且将网站重新推入了市场，这样做是为了防止律师们还有异议，再提出将网站撤下来。Alex很愤怒，他想做的CEO和改进的工作合约还没有通过，但是他却仍然在修复技术问题上浪费时间，这对他来说就像是在尝试阻止一个血友病患者流血一样。Alex说："这样根本就不可能编程，你不能修一座桥，然后每十分钟就将桥的地基换掉，这是不可能的。"

公司到底是什么时候开始持证经营的，这谁都不是很清楚。刚开始的时候，Charlie还有其他的人认为只要他们有了Obopay的执照，至少可以节约几千美元，然而Rachel Yankelevitz回忆说。

Obopay的有些执照已经过期或者根本就与BitInstant的业务不相关。情况更糟的是，他们在谈判的时候就已经浪费了很多资金——根据Perkins Coie的律师团队的话，公司有属于自己的四五个执照就够了。Rachel说："如果我们当时真的将Obopay调查清楚了，我们就会意识到与他们合作其实一点都不值得。"

对于Charlie来说，他好像不能完全接受这个新降临的限制。

在Mutum Sigillum抢劫案发生过后，Alex说："我们收到了好多法律告示，警告我们不要和Mt. Gox交易。"Alex和Gareth同意关闭与处境困难的Mt.Gox的交易渠道。但是，Charlie劝他们两个人不要这么做，并让他们重新开放渠道。Alex要求Charlie给他写一张保证书，写明是Charlie让Alex重新开放这条渠道的，他只是按照Charlie的话去做。Alex回忆说，Charlie写了保证书，于是Alex重新打开了平台，让顾客可以在BitInstant和Mt. Gox之间转移资金。但是Alex对此举非常不满，他说："这就像把整个公司推向悬崖峭壁，他这么做就是把我们往法网中推。他要重新开放Mt. Gox的唯一理由就是他能从这个渠道赚到钱。"

有一次，Charlie 和 Gareth 让 Alex 将老版网页重新上线，以便顾客使用。这样做需要大量时间，因为 Alex 需要重新启动手机旧版数据库，但是律师不久后告诉 BitInstant 的创办者，说他们不能这样做，因为新出台的政策不只针对 BitInstant 2.0，还针对所有版本的网页和服务。

Alex 老是被夹在中间还没有足够的权力去做任何改变，所以他对工作的热情正在逐渐消退。Rachel 说："Alex 当时已经没有动力了，他的工资一直都不是很多。其实，我们每个人的工资都不高，但是 Alex 开始特别在意他在公司的价值和他所得到的东西了。"当时，其他公司正尝试挖走他。2013 年 6 月末，另外一家比特币公司找到他，并提供了一个相当不错的机会：只要签合同就有 50 万美元的奖励，除了每个月的工资还有公司盈利的分成。这个公司的老板曾经被 Charlie 惹怒过，所以他想挖走 Charlie 最好的员工。但是不管他多么想报复，都不会为一个没有价值的员工做出 50 万美元的承诺。Alex 确实是有着不可否认的能力，而且他拥有的能力是高科技创业公司最需要的，更不用说比特币界了。2013 年 6 月底，他受够了。他等了太久，BitInstant 都没有给出更高的价格来挽留他，然而一个更好的机会出现了。他收到了一笔可观的拨款，为了能让他在区块链方面做更多研究。这是一种摆脱困难的方法。

2013 年 7 月 1 日，他递交了辞职信。他给 Cameron Winklevoss 发了一条道歉短信，虽然公平公正，但却也非常挑剔地对 Cameron 说出了公司的状况。然而，Cameron 没有让 Alex 对此做出任何解释，因为他觉得 Alex 对他讲的这些话就暗示着 Alex 已经将他的想法告诉 Charlie 了，并且他觉得需要在他将这些想法传播出去之前得到 Charlie 的同意。但是让 Charlie 同意一个很快就会成为公司前员工的人到其他股东面前让自己难堪的概率实在是太小了。除去其他所有事情，Alex 和其他员工们有明显不同意见的是，他认为 Cameron 兄弟有管理公司的经验。Alex 确实希望看见 BitInstant 成功，他甚至提出，在他辞职后可以当公司的咨询师。7 月 11 日，他对 Cameron 解释说："我没有索要补偿，我只是想继续帮助公司。"但是咨询师这件事最后也没有落实，4 天后，他离开了，从一艘他认为已经在下沉的船上踏入了一艘正在等待他的救生艇。他离开之前，公司为他举办了欢送会——就像一群被监禁的犯人为一个终于逃出来的自由人庆祝一样。

在 Alex 离开两天后，BitInstant 的页面最终还是下线了。那时，很多顾客都已经对公司重新调整并振作起来这件事情放弃了希望。在比特币讨论会上一位名叫 hojo 的用户在 BitInstant 的意见反馈墙上写道："BitInstant 已经完了，我以后再也不会用它了。"他找到了一个比 BitInstant 需要更多注册费和更多交易手续费的网站。他说："整个过程耗时会更长，但是没有关系……"

2013 年 7 月 8 日，在 Alex Waters 发出他要辞职的信息一个星期之后，在联邦法庭上，一起针对 BitInstant 的法律诉讼定案了。三个原告说，公司对于可以满足客户交易的速度有不诚实的行为，公司的退款政策也有问题，公司的退款政策是指为在交易中等待时间过长的客户退款。11 个月后，这起案件被驳回了，并且被法院判定是存有分歧而被驳回的上诉，这意味着原告从此以后不能重新上诉这起案件了。虽然公司私下和对方谈判并且在没有签合同的情况下就撤诉是不太可能的，但是很少会有原告在没有一点回报的情况下就同意这么算了的。不管怎样，2013 年 7 月，在公司最坏的时候这起诉讼案件提供了更加糟糕新闻报道。Charlie 说："当时所有事情都乱成一团。失去了银行账户，不能让交易速度加快，源源不断的顾客投诉，当时一切都那么绝望。"

在 Erik Voorhees 和 Ira Miller 离开公司之前，他们曾经告诉 Charlie，Charlie 留在公司这个决定对他以后的发展有害无利。Ira 说："公司遇到的所有问题都能完美解决的概率实在太小了。但是 Charlie 觉得当 CEO 和创始人就是他的责任……他已经对投资者承诺会尽全力做，所以他认为他必须要让公司顺利通过任何事情。”就算现在，Charlie 给他人留下的印象还是公司只是在经历一个暂时的挫折。在 *Bitcoin* 杂志 2013 年 8 月的封底上有一则宣传 BitInstant 新网站的广告。不止 Charlie 一个人还抱着没有希望的希望，2013 年 9 月 19 日，Winklevosses 仍然对 Bloomberg 市场的人说：“BitInstant 团队正在努力尝试重新使网站上线运营，我们很迫切地期待着。”然而事实是，要使网站重新上线所要克服的障碍简直就是无法越过的鸿沟。在遥远的地方目睹着事态已经无法挽回，IraMiller 能做的只有摇摇头。Roger Ver 预料到 Ira 会这样评价投资人：

“他们真的不知道如何做生意，就算是在公司关掉前的最后一天，他们也没有比他们刚入公司时懂的多多少。”

Rachel Yankelevitz 是唯一一个坚持到最后的员工。他说：“我在我们公司银行账户里的钱几乎没有了，之前还是对公司抱有希望的。”Charlie 很依赖 Rachel，也从他那里得到了很多精神上的支持，所以他很不愿意和 Rachel 分开。但是在 2013 年的秋天，Rachel 除了递交辞职信别无选择。Rachel 说：“我查了公司银行账户的余额，里面一分钱都没有。公司已经没有能力支付员工的工资了。”当 Rachel 问 Charlie 他有没有钱能够让 BitInstant 运营下去的时候，令人惊讶的是，Charlie 的回答是没有，他没有实际资产，所以也就没有处理的能力了。

截至 2013 年 4 月，BitInstant 操作的客户交易已经超过 910 万美元。但是 3 个月后，它却下线了，并且在半年之内，当时纽约金融服务部正在向所有的比特币创业公司发传票，包括 BitInstant，他们想要通过公司的交易记录来进一步了解数字货币。那时，BitInstant 已经处于自身难保的境地，公司就这样倒闭了。Charlie 就这样毁掉了他的大金矿。

Lawrence Lenihan 对所发生的这一切一点都不惊讶，因为他从来都不相信 David Azar 的直觉和 Charlie Shrem 的领导力。BitInstant 曾经有超强的可以统治整个数字货币领域的机会，但是他说：“他们把这些机会全部浪费了，把事情搞得一团糟。”

Charlie 虽然承认他担任 CEO 是一个错误的决定，但是却对失败的原因另有看法。他说：“我让 Alex 做 CEO 在做的事情，只不过他没有 CEO 这个头衔罢了，但是他受不了这样的形式，他放弃然后离开了公司。”

唯一一个陷入余波的人是 Gareth Nelson。他在加入 BitInstant 之前连财富是什么都不知道，他曾经得到那些钱对他来说是很意外的。他花钱非常大手大脚，但是现在再也没有源源不断的钱了。尽管他和 Charlie 在表面上看是平等的合伙人，但是 Charlie 看上去好像没有陷入困境，然而 Gareth 却因为没有资金来源而发愁。他说：“在自己破产的时候看见别人不用担心开销的问题，这种感觉实在是太痛苦了。如果之前我的投资计划能有稍许改变，那么我现在就会是一个百万富翁了。我从来都没有享受过当百万富翁的感觉，我想要轻松，过人上人的生活。”之后，他被迫将很多全新的物品拿去以低价典当。

BitInstant 的时代已经结束，但是人们有了更好的方式来得到比特币。确实，BitInstant 倒闭，美国证券交易委员会对 TrendonShavers 进行打压，Mt.Gox 丧失了上百万美元，TradeHill 的再次失败，金融犯罪执法网出台的政策和纽约方面对超过十几个比特币的公司发出传票，这时比特币却依然屹立在那里没有被打入谷底，虽然它是个缺乏考虑的创造品，但是却和数字录音磁带、20 世纪 90 年代的虚拟现实装置、被苹果砸中的牛顿一样都会被人永远记住。相反，用 Marco Santori 的话来说，比特币非但不会被就此打败，反而有非常可观的前途，比特币正在成为主流。他说：“这就像是生孩子一样，孩子来到世界之初都是痛苦的，但是不管怎么说他都来到了这个世界。”纽约金融服务部的主管，也就是当时给比特币公司发传票部门的领导 Benjamin Lawsky 认为，金融服务部想要将数字货币带出黑夜，让它能够畅游在明亮的天空中。

对政府想要将比特币收入囊中的做法毫无反应的 Roger Ver，开始寻找一家能够将中本聪的比特币是一种无国籍的货币、一种没有中央管理就可以赚钱的货币，并且是属于个人所有的财富的这种观念流传下去的公司。正当 Barry Silbert 和 Lawrence Lenihan 给 Coinapult 提供种子资金时，Roger Ver 也出手了。但是，他那时真正抱希望的是一家区块链公司。

CHAPTER 07

永远不会沉睡的比特币

人类唯一逃离未来的方式就是学着适应并将它变成现在时。

——丹尼斯 · 约翰逊

女孩儿们在霓虹色的大油桶上跳舞，身上的亮片被天花板上的激光灯照得闪闪发光。一架闪闪发光的固定翼飞机从天花板上飞过，上面吊挂着很多闪闪发光的舞者。人们坐在一层层会发光的红色塑料转椅上，挥动着荧光棒，闪着光的机器人在房间里用滑轮前进，在人群中挥动着他们的拳头。音乐欢腾时，两面墙上出现了奇怪的充满科技色彩的油桶图像，但是这可不是一个普通的油桶，这个油桶展示的表演是机器人餐厅每晚只有三次的固定节目。这是一家让很多日本人都想要去却未能去的音乐歌剧日本餐厅，在这里每晚都有拉斯维加斯的派对都无法与之媲美的，但同时又吵得让人头疼的卡巴莱歌舞表演。

2013 年 7 月，东京一个炎热的夜晚，两个美国人 Roger Ver 和 Nicolas Cary 坐在人群中。Nic 看了一圈，发现就他们两个外国人。他正在喝一瓶啤酒，而 Roger 像往常一样滴酒不沾。不合他们胃口的便当盒他们两个人动都没动：去机器人餐厅为的不是好吃的食物。就在不久前，一个挥舞着巨大的琅琊棒、骑在一只恐龙身上的女人要与两个穿着盔甲的机器人作战，就在这样的二次元世界中，他们两个还有要事商谈。Roger 想要让 Nic 担任他投资并且拥有大部分股权的一家叫区块链的比特币公司的 CEO。Nic 是被他的大学同学 Erik Voorhees 强烈推荐过来的，但是 Erik 却在 Nic 那里说了不少 Roger 的坏话。但是通过和 Roger 在 Skype

上聊过之后，他找到了他感兴趣的东西，以至于他在接下来的那个周末就乘飞机到日本与 Roger 当面交谈。但是，他在日本不能呆多久，因为他被警告说必须要在下周一回到办公桌前。

Roger 去机场接他，他们将行李放在地铁站的储存柜里，直接出发去了新宿区一家叫 Kabukichc 的夜店。Nic 无法忽视的一点是，Roger 在这里就像美国人在美国一样，尽管他是一个美国人，但是他已经在日本住了将近 7 年，讲着一口流利的日语。他们付了 6000 日元的进场费，然后走下阶梯来到五颜六色的灯光区域坐了下来。

这家古怪和超乎人类想象的机器人餐厅是Roger Ver款待欧美朋友的必来之地。如果要在这边观看表演，就要先参与一个东京超速的活动，其内容是作者笔下日本的未来，是一个赛博朋克和反乌托邦欢聚一堂的景象。他想让 Nic 享受这次日本之行，因为他想要快点选定区块链公司的 CEO。他在前几周已经试过了好多人，但却没有什么很突出很优秀的候选人。Erik 对他说“我认为我知道一个合适的人选”时，Roger 终于舒了口气。

这里的精彩表演同样也是他的自我展示。Roger 在青少年时，读了很多科幻小说，如 C. Clarke 的书，Isaac Asimov 的玄幻乌托邦小说及 Neal Stephenson 的 *Cryptonomicon*。对于他来说，科幻小说中的语言和比特币是紧密结合的，并且这些小说中的自由主义论也和比特币的初衷很契合。2011 年，在纽约的首次比特币大会上，他遇到了 Erik，这让他觉得好像进入了情节最跌宕起伏的一本科幻小说中。他在读完很多关于未来货币和信用体系的书后，他想改变世界的东西终于产生了。Roger 说：“在比特币被创造出来之前，我当时在等待的是一种奇特的东西。”然而现在他在东京坐拥几百万资产还娶了一位日本妻子，永远走在时间的前面。他证明了放弃自己原先的国籍，移居国外是完全可能的事情，而且他现在还有花不完的钱。

Nic 有一张圆圆的，让人易于亲近的脸，同时也能看出他的世界观是很开放的。当时 28 岁的 Nic 认真地听着比他年长的 Roger 说着他必须要说的话。Roger 的目标非常简单，他想象的世界是一个没有金融障碍，人们可以在没有政府管理的情况下自由、和平交易的世界。他向 Nic 解释说，区块链可以帮助比特币实现这个目标。随后他就说了几个字："我们需要帮助。"

在这个紧要关头，剩下的那些比特币公司都是第一批创业公司中最好的了。其他的都因为管理不当、涉嫌诈骗或者系统被黑而惨淡收场，并且带走了好几千个比特币，有一些像 Bitcoinica 和 BitInstant 的公司甚至收到了诉讼书。

但是区块链公司的处境是不一样的，尽管这家公司当时是世界上最流行的比特币钱包服务公司，区块链也从来都没有遭遇过重大危机。公司的创始者 Ben Reeves 是一位非常聪明且勤奋勇于献身的人，他已经建立了公司网站，并且发布了苹果系统和安卓系统两个版本的手机软件，并且还负责处理顾客服务的工作。Roger 说："看见一个人能够同时做这么多工作，实在是太让我惊喜了。"但是这位英国程序员在过去的两年里独自一人运行着公司，他现在感觉压力已经使他喘不过气来了。Roger 没有时间来管理这家公司，所以他们需要一个新的充满干劲的领导人，Nic Cary 似乎就是这个积极能干、能担大任的人。Roger 面试的其他人都无法带来这样的效果。Roger 解释说："那些竞争者看起来都没有很突出的个人魅力，或者说他们看起来没有很强的动力。比特币不给人们休息的时间，我们需要以最快的速度向前进并且快速发展起来，我们做任何事情都得赶早不赶晚。我从 Nic 的身上发掘到了这股能量和热情。"

对于 Nic 来说，这个机会就像给他重新注入了元气一样。他毕业后 6 年就加入了他现在工作的这家软件公司，然而现在他已经在这里呆够了，并且计划离开公司。他自己心里清楚在一家比特币创业公司做高管是很难减轻他的负担的，但是却可以为他带来新的目标。Roger 向他描述的这个世界正是 Nic 的理想国。

区块链可能是所有比特币公司中最能实现 Roger 所描述的那个世界的了。尽管在创造比特币的时候，比特币就有可以排除人们放弃对于他们资金的保管时所要承担的风险，但是很多新生的服务及存储和安全保管数字货币的问题都正在将人们手中的新型数字财产抢走。其中，有一些是交易，另外一些是钱包服务，有几家公司随后的遭遇都是灾难性的。2012 年 9 月，一个叫 BitFloor 的交易公司的非加密钱包备份在一次手动传输信息时遭遇了黑客，这导致价值 250000 美元（大约 24000 比特币）的信息被盗，公司的交易系统必须立即停止。当平台再次开放时，公司在赔偿用户损失这方面做得很拖拉，最终美国的银行拒绝再继续向它提供银行服务，之后这家公司永远关闭了。

另外一个昙花一现的公司是 PicoStocks。这家公司在 2012 年圣诞夜的时候作为一个主要面向比特币市场，且不被法律控制，在股票市场上市了。据说，公司办公地点在马绍尔群岛，这家公司为了让公司拥有所有的财产，交易者只能以买股息收益的方式交易，这是为了回避联邦证券法。据公司的创始者说，2013 年 6 月，公司遭到了黑客攻击，导致 1300 比特币被盗，这也就是为什么公司后来会开始使用多个账户并设双重密码，但是这种行为被公司的创始者表述成一种“极其愚蠢”而且“很明显是错误的行为”。5 个月后，PicoStocks 向外界声称他们的系统又被盗了。这一次，黑客从公司的“热”钱包和“冷”钱包中偷走了 5896 比特币，因为公司的“冷”钱包是不会被网上攻击的，所以这个小偷应该是个内部人员。

最可怜的当属 Bitcoinica 了。这个公司是一个叫 Zhou Tong 的新加坡人的智慧产物。公司于 2011 年 9 月上市，其主要服务是让人们以存入保证金的方式交易数字货币，这是一种高风险、高回报，可以得到巨大收益的策略。这个交易平台很快就火爆了，公司掌管着超过 100 万美元的顾客资产。在公司的顶峰时期，Bitcoinica 的交易量几乎与 Mt.Gox 的持平了。但是 2012 年 3 月，公司的一个主机服务器被盗，价值 220000 美元的 43000 比特币被偷，从此公司开始走下坡路。顾客的信念已经动摇了，但是公司用自己的钱弥补了损失。然而，另一场灾难来临了。就像 PicoStocks 一样，Bitcoinica 也被盗了。

这一次是在 2012 年 5 月 11 日，公司的“热”钱包被盗，价值 92500 美元的 18547 比特币被盗。这对于公司来说是一笔大数目，多得已经让公司无法承受了。公司立即暂停一切业务，开始为顾客索赔。但是，因为黑客已经删除了公司平台的账户登记，所以公司只能逐一检查交易记录来验证用户的账户余额。当年轻人有了能够控制金融圈的能力时，就会发生这样的事情，这件事也使大家变得足够清醒。在那个时候，Roger Ver 在 Bitcoinica 公司拥有 24841 比特币。他不想公司就这么倒闭了，他开始在幕后帮助 Zhou Tong、Jesse Powell 及其他两个人，他们一起用足够让公司的每个用户没有任何损失的钱买下公司，当然所有的用户不包括他们自己。

但是还不能放松警惕。就在第二个黑客攻击公司的几个星期之前，Zhou Tong 已经将公司卖给了一帮投资人，这帮人雇了一个有数字货币管理经验的三人团队来管理这个服务系统。就在公司的理赔还在缓慢拖延时，管理团队中的一员，Amir Taaki，也就是 Charlie Shrem 的朋友决定不管怎么样都要把 Bitcoinica 的资源代码放到网络上。将代码公开的做法明显是想让软件变得开放，但是他这样做立马打消了 Roger 买下公司的计划，因为这个公司所拥有的价值现在已经不复存在了。更加糟糕的是，这个代码里面包括一切可以打开公司在 Mt.Gox 的账户密码，它就像一个数字保险箱。一个盗贼发现这一点后，在 7 月 23 日从 Mt.Gox 的账户里取出了最高限额：4 万比特币和 4 万美元，在那时总共价值约 35 万美元。

公司当时的财务是崩溃的，公司的领导层已经不再交流对策了，甚至开始退款了。Bitcoinica 进入了破产接管状态，所有的剩余资金都会被支付给以前的用户。没有人，包括 Roger Ver 在内，对他们存在公司里的钱抱一丝希望。

最初，Zhou Tong 向世界宣布 Bircoinica 诞生时，一位来自黑客新闻讨论组的成员就警告他说："有关货币资金的系统往往是被拥有智慧和技术的人们攻击的地方……如果你不努力地维护这个系统并防御黑客攻击，那么你的命运将会是一场前所未有的失败。如果你努力工作并且建立防御黑客的系统，那么失败的可能性会小一些，你应该相应地做出一些计划。"

区块链的创始者 Ben Reeves 提前做好了计划，所以这些由于不称职导致的错误不会发生在区块链公司里。不像是早期的那些公司，他们没有顾客账户的监护权。在传输到云端之前钱包都会被加密，连公司的创始者都无法进入用户钱包。因为公司无法接触用户的钱，甚至不能查看用户的账户余额，公司也就不会要去注册成为资金服务公司了。这样确实有一定优势。曾经使 TradeHill 和 BitInstant 都束手无策的"反洗钱"和"了解你的客户"这两项要求在这种情况下也就无须考虑了。

当用户收发比特币时，区块链的用户是直接与比特币网络连接的。Nic 说："在这里没有对方风险，没有中央集权，没有查看交易进度的商人，没有中央银行，没有人会告诉谁你能干什么或者你不能干什么。"这也就意味着如果比特币资产是在一个用户的区块链钱包里，那么任何政府都无法冻结用户的资金。政府也无权干涉用户想要将资金汇到哪里——比如一个在古巴的亲戚。也没有政府可以强制区块链泄露有关顾客资产的信息，这也就成了 Eril Voorhees、Charlie Shrem 及成千上万的想要保护个人隐私的人的理想钱包。

尽管有内部固有的挑战和困难，但是在这种运营机制之下比特币是一种革新的概念，因为它有让每个人都能拥有自己的银行的能力。Nic说："比特币的承诺是让货币可以在世界迅速并且不用花手续费的传送，就像邮件传播信息一样。为了能够达到这样的目标，用户需要相信那些保管自己资产的人。"

当 Nic 在东京遇到 Roger 时，公司的账户里只有 35 万名用户注册了区块链钱包。当时比特币的市场价值自从 2013 年 4 月价格泡沫暴涨后就一直很低迷，一直在 10 亿美元上下盘旋。这跟世界上大多数国家的货币相比是一个很大的下跌了。但是比特币的潜力还在那里，它的潜力会远远大于数字基础领域的货币范畴。Alex Waters 在 BitInstant 的时候就说过："为了非公开交易市场而让比特币私有化，那实在是对人类的不公平。"Nic 恰好是那种会思考人性问题的人，当他选择自己的道路时，他会考虑怎么做才会对世界的贡献最大。在这种情况下，比特币吸引了他。他说："比特币可以让人们有至高无上的金融权利，这就是我的承诺。"

他让 Roger 带着他在 Kabukichc 穿梭，他们穿梭在咖啡店、游戏店、表演馆、拉面店，还有纯属于金融领域的高楼大厦和写着日文、中文字符的大楼之间，在那里空气中都弥漫着欲望和金钱的味道，街道上都是被诱惑引诱着的赌博者，闪闪发光的机器人餐厅的位置真的是最好不过的了。这个区域可能是整个东京最纸醉金迷的地方了。Roger 说："只有日本人才能想出这些方法。"就算在那个时候，这两个男人也都不太了解彼此，但是他们很快就会熟起来。

Nic Cary 出生在丹佛，因为生长在这个地方，所以他热爱寒冷的天气和大自然，他的家庭文化也是很多元的。他母亲的家庭在 1946 年的时候移民美国纽约，而他的母亲，也就是 Nic 的父母离婚后一直陪伴着 Nic 的人，将她的母语传授给了 Nic。他的爸爸离婚后住在智利，Nic 一年会去看他父亲一两次，他从爸爸那里学习到了西班牙语、飞绳钓法及海明威式绅士应该有的样子。

在他 16 岁的时候，尽管那时是网络受打击最严重的时候，他还是对互联网产生了极高的兴趣，并且开始与朋友成立了一家业余的网络设计公司，专门为公司设计网店和顾客软件工具。两年后他考上了位于华盛顿州塔克马港市的普吉特海湾大学的文理学院。这里是智慧与好奇心聚集的地方，在这里很多项目都是跨学科的，所以也就给了普吉特海湾大学的学生能够充分发展的机会。国际政治经济学和商业领导系的学生都会学习历史课程。另外一个与他同届的学生说大一的一门亚洲战史课让他相当难忘。这个大学鼓励拥有开阔思维的人和智慧之人聚集在一起讨论。

这是一个历史性的选择。在那里，第一个星期他遇到了一个来自科罗拉多的高大的金头发男生，他们都在商业管理专业，这个人的名字叫 Erik Voorhees，他们一见如故。其实一生中，如果真的可以和一见如故的人成为一辈子的好朋友，也是非常少见的。在宿舍里，他们两个人面对面住着，这使他们的友情发展得深厚且不可思议。他们一起加入了一个兄弟会，就像其他大学的兄弟会一样，之后 Nic 成了这个兄弟会的领导人物。虽然 Erik 缺少像 Nic 那样能让大家都达成共识的天生的领导力，但是他扮演的是一个故意唱反调的角色，并且他很早就有了自己对于哲学和政治的理解。Nic 说："他当时对我在政治和经济上的看法有很多不同意见，我们在一起的时候聊了太多不可思议的事情。"

他们两人轮流挑战他们的同届同学。一个名叫 Nick Vasilius 的兄弟会成员与他们一起上了好几节课，他说他们两个人非常固执己见，经常反对那些已经形成的概念。他说："他们不喜欢人们读完课本再把他们消化的那些内容在课上复述一遍。他们觉得这根本就是不用脑子去体会文章和内容的深层含义。我们都知道那些在考试前一天疯狂看书为了通过考试的临时抱佛脚的人。而他们鼓励人们拥有自己的观点并为之辩护，他们从来没有因为这种想法而感到羞耻。”

“国际经济犯罪学”这门课程带给学生们的不只是积极的讨论。这门课还要求学生能够分析器官、毒品、稀有动物的身体部分、武器、古董，甚至是人类本身的国际交易市场是怎样运营的，都有什么样的人参与其中，为什么在这些交易中走私现象一直挥之不去。2015 年的教学大纲显示，这门课也会研究一些 “国家、非法企业家、罪犯、多重合作、企业组织及客户直接的关系”所引发的伦理道德问题。如果要问 Erik 对自由主义经济政策的兴趣是在什么时候达到顶峰的，那么无疑就是在学完这门课以后了。Nic 认为这门课只要听着就好，不需要积极发言，但是他也认为这门课对他的启发很大。他解释这门课中的难点时说：“任何时候，只要你想要创造一个管理市场的政权，那么你就要有足够的胆量去打破规则。那些可以打破规则，在规则的一定范围内工作的人都挣到了不少钱。”

课堂讨论很有意义而且创造出了很多令人惊喜的充满智慧的任务。比如说，激进的女权主义者发现她们竟然和自由主义者一起呼吁将器官和身体其他部位的买卖合法化。在学校里，她们还倡议说女人应该有权做她们想对她们自己的身体做的事情。一个与 Nic 和 Erik 同上一节课的 Nick Vasilius 的人说，课堂上他觉得最有用的阅读材料就是 *War on Drugs*，这个材料使课堂讨论变得相当有趣。他是这样回忆的：“Nic、Erik 及其他几个自由主义者所持的观点是，这就是人们想要的，这就是人们忽视掉的负面影响，尤其是在这种影响已经发生的情况下。比如说市场会达到这些要求，如果政府不对全球市场进行管控，那么大麻就会充斥整个贩毒团伙。我记得我们班上有一个人坚定地认为不正当商品就是不好的，因为他坚定地认为不正当商品会败坏道德，并且他认为政府要做的不仅只是促进对生命、自由和快乐的追求，还要帮助国民保护好自己。”

每次只要那个学生站在道德至高点来讲出自己的观点时，Erik 就会反驳他。那位学生通常会说："任何对我们身体的化学反应、情绪及真实感知度造成影响的都应该被禁止，这种东西是绝对不能允许的。"而 Erik 会说："哼，那么咖啡呢？"这样的回答只是 Erik 反驳他的冰山一角罢了。然后那个女孩儿会停顿，然后继续说："咖啡怎么了吗？"Erik 会说："咖啡中含咖啡因，咖啡因中含兴奋剂，咖啡也会改变人们对时间的感知，也会因人而异地改变你的心情，会使你焦虑也会使你平静"。那女孩儿没有说话，他继续说道："那么干嘛用药呢？这也得被禁，这也得受到控制，这也得成为受到高度重视的药物吗？"每次她只要一发表观点，Erik 就会很有逻辑地将他的辩论语言组织好，然后和她辩论，这就是我眼中的 Erik。

Erik 从课堂中学到的绝对不是人性的堕落到底有多深，这可以被不断出现的非公开交易所证明，比如说屠杀动物和利用贫困人群。但是，他憎恶暴力，无法摆脱那些在非公开交易中的经济活动，后来他也发现那些非法的经济活动背后真正的动机都是值得深思的。非公开交易和半公开交易都依赖于现金，也只能靠现金维持，但是现金难以在国家与国家之间进行交易和传输，也就导致非公开交易在地域上受到了限制。几年后，他对比特币可以像钱一样使用，可以在不同国家之间付钱的事实感到惊讶，也就在那时他预见了非公开交易会在数字世界蓬勃发展的未来。他说："现在半公开交易可以在任何国家或地区，不受限制地运营"。一个波士顿大学的金融讲师很赞同他的观点："一个依靠法定货币的非公开交易市场如果没有被管制，那么一旦它使用虚拟货币，这个非公开交易市场将会成倍变大"。历史的潮流可能是在 Erik 这边的，2014 年，华盛顿和科罗拉多州都通过了大麻使用的法律，认为吸食大麻有助于娱乐。

Nic 发现自己读的课外书都是很深奥的政治类和经济类图书，尽管他那传统的自由主义倾向没有因此受到影响。但是 Erik 却有这个趋势，慢慢地走向了极端自由主义的怀抱。然而，他们在大多数情况下同意对方的观点多于两人意见不合，这也使他们像战友一样。Nic 说："普吉特海湾大学是自由主义者的堡垒，学校里的很多学生都会因为不同的观点而开展辩论，我们辩论政治、经济、宗教、科学，几乎所有东西我们都不会放过。"就如铁磨铁，两者都会变得更加锋利一样，朋友之间相互切磋，那么两个人就会同时进步。但是这个故事里有一个关键的不同，如果说 Erik 是一个改革者，那么 Nic 就是一个实用主义者。

很不幸的是，Nic 在他 20 岁左右的这个阶段，都在给一个叫 Pipeline Deals 的软件创业公司打工。这家公司要求他简单收拾一下行李，从他原来所在的华盛顿州到美国的东海岸来。Nic 后来解释，他接受这份工作是因为他那时候真的身无分文。他说："我当时和对方达成协议，从华盛顿州搬到宾夕法尼亚州的韦斯特切斯特。从公司当时发来的邮件中可以看出，我的工作简单明了，就是帮助公司扩大发展。但是这具体代表什么呢？帮助公司发展意味着太多事情了。我当过这家公司的清洁工，做过管理公司税务的人，也管理过公司的产品，销售过公司的产品，甚至还当过客服和产品设计师。我几乎做了一个公司各种各样员工该做的事情。"Nic 对他所面临的挑战感到很激动。他就像是在没有安全措施保护下走钢丝的人一样，他知道自己只要跨过那些必须跨过的鸿沟就好了。也就是靠着这样的信念，Nic 的突出表现很快就使他被公司的管理层看中。6 个月内，公司的创始人邀请这个年仅 22 岁的小伙子成为他们的一员。Nic 说："这个决定我认为是他们对我的极大认可。我不太在乎我成为公司的主要人物后能否发财，我只在乎他们对我的赏识和认可。"

Nic 曾想过为像亚马逊或者微软这样的大公司工作，他从内心听到一种来自管理的呼唤，但是大学毕业后的面试打消了他的念头。他不想从公司的底部一步一步地慢慢做起，他想一步登天，这也是他接受 Pipeline Deals 的工作的原因。接下来的 4 年里，他逐渐变成了一个工作狂——沉迷于不间断的工作，伴随着高风险，但步伐又快速。Nic 在这 4

年里没有庆祝任何节日，没有任何假期。他预见公司正在步入青春期。但是在结束 4 年的无休工作以后，他又感觉到一种不安。在结束自己在威彻斯特的职务之旅后，他回到了西雅图。但是在那里，他依旧感到不满，这种不满在他的心中生根发芽，一种“别的事物都是更好的”的观念腐蚀着他。也是这种不满让他逐渐变成了永久的游牧民族——永远地渴望着下一个地平线。他说：“这是让我成功的原因之一。但这也是让我难以生活的原因之一，因为我总是想着摧毁事物，然后将它重组，使它变成一个新的事物。”

在他回到东京不久后，正是他接受 Pipeline Deals 的工作 6 年半后。他很严肃地跟他的老板说他已经很累了，起初，他们也不知道该怎么做。Nic 是他们公司顶尖的员工，他的工作是其他员工无法替代的。“你是什么意思？你很累了？”“是的，我很累了。”Nic 说道。

接受了 3 个月的休假，Nic 向摩洛哥进军，摩洛哥是他姐姐塔提亚娜工作的地方。虽然他开玩笑说他们的家庭要生活在不同的大陆才能过得更好，但此时此刻，他需要姐姐平静的，那种就算翻船了也无所谓的态度去改变他的心境。Nic，一个与生俱来的旅行者。他融入了他去的任何地方，摩洛哥也不例外。（后来，他随身带着一个有黄色标签的笔记本电脑，黄色标签上写着索维拉。他花了一点时间在这个叫摩洛哥的大西洋沿海城市。）即使是这样，他也不禁的有一种回东京，加入 Roger Ver 的冲动。这种反应是一个很简单且充足的因果关系，神秘的因果链似乎在起作用。在上一个夏天的周末，Nic 已经准备好接受 Roger 的邀请了。

2007 年毕业以后，Nic 和 Erik 各过各的生活。Erik 去了迪拜，那是一个让他向往的地方，他的渴望流淌在他的血液里。但是刚到迪拜的时候，他就碰到了房地产萧条。Nic 前往印度，他花了 4 个月的时间，在一个所谓这个星球最贫穷，最难以置信的地方去生活，向当地居民——达利特人传授英语。因为当地人被称为“贱民”，他们不在印度的教育系统管辖范围内，并且在印度社会受到多方面的歧视。即使 Nic 和 Erik 选择了不同的道路，但是大学毕业以后，他们还是保持着紧密的联系。他们会关注彼此的事业，会聚集大学时代的朋友们，主要是兄弟会的朋友，然后大家一起进行一场自主研发的冒险——“Mancation”，一个只有男生，且拥有冒险精神的游戏。“我们会在美国境内选择一个起点，然后每个人都会飞往那个起点，度过一个疯狂的周末。”Nic 解释道。2012 年的夏天，Erik 起身飞往纽约。Nic 也邀请了他的朋友们跟他一起待几天，他们在一个小沙滩边的海景房住下。当他们在长岛峡湾捕鱼的时候，Erik 万分激动地说着自己的新工作，还有比特币。

“在这漫长的两天当中，我们沐浴在阳光里。我从水里捞鱼，然后 Erik 就不停歇地在说比特币和他的新工作。”Nic 说道：“那仿佛就像是他有了一次信仰的征途，听他讲故事真的很累人。我们在一个很小的游艇上，一个无用的引擎，就是那种从来都没用过的感觉，并且还在往外漏油。但他还在继续讲述金融的未来、互联网的金钱，讲述它将如何改变一切，还有数字财产系统。”他就像发现新大陆一般说：“Nic，这是一个绝对完美的金融形式，我给你举个例子看看啊。”然而我如同对孩子的不耐烦一般说道：“哇！对啊，就是这样的，可能我应该投一些钱到比特币里面哦。”

Erik 对比特币恋恋不舍，“自从我发现这件事情，这就是我的苦恼。”Erik 承认，“当我发现这个世界的科技变化时，我不会谈论天气或者其他多余的事情。”在 Erik 的热情启发下，Nic 通过 BitInstant 买了三次比特币，分别在价格是 7 美元、9 美元及 13 美元的时候。当时，Nic 的年收入在 4 万美元左右。当被问及比特币的价值时，他最多会说的他花了 4 位数的价格购买比特币。他把购买的比特币放在区块链钱包里以获取更多的保障。但是即使是这样，他也没有注意到他的投资有一个很严重的问题——他只是出于对朋友的信任。“你知道，当你有一个小伙伴特别热衷于丹佛，你还会去买野马的球衣吗？这种感觉，跟我当时情况一模一样。”Nic 说道。

一年的时光匆匆而去，东京、休假……他想的越多，他就会发现比特币是更不可抗拒的。他觉得比特币是一个金融、科技、政治的完美融合。就像两年前的 Erik，Nic 决定全身心地投入他的工作。“这三样东西的结合，是有机会改变这个世界的。”他说道，“对于我来说就像噢！上天，我将尽我所能来侍奉这一切。”Roger 发现了 Nic 的潜质。但是这是直到 Nic 去了摩洛哥，并且带着一堆具有潜力的数字货币回来。

他在拜访姐姐不久后也拜访了爸爸、继母、继兄，让他们一起前往摩洛哥旅行。他的继母，Camila，是一位天生的探险家。她感觉在撒哈拉地区露营是一件很有趣的事情，他们雇佣了一个柏柏尔的导游，带着骆驼进入了沙漠地带。夜幕很快降临，Nic 望着阿拉伯美丽的日落，阳光仿佛是西边天上洒下来的火焰。不久以后，Nic 听到一声震耳欲聋的响声。这个声音既熟悉又陌生，与周围空旷的环境格格不入。导游的手机突然响了，打断了他对这美妙大自然的遐想。

在这个空旷的环境里，任何一件东西或者响声都显得特别有意义。一部手机在城市里并不怎么显眼，但是在撒哈拉沙漠里，在只有风和血红色沙漠的环境里就很独特了。世俗的事物让 Nic 领悟很多事情。他看到导游一身蓝色衬托着这一片沙漠，他的肩膀与地平线相接，拿着一部可以连接到世界另一边的手机。这个游牧民导游比洛克菲勒和卡内基有更多的事物去显现他的存在感。他，被困在一个他自己几乎无法理解的复杂网络之中。Nic，一个还没有决定是否要成为区块链首席执行官的人，在这一刻明白了比特币对于一个发展中国家的意义。“这一个男人可能没有银行账户，也可能没有任何身份证明。”他在事后说道，“然而，他可以通过手机接触这个世界的金融系统，使他免费获得世界各地的财富。当我想到这里的时候，我已经知道我们可以用这种科技改变这个世界。”

想想手机对发展中国家的改变——非洲大部分都已经有无线技术,创造的收益超过了工业化国家多年前安装固定电话和固定网络的昂贵费用。Nic 思索，柏柏尔的导游也不会去买固定电话吧，因为那样就会使他的手机显得很多余。同样，如果这种科技已经存在了，为什么发展中国家要投资到西方全面重建的银行体系当中呢？这种技术已经可以让全世界的每个人接触金融体系。Nic 并不这么认为，在手机上有一个比特币钱包就犹如你的口袋里有一个移动银行，而对于全球 20 亿名没有银行账户的人来说，数字货币可以彻底改变他们的生活。

按照联合国的说法，无法接触到银行或者信用社的人被称为无银行账户人员。对于一个有正确想法的企业家来说，这是一块巨大且未开发的领地。即使在美国本土，也有将近三分之一的人口缺乏有效且主流的金融服务。有 1000 万户家庭没有银行账户，又有 2400 万户家庭银行存款不足，这就意味着在没有银行贷款和其他服务的情况下，这些家庭只能无奈地选择高利贷、支票兑现或其他金融服务。在 30%的家庭当中，大约有 9000 多万人，没有储蓄账户，并且这种状况有愈加严重的趋势。2009 年 FDIC 首次进行市场调查，直到 2011 年，无银行账户的总数增加了 82.1 万个个人或家庭。

但是对于比特币来说,发展中国家才是最大的机会。在 2013 年年底,全球约有 19 亿名智能手机用户,但这个数目在 2019 年有望增长到 56 亿名。比特币可以靠手机浪潮深入发展中国家。世界银行行长 Robert Zoellick 在 2012 的一份报告中表明:“将金融服务提供给没有银行账户的人，很有可能会促进经济的发展和提供给穷人发家致富的机遇。利用金融服务的力量确确实实可以帮助人们上学，帮助家庭提供保障，或者帮助他们创办一个小企业给他人提供更多的工作机会。”总之而言，这可以缩小贫富的差距，比特币可能在这方面起到重要的作用。Nic 说:“这可能会需要花费一点时间，但是我们不能停止这个想法，而且我们不能忽略比特币的存在。”

Nic 突然想起另一件事，那就是比特币也是一种支付技术。为了利用低转账费用和可靠的交易方式，我们必须使用一种数字型货币单位，也就是比特币。就好像，电子邮件被发明的时候，我们必须买邮箱令牌来发邮件。这些令牌存在的价值是因为使用者可以在不同情况下不通过邮政服务来完成邮件的传输，使用的人越多，这些令牌的价值也就越高。这也就是为什么很多投资者对于持有比特币感到兴奋，他们似乎是想争取未来比特币有更高的价值。

但比特币不是唯一一个进入银行的新型支付系统。在肯尼亚，60%的人在使用 M-Pesa，这是一种由 Safaricom 支持的电话支付系统。一个 M-Pesa 的广告采用的形象，与 Nic 在撒哈拉沙漠里面的情形异常相像，一个游牧人在干旱的环境中收到了账户余额变动的短信提醒。信用卡公司也开始绕过银行寻求新的解决方案，2014 年 8 月 28 日，万事达卡与尼日利亚当时的总统古德勒克・乔纳森合作，为尼日利亚人推出了一张生物特征识别卡，这种卡也可以充当预付借记卡。在一个拥有 1.67 亿人口的国家中，只有 30%的人拥有银行账户。而这张卡将允许数百万人进行电子支付、转汇货币或从自动柜员机中提取现金。到 2019 年，将强制居民办理这张卡，因为他们需要更好地统计选举投票。如果计划如期进行，那么需要指纹和瞳孔识别的银行卡最终将覆盖所有年满 16 岁的尼日利亚人。

然而，大胆的解决方案只会放大关于电子货币的长期隐患和安全问题。银行卡背后的政府机构正试图整理尼日利亚公民包括健康保险、投票、驾驶执照、纳税和缴纳养老金的记录。Anna Crowe 是一家致力于打击非法监视的人权组织的法律官员，她认识到身份识别的巨大潜力。“集中和整合政府数据库可以轻松地将个人信息连接起来，完整地描述居民的生活状况。这种做法是非常创新的，但有些居民则对万事达卡标识印在身份证上感到不满。至少有一位尼日利亚评论员将其与跨大西洋贩卖奴隶集团的做法相比。抛开前言，银行卡也会有效地使所有成年尼日利亚人成为万事达卡的顾客。”

这些对于万事达卡的反对意见都没有影响到比特币。然而，到了2013年的夏天，网上药物市场和价格泡沫的骇人头条被它的优点所覆盖；媒体舆论都热衷于将比特币和荷兰郁金香早期的狂热投机进行比较。Nic认为比特币应该有更好的公共形象，一个源于开放性的网络货币。Nic说：“比特币不应该被弃于黑暗，它应该被众人所知。比特币的好处就在它的透明性、分权性和开放性，我认为发现这一点的公司将会迎来成功。”根据世界银行的统计，2014年，比特币只能通过合法的手段才能获得价值1.2万亿美元的电子商务产业和全球汇款，到2014年总计将高达5810亿美元。到2016年，预计将达到6810亿美元，仅仅两年就如此大幅增长。

这是实用的商业动机，但是里面还可能有其他的动机。从某个角度来看，比特币更像是一种民主化的技术，因为他可以从银行和腐败的政客手中夺取权力，并且把更多的钱交给世界上的穷人。并不是只有Nic感受到了这种崇高的理念，随着人们对比特币认知的加深，在2013年，以及随后的一年中这种情况不断增加。加密的货币世界开始吸引一些高学历的年轻人，他们与最早的采用者的政治利益不同。早期的采用者是避免加密，并且产生一个无政府、自由主义，且向更主流的科技系统发展。这些新的比特币持有者想要在不放弃政府，或者不削减社会安全网的情况下支持银行。

在这种巨大的网络模式下，一个叫Jeremy Gardner的人对比特币提出了疑问：“比特币看起来比‘线上交易网站’的货币多一点。”密西根大学和加利福尼亚州大学在2014年年初共同创立了一个名叫“加密电子货币网络”的网站，这是一个在世界各地校园内且不断增长的比特币协会。Jeremy Gardner 相信这项技术可以改善数百万人的命运。“那些来美国，为了支撑他们在肯尼亚的家人，而追求美国梦的人们。他们想要把自己开出租车赚的钱汇回家里，但是又不想将自己 9%的血汗钱交给西联汇款。于是，比特币让他们梦想成真。”Jeremy 说道，“这对于我来说是一个值得追求的事业。”（实际上，西联汇款和速汇金对一定数量和特定目的地的汇款收费高达 10%。）Nic 在 Robot 饭店和 Roger 见面的 6 个月后，一位支付业内人士表示自己会相信西联汇款和速汇金等传统的汇款方式而不是通过新型的比特币汇款。对此，Barry Silbert 也不感到奇怪：“如果他们不适应新的环境，他们将在 10 年内成为下一个柯达。像这样的老牌企业往往不会创新，他们会被自己传统的思维打乱。”

在全球范围内，我们每年向银行、信用卡公司和汇款公司支付的费用似乎是一笔巨大的浪费。在某些特定的情况下这些钱只能浪费，因为他们没有其他选择，只能继续向这些公司支付。但是，在这个时候又有谁有能力保留更多的钱？精制威士忌必须在橡木桶中陈酿多年，这也就是所谓的“天使的份额”，就是说威士忌在成熟期时需要在空气中蒸发而失去一部分液体。它在一年之中有多达 2%的蒸发量，有时可能会更多。但对制造商来说，这是一项不可避免的成本。但是，如果可以，他们会不会及时并且情愿跟他们的新东道主谈成一笔让他们损失更少的生意呢？对于商人和消费者来说，虽然他们很慢地才认识到这一点。比特币提出了在电子商务、汇款和跨境支付方面进行新的讨价还价的可能性。这种讨价还价可以在不需要上级许可的情况下实现。所以对于企业家来说，这种诱惑没有理由不去接受比特币交易。

但是也有一个众所周知的理由：价格波动。这种波动当然不是比特币自身的价值波动，而是比特币对于美元和其他货币的汇率波动。对于一些爱好风险投资的商家，他们更愿意接受比特币付款。他们可以坐等比特币升价或者用他们想要的方式花它们。但是一些大公司不乐意使用比特币，因为他们不想在自己公司的资产负债表上发现自己的消费力在一夜之间减半。在 Nic 访问东京之前的 6 个月里，比特币的价格在 Mt.Gox 公司已经从不到 20 美元涨到了 266 美元。在这个其他交易全部都略微减少的 4 月，随后比特币在月末时价格又跌到了不到 80 美元。随之而来的是比特币 7 月的初价，比 70 美元低；但是 8 月份，价格又回升到了超过 100 美元。这结果，我们可想而知。

出现这种问题的时候，公司开创了一个新的软件——BitPay 来解决这类问题，这是一种商业处理器，使任何企业都可以接受比特币的支付，而无须处理实际的比特币。通过将数字货币即时转换为美元，BitPay 消除了商家价格的波动问题。截至 2013 年年底，Bitpay 已经处理了价值超过 1 亿美元的比特币交易，这表明虽然加密货币还不可以为大多数企业而用，但是它毋庸置疑地是一个十分具有幻想性的货币选择。

另一个创业公司 Coinbase，这家公司的老板和区块链的创始人有过节。Coinbase 给客户提供类似的服务，但区块链拒绝跟风。它的创始人 Ben Reeves 深信着比特币。他认为这不仅仅是一个基础的支付系统，而且是一个更科学，更有未来的支付系统。Roger，也对比特币有不可言喻的信任。Nic 也是如此。毕竟，为什么未来的货币不可以是一种商品、一种支付系统，也同时是一种资产所有权确认的网络化手段呢？我们的手机可以同时是罗盘、计算机、音响和相机。所有这些元素都融入一个小小的“板砖”里，随时准备好迎接每一个突发事件。正如后来 Nic 告诉一批风险投资家一样：“你们没有理由相信我们创造不出一种更好形式的货币。”

在离开摩洛哥之后，Nic 再也没有回到 Pipeline Deals，他去了英格兰北部的约克，目的是见见建立区块链的开发者。在那里，一个不到 20 万居民的城市，Ben Reeves 负责整个公司的运作。他的网站最终在 2011 年的 8 月成立，网站中丰富的市场信息和图表显示了比特币的快速发展，并且使比特币变得流行起来。他创建的钱包 App 也是先从网络使用开始的，后来才用于移动设备。2012 年 1 月，Erik 深深地被 Ben 打动，他说："你已经在区块链领域做出了很大的贡献，继续努力！我几乎每天都在使用这个网站。"但是在一个月之后，网站开始面临技术性开发的挑战，Ben 写道："我对此已经感到十分厌倦了，我应该从比特币的开发中休息一下了。"18 个月之后，他溺水了。Nic 准备给他的公司加上一笔浓厚的色彩，这是一个开放性问题，唯一的疑虑在于，开发者是否会接受它。

知道自己和 Ben 的会面可能会很困难后，Nic 想要深入了解自己将要掌管的公司。他想知道一切有用的信息，好的、坏的和丑陋的。以至于以后不会有太多惊喜。他想清理一些难言之隐，所以他没有立刻接受 Roger 给他的工作机会。首先，他必须先确定另一个人是什么样的投资者。"他是一个被动的人吗？他是一个微观管理员吗？他能相信我做出的决定吗？" Nic 开始推测。但他也有所保留，"我可以搜索一下 Roger Ver，就像是'呃，罪犯，挺有趣的故事。'"当他向家人和朋友交代的时候，他预见了他们会认为他是在奇思妙想。这条路是他开辟的，他思索："所以，我的计划是去一个由重罪犯资助的加密货币初创公司工作。然而我又不得不离开这个国家。这会是一个好主意吗？"

他开始寻找这些疑问的答案，他从摩洛哥的一个沿海城市——阿加迪尔——飞往伦敦。然后在国王十字站乘坐东海岸线的火车，仅在两个小时内就到达了目的地——约克。他到的时候已经是晚上十一点了。他的美国手机在此刻毫无用处，但是，他借用火车上的免费无线网给 Ben 发了一条消息："本王驾到。" Nic 回忆道，他当时对约克完全不了解，甚至不知道 Ben 的地址。他下了车，背着大大的环球背包，环顾四周，火车站里只有他一个人，周围空无一物，他决定坐下来等。打开笔记本电脑，屏幕的亮光在一个空旷无人的环境里显得格外阴森。突然，他一直在等的那个人穿过了车站大门。Nic 说道："我很高兴看到有一个人给我一个拥抱，但是我不认为他准备好被我拥抱，但我完全准备好了。”

Ben把Nic送到了他和Roger租来的房子里，他们打算把这个房子当作他们在约克的“落脚点”。Ben已经为这个美国游客买了点食物，以免他饿肚子。但他犹如玩弄自己职业的刻板一样，把食物（有可可粉、软糖、薯片）放在一边。Nic，一个垃圾食品的死粉，感到十分开心。他说：“这就像一个十六岁的小孩子卖杂货一样。Ben是人类史上最能让人变胖的人之一。”

对于的饮食差异Nic已经无所谓了，他现在需要做的是与工程师建立合作伙伴的关系，并克服他们之间想法不一样的困难。“这个项目的关键是与Ben建立合作关系，”他在东京曾告诉Roger：“如果我们不能这样做，那我们可能需要别人来完成这个项目。”他后来把建立关系形容为“不可能完成的任务”，因为他非常清楚，Ben对与以前一个合伙人的合作很失望——他的第一任合伙人，一个叫Brian Armstrong的美国人。Armstrong现在是区块链的主要竞争对手，Coinbase的主席。

他们之间的合作始于2012年的春天，当Armstrong还是一个在Airbnb工作的计算机工程师时。他锁定比特币可能是192个拥有账户的国家交易处理中一个更快捷、更便宜的交易手段。如果他能让人们更容易获得和使用比特币，Armstrong认为，消费者将会抓住比特币的交易，商人也会追随这一点。

他和Ben是在一个比特币论坛上认识的，犹如Charlie Shrem在夏天与另一位英国程序员Gareth Nelson认识一样。在那个时候，Ben已经因为在比特币持有者中建立了Blockchain.info而闻名，这是一个追踪新兴加密货币生态系统的网站。他同时也创造了一个钱包服务，但是消费者很少，不到一万人使用。尽管如此，Armstrong认识到，这个人是理解这项技术的人，也就是能帮助自己实现其想法的人。在同样的情况下，Roger也有同样的直觉，他已经给了Ben启动资金，几个月以后他在这个发展过程中获得了区块链大部分的股权。现在 Brain Armstrong 开始与 Ben 谈论如何构建一个平台，这个平台将代理数字货币的购买与销售，并为企业提供简单的钱包和支付处理服务。兑换比特币会产生一笔极小的手续费，一般为 0.5%或者 1%，但是在商品和服务上消费是免手续费的。

在这种激励下，Ben 花了大约 10 个星期的时间开发区块链，为新平台写代码，在比特币经济的风口浪尖将自己的风险放在一边，当 BitInstant 在俄罗斯和巴西启动现金存款服务的时候，新的用户正在寻找另一种方式来储存他们的数字货币。起初，这个决定似乎是一个很好的决定。胸有成竹的 Coinbase，以比特币平台的名义在 2012 年的夏天接受了 Y 组合，这是一个有名望且非常严格的训练营。对于刚刚起步的科技公司来说，第一个项目现在已经成为庞大的军队，Y 组合公司位于加利福尼亚州的山景城，Google 总部以南，他们成了这类公司的新成员，截至 2015 年 8 月，已经有 900 多家创业公司，总价值 650 亿美元。

但是在 Coinbase 的联合创始人之间，一个裂痕正在延伸。Ben Reeves 希望保持他所看到的财务独立。在这个想法当中，用户可以完全为自己的财产负责，而不是被迫把钱交给其他人来保管。尽管如此他们还是忘记了钱包的密码，他们无可奈何，因为公司从来不知道私人密码，所以无法帮助客户恢复密码。用户无比担心某个不择手段的员工偷钱或者黑进账户获得资金，政府也无法触及客户钱包里的钱。换句话来说，正如 Roger Ver 后来描述的一样，Ben 想要把这个企业定位成一个软件公司，而不是一个人民基金的管理公司。

然而 Armstrong 有着与 Ben 不一样的想法，他更希望 Coinbase 是一个传统的金融服务公司，这意味着公司可以接触用户的资金和私人钥匙，并且会降低公司对货币的服务业务的监管权。同样地，TradeHill 和 BitInsatant 也会降低对货币的监管权。但是如果 Coinbase 能够承担这样的风险，那么在法律方面来看，公司就具有更多的合法性，这一定会让未来银行的合作伙伴感到更舒适，对于普通的消费者来讲也是会受欢迎的。

这个不可逾越的障碍使 Armstrong 做了一些激烈行为。实际上在 Y 组合公司的暑期项目前夕，他更改了他与 Ben 共享账号的密码。他给 Ben 发了一封邮件，明确地表示他不想继续与 Ben 合作。Armstrong 写道："共同建立起来的公司就好像一场婚姻，即使我们彼此尊重，也不能更好地合作。"

这是没有婚前协议的疼痛。和其他理想主义的创始人一样，Ben 忽视了他在他建立的企业中的任何一个书面保证说明。Armstrong 本来能够控制公司的一切，Nic 说道："他不仅把 Ben 毁了，更是自断前程。"在他们两个决裂之前，Armstrong 甚至建议将区块链的上千名用户转到 Coinbase 的新钱包上。发生了这种事情，他会从他前任合作伙伴那里拿走所有它需要的东西，使 Coinbase 一夜成功。

Y 组合公司不想参与他们两个的战争。最终，仲裁降临了，Ben 被授予一小部分 Coinbase 的权限。在未来的投资中，Ben 所持有的股份可能会在公司的份额中被摊薄。但是，他被迫立即出售一笔无关紧要的份额。从公司的长远计划来看，他隐退回到约克，而他的前任伙伴则迎来了 2012 年的夏季合作机会。

这段经历不仅吓到了 Ben，同时也打消了他原本想推销自己想法的这个念头。他决定把自己的区块链建设成一家世界级的公司。"他重新开始，像初入行的新人一样谦虚，一样疯狂地工作"，Nic 说道。Nic 后来告知 Ben 一些与 Coinbase 有关的电子邮件内容，并且在 2013 年秋天与他一起工作时，Nic 了解了一些年轻程序员的想法。本来，Ben 曾经看到 Coinbase 会成为硅谷的掌上之宝。首先他在 2012 年 9 月筹集了 60 万美元的启动资金，接下来他收到了联合广场风险投资公司和 Ribbit Capital 投资的 500 万美元。Nic 不想再提起，他解释道："你不只是和一个自己建立了强大技术足迹的人做软件公司。他知道 Ben 可能会怀疑他的能力。

Armstrong 和 Ben 的关系一直都很糟糕，所以我才能在这里，另一个有软件经验的白人从美国来到这帮助他解决他不能解决的问题。”

想要与人建立一个融洽的关系并不容易，但 Nic 逐渐赢得了这位年轻工程师的信任。他开始为区块链做项目工作，同时尝试去了解他能做些什么。他认为，当解剖一家软件公司时，首先要考察的是客户，他们会毫不犹豫地将整个公司的健康状况告诉你。在自由职业的基础上，一个可能成为 CEO 的序幕缓缓拉开。Nic 获得了区块链的客户支持系统，并开始阅读以前的查询记录，大约有 35000 个未答复的查询。在某种程度上，处理这些事对于 Ben 来说已经太多了，他已经不堪负重，于是 Nic 开始帮他回答这些问题。

不久以后，他重新设计了区块链的标志和字体，这是公司传达其商品特征的视觉速记法。原来的标志与 Nic 无关，与比特币无关。他说："这个标志没有什么不合理的意思，但我想要它看起来更有吸引力。" 于是他在阿根廷签了一个开发团队来做这个事情，作为项目经理，这是一个很简单的方法。当新的设计元素到来的时候，已经是 2012 年 11 月了，他 3 个月的休假时间也已经耗尽。他告诉前老板，他正在努力前进——作为区块链的首席执行官在世界各地交流。

CHAPTER 08

亿万富翁的影子

就像人可以一直数，数到任何一个数字，货币也可以下跌到任何一个深渊。

——埃利亚斯·卡内蒂

Barry Silbert 需要投资一种新的资产。在一段时间内，拍卖利率债券一直是他交易桌上最能带来利润的资产——实际上也是他的公司所见过的最大利润来源。但是他的公司没法一直靠拍卖利率债券，因为很多年没有新的拍卖利率债券发行了，而且这些债务证券的次级市场也开始逐渐干涸。交易者知道这一点，他也知道这一点。作为一名前投资银行家，Barry 曾经建立了一家成功的企业——他让那些倒霉的投资者出售了他们的非流动性资产，如他们在未上市的企业中的股票。当投资者一片恐慌，银行又对他们的责任视而不见时，Barry 几乎凭一手之力在这场混乱的经济危机中，为拍卖利率债券等资产类型打下繁荣市场。在发现投资机会方面，他有着极高的天赋。度假时，他喜欢阅读那些关于货币和债务的历史，关于市场周期，关于像 PayPal 这样成功企业的书籍，而且很少有人能像他一样吸收信息。但是当你看着这个金发，略带孩子气（尤其是他刚当上首席执行官的时候），谦逊的脸庞还被一点婴儿肥柔化的男人时，你猜不到他有众多天赋，同时也猜不到他体内那一团火焰，苍白的睫毛中透露出的机警是他身上最成熟的部分。即便 8 年前他就勇敢地准备好，放弃了能赚大钱的银行工作，转而去建立自己的经济公司，36 岁的他仍然让这些特质在他身上显现。

作为一名投资者，他最大的天赋是他的耐心，但是没过多久，他的公司，SecondMarket，就决定好了该投哪项资产。从 2012 年的夏天起，他就以个人的名义投资了比特币。最初他并没有告诉任何人他在数字货币中下了赌注，因为他担心这会对他的名誉造成损害，即使他的妻子一开始也被蒙在鼓里。然而在比特币杠杆投资爆发前的几周中，Barry 开始大量购买比特币，因为他坚信这会是一项能改变世界的技术，也是一项惊人的长期投资项目。但是因为要通过一个没有经营许可的日本站点来进行互联网交易才能获得数字货币，这个过程让 Barry 十分焦虑。“我给 Mt.Gox 打了 5000 美元时，简直要吓疯了，我觉得再也见不到这笔钱了”，Barry 说道。但是当他买了第一笔比特币后，他又很快地购买了更多比特币——他被比特币迷住了。在接下来的两个半月中，随着比特币的价格缓慢地从 5 美元攀升到 10 美元，他在这个数字货币中一共投资了大概 20 万美元。他认为如果比特币能发挥它所有的潜力，那么随后它将带来能改变人生的回报。“如果我要在像比特币这类高风险的机会中投资，那么只有当这个投资能对我产生重大影响时，我才会去做”，Barry 说道。换句话说，要么走上巅峰，要么滚回老家。他认为比特币相对于美元的价值有增长 50 倍，甚至 100 倍的潜力。“如果比特币真这么增值了”，他对自己说，“我将永远记得此时此刻，然后问自己‘为什么你这么懦弱？你有钱，但为什么不做呢？’”

2012 年夏天前，比特币就吸引了他的注意。被人当做一种毫无价值的数字玩物两年之后，它的价值才逐渐稳定攀升。在 2012 年的 4 月 15 日，1 比特币在 Mt.Gox 上的价值首次达到了 1 美元。这是一个十分重要的、具有象征意义的时刻，这意味着加密货币和美元获得了同等的价值。而在此之前，还发生了两个重要事件。1 月，“线上交易网站”开张营业，很快成为一个繁荣的市场；3 月，Mt.Gox 最初的创立者 Jed MeCaleb 把公司卖给了 Mark Karpeles。Mark Karpeles 这个唯一的比特币交易所的新管理团队和亚马逊对于违禁品的政策都刺激了比特币价值的上升，到了 5 月底，1 比特币的价值达到了 8.88 美元。也就是在这期间，Barry 偶然发现了 YouTube 上一档叫 Starups 的节目，这个节目的嘉宾中有比特币的首席开发者 Gavin Andresen，秘密无政府主义者 Amir Taaki 等人。当主持人 Jason Calacanis 询问他们关于加密货币的基本性质和潜能时，Barry 发现自己被数字货币迷住了。

当谈到经济的时候，Barry 完全不是一个理论派，就像对待其他事物一样，他的思维中都是深深的实用主义脉络。也就是因为这一点，他认为比特币是十分有趣的。2011 年，当世界在全球经济衰退的低潮中步履蹒跚时，国家之间互相竞争，都想使自己的货币能更吸引外国人，以此来刺激经济发展。而实现这一点的方式即是通货膨胀，也就是印刷更多的钱来使本国货币相对他国货币的价值降低。尽管这鼓励了消费，并刺激了旅游业，也帮助了某些商业公司的成长，但是它也损害了那些量入为出、想为未来留够钱财的人的利益。如果你把 1000 美元塞在床垫下面，或者放在一个收益低的储蓄账户里面，你将发现一年后它的购买力比储蓄时更少，并且第二年以后的购买力会变得更少。Barry 说："当全世界都在印钱的时候，一种去中心化、无政府管控、无公司管控并且有限供应的货币就十分吸引我了。"他认为，货币作为一种社会制度，并不依赖它的物理属性，甚至也不依赖于政府的支持而存在的，而仅仅依赖大众对它的普遍接受程度而已。如果足够多的人决定使用贝壳、彩珠、纸片或者统计令牌来当做货币，那么这些物品就会成为货币，并且拥有这个名称所赋予的所有经济力量。"我在最初并没有完全理解比特币的技术，但是在经济上它确实是有意义的"。

2011 年 6 月 1 日，高客网首次发布了"线上交易网站"的信息，随后比特币的价格开始疯长；6 月 9 日，比特币的价格达到了 29.58 美元。Barry 眼看着这个气泡开始胀大，然后在 6 月 10 日后又开始逐渐缩小。到了 11 月中旬后，比特币的价格降到了 2 美元以下——比特币似乎已经被人遗忘。"比特币价格骤降时，我几乎就要抛弃它了"，Barry 说道。不过他仍然喜欢去中心化加密货币的概念，但是他认为现在市场并没有做好准备。

几个月后，他查阅比特币信息时，惊讶地发现其价格和交易量都在上升。“我略懂怎么去做技术分析，所以我认为这实际上是一个很健康的变化图。你会看见泡沫出现，泡沫破裂——交易量减少，然后价格又缓慢上升，随后交易量也缓慢上升。这也是一开始我在比特币上投资时所见到的情景。”

在随后的几个月中，他一边学习知识，一边留意市场变化。他给他的策略主管——来自埃默里大学社团的一位成员——Jeremy Smith 看了中本聪的白皮书。Jeremy 当时比较困惑，他和他的老板说：“我不知道这个东西是否能出名，但是它确实比较吸引人。”即使对于想在比特币中试水的 Barry 而言，他也不是特别清楚区块链技术的长线价值，因为他仍然是以纯经济学的角度来看待比特币的。虽然如此，他认为随着时间推移，比特币终将再次雄起。随后他便开始对包括 BitInstant 在内的数字货币初创企业进行天使投资。

2013 年春天，当他个人持有的比特币的价值开始飞涨时，Barry 确信是时候让他的公司参与到此潮流中了。于是他向 Jeremy 征询了意见，尽管 Jeremy 还比较怀疑比特币，但是最终还是支持了 Barry 的想法。他相信 Barry 的领导能力，也想看看比特币会将他引向何方。“我需要跟随公司创立者的激情。几个月以来我们看得很清楚的是 Barry 对比特币富有极大的热情，也对此有美好愿景，因为这些，尽管我并不是特别相信比特币，但是我仍然认为我们应该进行投资。”在 6 月 5 日的全体会议中，Barry 宣布了一个消息：SecondMarket 开始为比特币创建私人投资基金。

在曼哈顿的切尔西街区，全体超过 50 名职工聚集在了他们大楼的顶层娱乐区里。这里像是一种阁楼户型，从工作区上一个楼梯便是铺着硬木地板的娱乐区，这里放着各式小吃和饮品，同时也是每月两次的“小镇议事厅”的活动场地。“小镇议事厅”是一些结构松散的会议，会议鼓励员工自由发言和询问问题。此时大多数人对比特币都一无所知。他们的CEO穿着夏天的便装，金色的短发向前梳成了一个时尚的发型，他用悬挂在天花板上的数字放映机向大家展示关于比特币的PPT。他在此之前已经向高级管理团队介绍过了相关情况，但是他知道对于其他员工而言这仍将是十分惊奇的。在向大家评价比特币的潜力之前，他介绍了比特币的概念，概述了它新颖的特征——不可造假性及不可重复消费性。Barry把比特币和法定通货——黄金进行比较。“你看这些市场的规模”，他说道，“即使比特币只抓住了这笔财富的很小一部分，它的价值也将飞涨，使它成为我们公司近10年历史中最赚钱的资产项目。”

但是他也给了一些警告：没人能保证比特币项目一定能活下来。这是一项具有高度投机性的投资，这也使得他对公司的管理具有相当大的风险。“说到底，现在下判断还为时过早”，他对员工说道。尽管它有潜力，但是也有可能归于沉寂，成为又一个迅速消失的时尚。虽然在展示他的策略时，Barry表现得尽可能冷静，但是在整场展示中，Barry毫不隐藏他对此的热情，清晰地预想着比特币将不仅是一项新资产类型，而且将是一个新的企业核心。

Barry为他的员工准备了一个惊喜。为了让员工熟悉他们的CEO下了如此大赌注的数字货币，Barry从个人账户中给每人发了2比特币——一个存起来，另外一个花出去。当时，大多数人都听Barry说过比特币，但是几乎没有人知道它究竟是什么。“我一直认为只有当你真正获得1比特币，或者花出去1比特币，还用它买了东西时，你才能完全理解比特币到底有多强大”，Barry说道，“所以我想，首先我要让我的员工知道为什么我对它如此兴奋；其次我要让他们也参与其中，利益共享，风险同担。”通过使用其中1比特币，他们将体会到比特币的技术，然后通过保存剩下的 1 比特币，他们将享受到比特币作为一项投机性投资的可能积极的一面。为了帮助他们储存比特币，Barry 推荐了 Blockchain 的网络钱包，这也是他第一次购买数字货币时使用的网络钱包。

对于员工而言，会议中除金钱收获外，就是摆在他们面前的巨大机会。作为一种前所未有的货币，比特币的市场价值近期超过了 10 亿美元，而这一切还可能只是一个开始。SecondMarket 交易柜台的主管 Michael Moro 回忆道："Barry 把比特币称为'我职业生涯中最大的机会'。"

Barry 蹒跚学步后不久，就开始为职业生涯做准备了。他出生在马里兰盖瑟斯堡的中产家庭中，家里没有一人有金融背景，所以人们很难解释他在这方面的天资。他的父亲在他 10 岁时便已去世，他的父亲生前在政府工作；他的母亲是一位内科医师助理；而他的大哥 Alan 也对金融毫无兴趣。但是从很小的时候开始，Barry 就开始看股票。橡树种子坠入地面，便会长成一棵棵橡树，为人们遮风挡雨；Barry 呱呱坠地，也成长为一名小提琴手，拉响了金融世界新的乐章。

13 岁时，他就开始售卖棒球卡——他意识到有些东西有货币价值，仅仅是因为有足够的人同意它们有价值。他把自己受戒礼的钱投资到了股票市场里；读 11 年级时，他短暂地在酒类专卖店当过货物管理员，也在鞋店当过售货员，他最终在华盛顿的经纪公司中找了一份兼职工作。他发现自己在市场方面的兴趣后，证券投资经理和交易员便鼓励他去参加时长 6 小时，有 250 个题目的一般证券代表考试（General Securities Representative Exam），通过这个考试就能让他有资格成为一名股票经纪人。如果 Barry 通过了，他将被授予系列 7（Series 7），或者一般证券执照（General Securities license），使他能够买卖股票、期权和所有类型的有价证券。Barry14 岁通过了此项考试，成为了历史上通过年龄最小的选手之一。"他是一个长相很好，又温文尔雅的家伙"，他的一位大学朋友如此说道，"而且他身体里有一股熊熊燃烧的火焰驱使他前进"。

1998 年 8 月，从亚特兰大的埃默里大学获得经济学学位后，Barry 搬到了纽约，开始在一家精品投行公司 Houlihan Lokey Howard & Zukin 担任分析师。就像其他的分析师一样，他每天工作 8 小时。在公司的第 2 年，他被吸收进入了金融并购小组，这个小组受纽约的总经理 Michael Kramer 管理。并购团队的小伙子们就像一个清道夫团队：当一家公司深陷债务泥潭，已破产或即将破产时，Houlihan Lokey 就会出现来帮助它压缩成本、售卖资产或者合并债务。这是一个有趣，但是缺乏魅力的工作。之后互联网泡沫爆发，很多公司突然变得摇摇欲坠。Houlihan Lokey 成立于 1987 年的并购团队现在已经成为公司最具影响力和最能盈利的部门之一。

作为并购团队的共同创始人，Jeff Werbalowsky 在对 Lernout & Hauspie 这家比利时语言技术公司进行清算时，曾和 Barry 一起工作。尽管 Barry 当时是团队中最小的成员，Werbalowsky 仍然记得他是工作过程中不可缺乏的一环，“他是一个机智的小伙子，浑身充满能量”。在 2 年 8 个月后，Barry 就从分析师被提拔为助理（associate），这对一个没有 MBA 学位的人而言是很不同寻常的——Barry 成了公司的一颗闪耀新星。

2000—2003 年是互联网泡沫爆发的 3 年，Barry 说道，也是对 Houlihan Lokey 重组部门来说大丰收的 3 年。他个人处理了这 10 年中占据头版头条的几项公司破产事件，如 Enron and WorldCom。但是在此之后，客户池开始逐渐干涸，甚至商业竞争也变得愈发剧烈，而竞争还不仅存在于公司与公司之间。相比更大的银行，Houlihan Lokey 一直自豪自己没有那么部落化，也没有那么多的功能障碍，但是现在的情况就像是 10 个和尚挣一碗水喝。随后 Barry 慢慢对工作感到了厌烦，他需要改变，2003 年的整个下半年他都在思索商业点子。

他意识到，在上市公司中给非公开发行的股票做市存在巨大的商机。这种证券通常是来自公共股权方面的私人投资，在私人投资中，通过私下以低于市场价的价格发行股份来挑选投资者，上市公司能够筹集众多资金。从发行开始的一年内，股票持有人被禁止在公共交换平台（如纽约证券交易所或纳斯达克）中交易这些限制性股份。这个冷却期对那些情况有变，需要把股份变成快钱的人来说是一种限制，但是它只针对在公共交换平台上的交换；也就是说私人交易是被允许的。所以如果你在高尔夫球场碰到某个人，你就可以和他做交易。这也就使得那些想迅速出售股票的买家会立马去翻名片盒，希望他认识的某位“及时雨”能与他交易这些股票，或者他也可以直接去找一个经纪人，经纪人会给他报一个无商谈余地的报价。

Barry 认为他能做得更好，能创造一个有竞争力的交易平台，使每个卖家都能接触众多潜在的买家，而在符合美国证券交易委员会规定的同时又保持交易私密。这是一个巨大的机会。2004 年，非公开发行证券的市场价值超过 1.2 万亿美元，这比澳大利亚或者墨西哥的 GDP 还要高。上市公司中的非公开发行股票，在某种意义上，是一个容易获得的目标，它不像那些更加奇怪的资产类别，它是更容易定价的，因为参与其中的公司肯定会有公开发行的股票，这也就能作为一个价格基准了。对于限制性股票，Jeremy 说：“你真的只需要拿出一个低于市场的价格，然后——嘭！你就拿到你想要的价格了。”但是市场里面出现了流动性困难，还没有人像 Barry 预计的那样去交易。Barry 认为时机是对的，他也为限制性股票确定了一个愈发庞大的买家群体——对冲基金。对冲基金的形势依赖于私人交易中购买的大量股票，也就是所谓的直接交易，而不是在纳斯达克或纽约证券交易所中抢购少量股份。要在公共交易中获得一个较好的位置会消耗大量时间。限制性股票能吸引对冲基金的原因是它不仅是大量交易股票，而且是以折扣价大量交易股票，使得对冲基金能在它们喜欢的公司中获得更多的股票。一旦度过冷却期后，它们就能在公开市场上售卖股票而赚取利润了。尽管华尔街对这个交易网络的需求还抱有疑虑，但是对冲基金的增值使 Barry 仍然认为限制性股票将成为另一个像银行借款和高利率债券般能被人们广泛接受的投资策略。

当他告诉他 25 岁的女友 Lori，说他准备放弃华尔街的高薪工作而要去创业时，Lori 犹豫了一下，还是祝贺了他。“这很棒”，她说道，“但是你知道我赚多少钱吗？”作为一名猎头，她的工资每年大概只有 2.7 万美元，这几乎不能满足他们的生活需要。但是 Barry 认为他有足够的银行存款能弥补这点。2003 年，这也是他在 Houlihan Lokey 工作的最后一年，26 岁的他工资和奖金加起来超过 30 万美元。如果他要大胆创业，那么现在是时候了。

接下来的一月中，他带着自己的奖金，离开了公司。在夏威夷短暂度假，清理完思绪之后，他很快就投入到工作当中。他后来回想起自己当时所花的劳力和脑力，凄凄惨惨地说道，他的商业计划简直是一个投行版的商业计划，是一件真正的精品。在计划书几十页的内容中，充满了图片和表格，就像 eBay 交易非流动性资产一样，清晰地展示了交易限制性证券强大技术平台的美好愿景。Barry 计算了一下，创业需要立刻从投资者那里筹集 200 万美元的资金才行。

随后他找到了已成为 Houlihan Lokey 联席主席的 Werbalowsky，询问 Houlihan Lokey 是否愿意投资他计划成立的公司。如果 Barry 能预见接下来要走的路，那么 Werbalowsky 就有能力发现路上的障碍。对于把限制性股票售卖给更广泛的投资者的行为，他表达了对法律方面派生影响的担忧。他也同样坦率地想知道 Barry 的公司会收取客户多少钱，以及他的平台将如何运转。

最终，作为一家投行，Houlihan Lokey 决定规避风险，不进行投资，但是这位前任助理最打动 Werbalowsky 的是他的创业热情。“他决定着手做我认为太冒险的商业计划，我虽然不同意，但是他绝对是意志坚定的，他并没有把不能当成最终答案，而是从容地接受了我所有的想法、建议和批评，然后一一进行了回答，或者说我们将克服这些困难”，

Werbalowsky 说道，“有些人天生就注定要成为企业家，有些人则不是，而他是前者。”

Barry 用来建立 Restricted Stock Partners（后来改名为 SecondMarket）的部分启动资金来自他的个人储蓄；其余的资金则来自一些成功的投资，包括一些非传统的股票投资。他购买了 New Frontier Media——一家图书售卖商的部分股票，在人们对电影的付费点击需求还未被互联网视频消灭时，这家公司为有线电视公司提供视频内容。这些所谓的非传统股票在困难时期表现得相当好，在 2003 年的晚春，当美国开始军事占领伊拉克时，New Frontier stock——在经历了前 6 个月的不景气时期后——其股票开始飞涨，从 5 月 9 日的每股 0.8 美元涨到 7 月 11 日的每股 3.20 美元，最终在 2004 年 1 月 16 日达到了每股 11.38 美元的巅峰。这个时间点完美地与 Barry 筹钱的需求不谋而合，随后他便以一个漂亮的价格卖掉了此公司的股票。而这也被证明是十分明智的一步，New Frontier 的股票随后就开始骤降，2011 年 9 月 11 日降到每股 1.07 美元的最低值。

另外一次机智的、比涉猎非传统股票更让 Barry 感到自豪的投资举动则是他购买了 Force Protection 的股票。这家南加利福尼亚州的公司领导了军事运载工具的发展，它的载具能够抵挡简易爆炸装置的袭击。在占领伊拉克期间，简易爆炸装置（IED）成了美国士兵的首要死因。即使是装甲悍马车——五角大楼最初选择运兵的载具，在最好的情况下也无法提供足够的保护，因为数千辆悍马在车底并没有装甲防护，使得士兵们极易受到车底爆炸的伤害。Force Protection 决心改变这种情况，引入拥有 V 形车身的重型武装载具，能偏转爆炸威力，使其远离乘客。当时，它在查尔斯顿附近的一家通用电气（General Electric）的老式引擎工厂中制造武装卡车，工厂中的流水线上只有几十名工人。“多亏了国防工业网站”，Barry 说道，“我才能够发现这家公司得到了很多这些载具的合同，而且还没有公开宣布此事”。它在一个将变得极受欢迎的载具行业中的垄断地位——

每辆车售价 50 万美元——并没有体现在它的股价中。于是 Barry 在股票售价每股 1～2 美元时买入，此时交易基础看起来已经稳固，另外他也说道：“投资这样的公司，我就是感觉很开心。”从 2003 年的 3 月到 2008 年的 1 月，Force Protection 的车辆经受住了 3200 次爆炸袭击，但是只有 5 名士兵被炸死。2007 年，它的股价很快突破了每股 30 美元，尽管 Barry 在很早以前就把股票售出了，但是售出的价格也高于他最初投资的数倍。

对于那些了解他的人来说，Barry 拥有传奇般的市场远见。“Barry 是一个很棒的企业家”，Jeremy 说道，“非常棒！他还是世界级的投资者，我认为他可能是处于世界金字塔顶端的投资者，这并不是因为他比其他人更了解股票和债券，这并不是他胜过别人的地方，而是因为他能够比其他人提前数年对投资类别做出准确预判。在他的构想中，他能把特定事物的长期变化融合在一起”。他在互联网爆发前很早就购买了技术股票；在外国的公司有公共意识之前，就购买了他们的股票。对于 SecondMarket，他是用自己的设想来创建这家公司的。“这是他投资策略的企业显现”，Jeremy 解释道。SecondMarket 作为一家经济公司，把买卖双方带到一起，然后直接收取客户佣金，佣金多少取决于交易的价值，一般为 3%～5%。

一种真正的创业方式，Barry 在 2004 年全年都没有拿公司薪水。公司当时甚至都没有开门；因为他仍然在家里工作，起居室的沙发就是他的联合广场公寓大楼。但是他之前存够了钱，能支持他一年，也可能一年半的时间来启动公司业务，同时不用拿薪水。放弃成立一家高难度的 eBay 式网络平台来做简单电话掮客业务后，他和他的商业伙伴 Brad Monks——一位范德堡大学毕业的律师，起草了一份改版的商业计划，开始寻找投资者，同时尝试为他们的交易网络签约一批会员，如对冲基金、银行和高资产净值人群。在 2005 年上半年，他们以 17 万美元的估价，筹集了 35 万美元的天使投资，这也意味着 Barry 必须要放弃超过 20%的公司资产来交换种子基金，随后他们在华尔街旁边开了一家小店。“公司里只有我们 5 个人，5 部电话，以及一张 Excel 表”，Barry 之后说道，“就是这样，这就是我们的市场”。这个只满足基本功能的办公室里没有会议室，所以他们在附近的星巴克里开会。在那一年中，作为 CEO，Barry 只拿了 6 万美元的工资。Lori 很难理解为什么 Barry 工作如此努力，却不给自己多一点奖励，但是最终，她说道：“我对那段时期只有美好的回忆，所有美好的事情都发生了。” 2005 年的 6 月 4 日，她和 Barry 结婚了。

然而，华尔街高管在纽约时报上唱衰 Restricted Stock Partners，认为它会失败。“这不是一项值得去做的创新”，某位高管说道，“市场正在满足人们的需求”。失败，在当时，以及在世界金融界中都不是好的。虽然现在硅谷创业公司的思想特质传播得如此之广，以至于人们简历上的一个两个失败企业经历实际上变成了一块荣誉勋章，但是在那个年代，创业者期待从悬崖上跳下的途中长出翅膀的行为，是毫无荣誉可言的，尤其是你还放弃了 6 位数的银行高薪工作时。但是 Barry 的公司并没有失败。2005 年 9 月，它签下了 125 名会员，这些会员一共有 500 亿美元的资产可供支配使用。2006 年，公司首次开始盈利。

2007 年，Barry 的父亲 Brad 死于癌症。Brad 的逝去使 Barry 变得极其伤感，他的妻子之前也从没见过他如此情绪化。Barry 父亲的去世在某种程度上把他创业的火星激发成了火焰；而现在他的朋友，也是商业伙伴的去世把这团火焰燃烧得愈发炽烈。“尽管很多人会沉湎于悲痛”，Lori 说道，“但是这却使得 Barry 更加坚定决心要成功”。也正是由于他的这种弹力，使 Barry 虽然没有父亲的陪伴，却能进入中学，读完高中，考上大学；虽然听不到父亲的一声祝贺，却能从大学顺利毕业，拿到学士学位；虽然无法让父亲为自己自豪，却能在华尔街证明自己。尽管 Barry 悲痛欲绝，但是 Lori 说：“他也从来都没说过‘我的天！我的合伙人死了，我该怎么办？’”

2007 年下半年，一位前 Facebook 员工打电话给 Restricted Stock Partners，说他之前在 Facebook 工作，持有公司的一些股票，但是现在想换成现金。不知道为何，他不能等 Facebook 上市再卖——Facebook 要四年半以后才能上市。他说："你好，我知道你们并不做私人公司的股票，但是你们能帮我个人卖掉股份吗？"

Barry 接受了他的提议。整个 2008 年，SecondMarket 都在安静地、非官方地交易 Facebook 的股票——几乎有 5000 万美元之多。这就是 SecondMarket 买卖私人企业股份的方法。为那些想把炽手可热的创业公司中的股份换成金钱的前员工和员工股东，提供一个交易市场。在这些公司中，Facebook 很受欢迎，就像电子游戏制造商 Zynga 一样。在创业公司中，早期员工通常会接受一个很低的薪水，以此来交换公司的股份。之前从来没有一个有组织的市场来把这些股份转换成现金，但是现在，它突然出现了。

这是另外一个 Barry 发现即将变火的资产类别的例子。他本可以用自己的钱购买 Facebook 的一些股票，然后在它首次公开募股（IPO）时，赚一大笔钱，但是他现在的思维方式更像一位企业家了，而不是一名投资者。"所有的财富现在到了他的公司，他为了这些机会，把财富的河流都引向了公司"，Jeremy 说道，"所以那些本可以属于他个人的财富变成了 SecondMarket 的企业价值"。

直到 2009 年 4 月，SecondMarket 才向公众打开了私人企业股票的市场。在那个时候，因为经济危机，Barry 增添了大量新型资产类别。首先，在 2008 年 1 月，添加了拍卖利率债券——一种债务责任。当银行向投资者推销拍卖利率债券时，它们会说这种债务和现金一样好用，但是当那个月的市场被冻结时，它却变成了记者所说的华尔街版的《加利福尼亚州旅馆》——一种银行永远不会进行的投资。经纪公司不让它们的客户兑换现金，投行又不愿意让证券发行者以折扣价兑换现金，因为他们知道如果证券发行者亏本发售股票，那么这也会强迫银行把自己的受损股票下调至新的市场价格。因为流行的交易静止期事实上能够让银行免受影响。“所以这些公司会自己持有巨量拍卖利率债券”，Barry 解释道，“他们尽力把资产负债表上的损失减少到最小”。

Barry 此时入局提供了一个解决方法。如果他能为拍卖利率债券创造一个二级市场，让投资者把手上不好的股票脱手给愿意承担风险的人，那么他就能重新把钱放回人们的口袋里，然后使价值数百万的冻结资产再次流动起来。

听到她丈夫想做拍卖利率债券后，Lori 只有一个问题：“你知道这是什么东西吗？”

“不知道”，Barry 说道，“但是我会知道的”。

2008 年 3 月初，每天在他的公司平台上交易的拍卖利率债券大概价值 350 万美元。

Barry 公司的驱动引擎被注入了一种优质燃料——价值 380 万美元的燃料，这要感谢 Lawrence Lenihan 的 FirstMark Capital（后来叫 Pequot Ventures）的首轮融资，它对 Barry 公司的估值为 1600 万美元。对于一名新手企业家的 Barry 而言，这是一个他无法拒绝的出价。“我从来都不想回顾过去，如果我们从这家风险投资公司中融到了这笔钱，我们今天仍然能够健康存活”，他之后说道。有了 Pequot 的投资之后，Barry 在公司最近启动的电子交易平台方面，开始大肆招募人员，加速扩张。到了 2008 年秋天，“当经济发展的车轮减速放缓时”，他说道，“我们的处境极其良好，能进一步扩大我们的市场”。

2009 年，当更大的经济混乱席卷金融界时，也可能是 SecondMarket 最疯狂、兴奋的时候。2009 年 2 月，Barry 的公司开始交易有限合作股权（Limited Partnership Interests），结果首日就吸收了 5 亿 4 千万美元。2009 年

4月，如往年一样，当从一片死气沉沉的土地中，哺育出漫山遍野的繁花时，SecondMarket 开始打开自家大门接受各式各样的新奇金融工具，如抵押支持证券、债务抵押债券等。“这些东西简直有毒啊”，Barry 如是说。对于华尔街而言，这段时间是残酷无情的，但是对 SecondMarket 来说，却是一座巨大的金矿。“在经济危机中，价值数亿的流动资产被冻结”，他说道。几乎没有人想触碰这些资产，但是 Barry 却把这场华尔街造成的混乱给清理干净了。

在 Houlihan Lokey 投行作为一名重组团队成员时，Barry 就习惯了去扭转糟糕的局面，尽他所能地去拯救一个人的错误决定，但是这次并不单单是一家公司掉链子，而是整个金融界的问题。“当时世界的经济正在崩盘”，Jeremy 说道，“当所有的资产都开始被冻结，我们就说，‘嘿，我们公司能创造流动资产哦’。所以每次资产被冻结，我们都为之创造了一个市场”。

2008 年，公司的收入是 2000 万美元，比前一年的 3 倍还多；而在 2009 年，收入又一次跳跃性增长 75%，达到 3500 万美元。考虑公司的佣金为 3%～5%，这些收益表明当年有 7 亿～11.7 亿美元的资产在 SecondMarket 平台上交易。“如果 Barry 在 2006 年就说‘我想管理我自己的对冲基金，然后想在别人之前，就看中并投资这些资产类型’的话”，Jeremy 说道，“那他可能现在已经是一个亿万富翁了”。在公司发展的每个阶段，Barry 都十分小心地让公司在力所能及的范围内进步，并忍住了租用昂贵办公室的冲动。但是现在，因为有了 100 名员工，他首次把公司搬进了一座名牌办公楼——位于曼哈顿下城区的标准石油大楼（the Standard Oil building）。他终于来到金融区的心脏地带——百老汇 26 号。这个著名的地方，正对着 Bowling Green——那个在全世界人民眼中都象征着华尔街的、重达七千磅的铜牛的跺足之地。现在，Barry 来了。

公司超乎寻常的增长还在持续。SecondMarket 的客户数量从 2010 年年初的 6500 名增加到了一年后的 23000 名，公司平台上拥有价值 300 亿美元的待售资产。2011 年年初，公司代理销售了一些私有公司的股票，包括那几个科技宠儿的，即推特（Twitter）、脸书（Facebook）、星佳（Zynga）和领英（LinkedIn）——这些股票加起来超过 5 亿美元。

2011 年，Barry 被世界经济论坛（the World Economic Forum）授予技术先锋奖。在获奖的访谈中，他提到了要给金融系统带来“信任和透明度”。在目睹大银行和其他公司是如何利用市场的不透明性来不公平地获取利益后，他决定改变这种现状。“我们认为如果通过提供一个全球化平台，把世界上的买家和卖家联系在一起，我们就能让金融系统重新拾回一些信任，并对金融市场进行真正的改革。”他对信任和透明度的担忧则为比特币的投资埋下了伏笔。

SecondMarket 在获得两轮新的投资之后，其价值达到 2 亿美元，成了世界最大的多种非流动资产的中央交易平台。亚洲首富李嘉诚是它的投资者；Chamath Palihapitiya，Facebook 前任副总裁，也加入了其中。华尔街的唱衰之言早已成为历史，但是最终，公司的运转还是出现了问题。当金融界从恐慌中恢复过来，经济也缓慢地从衰退的泥潭中脱身出来时，那些曾经帮助 SecondMarket 成功的奇特金融产品的次级市场开始逐步变得干涸。至于代理销售私人企业股票，则突然变成了一个亏本生意。“这些公司不愿意把他们的股份清算给不认识的，跟公司无关的人”，SecondMarket 的某位员工解释道。最终，一些科技公司制定了新的规则，只要公司还是私人企业，就禁止员工把股份卖给任何一位之前的买家，或者完全禁止他们售卖股份，而在任何情况下，有和 Facebook 一个等级的 IPO 潜力的创业公司都是十分稀少的。更加糟糕的是，美国证券交易委员会（SEC）开始监察私人股票市场，接着还出台了联邦政府法规，要求有超过 500 名股票持有人的企业要在很多方面和上市公司做到一样透明。

这些打击太过沉重。在 SecondMarket 的巅峰时期，它雇佣了 140 名员工，在旧金山、以色列和香港都设有地区分公司。Bill Siegel——当时的运营副总裁，说道："那一年是交易那些纯粹的、场外买卖的上市前私人企业股票的高潮期，主要围绕 Facebook 来进行。"但是到了年底，随着市场的变动，管控前景变得暗淡，以色列分公司被关闭了；接着香港办公室也被关闭了；在纽约，Barry 把他的公司从标准石油大楼搬到了切尔西的一家办公室，最终超过一半的员工被解雇。Facebook 上市之后，有些人认为 SecondMarket 会完全倒闭。

但是 Barry 没有放弃，相反地，他把 SecondMarket 的重心转向了成为一家产品和技术公司，Siegel 说开发一套软件系统来帮助私人企业控制其股票销售是一个好主意。Barry 认为，尽管这些企业不会喜欢在背后售卖他们股票的人，但是也许他们能被说服去了解内部股票销售所带来的利益。因为持有股份的职员有机会仍然想把他们的股票变成现金；私人企业也想控制持有股份的人，以此来确保股东的利益和公司的目标一致，所以 SecondMarket 就研发了一个让公司控制所有东西的产品，Siegel 说道："能控制交易规则、价格、谁能卖、能卖多少等问题，而不是让经纪人或买手去炒卖股票。"这些企业说，使用 SecondMarket 的软件，他们就能管理投资者，管理整个发售过程，这样为他们自己节省了 Jeremy 所说的"如果不是数百小时也有数十小时的人力成本"。

Barry 再次走在了时代前沿。但是即使他的公司为客户简化了曾经复杂的交易过程，并且还赚取了大笔利润，公司产品的成功仍然意味着要削减自己的员工，因为它不再是一家传统的经济公司，不再需要大量的销售和市场团队。虽然有一些交易员还在处理标售利率证券，但是新的用来销售私人公司股票的软件却几乎不需要打理，而且一家公司所用的软件，可以复制到其他公司中。换句话说，这就有了可扩展性。2004 年见证了 SecondMarket 回归了它在辉煌时期所打理的成吨的、巨量的私人公司交易——仅在前 6 个月就交易了价值近 10 亿美元的资产。

虽然 Barry 拯救了他的公司，但是他个人的兴趣却很快偏离了公司的轨道。从 2012 年起，正如他所说的："我已经对股票市场和其崩坏的方式极其失望了。"所以他现在只在比特币创业公司中进行投资。他说"崩坏"的意思是指的市场中短期交易的增加、重视季度盈利而不是持久价值、暗池交易的增长以及高频率交易的上升——这些结构性问题使他不再信任公共股票市场，也让他不太想让自己的公司上市了。通过建立 Bitcoin Investment Trust，他希望能把自己对比特币的热情注入到他的企业中来。

最初，Barry 只是把比特币当成在他认为已经低速的市场中的一种防范措施而已。在他 20 多岁去帮助失败的企业停业清盘之后，他把自己的企业建立在华尔街失败公司的皑皑白骨之上——它的不良资产，也建立在了人们的厄运及鲁莽的行为之上。当他听说比特币的时候，他感觉他就像是方舟中的挪亚一样，面对着一个充满债务的海洋世界。

Barry 认为，债务是存在于社会的各个角落、各个等级中的，从一个透支信用卡的个人到城市和州县，最后到国家，每个层级都有债务。曾经，他是一个金本位投资者，但是现在再也不是了。太多的政府把黄金储存起来，当做其经济支柱。虽然黄金确实在此方面有着悠久的历史，但是 Barry 认为比特币是一种安全性远高于贵金属的投资。"从可能性和风险调整的基础上来说，如果我要猜人们在市场混乱时想拥有什么东西，我一定会赌是想拥有那些惹了麻烦的中央政府所没有的东西"，Barry 如此解释他的态度变化。"如果你要支持国家的货币，如果你想尽力躲开债主的骚扰，那么请在把自己的坟墓卖掉之前，赶紧把黄金卖了。"

想法当然是很好的，但是一旦他创办 Bitcoin Investment Trust，那么私人安全就将成为一项职业风险。他不仅只是计划为比特币交易提供一个市场，就像之前做其他投资一样，他还想创造一个私有比特币基金。如果投资者不肯买入，那么他就麻烦大了。他知道 Second Market 能活下来，因为它在私人企业股票领域内干得红红火火，但是他要把大部分员工都给解雇掉，同时也要把那些纠结于比特币复杂性的法律和技术员工开除。如果 BIT 失败了，就意味着全方面的削减人员。

但是他同样在风险之中投入了大笔金钱。在为启动基金做准备工作时，SecondMarket 以每个币 105～110 美元的价格，购买了价值 300 万美元的比特币。他计划用公司三分之二的备用资金来启动这个基金；剩下的 100 万美元就会放在 SecondMarket 的账户上来满足客户购买 BIT 股份的订单，这样可以立即获得新的比特币来替换卖给客户的币。

尽管有风险，但是 Barry 也一往无前，这既是因为他没有更好的选择，也是因为他确信比特币远远不只是一项好的投资，而且对于世界来说，还是一个美好的东西。“从他第一次创业开始，我从来没有见过 Barry 对一个东西如此有热情”，Lori 说道，“他认为比特币，甚至认为数字货币，是可以改变我们女儿的生活的”。

对于 Barry 而言，钱并不是最重要的，他之前就拒绝过金币的诱惑。2012 年，Second Market 的战略主管 Jeremy 跟 Barry 提议道：要不要做人寿保险呢？这个业务有巨大的潜力，但是他跟大多数人所想的不太一样，这其实并不是一件让人愉快的事情。如果一位老人的妻子在他之前去世，并且他的子孙们已经长大，生活富足，不需要任何其他东西，在老人去世之后也不会有人需要大笔支出的话，那么这个老人可能就会把他的人寿保险单卖给第三方，然后拿着换来的钱好好地度过余生。如果这样的话，若老人找到了一位买家，那他可能会以 60 万美元的价格把价值 100 万美元的保险单卖出去。如果老人是 65 岁，在他保险单上写了还可以活 15 年，而买手估计这位老人只能多活 10 年，第 10 年如果老人去世，买手就能获得 40 万美元的收益——这也是这个项目让人感觉不舒服的地方——如果老人在计划内死亡，新的保单拥有者会感到很愉快。而买手一定不想要的就是这个老人活到 81 岁，因为到那个时候，这张人寿保单就会失效，买手之前付出的 60 万美元就都打了水漂。显然对于买家而言，最好的情况就是老人第2天就被车撞死——这也就意味着他一夜之间赚了40万美元。

Barry想了想这个方案，因为他必须严肃对待他的战略主管提交给他的任何建议，而且这个提议还是比较有趣的。从2009年开始，SecondMarket就没有再增添过新的资产了。Barry知道交易人们的人寿保险单将赚取极大的利润，按理说，Barry应该欢迎这项收益来源才对，但是他拒绝了。“我只是不想参与这类事情”，Barry对他朋友说。这件事本身并不是不道德的，但是这却像是一种病态的赚钱方式，通过准确猜测人寿保险单的原主人什么时候死亡，来帮助那些想从投资中拿到回报的人。Jeremy同意这点，他和Barry说：“这确实有点让人恶心讨厌。”

Barry同样也放过了进军知识产权（专利）市场的机会，因为这个市场里充斥着“专利流氓”，一群抓着专利就为了盯着那些可能侵犯产权的人，从而发动诉讼敲诈的人。对于SecondMarket而言，这是一个巨大的赚钱机会，但是同时也要考虑其他事情。Jeremy说：“如果这个市场中有更好的商业机会，那么就要问第2个问题——这些机会对人们是好的，还是不好不坏的，还是坏的呢？如果它是好的，或者是中性的，那么我们就做了；但如果它对人们是不好的，尽管是一个好的商业机会，我们也仍然不会做。”现在，看着比特币，Barry觉得他触碰到了一个拥有巨大商业潜力，并且会使所有人都收益的资产类型。

在建立Bitcoin Investment Trust时，Barry至少有两项优势。首先，他在此之前，已经有了丰富的为复杂的不流动资产创造市场的经验。事实上，我们可以说，当SecondMarket第一次交易拍卖利率债券时，这比比特币还要复杂，也更不透明。与Barry之前的比特币企业家相比，Lawrence Lenihan说：“Barry在吃早餐之前遗忘的关于市场运作的知识，就比其他人所知道的还多了。”其次，作为一名前华尔街人，Barry相信经济产业迟早会发现数字货币的重要性。甚至当Roger Ver等早期激进者坚持要使用强硬的手段，让比特币远离华尔街的时候，Barry就认为这是一个不祥之兆了。不管这些自由主义者是否乐意加入，金融公司是一定想分一杯羹的，首先想参与的就是它们的职员们——交易员、总经理，还有那些被技术所吸引或仅仅被想赚大钱所吸引的金融极客们，接着就是公司本身想参与其中了。所以 Barry 开始设立 BIT 时，就把他们的利益牢记于心，主要针对机构投资人和富人。“这些家伙是一群寻找长期投资的人，他们并不想每天做交易，而是想购买大量比特币，然后无忧无虑地等上几年”，某位 SecondMarket 员工说道。只有授信投资者——不考虑房产，一群净资产超过 100 万美元并且年收入超过 20 万美元的人（或者夫妻总收入每年超过 30 万美元）——才会在 BIT 中投资，并且投资的最低限额是 25000 美元。同时，投资对机构投资人也同样是开放的。这样看来，Barry 的未来就在于是否能和金融产业顺利合作了。

但是这里有一个问题：80 年来，像 BIT 一样的私人基金是被禁止公开吸收投资者的；私人公司也同样不准公开打广告来吸引资本投资，不管是在电视上还是刊物上，任何地方都不准；甚至私下里和陌生人谈论投资，也被认为是一种大范围募资。所以像比特币一样的利基市场基金如果不能开放给大群客户——美国的 700 万名授信投资者们——的话，那它要成功就仿如西天取经一般了。

然而在 2013 年 6 月，当 Barry 向他的员工宣布 SecondMarket 将启动比特币基金的时候，一项创业企业融资法案（the Jumpstart Our Business Startups Act），或者称为 JOBS 法案，开始改变所有的情况了。这项法案，赢得了两党的支持，也被奥巴马总统签署成为法律，解除了对企业家几十年来的限制。Barry 本人也对此结果进行了艰苦卓绝的游说。2011 年 9 月 21 日，他跟资本市场小组委员会成员，以及美国众议院金融服务委员会的政府赞助企业说道，授信投资者的群体——仅有的在法律上被允许购买未注册证券的人——应该尽可能地增多。“让非授信投资者们知道可以交易未注册证券是没有关系的。没有人禁止汽车制造商们打广告，即使在法定驾车年龄之下的小孩也能看到这些广告；同样制药公司也可以给那些不需要，或者没资格要处方药的人打医药广告。”3 个月之后，Barry 向美国参议院银行、住房和城市事务委员会小组委员会重复了他的观点。最终，他的努力带来了回报。过了一段时间，SEC 起草了新的规定，但是直到 2013 年 9 月 23 日——总统签署法律一年多之后——才最终批准了私募中的大范围募资行为。世界上大多数人都没有注意到此项的改变，但是这却是美国金融历史上的一道分水岭。

Barry 没有浪费一丁点时间，直接在 2013 年 9 月 26 日就为外部资金建立了 Bitcoin Investment Trust，为它提供了价值 225 万美元的比特币。这是美国第一家只在数字货币领域内投资的基金。“因为此项法规的出台，我们能够广泛地吸引投资者，因此对我们来说是个很好的机会”，BIT 业务经理 Jack Collins 说道。在一项声明中，Barry 提到比特币的市场价值现在是 10.5 亿美元，另外从 2009 年到现在，已经有 2400 万笔交易使用了数字货币。他说他建立的 BIT 是“为了去减少直接拥有比特币的麻烦，如不得不把钱汇给世界另一端的一个刚建立的、可能没有管控的实体”。

Bitcoin Investment Trust 实际上相当于 SecondMarket 的客户。它的交易员找到了投资者并且卖了基金给他后，就会把投资者引到 SecondMarket 上。一旦新的投资者签约，SecondMarket 的员工就会使用它的专利平台，通过背景调查或者其他手段来确认投资者的资格。如果一切都按部就班，情况良好，投资者就会把钱汇给 SecondMarket，购买 BIT 已发行的股份——这是一种合法的、任何金融人都能用 Bloomberg 终端查到的证券。基金的价值是完全被比特币的价格所决定的，所以如果 BIT 持有 30000 比特币，而每比特币价值 100 美元，那么基金就价值 300 万美元。

尽管持有 BIT 的股份并不会给投资者提供比特币在开放市场上的溢

价，但是它可以让投资者在不承担比特币获取、储存及采矿风险的情况下，掌控这种高风险高回报的资产。“世界上那些有超高净资产的人群听说了比特币之后，也想参与进来，但是他们对比特币毫无了解，不知道从谁那购买比特币，也不想汇款给 Slovenia（Slovenia 是比特币最大的交易地之一）”，SecondMarket 的某位员工描述道。另外，BIT 被一个受管控的、经营了近 10 年（存在时间远超比特币交易）的经纪公司所支持，“所以那些有超高净资产的人只用说‘这里是 100 万美元，给我换 100 万比特币’就好了，简单粗暴”。

但是如果他们不给原本直接了当的过程增添曲折的话，监管者就不会是监管者了。BIT 只接受授信投资人的原因很简单，那就是 SEC 坚持所有广泛宣传的证券购买者必须是授信投资人，所以 SecondMarket 在 SEC 的规则之下，就要负责确认投资者的资格，还要提供文件来证明这点。对于大多数企业家而言，这会是一项及其烦琐的要求，但是因为 Barry 之前就已经建立了一个软件平台来做投资人认证；这也是 SecondMarket 的一项提供给员工售卖他们股票的私人公司的业务，所以，再一次地，Barry 发现自己引领了时代。在 JOBS 法案生效之前，他就做好了利用它的准备。

但是没有人能对接下来发生的事做好准备。在 Bitcoin Investment Trust 开业五天之后——这也是数字货币市场成熟的标志，新闻爆出 FBI 调查员在旧金山逮捕了涉嫌犯罪的“线上交易网站”站长 Ross Ulbricht，另外联邦政府还完全抹除了他的黑市。Erik Voorhees 曾经在 2012 年 4 月吹嘘，政府真是可怜，对付“线上交易网站”无能为力；但是他错了，“线上交易网站”辜负了他和其他 100 万名注册用户相信其无敌的信念。现在尝试登入这个网站的用户会发现，在网站的独特标志——一个骑着骆驼的阿拉伯人的上方叠加了一个红边公告：此隐藏网站已被查封。

这段时间是众多政府机关大量、持续调查的高潮时期。在高客

（Gawker）的一篇介绍“线上交易网站”的文章发行后不久，一位马里兰州线人就建议美国国土安全局的官员去调查地下市场。在当局看来，这是一次令人大开眼界的谈话，线人解释了这个地下市场是如何运转的。2011 年 9 月，得到这个信息之后，移民和海关执法局国土安全调查处的调查员发动了对“线上交易网站”的调查，最终形成了以马里兰州为主的代号为马可波罗的专案组——这是以一位著名的沿着丝绸之路拜访忽必烈的旅行家而命名的。调查组成员包括联邦调查局、缉毒局、国税局刑事调查科、特勤局、美国邮政检查局、酒精、烟草和火器局；同时，纽约联邦调查局的网络犯罪部门也发动了调查。

2012 年 1 月，联邦调查员第一次获得了重大突破：他们在巴尔的摩抓获了一名叫 Jacob Theodore George Ⅳ的 29 岁嫌疑人，他在“线上交易网站”贩卖违禁品。因为现场铁证如山，再加上他的记录中有前科，George 向调查员交待了他的银行账户、运输单和财务证明，也上交了他的笔记本电脑和台式电脑，里面保存着他的客户记录——他交代了所有事情。于是联邦当局立刻掌握了 George 的“线上交易网站”账户，让马可波罗专案组第一次真正掀起了网络黑市的面纱。

在接下来的几个月中，调查员逮捕了更多交易者，也发现 Ross 犯了几个重大失误，这些失误把他联系到了一个叫恐惧海盗罗伯特的身份上。但是接下来，调查进度减缓了。2012 年的夏天，Ross 每月的佣金是 18 万美元，这甚至超过了世界最大的比特币交易所 Mt.Gox 的佣金。（在逮捕了 Ross 之后，联邦调查局从他的计算机中搜出了 144336 比特币，并从托管“线上交易网站”的服务器的用户资金中获取了 29656 比特币。）在一位放弃拍电影梦想的高中老友的邀请之下，Ross 来到旧金山，加入这场创业热潮，并成为它的一部分，运营一个高度成功，但又严重违法的电子商务创业公司。

但是即使大量违禁品和电子货币在市场中流通，它的绝对世俗性也欺骗了严酷的禁毒法律。澳大利亚麦考瑞大学中研究“线上交易网站”的 James Martin 提到了违禁品交易的平淡性，其中包括节假日销售、没有到达目的地的违禁品退款等；用户也会抱怨运输中的细小延迟。这种平淡的，对用户友好的方式似乎促进了它的繁荣普及。2012 年下半年，一项对全球近期违禁品买家的调查显示，美国、澳大利亚和英国分别有 65%、53%和 40%的调查对象听说过“线上交易网站”，另外还分别有 8%，7%和 10%的调查对象承认在 Ross 的小小隐藏市场上买过违禁品。在审判 Ross 之前，Ross 很早就成为数千人心中的民间英雄。这数千人是一群因为经济崩溃、维基解密、无人机战争和监管状态而心生不满的人，一群被 Edward Snowden 的揭秘所煽动，并且欠了一屁股学生贷款的人，是一代人中的炸药桶。

虽然检察官们决定把 Ross 关到天荒地老，但是这种行为类似马儿都跑了，再把马圈的门锁上。到目前为止，如 Martin 认为的一样，“线上交易网站”很明显只代表了一个巨大而快速增长的秘密市场很小的一部分。事实上，2013 年的秋天，比特币已经成为大多数地下经济的交易方式。在旧金山的图书馆中，逮捕 Ross 这个 20 多岁的弄潮儿在某种程度上是比较戏剧性的，也是一种强大情报能力的肌肉展示，但是这种展示的背后，却隐藏着要在全球化的因特网沼泽中加强毒品法律的一种无能为力；这是一个掩藏绝望的面具，因为尽管接下来的几周中，新闻不断报道了跟“线上交易网站”有关的逮捕新闻，尽管这一群强大兽群中的几只迷途羔羊被围捕、关了起来，但是大部分用户在逃离这个已死亡的市场的一瞬间，就不再被追求法律责任了。在“线上交易网站”关闭的一个月内，Sheep Marketplace（“线上交易网站”的一家竞争对手）的用户翻了 6 倍；而在另外一家秘密市场 Black Market Reloaded 的用户也翻了一番。恐惧海盗罗伯特已经向他们展示了承诺给他们的土地，而他们则不会再返回埃及了。

然而，尽管“线上交易网站”的模仿者如雨后春笋般涌现，但同时数千家合法企业现在也开始逐渐接受数字货币。比特币社区中秘密无政府主义者的焦虑，逐渐被更加传统的智慧所替代。曾经，比特币和“线上交易网站”完全纠缠在一起，后者的骗局和技术问题会导致前者价格骤降，然而现在却不再需要这块纳普斯特之毒了。

不管有没有使用过“线上交易网站”，很多秘密无政府主义者从原则出发，都把这件事情看成是一个真正的损失。Marco Santori 当时说道：“而主流的我们把它看成是一个巨大的发展，如果要问在‘线上交易网站’之外是否还能使用比特币，那答案是肯定的——能！”

尽管 Ross 被逮捕的消息如风暴般席卷了整个比特币界，但是 SecondMarket 的办公室里仍然波澜不惊。在短暂的价格下降之后，比特币的价格又迅速地回升。Barry 对此很乐观，他后来反思道，这是一个积极的事情，“这证明那些坏人会被抓住，也一定会被抓住，即使在比特币的世界中也一样”，他也同样希望随着“线上交易网站”被关闭，监察的压力也应该要用到其他事情上去，不再让人们对比特币黑暗的一面着迷。

据大家所说，BIT 投资者的队伍同样十分镇定。“最早的投资者已经是比特币的福音传道者了，因此他们真的一点都不在乎‘线上交易网站’所产生的杂音，因为他们知道那只是杂音而已”，当时 SecondMarket 的一名交易员 Michael Moro 说道。他们对于投资比特币是如此激动，以至于头条新闻都不能够消灭他们的热情，这可能是他们这一辈子中最棒的投资决定之一。2013 年 10 月 1 日，Ross 被逮捕的当日，根据 Coinbase 的记录，1 比特币的平均价格是 121 美元；一个月之后，价格是 208 美元；到了 12 月，它的价格超过 1000 美元。

这就好像“线上交易网站”，这个曾经支撑了比特币经济的市场，变成了它的锚点，让数字货币好似摆脱了压力，以前所未有的方式在人们的热情之潮上乘风破浪。在接下来的几周中，即使 BIT 已积累了数万的数字货币，但是它的价格如此迅速地攀升，也让 Barry 不太明白到底是他的基金驱使价格上涨，还是飞涨的价格驱使基金中的附加利息上涨。但不管是什么因素，BIT 以没有人能预料的方式，迅速发展壮大。

事实上，Barry 要把基金的突然成功，部分归功于政府。在夏末，美国参议院国土安全和政府事务的委员会主席 Tom Carper，曾致信即将离任的国土安全部长 Janet Napolitano，说他曾发起一项对虚拟货币的调查，他想知道她的部门对此的态度，以及管控虚拟货币需要什么资源。相同的调查副本送给了司法部、财政部、美国证券交易委员会、美国商品期货交易委员会及美国联邦储备委员会。在这份与马里兰州的议员 Tom Coburn 共同签署的信件中，Carper 表达了他的担忧，尽管虚拟货币——正如美国政府官员坚持称呼他们的一样——是能带来希望的，但是他们的几乎匿名及去中心化的本质同样也吸引着罪犯，他们只看重能在暗处操作的东西。他援引了 Trendon Shavers 的例子（这个得克萨斯州的男人因为经营比特币庞氏骗局而被指控），认为它是最近的一个例子，并且这个例子中数字货币产业径直撞上了现行法律。它不太可能是最后一个，Carper 说道。

一方面，2013 年 7 月，一份书面文件被提交给了美国证券交易委员会，推动了在交易所买卖比特币基金的发展，使得机构投资人能够开始在数字货币中投资。在这次提交的背后是 Winklevoss 兄弟的努力，他们想建立自己的比特币基金，这也使他们自动变成了 Barry 的竞争对手。

另一方面，移民与海关执法局认为仅仅几个月前就有必要没收 Mt. Gox 中数百万美元的账户。议员 Carper 要求对这个新兴的技术采取整体的、全政府的行动，以便实施一个可能的管控构架，但是他整体对比特币的态度还是相当正面的。“就像所有的新兴技术一样，联邦政府必须要确保其潜在的威胁和风险被迅速处理干净”，他写道，“然而，我们也同样必须确保那些仓促和信息不足的行动不能阻止潜在有价值的技术发展”。

在接下来的几月中，各个政府机关陆续给出回复。议员们之前要求 8 月底前要给出回复，但是最后一封来自美国商品期货交易委员会主席 Gary Gensler 的信，却直到圣诞节后才到达议员们手中。虽然如此，11 月中旬，议员 Carper 就认为他能比较好地掌控华盛顿的事务了，于是他决定和委员会举行关于数字货币的潜在风险和益处的听证会。

但是这场听证会并不是华盛顿与比特币社区的唯一接触。在议员 Carper 派发他的信件两周之后，金融犯罪执法局（FINCEN）和其他的州级部门和联邦部门，包括美国证券交易委员会的贸易与市场部门，都与比特币基金会的成员进行了座谈，既谈论了技术的一些基本原则，也讨论了一些法律和执法问题。自从比特币的价格在 4 月飞涨开始，议员们的参谋助理们就开始观察比特币了，他们花了数月时间静静地采访了企业家、投资者、专业学者、监管者和执法部门的成员。然而，收到议员的信件后，那些政府机构给出的回复更加具有启发性。从财政部那里，他了解到尽管数字货币可以被拿来洗钱或者资助恐怖分子，但是它的低流动性和价格波动性实际上限制了数字货币成为主要的大规模非法交易的形式。虽然如此，金融犯法执法网络部门和财政部外国资产管理办公室都时刻准备识别违法行为，并对那些被犯罪团伙和恐怖分子利用来移动资产的虚拟货币企业进行罚款。司法部告诉他，在 2012 年年初，联邦调查局就已经建立了一个跨部门小组——虚拟货币新兴威胁工作组（Virtual Currency Emerging Threats Working Group）来正面处理数字货币洗钱的问题，这个小组财政部也有参与。美国证券交易委员会解释道，尽管数字货币可能本身并不被认为是一种证券——它可能会被划分为一种商品——但是任何基于数字货币财产而给投资者提供回报的实体，都将被视为发行了证券，因此要受到证券交易委员会的管控。

其中国土安全局的信是最难懂的，其代理立法事务助理秘书 Brian de Vallance 写道："国际犯罪组织的命脉在于迅速而安静地在国家之间转移大笔金钱，然而网络空间的匿名性又为犯罪组织提供了良机去清洗大笔黑钱，同时不被人发现。”数字货币使这点相对做起来比较简单，所以国土安全局对于这个它所认为是新威胁的事物，采取了进攻性态势，把犯罪黑市和虚拟货币交易进行同等对待。De Vallance 继续为议员们概述一些大型调查行动，包括最近华盛顿办公室领导消灭 Liberty Reserve 的行动；在 Liberty Reserve 这个虚拟货币网络上，洗掉了超过 60 亿美元的犯罪收益。尽管联邦调查局的探员们倾向把 Liberty Reserve 和比特币混为一谈，但其实前者和去中心化的秘密货币没有半毛钱关系。这是一种归中央控制的电子货币，就像 E-gold 传销组织一样。不过，这仍然是法律实施的一项重大胜利。有 5 人被逮捕，2900 万美元被冻结。同时，另一个调查查封了 BitInstant 以前的付款服务提供商 Trustcash 的银行账户。即使国土安全部探员正在教授金融机构的反洗钱部门关于这类犯罪行动的知识，但是 De Vallance 也不得不向议员 Carper 承认：数字货币交易可能无法满足现在反洗钱部门法律对金融交易的定义。他写道，如果比特币用户或者公司因洗钱而被起诉，那么可能需要某些立法补救办法来证明这些指控属实。所以从法律上来说，这还是一片未知的海域。

但是好像这些信息还不足以让议员 Carper 和他的幕僚消化比特币知识，在调查数字货币这件事情上，又出现了很多跨部门合作。事实上，跨部门合作的现象太多了，以至于很难分得清谁是谁。例如，作为国土安全局的一部分，特勤局和司法部的资产没收和洗钱科，以及财政部的恐怖融资和金融犯罪办公室在一起协调工作；证券交易委员会的执行部门既和司法部、财政部保持联系，又和纽约州服务处保持接触。显然，参与其中的部门想要展现国家这台机器的各部分都在和谐运转的景象，但事实上，因为不同意识形态的集团都在为了解比特币的本质而互相竞争，所以这些联邦政府部门的行为其实和跑马圈地没什么两样。不过，这中间也透露出比圈地更重要的一个信息：跨部门的人力调动反映了政府对比特币全球影响力的尊重。

除尊敬外，这些信息也表露出政府部门对数字货币积极的，甚至乐观的观点。财政部和司法部很快就注意到，数字货币和其他网上付款系统确实提供了合法的金融服务。与此同时，美联储主席 Ben Bernanke 对此做了进一步阐释。他向议员们提到，在 1995 年，众议院国内和国际货币政策小组委员会举行了关于“货币的未来”的听证会，来讨论支付技术中出现的早期数字货币和其他一些科技创新。Bernanke 说，当时，时任美联储副主席 Alan Blinder 已经证明：“尽管这些创新可能会对执法和监管造成一定风险，但是在一些领域中，它们的前途也可能很可观，尤其是当这些创新推动了更加快速、更加安全、也更加高效的支付系统的发展时。”

这是所有人都没预料到的对比特币的一个认可，而这个认可却来自美联储主席本人。

对比特币的善意继续延续到了参议院听证会里。证人陪审团中不仅包括比特币的支持者，如 Circle Internet Financial 公司的 Jeremy Allaire，Bitcoin Foundation 的 Patrick Murck，还包括司法部门、特勤局、金融犯罪执法局中的代表。可能有人会认为这些政府部门并不会把秘密货币当成一种技术奇迹，而是当成 21 世纪执法中的头疼问题。但是“线上交易网站”已经走远，政府现在能敞开心扉，大大方方地对待电子货币了。“被邪恶力量利用是所有金融服务都会面临的问题，并不只有电子货币会碰到”，司法部刑事司代理助理检察长 Mythili Raman 在她的证词中说道，“如果有合适的反洗钱控制措施和了解顾客的管理方式，数字货币企业就能防止罪犯和恐怖分子利用它们的系统，就像其他的货币服务企业做的一样”。就像在信里写的一样，华盛顿政府的代表令人惊讶地不愿意站出来反对比特币。这次他们的宽宏大量则成了一项公共记录。

世界上三分之一的比特币交易流入了同一个交易站——BTC 中国，而它却只为中国用户而开放。从体量上来看，BTC 中国最近已经成为世界上最大的比特币交易站，没有之一。即使一家叫 Global Bond Limited 的比特币交易平台在 2013 年 10 月突然关门，还被指控携带投资者的 400 万美元钱逃跑，也无法浇灭人们的热情。这样看起来，即使在没有美国参与的情况下，比特币也会继续向前发展。毕竟，世界最大的 3 个交易站都不在美国——BTC 在中国，MT. Gox 在日本，而 Bitstamp 在斯洛文尼亚。

这些糟糕的事实，仿佛一块阴云般笼罩着参议院听证会。听证会的某些角落认为这是新的一波冷战要来了。东西方之间的经济争锋看起来在本世纪是注定要发生的了。网络犯罪和网络间谍每年给世界经济造成了高达 1 兆美元的损失——国土安全局局长 Keith Alexander 将军把它描述为历史上最大的财富转移行为。

也就是在这样的背景之下，政府部门开始讨论数字货币。上帝不让美国在这个新的技术前沿地带成为“第二”，就像之前不让美国在太空竞赛中，成为“第二”一样！尽管官员们仍然对比特币可能会被罪犯使用而充满戒心，但是他们可能更害怕美国公司中的科技创新被镇压，而外国的确在突飞猛进地发展。Jeremy Allaire 也跟他们一样担忧，他告诉集会的议员们，“我们不认为数字货币成为一个离岸产业或者一个被外国所统治的产业是符合大家切身利益的”。因此正如媒体后来报道的一样，这次听证会“红”了。议员 Carper 先询问了他最初的几个问题：把比特币跟早期互联网一样对待，是否毫无意义——早期互联网也是不受管控的，因此吸引了大量无业游民，但是也能为全世界人民提供巨大利益，提供之前人们无法想象的服务。奥巴马政府的官员们回复道，他们将致力于坚持企业家精神和科学进步。“创新对我们的经济来说是至关重要的，也是我们应该要为此自豪的事物”，金融犯罪执法局局长 Jennifer Calvery 说道。Mythili Raman 则重申了对于数字货币本身的基本合法性。不管是 Calvery、Raman，还是其他政府官员，都没有在那天要求需要出台新的规定来抑制比特币的发展。

当华盛顿对比特币伸出橄榄枝的消息传播开来时，比特币的价格一路向上连续闯关——突破 700 美元、800 美元、900 美元……这实在是太激动人心了，太令人震惊了。但是对 Barry 而言，这还足够。即使比特币市场价值在 2013 年达到了 139 亿美元的顶峰，他也认为对于秘密货币而言，比特币的市场价值仍然太小，无法真正影响被美国西联国际汇款公司与速汇金公司所统治的国际货币交易，或者是被 Visa 和 MasterCard 所统治的电子商务领域。只有当它的市场价值达到 500 亿美元，甚至 5000 亿美元时，比特币才能发挥出它真正的潜力。如果这点要发生的话，那就需要建立新的公司、制造新的产品、提供更完善的服务；国税局和其他政府部门（更不用说其他国家的政府）也需要制定清楚的指导方针。一大波新的投资者、消费者、商人和机构都需要参与进来。它的发生需要时间积累，但是目前已经初露端倪了。Barry 十分确信，接下来的时代，将是比特币的时代。

CHAPTER 09

创造与不满

资金控制与国界都无法阻挡知识财富的传播。

——纳瓦尔·拉威康特

在成为 Blockchain 首席执行官之后的几周，Nic Cary 几乎在机场安了家。Cheapair 是世界上第一家接受用比特币来支付机票的旅行社。对于工资是用比特币发放的 Nic 而言，这个时机刚刚好。在最初的 6 个月中，他估计穿越了国境 40 次，航程超过 50 万英里（1 英里=1.61 千米），这简直太夸张了。《直上云霄》中的主角 Ryan Bingham 在他两倍的时间内，也不过飞了 35 万英里；而且这位虚拟主角只是在一个大陆内穿梭而已，而不需要跨越汪洋大海。Nic 说，如果 Blockchain 没有发展得很好，如果他不喜欢那些已经见过的东西，而拒绝了这份首席执行官的职位的话，那么他可能会在国外生活，选择一种长期旅行的生活——没有特定目的地地在世界上旅行，只想着四处漫游和随想。但是现在他的全球旅行是有目的的。尽管他 2013 年秋天的大部分时间都待在约克，和 Ben Reeves 一起工作，但是他也抽出时间，参加了阿姆斯特丹和拉斯维加斯的比特币会议，加入了 Barry 的比特币聚会小组。而这些旅行，也只是接下来这场马拉松比赛的热身运动罢了。

不管 Nic 到哪里，他的钱都在等待着他。他的手机和云端的 Blockchain 网络钱包相连，这意味着可以通过网络使用它，但是这个钱包并没有储存在他的任何设备里，或者是某个地方的中央服务器里。当飞机降落的那一刻，他就可以收到一个信号：有价值数千美元的比特币可供使用了。不像银行账户里的钱有月费、等待期，以及转账和使用的各种限制，比特币完全听从他一个人的指挥，指哪用哪。而对于海关要求对入境超过 10000 美元的资产进行申报的规定，他在一次国际飞行中笑着说："我对此不做评论。"即使有法律禁止人们带比特币入境——现在还没有这样的法律——这也是很难实行的。而且他并不是随身带着比特币入境的，真的不是。更加准确地说，比特币已经无处不在了。确实，Nic 的生活对于大部分人而言还是极其新鲜的，现在还享受不到，但是这种技术已经和无人驾驶汽车、3D 打印食品等其他奇迹一样，开始初露端倪了。

Nic 并不担心手机被偷，因为要得到他的钱，小偷必须要费力破解锁住手机的密码，还要破解保护钱包的密码，而在那个时候，Nic 老早就把钱移到别处了，用新手机连上新的钱包后，他继续使用就可以了，简单得仿佛什么都没发生过。

尽管作为一家公司，Blockchain 的运转完全不需要银行，但是 Nic 确实在 Wells Fargo 中有一个私人银行账户。尽管他会在机场使用账户里的钱，同时一边考虑他的工作本质——如果他进一步成功，将使比特币在商业中无处不在——但是人们也会忍不住认为，他花钱的性质就和 Ralph Waldo Emerson 在捐款一样——尽管有时候他会屈服而花上一些钱，但是这笔钱总归是会被他的技术抵制的。他开始认为自己是一位世界公民，他有两份护照（美国和法国），还是一位混血儿（俄罗斯、乌克兰犹太、法国及苏格兰混血），不过他仍然把每年 4 月 15 日庆祝凯撒大帝的节日归于凯撒，至于其他方面，他就不受地点和习俗的限制了。人们使用信用卡同样可以穿越国境购买物品，但是他却十分不喜欢信用卡。他的个人财务管理哲学很简单，也极其朴素：赚多少，花多少；存一笔钱；不要欠债，如果必须要背负债务，那也要做好计划怎么把它还清。对他来说，信用卡是一种债务工具，是一把埋葬自己的铁铲。他只为一件事情而背负过债务，那就是读大学；而当他的比特币的价值被人们认识到的时候，他就用比特币把学生贷款还清了。

12 月，Nic 待在了智利，住在他父亲位于皮奎的房子里——皮奎是这个红酒之国的一个半乡村的地区，它位于圣地亚哥的郊区。但是 Nic 并不是来度假的。除了和他父亲 Philip 在巴塔哥尼亚钓了四天鱼（巴塔哥尼亚包括智利和阿根廷的一些区域，这是一个传奇的地方，Charles Darwin 曾经在此研究比格犬，而且这里还有世界上最好的飞钓的地方），Nic 都一直在思考工作。离父亲正房不远的小屋为他提供了绝佳的工作环境，里面摆着一张大床、一张桌子，墙上挂着一些印度的毯子和巴黎的地图，还放着一些破旧的帽子，家庭照片和钓鱼用具，但是占据了房子主要空间的是整墙的书柜，里面摆放着数百本图书：有关历史和政治的书，外国小说，Bruce Chatwim 的游记，完整的 Dickinson、Yeats、Frost、Milton 写的书，甚至还有 Nic 最喜欢的作家 Ernest Hemingway 的作品全集，包括他的小说、故事、杂志、诗歌，甚至还有一本《钓鱼中的海明威》。Nic 打包了很多 Hemingway 的信件和他的其他书，并保存在了西雅图的储藏柜里。在这间充满思想生命力的房间里，他感受到了家的温馨，这是一间为沉思而建的小屋。

他有很多事情要仔细思考。在“线上交易网站”被关闭后不久，比特币的价格就疯涨了好几个星期。这是一个分水岭，曾经对数字货币经济如此重要的“线上交易网站”，却成了现在主流投资的绊脚石，也成了像 Nic 这般身正不怕影子斜的企业家的公共关系梦魇。现在，“线上交易网站”已成历史，它的创建者也被拘押起来，比特币的价格就像脱缰的野马般一路狂飙。2013 年 12 月初，比特币的价格超过了 1100 美元。澳大利亚储备银行行长曾公开说，他认为比特币很迷人，同时没有东西能阻止澳大利亚人使用它来做交易。风险投资家蜂拥而至这片银行还不敢涉足的领域。2013 年第四季度，在 18 场交易中，比特币创业企业被投资了近 5000 万美元，也是到目前为止全年 7400 万美元中最大的一项投资。

在这些交易中，有 2500 万的 B 轮投资是给 Coinbase 的。这笔在比特币创业历史上最大的投资给了 Blockchain 最大的竞争对手，这点让 Ben Reeves 辗转反侧。尽管 Blockchain 优势比较明显，它有超过 8 万个钱包，但是 Coinbase 现在也持有超过 60 万名消费者的比特币钱包。而且 Coinbase 也为著名品牌提供商家服务，如 OKCupid（一家流行的相亲网站）和 Reddit（一家社会新闻网站），这两家在数字经济中实际上都属于靠谱的一类客户。Coinbase 能让他们接受比特币付款，然后代表他们把比特币转换成美元，这样他的客户就不用直接接触比特币，或者把它们自己暴露在猛烈的价格动荡中了。Coinbase 还收获了一名新的顾问 Gavin Andresen，他是 Bitcoin Foundation 的首席科学家，并且还把这家 Blockchain 的竞争者称之为“美国比特币基础产业中关键的一环，是一个值得信任并且能简单易行地买卖、交易和储存比特币的途径”。

这些活动创造了海量的信息，为了了解最新的消息和比特币价格，Nic 使用一个由同名公司发布的名叫 ZeroBlock 的手机应用。他的大学同学知道他在做和比特币相关的事情，就在三四个月前向他推荐了这个应用。现在他每天痴迷于查看这上面的信息，他很喜欢 ZeroBlock 干净又创新的设计风格，另外也觉得很容易使用。主屏幕上展示了当时每比特币的市场价格，同时还有市场资本额、网络交易量，比特币流通总量，以及多个比特币交易所的 24 小时高点和低点。用户可以上下左右滑动，来获取相应的价格提醒、比特币对美元的转换计算器、策划列表新闻和交易历史。Blockchain 的信息查找网站 Blockchain.info 为客户提供了更多信息，但是与此同时，Nic 说：“我认为除网站设计以外，我们的网站还是成功的，但是这设计简直惨不忍睹。”这个网站的设计适合早期的使用者、挖矿者，还有其他了解网络并在寻找特定信息的人，但是它对普通大众却不够友好。而且不仅是这个网站，网络钱包、市场邮箱都需要改变。他已经重新设计了公司的 logo，现在他看到了一次真正可以得到发展的良机。

他提出直接把ZeroBlock从Held和其联合创始人Kevin Johnson的手里买过来，同时作为Blockchain的全职员工把Held引入团队。在此之前，Nic和Held只是点头之交，但是他们之间有一种信任。“我们将跨市场地把你的手机应用推给Blockchain的100万名用户”，他承诺道，“我们能够给你的应用带来成吨的曝光率，而你又可以在这个世界最棒的比特币网站工作，从而帮助Blockchain变得更成功”。一周之内，他们就达成了交易。“交易完成得特别快，因为彼此非常适合”，Nic说道，“我们达成的商业协议对我们双方来说都很棒”。在此之后，Nic很快就发现ZeroBlock的很多特点都依靠Blockchain的应用程序接口，所以从技术的角度来说，两家公司已经结盟合并了。

大多数的分析师之前都不认为在短期比特币经济中，会出现任何的公司合并和收购。Mt.Gox和Bitomat的交易与其说是一次收购，还不如说是一场紧急援助；BitInstant和Coinapult合并失败；Erik Voorhees把SatoshiDice卖了一个好价格，但是却卖给了一个匿名的个人买家。在此之前，没有一家比特币公司真正买下过同行。而现在，突然之间，Blockchain成了第一个“吃螃蟹”的公司。这场交易以一个未被披露的价格，在平安夜被宣布出来，它是完全用比特币来交易的。

收购成功，Held成了Blockchain的产品主管，为全公司的产品、服务和用户体验的设计和传递负责。“这是一堆要承担的责任”，Nic说，“但是我们没有其他人能够做他之前在ZeroBlock中做的事情，所以他是这个职位的最佳人选”。

对于Held自己而言，他觉得很兴奋。之前他的在达拉斯一家叫做Dunhill Partners的小型投资公司工作，空余时间在ZeroBlock兼职，这很难称得上是一个理想的安排。而现在ZeroBlock成了他唯一的工作，对于这样一个金融和技术迷而言，比特币就是他的“圣杯”；现在他就在比特币经济中全身心工作了。

而这还没有结束，对 Nic 来说，他才刚刚热身好。一个月后，在迈阿密的一次比特币大会上，他宣布 Andreas Antonopoulos，一位有希腊与英国的血统并在世界加密货币领域享有盛名的计算机科学家，成了 Blockchain 的首席安全官。Antonopoulos 在 2010 年就注意到了比特币，但是当时并没有特别在意，直到 2011 年他读到中本聪解释比特币机制的论文。后来，他认为比特币——不只他一个人这么认为——不仅是一种互联网的货币，而且是一种货币的互联网。

随着 Antonopoulos 的加入，Blockchain 现在有 12 名员工，所有人的工资都是以比特币的形式发放的，公司的运转依然不依靠银行账户。而到了 3 月，还会有 8 名员工加入。

2014 年闪耀着属于比特币的曙光。1 月 9 日，Overstock，一家年收入 13 亿美元的网上零售商，宣布它从平板电视到户外家具的所有网上商品都接受比特币付款。此消息一出，立刻引发一阵狂热。在最初的 24 小时内，Overstock 收到了 840 份订单，总比特币的价值达到了 13 万美元，而且这些几乎都来自新客户。在两个月内，公司收到超过 100 万美元的比特币交易，而身为自由主义者的首席执行官 Patrick Byrne 预计到年底这个数字将达到 1000 万～2000 万美元。

2014 年 1 月 21 日，硅谷巨头 Marc Andreessen 在纽约时报发表了关于比特币的社论。他的风投公司 Anderessen Horowitz 已经给比特币创业企业投资了近 5000 万美元，投资的对象包括前几周的 Coinbase，其中它领投了 2500 万美元。Andreessen 把 2014 年的比特币与 1975 年的个人计算机和 1993 年的互联网相提并论，而后两者都似乎是“从石头里蹦出来的”，经历了无限的怀疑并最终改变世界的革命性发明创造。他列举了一长串比特币的可能使用领域，如汇款、金融服务、小额支付等。考虑几乎不存在比特币交易费，所以用它作为付款方式是一件不用动脑的事情。“事实上，很难想到还有另外一个东西能更快、更积极地影响第三世界的人民”。Andreessen 写道。

他娓娓道来，言语中透露着积极，明显是为了改变当时数字货币周围的言论风向。在此之前，媒体的言论中充斥着对网上违禁品市场、黑客和丑闻的恐惧和怀疑。这份 3100 字的专栏文章打响了这场意识形态战争中的第一炮——战争中的一方是早期反政府的比特币支持者；另一方是主流的投资者，他们大多数人是一群技术自由主义者，是想在比特币中赚一把的人。尽管用 Roger Ver 的话来说，他希望比特币能终结所有印刷钱，并用钱来“杀人”的中央银行，但是 Andreessen 却并不把比特币当成对抗中央银行的一种武器，而是把它看成一种数字的不记名票据，一种能交易资产，并通过互联网确认所有权关系的方式。这些资产可以是数字货币，或者也可以是数字合同、数字解雇通知书、实物财产的数字契约、数字股票和债券……只有天空才是其极限。“这远不是一个自由主义者的童话故事或者仅仅只是硅谷的一次宣传”，他总结道，“比特币提供了一次全面的机会，让人们展望并重新想象金融系统能怎样或者应该怎样在互联网时代运转”。

Andreessen 之前见过一些实验阶段的科技在起始阶段吸引了一些理想主义者，但是这些人又在技术成熟的时候慢慢离去或者成了边缘人士。但是这一次，理想主义者不会再走偏了。他的社论发表的第二天，BitAngels，一家在 23 个国家囊括了 324 名投资人的天使投资网络，宣布从 2013 年 3 月创建开始，它在 12 家比特币创业企业中共投资了 700 万美元，其中主要成员包括 Roger Ver、在 Mighty Ducks 中出演过的前童星 Brock Pierce，以及 TradeHill 的前任首席执行官 Jered Kenna。在处于 815 美元的价格时，比特币已经从 11 月末的价格巅峰下跌了近 300 美元——尽管跟两月前的价格几乎一致——但是它的价格仍然足以给持有者一笔可观的“战争基金”。随后他们将用这笔钱把他们对比特币的愿望投射进现实。“我们承担的风险比风险投资人面临的风险还要大”，BitAngel 的一位创始成员 Michael Terpin 说道，“我们把钱投进了仍然处于概念阶段的公司，他们没有盈利，可能只是在数据库中有两个员工，这就是天使集团应该做的”。

相比其他人，有一个人更能代表这些内部分歧，他因比特币而获益，但同时也因此而遭罪。在纽约，24 岁的 Charlie Shrem 过着奢侈的生活，他从爸妈的房子里搬出来后，住在一个宽敞的公寓里。公寓的楼下是一家叫 EVR 的酒吧，这里买酒支持比特币支付，同时他也是酒吧的老板之一。在这里，他遇到了后来的女友 Courtney Watner，当时她在酒吧里做服务员，Charlie 严格信仰宗教的父母反对他们两个在一起。但他仍然顽固不化地抽香烟，他的公寓里装着两台大屏幕电视机，还住着另外 4 名室友，整个公寓里散发着一股锅碗瓢盆和酒精的恶臭味。前一年比特币的价格从 13 美元涨到超过 1100 美元，他的个人财富也相应地膨胀了。即使最近价格又下降，但是他仍然是个土豪。不管他是不是比特币的传道者，他本人是足够聪明的，能减少他对秘密货币投资的损失。每次比特币的价格上涨 20%，他说，他就会把他所持的一部分比特币卖出去。

他的公司 BitInstant 已官方宣布停业。而在公司倒闭之后，他的第一反应就是带着女友逃到摩洛哥，在那里和他的朋友 Thowas Holzinger 及其女友汇合，然后开始狂欢。Shrem 回忆，Holzinger 一边开着租来的车，一边抽香烟；而 Charlie 自己甚至还试抽了一种“疯狂的违禁品”，他只抽了一次，而这仅有的一次就让他变得病怏怏的。他在摩洛哥的时候，为了看起来不像是来自中东的人，他使出浑身解数保持脸部光滑，不留胡须，因为他知道本地人因为国家内部的紧张关系，会对通过检查站的白人挥手致意，而对于阿拉伯的朋友就会顿起疑心。

回到纽约，他的欢乐时光继续延续。从管理初创公司的无穷麻烦中脱离出来后，他整日寻欢作乐，把自己的天分花在了投机取巧上。为了 Bitcoin Foundation，他坐了整晚的飞机跑到阿根廷，希望能说服阿根廷的比特币倡导团体加入美国的说客队伍。“我做的很多事情就是做交易、完成交易、和像我一样的人见面，这些事情会给人留下深刻的印象”，他说道，“我必须要频繁地带很多人去各种俱乐部玩，请他们吃饭”。但是他也没有忘记 BitInstant 是那艘让他可以玩上天的助推火箭，所以他并不打算放弃。2013 年 8 月，他买下了 Bitcoin Magazine 的整个封底版面，宣称 BitInstant 即将回归，并且将比以往更优秀。4 个月过后，他还仍然认为这是一件可能的事情。事实上，他计划在数周内重新启动公司，但又不想被规章制度阻碍。“如果我想要公司存活 20 年，那么我要确保把所有的事物都安排得井井有条，但现在并不是如此。”然而，在另外一个环境中，他吹嘘道，BitInstant 有能很好地 KYC 的能力——KYC 是 Know Your Customer requirements（了解客户）的首字母缩写。“只要你能了解客户，你就不可能进监狱”，他如此与一名 GQ 的记者说道。而现在回想起这些话，只怕他会给自己两巴掌，并且彻夜难眠了。

2013 年 1 月，Charlie 和 Courtney 一起飞到阿姆斯特丹。他计划在荷兰最大的电子商务会展 Webwinkel Vakdagen 上发表演讲，本次演讲吸引了超过 10000 名专业人员。Charlie 的代理人付给他 20000 美元让他做一个比特币对于消费者和网上商家而言的优势的演讲。后来，Charlie 保存了荷兰报纸 Het Financieele Dagblad1 月 23 日的新闻——其封面展现的是他在大会上讲话的情景，他把报纸贴在了父母家地下室的墙上，紧贴着电灯开关，在昏暗的环境中提醒着他往日的辉煌。2013 年 1 月 22 日，周三，上午 10 点 30 分，Charlie 极度兴奋，他穿着 BitInstant 的 T 恤，黑色外套，带着麦克风，走上了演讲台。他身后的巨幕上投影的是 Bitcoin Foundation 的标志。“数字货币是金融界的纳普斯特”，他告诉观众。他预测，数字货币将对金融系统产生的影响，就如文件分享系统之于音乐产业，以及电子邮件之于邮政服务一样。

Charlie 在会上分享了一个故事，故事中一位客户在 EVR 酒吧花了 7000 美元开派对，派对上到处是香槟、美食、朋友的身影。第二天——尽管酒吧的摄像头记录下了他的狂欢——但是他还是叫来了信用卡公司，并宣称当晚他并不在酒吧。如果他最终成功了，那么信用卡公司就会退单拒付，也就意味着 EVR 酒吧除了提供了价值 7000 美元的产品和服务，得不到任何补偿。而如果使用比特币，Charlie 告诉观众，这种诈骗是不可能发生的。

临近结束时，他引用了一个特别准备的例子来向观众解释比特币的潜力。他提醒观众，Jeff Bezos 的亚马逊开始只是一家网上书店，但是当他把这种模式推广到其他货物和服务上后，才获得了更加巨大的成功。也正是如此，没有人能预料比特币的极限。对它而言，货币甚至可能都不是“杀手级应用”，他说道，重述着 Andreessen 在社论中的话。实际上，它只是一个在保持个人隐私的同时，转移安全的数字资产所有权的系统而已。

2013 年 1 月 26 日，周日，晚上 Charlie 回到了纽约。为了度过长长的飞行时间，他穿着舒适的牛仔裤，蓝色 T 恤和一件深灰色的连帽衫。他知道 1 月 28 日晚上纽约金融服务部会开始为期两天的关于比特币的听证会，其目的是讨论在纽约，比特币行业和数字货币本身是否应该被管控或者怎样被管控。Charlie 本来计划出席听证会，但是他却再也去不了了。当他抵达肯尼迪国际机场时，联邦调查局的探员已经在等他了。

在登机通道中，一位拿着格洛克手枪的男人找到他，亮出了美国国税局刑事调查司探员的身份，并宣布当场逮捕他。Charlie 一脸不可置信的表情，惊讶地叫道：“什么？！我是没有纳税还是怎样，为什么刑事调查司要逮捕我？”不过很快，清楚的是他面临的指控是相当严重的。他被控故意不提交可疑活动报告、密谋洗钱和经营无执照的资金转移业务，其中每项指控都能给他带来 5～20 年的牢狱之灾。这些指控都来自他和

Robert Faiella 的众多交易。

当那位刑事调查司探员和他的同事拘留了 Charlie 后，他们又找上了陪 Charlie 回家的女友 Courtney，要求搜索她的公寓。“我是金发女孩没错”，她说道，“但是这并不意味着我愚蠢”。她看着探员带走了她的男友，让他在同行乘客面前遭受侮辱。最初听说 Charlie 从 Courtney 身边被带走监禁后，Courtney 的母亲以为他从阿姆斯特丹偷了东西回来。这就像在一个法律执行的剧院里，Charlie 用他狂野的想象力上演了一台戏剧：“他们逮捕我就像逮捕一名黑手党老大一样。他们把我塞入一辆黑色 SUV 中，旁边还有警察护送和摩托车开道——这就像总统到访一样。”

不管逮捕 Charlie 的场景多么宏大，对于 BitInstant 曾经的诉讼人 Lawrence Lenihan 而言，他一点都不惊讶。有破坏性的发明是一件事情，但是彻头彻尾的犯罪行为就完全是另一件事情了。“你一旦开始扰乱法律”，他说道，“就必然会碰到这些开着黑色 SUV 的黑衣人，那么准备好被绑成“粽子”带走吧，因为这种行为破坏了民主和谐社会的基石”。

但是坐车也不是完全都是糟糕的，Charlie 回忆道。他和护送他的探员谈论经济学，在缓解紧张的同时，又不说漏任何一个字。“我看过《法律与秩序》好嘛”，他和自己说，“我又不傻”。

他回忆被带到缉毒局纽约办公室的情形：办公室所在的深褐色砖楼占据了整个街区，从第 10 大道一直延伸至第 16 大道和第 17 大道西侧的公路上，庞大得像一头恐龙。它建于 1917 年，1917 年被历史学家认为是乐观、满足、帝国主义文化时期的最后一年，同时这一时期也被称为美国文艺复兴时期。第 17 大道的员工通道上飘扬的三面旗帜表明这里是政府办公室所在地。

被问询之后，Charlie 被带到位于曼哈顿的大都会惩教中心，这个拘留所之前还埋葬过罪犯John Gotti，以及庞氏骗局的Bernie Madoff。地下三层是运输杀手、恐怖分子和黑帮的通道——不影响大众和守法公民的视野——可以把他们带到附近的联邦法院进行审判。

Charlie 不敢相信自己被关进了监狱。比起像 Amir Taaki 一般强硬的秘密无政府主义者，他之前总是更加温和而愿意被调解的。他甚至在比特币使用者中，支持主流的金融服务公司。“老实说，我不知道为什么每个人都不喜欢 Paypal”， 2011 年夏天，他曾经和他们说道，“当然，他们做的大部分事情，只是为了确保他们能够避免引火上身。如果他们能让美元和比特币互相兑换，你知道他们会承担多少政治压力，受多大的影响吗？”他认为这些比特币使用者希望 Paypal 把他们的利益放在它本身之上，这种想法是很自私的。“一旦他们看懂了比特币中的利益，明白了我们不是敌人，这个时候他们会自己加入进来的。我保证他们会的。”曾经他决定在他的零售网站 Daily Checkout 上接受比特币支付，这时他在他自己和更加阴暗的行为间画了条楚河汉界：“像我一样的商人，都想把比特币从像“线上交易网站”一样的黑色网站中拯救出来。”但是法庭宣读的刑事起诉书却说，他不仅帮助并教唆了 Robert Faiella，而且他自己就是“线上交易网站”的客户，他曾经在这个网站买过巧克力糕饼。

关于这次被拘捕，他后来说道：“我真是没有一点点防备。我在诉讼费上花了超过 100 万美元，防止最坏的结果发生在我身上。”然而现在，就像 Ross Ulbricht 从旧金山的监狱被转移到布鲁克林的大都会惩教中心一样，就像 Roger Ver 一样，Charlie 也被关进了拘留所的特殊单元房（SHU）。房间内砖墙颜色惨白，层高只有七八米，而且惩教中心晚上 11 点就熄灯。他如此描述道：“孤独、黑暗、没有一丝光亮。什么东西都没有，没有室友，也没有窗户。有的只是盖着薄薄一层床垫的金属板床，就像一个非常糟糕的海滩俱乐部中休息室上的椅垫。”地面冰冷，而且非常潮湿。他不能赤脚在房间内踱步，所以就一直穿着鞋子。“我没有哭，但是我几乎吓尿了”，他说道。这位魅力出众的比特币百万富豪，现在成了编号 92164-054 的联邦囚犯。

第二天，Robert Faiella 也被关了进来，纽约南部地区从事改革运动的法官 Preet Bharara 做了一次演讲，讲清了背后的原因。“如果你想要发展虚拟货币，或者虚拟货币兑换业务，那就赶紧去做吧”，他说道，“但是你必须要遵守规则，所有的规则”。然后他又提到了 Winklevoss 兄弟，“如果你想要在这种商业中投资，那么你最好想清楚，确保遵守规则，这不是闹着玩的”。

2011 年 1 月 27 日，Charlie 花了 100 万美元把自己保释出来。他父母把他们的房子当成担保物来确保他能被释放。所以他必须要搬回布鲁克林和父母一起住，被软禁在家里，直到案子结束。作为契约上释放他的额外条件，他必须要上交护照，戴上电子监控脚环，还要同意接受违禁品测试，这对于一个骄傲的瘾君子而言，未来真是一片暗淡。他的父亲神情冷漠，但是却用手搂着儿子的肩膀，陪着他走出了法院大楼；而 Charlie 却把手深深地埋在了连帽衫的口袋里，看起来失魂落魄。第二天，他就辞去了 Bitcoin Foundation 副主席的职位。至于他那些价值数百万美元的数字货币财产，当后来别人跟他说他可以用这些钱把他自己赎出来，而不用使自己的老家处于危险之中时，他也并没有给出直接的回答。

当 Charlie 检查他的电子邮箱时，他大吃一惊，发现有很多尝试登入他 Blockchain 钱包但失败了的通知。他之前为他的钱包设置了一个双重认证措施（2FA），每一次他输入密码进入钱包时，他的手机都会收到一条信息，这上面有第二道密码；只有在输入了第二道密码之后，他才能进到他的钱包里面去。他立即明白了这些失败的登录意味着什么——联邦探员们尝试进入他的钱包，可能是想冻结他的资金，但是他们没能通过 2FA。Charlie 的安卓手机——第二道密码会发到这部手机上——本身是有 4 位密码保护的，这也为安全提供了另外一层防护。但是他不知道探员离破解它还有多远。

他给一个叫 George Mandrik 的人打电话，他住在宾夕法尼亚州的约克，在 Blockchain 的客户服务部工作。当 Mandrik 的电话铃声响起时，他正在开车，准备把孩子们送回家。孩子们正在叽叽喳喳地交谈，而当他意识到是 Charlie 打的电话时，他让孩子们安静下来。Charlie 解释了他在过去 24 小时内经历的事情。“他当时忧心如焚，心烦意乱”，Mandrik 说道。他需要 Mandrik 让他钱包上的 2FA 功能失效，这样他就可以从笔记本电脑上登入账户，然后把钱转移到另外一个钱包里——一个探员无法从没收的手机中登入的钱包。

Mandrik 开进私人车道，抓紧时间做 Charlie 交代的事。“这是 Charlie 的要求，所以不用想肯定要做”，他说道。当 Charlie 进入钱包后，他迅速把钱秘密地转移到了另外一个钱包里，以此确保他的资产安全。他没理由让自己辛苦挣来的比特币进入政府的保险柜。

第二天，纽约市金融服务部门关于比特币的听证会开始了。听证会是在位于教堂街 90 号的联邦办公大楼四楼会议室召开，这是一栋罗斯福新政时期的庞然大物，有 15 层楼高，占据了整个街区，里面有美国邮政服务的教堂街站，还有纽约房管局办公室、纽约公共服务委员会、纽约卫生局。它的外观庄严肃穆，一位记者曾经写道：这栋建筑就像从 Fritz Lang 的镜头里看到的哈德良皇帝的作品一样。从这栋石灰岩色的建筑里，20 世纪五六十年代，联邦麻醉品局发动了针对西西里黑手党的战争，当时他们的老大是那个时代贩卖违禁品的主要人物。因此，教堂街 90 号的联邦办公大楼也同样是数字货币听证会的合适地点——或者如州或者联邦政府官员所称呼的一样，似乎是为了强调它来自仙境，把它叫做“虚拟货币”。

当国家金融服务主任 Benjamin Lawsky 坐在台上最中心的话筒旁时——在接下来的两天中，台下会有众多专家作证——他将留名青史。如果官员们的确是从制度中获取权利的，那么 Lawsky 作为美国历史上第一名负责秘密货币的国家银行管理者，就能行使令人艳羡的权利了。

正午，四楼的会议室充满各种媒体和观众，人潮汹涌一些人被挤到了房间的边边角角。三脚架上已经架好了“长枪短炮”，笔记本电脑也都开始疯狂运转起来。人们的谈话声在空气中嗡嗡地回响。楼下的大厅中，一位福布斯的记者，因为忘记注册入场而被保安驱离。

人们清楚的是，Charlie 被逮捕给诉讼会蒙上了一层阴影。当专案小组成员之一的 Winklevoss 兄弟及其助手一起走进房间时，这里面的气氛顿时变得更阴暗了。他们神色肃穆，穿着深色的制服向前走，站在了比其他人至少高一个头的地方（这些人包括前奥林匹克运动员和哈佛大学毕业的百万富翁），他们在证人席上坐下，就像一对来自更高等级外星球的双胞胎巨人，因为要向低级生命形式证明自己的清白而愤怒一样。他们现在处于损失控制的状态，他们知道人们看着他们时，就该思考关于坐在法庭上的 Charlie 的事情了。Charlie 被逮捕后的第二天，他们就发表了声明，与 Charlie 划清了界限，尽可能地把他和 BitInstant 区分开来，这份声明并没有被用在刑事诉讼书中来针对它的 CEO，但不管怎么样，他们在声明书中写道，他们只是“被动的投资者”而已。（Charlie 肯定不会承认他们对自己角色的描述，更不用提 Roger Ver、Erik Voorhees、Ina Miller Rachel Yankelevitz 和 Alex Waters 等人了。）Winklevoss 兄弟写道，从一开始 BitInstant 就极力遵守法律，他们完全支持“任何以及所有的政府措施，来确保反洗钱的规定得到执行，并且期待在比特币交易方面有更加清楚的规章制度”。

当一位记者询问 Roger Ver 对 Charlie 被逮捕之事的看法时，Roger Ver 的回答十分挑衅。“洗钱并不是犯罪”，他说道，“它被认为是犯罪，只是因为某些拿着枪的人不喜欢人们这么使用他们的钱，所以他们觉得把这些人关起来是合适的。即使政府所指控的所有东西都是完全正确的，

Charlie 也没有做任何违背道德的事情。公平地说，在这场纽约金融服务部门的听证会的与会者里面，这只是一个少数派才有的想法”。

早上开会后不久，第一组开始了讨论。Ben Lawsky 有一头乌黑浓密的头发、低低的发际线和一双突出的眼睛，开场时他说了一些打圆场的话，明显是想告诉比特币用户：他不是那头准备吹倒他们房子的大灰狼。“我们所有人现在都在一片新奇而又未知的水域当中”，他又补充说道，纽约金融服务部“可能最好被认为是一名裁判。我们想确保所有人都是在同一套规则下玩耍”。千万别认为他是想在新技术起飞前，剪掉它的翅膀。他承认比特币是能带来真正利益的，而且它能够迫使传统支付产业“在竞争中提高自己的速度、支付能力及可靠性”。

在座的小组成员中，有一个人就是 Barry Silbent。他坐在桌子最右边，一身西装革履，不像平时随意的穿法——在离开华尔街后，他就如此放松地打扮自己了。Barry 决定在听证会上惜字如金，能不开口就不开口。在建立了 Bitcoin Investment Trust 4 个月后，公司已经持有了超过 7 万比特币，以现在的汇率看，差不多价值 6000 万美元，这点让 Barry 十分骄傲。但他还是觉得，枪打出头鸟。

在听证会开始前，他在市中心参加了另外一场会议：纽约市经济发展公司，一个非营利性机构，负责开发房地产和促进经济增长，组织了一次关于比特币的非正式圆桌讨论会。吃早餐时，可能有数十位来自各种银行、风投公司和市长办公室的代表在一起正儿八经地谈论着这种让所有人都很好奇的奇怪货币。其中一位与会者是 Lightspeed Venture Partners 的 Jeremy Liew，根据他的简历，他作为投资者，兴趣在于“大规模的社会媒体、商务、游戏、金融服务，以及增加盈利的方法”。那天之后，Barry 就和 Liew 一起坐在了 Ben Lawsky 和他同事的眼皮底下，但是那次晨会却让他觉得很有收获。“华尔街刚刚开始真正对比特币产生兴趣，而这次非正式会议”，Barry 说道，“可能是首次给予诸多银行一次机会，让他们了解到真的有一些普通的比特币支持者存在——包括投资者和经营者”。

在教堂大街 90 号，Barry 来到了等候室，在那他一直待到了 11 点 30 分，其间他和 Liew，还有另外一位风险投资人 Fred Wilson 一起比对了笔记。威尔逊、卡梅伦和 Tyler Winklevoss 一起完成了当天的首次小组会谈，但是 Winklevoss 兄弟们却并没有和等候室中的其他人谈话；他们直接去接待公众了。对此 Barry 简直太高兴了，他不用待在聚光灯下。“让他们去享受那闪光的一刻吧”， Barry 说道，“你肯定是在任何照片里都找不到我的”。

他上场时说的话简明易懂：纽约现在面对一次良机，可以在数字货币的管控方式上，引领我们的国家前进。如果这种管控方式“足够清楚明了，而不是一种累赘的话”，他就能通过它使得国家成为比特币商业的中心，从而支撑整个国家的经济。最后，他痛苦地澄清了他作为“一家注册经纪交易商的首席执行官，一个比特币投资工具的创造者，一位天使投资者，但却不是比特币业务的运营商”的观点。他可能仍然在担心成为那只出头鸟。毕竟，Bitcoin Investment Trust 的大范围募资行为是最近才变得合法的。但不管怎么样，他在比特币生态系统中的角色，将在接下来的几个月中发生重大改变。

他让自己的评论尽可能地简短，然后把话筒交给了 Liew。当 Liew 不能顺利让话筒出声时，Barry 好像急于要把观众对他的注意力转到别人身上，立马靠过去，连忙帮他打开了话筒。

在开场陈述结束后，Ben Lawsky 的第一个问题就谈到了那件人人都知道，但人人都回避的事件。他可能还不太清楚靠比特币成功的东风，非法交易市场已经火爆到了什么程度，但是“线上交易网站”的长期存在、Charlie 被控洗钱的事情，以及在互联网狂潮中秘密无政府主义者的各种花言巧语，都让他意识到秘密货币本质中的黑暗一面，这是一种能够禁止政府监管个人金融生活的能力——如果这点被自由主义的逃税者所利用，那就很糟糕了，但是如果它被一个伊斯兰慈善机构利用来给伊朗筹集资金，那就完蛋了。所以他想知道，每个小组成员——从 Barry 开始——是怎么看待 Charlie Shrem 及 Robert Faiella 被拘捕一事的。

Barry 深深地吸了一口气。“绝不回答不是问我的问题”，他暗暗地对自己说道。自以为是地说话或者抢着发言，是绝对没有好果子吃的。但是现在他又被指名询问他对泡沫破裂对数字货币及其未来的影响的看法。他需要小心翼翼地回答，以防不经意间又给了金融服务部更多的把柄来反对比特币。他说，他之前没有读过刑事起诉书，但是他可以大胆猜测，被告之所以被抓到，是因为警方追踪了他们所操作的比特币中所携带的所有权链条。他认为执法部门已经获得了足够的工具和策略来抓捕数字货币嫌疑犯。

轮到 Fred Wilson 说话时，他的观点很明确。他给出了自己的一套“比特币 5 个阶段”的理论，其中 3 个阶段已经过去，还有两个即将到来。从早期人们讨厌的秘密货币热潮的阶段，到他认为的 2011—2012 年的“罪恶期”，再发展到集中的价格投机交易时期——这个时期也促进了目前产业化的形成，然后是大范围被商界所认可的时期，最后是“可编程货币”的时期，这个时期将会见证互联网公司和股票交易所将建立在比特币的基础之上。他最后说道：“‘罪恶期’现在就在我们的后视镜里。”

接下来一个传一个的都表达了意见，尴尬的证人们说“线上交易网站”的事已经变成回忆了，就像嘴里被烈酒冲走的苦涩感一样，已经过去了。如果黑暗在身后延展，那前路必然充满光明。Cameron Winklevoss 承认他和他的兄弟第一次进入比特币市场时，这个市场就像狂野的西部一样，需要被驯服。“西大荒吸引着牛仔们”，他说道，“所以如果有警长的话，那将会是一件好事情”。

而事实是更加复杂的。自从“线上交易网站”中的违禁品买家被切断了供应来源后，几个月以来，地下数字领域就像被砍掉了一个头的九头蛇一般，又生出了更多的新市场：Agora, Pandora, Evolution, Cloud Nine……当然还有“线上交易网站 2.0” ——即将在 2014 年夏天成为比初始“线上交易网站”的交易量还要巨大的市场。“‘线上交易网站’对我们来说是一个非常特别的地方，非常特别的社区”，一位“线上交易网站 2.0”上的卖主说道，他的话也表达了很多人的心声。虽然“线上交易网站”不会再像从前那般，买卖双方都集结在恐怖海盗罗伯茨的海盗旗之下了，但是事实上，“线上交易网站”仍然在蓬勃发展，而比特币仍然是整个地下市场中最受欢迎的支付方式。纽约县地区检察官 Cyrus Vance Jr.，拥有一头沙色头发，59 岁，他将在第二天验证它的影响。“虚拟货币是最近的一种现象，而我并不认为，我们在这个舞台上已经完成的重大案件及拘捕能够表明所有事情都在我们掌控之中”，他说道，“其实并没有”。就像现金犯罪一直伴随着我们生活中普通的经济活动一样，非法的数字经济也映射着合法比特币企业的扩张。山脉越高，阴影越大。

对于 Lawsky 而言，功过是不能相抵的，功不能来解释过的合理性。如果要在禁止洗钱——这条违禁品走私，恐怖分子和流氓国家的生命线——和促进企业家的创造之间做一个选择，他说：“我们总是会首先选择消灭洗钱行为。对于国家而言，相比在创造领域的百花齐放，要让社会支持的所有东西都一直存在是划不来的。”换句话说，尽管现在现金十分流行，但是它是一种不受新法律约束的有效货币形式；而数字货币并不是。

Lawsky 有一个建议。现在已经存在一种家庭手工业，以帮助银行遵守反洗钱规则。可能这个产业能够给虚拟货币产业提供一些建议，让它在相似的要求下运转。

“我觉得你的建议太糟糕了”，Fred Wilson 回击道，“你是把我们要从系统里带走的所有成本损失，又重新塞回这个系统里”。比特币的希望在于“创造一个全球能够进行自由交易的世界”，而公司如果有海量的运营费用成本，那它们就不可能做到这一点。

与其把遵守法律的义务交给其他公司，威尔逊说道，创业公司不如“把遵守规定写进代码里”，通过这个他认为能够为一些监管的挑战提出技术上的解决方案。开一个银行账户需要填写大量文件，但是大量必要信息能够在网上查到，如通过 Facebook 和 LinkedIn 查找简介。那为什么不能使用这些技术来瞬间确定客户的身份，从而让公司“大规模地，而且不需要任何成本地遵守法律，并且把这些节省下来的钱留给客户呢？”

其他人同意他的观点。Liew 认为现存的管控已经足够了，只要它“能延伸并应用于虚拟货币产业”。Barry 认为，尽管比特币交易站能保证监管，因为他们能直接和金融系统相连，并且为了保护消费者，托管钱包的服务也应该被管理好，但是其他人不应该受到新管理条例的影响。“我们应该尽可能地避免过多层次的管理”，Cameron Winklevoss 说道。

但是 Fred Wilson 还没有说完，“我花了两周的时间，才用 JP Morgan Chase 的信息建立好一个新的银行账户，而在 JP Morgan Chase 里面我已经有很多银行账户了。这实在是太荒谬了。”他双手交叉，愤怒地前倾着身子。看着他愤愤不平的样子，Barry 忍不住笑了。“我很同情 JP Morgan 的 CEO；我觉得他的公司中的管理调控太多了。作为一名客户，我真的觉得他公司里的规章制度太多了。”

但是 Ben Laesky 并不同意 Wilson 的想法。“但是另外一方面是”他说道，“作为管理者，我们要尽力确定的并不是 Wilson 什么时候会打开账户，而是其他人的情况……”他停了下来，换了一种说法。“你们看，我们离之前的世贸中心只有 50 码（1 码=0.9144 米），我觉得没有人想看到那样的事再次发生。如果我们能够防止那些海量的钱在全球范围内四处移动，防止它们被那些想杀掉我们的人所利用，那么‘9•11’事件要发生的话就会难如登天了。所以我认为关键并不在于创造无用的规章制度，而是在于这些规定之后的动机是要确保我们不能再次失去某些东西。”

在这里，在这片下曼哈顿地区，在这幢房子里，透过它的窗户，越过维西小巷，就能够看到世贸中心 1 号大楼，也就是北塔。这里的窗户曾经变得粉碎，建筑外墙曾变得漆黑一片，而其内部又因为北塔的崩塌而充满石棉、铅尘和细菌等有毒物质；在这幢大楼里——在恐怖袭击发生后的三年内，它都处于关闭状态，美国国旗被叠好，放在华盛顿邮政总部展出。在这里提到“9・11”事件，简直就是王炸。

Wilson 改变了主意。“我希望不要太苛求规章制度，因为我认为并不是规章制度本身有问题”，他说道，“而是它实施的方式有问题。另外我觉得能理解技术是你们的朋友的话，这会是最终的答案。这是我真正想说的事情，然后我将尽快删除那些恼人的账户”。

这是一个转折点。虽然 Jeremy Liew 反对说：没有任何规定能够完全消灭那些捣蛋鬼，但是第二天，高盛的前外汇交易员 Fred Ehrsarn（他在 2012 年 11 月加入了 Coinbase，并且因为他的领导角色而被给予了联合创始人的名头）却认为：对数字货币企业的进一步管控是不可避免的，也是必要的。他说道：“一旦你建立了一个能四处转移资金的公司，那糟糕的事情就总会如影随形。”

正当人们继续阐述比特币可能的影响时，人们的意见大致统一了起来：我们应该管控秘密货币交易站、支付服务提供商及汇款服务；但是不应该管控商人、个体和比特币挖矿者。监管将使用强制的 AML 和 KYC 政策，要求在金融犯罪执法网络中注册，可能还会要求拥有国家货币传输执照。一个特殊的“比特币执照”（之后才会定其准确的专有名称）也同样在被人讨论。同时，Lawsky 尝试把所有信息都理解清楚。“我不认为我们能预测到世界一年后的样子”，第二天下午他如此说道，“作为监管者，这是一件既让人兴奋，但又有点恐怖的事情。”但是他并没有放弃，他的部门计划在一年内公布一个管控的基本框架。

波士顿大学的金融学教授 Mark Williams 对比特币持有相当怀疑的态

度，当轮到他发表意见时，他说 Charlie 的被捕使得比特币用户“意识到他们已经无法掌握平衡”，他们不再能够承受得住“反政府、反管控”的后果。“如果他们要让全球都使用比特币支付系统，那么他们一定要和监管者合作。”

就 Blockchain 团队而言，纽约讨论的那些关于管控的乱七八糟的事情跟他们没有什么关系。他们甚至都没有派送一位代表过去，毕竟他们根本就没有保存或者传递任何人的资金，他们只是一家软件公司，而不是一家银行。

2013 年 1 月 5 日晚，一天的工作结束后，Nic Cary 和同事们一起在他约克的家里放松休息。跟他一起喝着法国可伦堡 1664 的白啤酒，一起聊天的还有 Dan Held 和另外一位叫 Changpeng Zhao 的员工，还有电子钱包服务商 Coinpunk 的创始人 Kyle Drake。他们坐在一些风格多样的家具上，包括一个紫色麂皮沙发。这栋红砖房是之前就装修好了的。“这里的设计真的很高雅，”Nic 当时说道，“但是这高雅只适合中年妇女，不适合我们这群开科技创业公司的哥们。”

突然，坏消息来了。约克的晚上只是硅谷的下午，苹果公司给 Ben Reeces 发了封邮件，然后他又转发给了 Nic，告诉他 Blockchain 的移动 App 从苹果的 App 商店中下线了。这封邮件只模糊地提到了这款软件存在一个未知问题，虽然并没有详细说清楚这个问题是什么，但苹果 App 商店还是把软件整个移除了。Nic 和其他人都很不解——Ben 收到的上一封来自苹果的邮件还是两年前的，当时表明 Blockchain 的软件被批准上线。至今，该软件累计下载次数超过 12 万次，而现在它却下线了。

消息一来，大伙儿的第一反应就是愤怒，但其实这件事情早有预兆。在之前的几周，苹果公司把所有其他钱包类软件都下线了，包括 Coinbase 的一款软件。虽然那些传播比特币市场信息的软件被保留了下来，但是任何跟持有资金或者消费钱财有关的软件都被砍掉了。当时只有

Blockchain 的软件保留了下来，而这给了 Nic 和其他人一丝希望，可能苹果真的明白：不像其他的钱包提供商，Blockchain 和它的用户之间并不存在保管关系。他们认为可能是苹果认识到了他们的独特，所以他们才成为一个例外。但是，这运气是不存在的。苹果把比特币封禁了。

一瞬间，Blockchain 进入了战争状态。那个晚上，Nic 面前摆着 4 部手机，他不停地在打电话，他说："我给我邮件列表里的所有人都打了电话。"这些人包括 New York Times、the Wall Street Journal、Bloomberg News、TechCrunch、CNBC 等——他说的是同一件事情：苹果撤下了 App 商店中仅存的一个比特币钱包软件，而这个软件还恰好是世界上最受欢迎的比特币钱包软件。半小时后，他收到了官方回应，公司内外的人接了好一阵电话。Nic 在他人的帮助下，也开始起草公司的回应。"苹果公司肯定是想表达一些跟比特币有关的事情"，他想道，"让我们来谈谈看，这看到底是为什么"。

在凌晨，29 分钟之后公司的博客就发表了关于此事的文章。就像大多数 Blockchain 官方博客上的文章一样，它们都是 Alyson、George Mandrik 的妻子写的，她们也同样在 Blockchain 工作。这篇博文既是为了产生轰动，也是对苹果最强烈的警告。它一开始就引用了一句乔布斯的名言，在这句名言中，这位苹果的创建者赞赏了那些少数不把"不行"当答案的独立自主的人，用 Emersonian 的话来说，这些人是一群能看见可能的成片房屋和农田的人。

此信写给那群疯狂的人，与他人格格不入的人，提出反对意见的人和总是惹麻烦的人。他们经常鹤立鸡群，从不同的角度看待问题。他们讨厌规则，并且不尊重现实情况。你尽可以引用他们、否定他们、赞美或者贬损他。但是你唯一不能做的事情，就是忽略他们。因为他们能改变世界，因为他们能推动人类向前发展。

这还没有完，Nic 才算刚刚热身结束。"现在苹果公司中的掌权者不再是拥有反抗精神的人了，现在是那些精明得只会打小算盘的人在掌管这家公司。”博文如此写道。在整篇文章中，Blockchain 的团队反复强调着：这位科技巨人的行为只是为了保护自己，只是想保持自己在支付领域垄断独裁的地位。它所传递的信息十分清楚：如果乔布斯泉下有知，只怕会气得从坟墓中跳出来。

在一天半内，就算没有数百家，也有数十家媒体和网站传播了此条新闻。在 Reddit 上，有人愿意向 5 个人免费提供 Nexus 5 手机，这是一款由苹果 iOS 系统的竞争对手谷歌的安卓操作系统所驱动的手机。这位仁兄的要求明显跟苹果公司的封禁行为有关，互联网毕竟是互联网，他一点都不缺少接受挑战的人。其中一位 iPhone 使用者把手机丢到了悬崖下面；另外一位用砍刀劈碎了自己的手机，而这位挑战苹果的哥们后面也保守了自己的承诺。网上一封想劝说苹果让比特币钱包重归 App 商店的请愿书，已经收到了 6207 份签名。Nic 说道：“社区里的群众变得有点疯狂了，整个炸开了锅”。

Blockchain 的团队还有一件事情要做。他们此刻血压升高，怒发冲冠，既然现在公司的旗舰产品只剩下了安卓的软件，那么他们决定全面倒向谷歌的操作系统，为商人们创造一个全新的手机软件。他们的目标是使软件尽可能地轻量化、简单化，这样客户们就会发现使用比特币支付是一件极其简单的事情。Nic 和 Ben 都同意了此方案。“我们现在对苹果的行为嗤之以鼻”， Nic 说道，另外他们也想向外界展示，Blockchain 作为一家公司是能够把事情都搞定的。这是生活、工作紧密相连的男人之间一种报复的本能，就像战场上有共同目的士兵，即使之间相隔山海，即使要度过漫漫无眠的长夜，也会最终集合到一起；或者说，这是被生死存亡激发出来的保护性本能，因为所有人都在 Blockchain 的成功中下了极大的筹码，不仅是因为这个公司付给他们工资，而且还可能是因为一种最真诚的希望，要让比特币成为它应该成为的事物，让它成为世界金融自由的工具。他们足够年轻而充满理想，能够以如此宏大的方式来看待事物。在此美好愿景的背景之下，现在他们仍然是处于劣势。到目前为止，Coinbase 已经从风险投资者和其他投资者那筹集了将近 3200 万美元的资金，而 Blockchain，除了最初 Roger Ver 最早的投资，还一分钱都没有筹集到。

Nic 觉得他欠 Ben Reeves 一家成功的公司。“作为一家科技创新公司，Coinbase 有着这个领域中超级明星企业所具备的所有名人支持，而 Blockchain 则有很多真正的来自社区的支持，但是对于一位在 3 年间，牺牲了自己所有（他牺牲了所有的睡眠时间，所有的工程方面的天赋和努力）的人而言，这并不是相同类型的验证成功的方式。”他后来说道：“因此我们的一项努力就是为 Blockchain 建立适合它的架构，让它能在全球范围内打持久战，而不一定是为了对抗 Coinbase, 当然了，和它竞争也会是其中一部分。”而这个商业应用软件，将是这场理念之战中的炮兵部队。对于局外人而言，这两家公司可能看起来几乎是一样的，但是 Coinbase 是一家金融服务公司，而 Blockchain 是一家软件公司。一个代表银行对世界的观点，而另外一个是代表主权个体的观点。Coinbase 保证它代表你的同时，也能把你的钱财照看好；但是 Blockchain 则不这么做。

最终产品的大部分内容，都是在几周内由公司的首席开发员 Bill Hill 完成的——在一家有 29 年历史的公司中，Hill 已经是位中年大叔了。最终产品的界面，简洁中透露出优雅。在安装此软件时，用户会被要求创建一个 4 位密码来确保安全。在此之后，他们只需要提供他们公司的名字、一个用来接收款项的比特币地址和一个常用的货币就好了。因为商人们是把比特币当成一个交易媒介，而不是一个记账单位，所以相当重要的是，这个软件需要自动把任意量的法定货币转换成等值的比特币，这个软件将很快支持 90 种货币的换算了。

商户需要在软件中输入本地货币的购买价格，如美国的一份金枪鱼三明治和薯条套餐是 8.5 美元，然后软件就会把这个价格转化成客户需要花费的比特币的数量，如 0.01172 比特币，几乎不多于 1 比特币 1%的量。接着，商户会给商品添加一段简短的描述，然后商户的手机上产生一个二维码，这样客户就能用他自己的手机来扫描这个二维码了。界面上出现一个绿勾就代表着支付已经被确认，整个过程都是透明的、点对点的，并且不需要用到刷卡机。Blockchain 的软件可供免费下载，而且商户收客户的比特币付款时，也不需要付给这个软件额外费用。

在向大众公布这个软件之前，Nic 在巴黎的一家酒吧中试运营了一段时间。这个酒吧是一个叫 Sofiane Bouhaddi 的阿尔及利亚人开的，这个老板是一个很好的测试对象。尽管 Bouhaddi 并不怎么了解秘密货币，但是他之前就把比特币当成了一种吸引客户的小技巧，只不过他的技术不太好。“他的设备，如 iPod 上的二维码照片都比较模糊，而这就是他接收比特币的方式”， Nic 说道。于是，Blockchain 送了他一个装有他们商户软件的 Nexus 平板。Nic 和 Hill 都出席了宣布会，Bouhaddi 在数小时内收到了价值数千美元的饮料钱。

2013 年 3 月 9 日，Blockchain 的这款软件在 Google Play store 上免费下载了。在最初的一周中，它就被下载了 1000 次。尽管大多数的手机软件都只有 20%～30%的保留率——大多数人都会在下载后再把软件删除，但是 Blockchain 的新款软件的保留率却达到了 95%。几周前 Coinbase 就已经发布了它自己的商户软件，但是到了第 3 个月，Blockchain 的软件不仅在下载量方面和 Coinbase 打平了，而且在 Google 应用商店中的评分等级甚至比 Coinbase 的评分还要高。这一点随着时间推移变得越来越明显。在发布几个月后，5 星等级中，它获得了 4.3 星的评分，而 Coinbase 的软件只有 4.2 星。这个结果确实让 Blockchain 十分紧张的 CEO 感到比较满意。“胜过它们对我没什么意义，但是我讨厌失败”， Nic 说道，“在这条跑道上，我只跑我自己的，但是如果有人与我竞赛，我是不会输的。虽然我并不能操控输赢，但是我会给自己更多压力，让自己更努力工作。

我内心有股力量，驱动着我前进”。

Nic 挑选了一个绝佳的时机来发布商户软件。在全世界范围内，现在有数千家公司接受了比特币，其中包括 TigerDirect（一家年收入超过 17.5 亿美元的电子零售商）。比特币是如此新奇的一个东西，对于商户而言，这就是保持关注度的一个妙招，更不用说它们还想把比特币换成销量了。TigerDirect 从 2013 年 1 月 23 日开始接受比特币支付，3 天内，据称它就处理了价值超过 50 万美元的数字货币订单。随后，这个支付潮流仍然在滚滚向前。BitPay 到 2013 年 9 月为止，已经签下来了 1 万家商户，到 2014 年 3 月，达到 3 万家。即使如此，大多数商户都是在利用 BitPay 平台的优势，期望立即把手里的比特币转换成美元。这样做的话，它们就不会在资产负债表上持有任何比特币，或者也不会受到数字货币价格波动的影响。Overtock 在 Coinbase 上也是这么做的，到 NYDFS 的听证会开会时，它就已经签下了 21000 家接受比特币支付的商户了。至少在当时，大多数商户都对坐等比特币升值没有兴趣，但是他们特别开心能把比特币当成支付系统来使用。

而这也是 Blockchain 商户软件的弱点所在。Nic 和 Ben 打定主意不去操作客户的资金，这也意味着公司老板不能依靠 Blockchain 把他们的数字货币转换成实实在在的钱。 而这点在猎取大客户时，使 Blockchain 相比 Coinase 和 BitPay 处于较大的劣势地位。这是意识形态的选择，也是实际操作的选择。即使很多投资者和企业家都想尽办法，想把比特币嵌入现存系统中，但是 Nic、Ben 和 Roger Ver 都坚持相信让个人回归经济独立才是比特币的希望。他们不仅是铁下心要这么做，而且还做了长期的战略决策。尽管在一些国家当中，数字货币和国家货币之间的兑换必将受到严格管控，Changpengzhao 说道：“但是如果你接受比特币，你就能在世界各地进行货币转换。”Nic 和他的兄弟们不准备走 BitInstant 的老路，不想被许可证登记费淹没，也不想被管理者围猎，同时还要面对一路攀升的律师费。

不过有人比 BitInstant 还要凄惨。Ross Ulbricht 在布鲁克林的大都会拘留中心中挨过了美国东北近十年最寒冷的凛冬。2013 年 1 月 21 日，暴风雪在整座城市中倾倒了近一尺深的积雪，他的父母在雪地中艰苦跋涉，前来看望他。东河上猛烈吹拂的寒风，如刀锋般让他们感到彻骨寒意，但是当他们看到被困在拘留中心四面金属灰墙中的儿子，感受到他在这日复一日的行尸走肉般的生活时，他们意识到自己就是儿子的全部了。“小小的暴风雪无法阻止我们来看儿子”，他妈妈后来写道。

在接待室中，他们等待着儿子的出现，身子也逐渐暖和了起来。一个多小时过去了，等待的每一秒都浪费着他们和儿子待在一起的宝贵时间。终于他最后出现了，此时他们已再也无法遮掩自己的担心了。再有两个月，Ross 就要过 30 岁生日了，运气好的话，那时他就已经被保释出去了，会和他的父母待在一起，等待他的审判。“跟 Ross 坐在一起谈话，把他的手放在手心里，感觉很奇怪。”Lyn Ullbricht 跟支持者们说道：“因为我不能站起来带他离开这里。脑海中‘他可能会因为被视为危险而无法被保释’的想法如此怪异，对我来说这就像一个惩罚，而不是一个警示。”

2013 年 2 月 7 日中午，Ross 接到了法庭传讯，他出庭时，胡须都剃干净了，曾经一头茂密的棕色短卷发（他在之前数百个新闻中的标志性形象）也被剃了个精光。司法体系似乎决心要让他变得一无所有。纽约南区的法官 J. Paul Oetken 之前主持过 Ross 的民事资产没收案，他在 2013 年 1 月 15 日宣布“线上交易网站”的数字资产，以及在它服务器上储存的比特币都必须移交给联邦政府。作为这家犯罪企业的赃物，它的 29656 比特币都将被美国执法官拍卖给最高的出价者，就像处理那些用毒资购买的豪宅或豪车一样。如果政府确认那些 Ross 认为他合法拥有的比特币

（总价值 10460 万美元的 144336 比特币）跟“线上交易网站”有关联的话，那么这些比特币也将遭受相同的命运。同时，它们被美国纽约南区律师事务所严加保管。“我认为这是很重要的一件事情”，一位副检察官在 1 月的听证会上说道：“所有人都应该禁止持有犯罪资金，不管它是虚拟的还是什么。”换句话说，美国政府现在掌控了全世界现存比特币超过 1.5%的比例。

审讯日，Ross 天亮之前就起床了，然后他被转移到位于下曼哈顿区珍珠街 500 号的法院。他母亲后来描述道：“他和其他人挤在一起，被塞进了各种牢房，然后等待着出庭的那一刻。”日出前，气温只有 25 摄氏度，但是冷风一刮起来，就感觉气温只有 15 摄氏度。正午时，气温仍然很冷。在被逮捕 4 个月后，Ross 的胃口已经挑剔到几乎不吃任何东西，他想让胃中阵阵的饥饿感驱散他在众人面前的不适。尽管天气很冷，但这是一个少数让人精神振奋的冬天，万里无云，冬日和煦。在“千篇一律的拘留生活”后，外界天朗气清，阳光明媚，碧蓝色遮掩了一夜的星空，这些无不使得短期出来放风的 Ross 目眩神迷，但是随后他又闭上了双眼。下个月，他就 30 岁了。

对于 4 项指控，Ross 均否认有罪。他穿着海军蓝色的囚服站在那里，听着法官 Katherine Forrest 把他的罪名一一念出来：非法交易违禁品、计算机黑客行为、洗钱，操纵持续违法企业。最后一项基本上是针对犯罪头目、企业联盟领导人的指控：它把 Ross 摆在了一个毒贩头目的地位上。“你明白这些针对你的指控吗？”法官问道。“明白”，他回答道。“你希望法官在公开法庭上宣读指控吗？”“不希望，谢谢你。”不过在清单中有一项指控消失了：谋杀未遂，马里兰的联邦法庭之前指控过他这点。但是检察官 Serrin Turner 说，在审判之前，他仍能有可能会发出另一份指控书，把这些新的指控添加到原来的起诉书中。“这真是一份吓人的指控书”，他妈妈承认道，“在这份荒唐的列表上，听起来我儿子就像是一个恶棍罪犯。这绝不是真正的 Ross 的样子。”

还有一件事情需要强调，这件事关系到提交给 Ross 的辩护律师的证据。从“线上交易网站”上捕获的内容信息总计 8～10 TB，要逐一筛选是一项十分艰巨的工程，总量足够填满 10～20 个硬盘。而且需要专家对这些信息的格式进行整理，才能让 Ross 的法律团队读取并搜索信息。除了这些，寻找他的犯罪证据就像大海捞针：笔记本电脑和其他设备里的信息内容、从他旧金山公寓中拿到的文件、到庭的银行记录。政府做得极为彻底，申请了对 Ross 的电子邮箱和其他网络账户的搜查证。Ross 在拘留所的时候，可以使用笔记本电脑准备自己的辩护内容。毕竟，没有人比他更了解他计算机里面的内容。即使是这样，检查这些材料也需要花上几个星期的时间。

Ulbeicht 一家子坐下来听律师争论提交议案的日期，争论时机和程序，但又同时对特定步骤要花上多久的时间支支吾吾。Ross 的父亲 Kirk、姐妹 Cally 和妈妈 Lyn 坐在一起，其中妈妈稀疏的头发和忧心忡忡的脸庞让她看起来远比实际年龄来得苍老。即使在传讯结束，他们陆续离开法庭之后，他们的表情仍然是麻木的：什么都听，但是什么都不相信。他们经历了众多困难，他们一心想让政府撤销指控，他们还要在面对相反证据时，继续坚信 Ross 是无辜的，或者至少他不应该锒铛入狱，这些都让家人们精疲力竭。释放 Ross 变成了他们内心最深处的渴望和他们生活的支柱。同样出庭的还有 Gary Alford，他是税务局刑事调查司的特工，同样也正是那位在 Charlie Shrem 及 Robert Faiella 案件中，通过宣誓拿到了刑事起诉书的男人。他之前是“线上交易网站”一案中的首席调查员。

最终，所有的内容都敲定了。审判在 2013 年 11 月 3 日开始，这也意味着 Ross 还要在监狱关押 9 个月。法官 Forrest 希望一旦开始审判，就在 6 周内把案子审理完，而 Serrin Turner 对在一个月内结束审判充满信心。到圣诞节时，Ross 要么无罪释放，要么成为互联网历史上最臭名昭著的重刑犯之一。

CHAPTER 10

人　祸

人越有雄心壮志，他人就越难以望其项背。

——堂·德里罗

2014 年 2 月，Roger Ver 仍然抱有一线希望，想从 Mt.Gox 追回至少一部分他在 Bitcoinica 中损失的钱财。考虑在这些黑客攻击中所损失的货币总量，他知道索回他全部的 24841 比特币的概率是微乎其微的，但是如果东京交易站能弥补一些的话，他认为不是不可能追回 10000 比特币甚至 15000 比特币。根据新西兰最高法院任命的两位 Bitcoinica 的清算人所说，Mt.Gox 应该仍然持有 Bitcoinica 的多种冻结资产，包括约 64485 比特币和价值 13.4 万美元的财产。作为清算过程的一部分，这些资金会被重新分配给像 Roger Ver 一样的客户，来尽可能满足他们的索赔。在 2014 年 2 月初，Roger 损失的比特币价值 2040 万美元。然而，其真正的价值和价格在那之后就一泻千里了。

尽管跟 Mt. Gox 沟通了数个月，来自奥克兰一家专门处理破产公司的两位清算人 Anthony McCullagh 和 Stephen Lawrence 的工作却没有任何进展，甚至都无法完成表面上最简单的任务，如确认 Bitcoinica 各种账户中现金和比特币的数量。Mt. Gox 一直在用“拖字诀”阻碍清算工作的进展。它的官方回应是说，在无法确定清算人是否有合法权限检查开户人账户的情况下，它是不能透露其隐私和机密信息的。这点实在是荒谬至极，因为清算人已经提供了大量关于合法权限的证据，其次 McCullagh 和 Lawrence 的目的是补偿开户人账户（Bitcoinica LP）中客户的损失。

自从遭受最后一次黑客攻击之后，这些客户已经等待了整整 9 个月的时间了；如果从法院让清算人接纳他们的资金时算起的话，则有 15 个月了。两位清算人正在尝试采取法律措施，逼迫 Mt. Gox 推动调查进展。

几个月以来，对于精明的比特币用户而言，东京交易站处境不太好几乎是一个公开的秘密了。当 Gareth Nelson 想到 Mt. Gox 时，他就会想到 Cory Doctorow 故事中的一句名言，当系统管理员统治地球时，一个既肥胖又经常被人占便宜，还要随时待命的系统管理员，经常会被迫凌晨从床上滚下来，去修补网络问题。"这次是微软的责任"，系统管理员说，"每次我在凌晨 2 点工作，不是 PEBKAC 的问题，就是微软出了什么幺蛾子"。Problem Exists Between Keyboard And Chair，PEBKAC，即存在于键盘与椅子之间的问题。系统管理员缩写用户错误的这种方式，在比特币世界也是很常见的。但对 Gareth Nelson 而言，这并不是微软出了问题，而是 Gox 出了差池。在 BitInstant，和当时顶尖的交易站打交道是不可避免的，但是这通常需要特别有创造力的技术解决方案才行。

据一位公司内部人士所说，交易站平台中的代码简直就是"一团糟"，而管理运营甚至更加混乱——当有管理存在的时候。"当时的状况完全是紊乱的"，他说道。在把代码运用到真正的网站上之前，标准做法是首先要给运营网站上的代码做测试，需要做修改的就做修改。这样的话，能把任何预料不到的糟糕后果扼杀于萌芽之中，不会让它破坏用户体验。Alex Waters 和他的开发团队在建立 BitInstant 2.0 时，就是这么做的。但是在 Mt. Gox，却完全没有这些安全措施。它仅有的步骤就是开发和实施，再加上一个"Mark 不想要它"的步骤，这位线人说道："他能直接进入任何服务器，所以只要他想改变一个东西，他就可以直接在用户应用端把它修改了，他就是有这么大的权力。"从开发的角度而言，这在任何一个网站平台上，都是不可饶恕的。对于 Mt. Gox 这般到 2013 年 12 月已经有 100 万名用户的金融交易站而言，这种目空一切，无所顾忌的行为可能是一种灾难性的行为。

长期以来，人们一直质疑 Mark Karpelès 的领导力。2011 年 6 月，当 Roger Ver 急忙帮助 Mt. Gox 从黑客攻击中恢复过来时，他惊讶地得知这位 CEO 正在悠闲地过周末，而不是一天 24 小时地工作来让交易站重新上线。

2013 年 4 月，这个笨拙的系统又再次崩溃了。那年春天，当比特币价格迅速上涨，并达到了有史以来最高峰时。Mt. Gox 上的交易量也随之上升，新开户的用户数量也增加了。这个交易站当时在一个月内处理了大概 420000 次交易，另外每天增加超过 20000 个新账户。但还有其他数量也在呈指数上升，如针对交易站的拒绝服务攻击次数。拒绝服务攻击，也称 Dos 攻击，是一种为了暂时使网站瘫痪的恶意攻击，它通过使网站对交流请求变得不堪重负，从而防止它对合法流量做出响应。换句话说，Dos 攻击能暂时使像 Mt. Gox 这样的网站下线（在分布式拒绝服务或 DDoS 攻击中，多台计算机，而不仅仅是一台计算机，被用来压垮目标服务器的带宽和资源）。2013 年 10 月的一次分析显示，40 家比特币服务站上经历了 142 次明显的 DDos 攻击。攻击的原因很多，如服务站之间的竞争使得他们想提升自己的市场份额；交易者想从交易站那得到更好的价格来做买卖；在增加计算能力方面被别人压倒的矿工，可能会破坏一个更大的市场，来增加他们自己首先得利的机会。

在这些攻击中，Mt. Gox 首当其冲。2013 年 4 月，Mt. Gox 的首席运营官 Gonzague Gay-Bouchery 说，公司每一天、每一个小时都在遭受 DDos 攻击。大多数时候，公司是能够抵抗并且正常运转的；但是并不意味着总是如此。交易站当时已经交了税，并且在新用户注入，使成交量激增的情况下，一个月中就因为大型 DDos 攻击而被迫关闭了 4 次，或者被极度影响了运营。每次恢复后，比特币的价格都会急剧下降。4 月 3 日第 1 次恢复正常时，比特币的价格从暂时的 142 美元高点下跌了大概 30 美元；4 月 10 日第 2 次发生攻击时，DDos 攻击使交易处理出现了极大延迟，引发了恐慌性抛售，问题被处理完后，比特币价格从之前的 266 美元高点，直接暴跌了 40%，于是 Mt. Gox 主动暂停交易 12 小时，想添置更多服务器来处理更高的交易负载；一周后，第 3 次攻击来了，结果网站在 5 小时内失守，比特币又一次遭受了打击。看起来，只有世界上所有的比特币市场都持续降低热度，才能给交易站保留一点尊严了。

2013 年 4 月 11 日，Andreas Antonopoulos 在比特币论坛上写了一篇帖子，公开宣布他不会再使用 Mt. Gox 系统，并且发出警告，说这是一个“崩坏的交易系统，它的拥有者完全不知道如何高性能地运营公司，也不知道如何扩展基础设施”。Antonopoulos 写道：“Mt. Gox 是比特币的系统性风险，是交易者的死亡陷阱，是被一群蠢蛋运营的公司。”其实，不止他一个人这么想。那个月曝光了一次路透社对 Mark Karpelès 的采访，他不是在椅子上接受采访，而是坐在了一个蓝色健身球上，而且他浓重的法国口音也显露无疑，这些行为都没有丝毫改变批评者的想法。第 2 个月，联邦调查局冻结了 Mt. Gox 美国子公司 Mutum Sigillum 银行账户上的 290 万美元；在接下来的几周中，还将没收它 210 万美元的资金。

随着美国分公司的关闭，交易所终止了美元的提款服务。这也意味着，账户余额以美元计价的客户无法从系统中提取资金。他们唯一的选择，就是用美元购买比特币，然后把比特币转移到其他地方，可能是转到另外一个可以转换成美元的交易所。这种人为的对比特币的需求，加上对比特币的真实需求导致在其他站点上，Mt. Gox 的比特币的价格相比一般的比特币上涨了 10%～20%。然而，主流媒体对这些市场动态一无所知，他们仍然认为 Mt. Gox 是价格上涨的决定性因素。当时，在公司客户中只占据了 2%的日本客户，就拥有了一次良机，能够在两个交易站间（如在 Bitstamp 和 Mt. Gox 间）进行套汇。他们能够在 Bitstamp 上购买比特币，然后把它们转移到 Mt. Gox 上，再涨价卖出去，如卖给那些只能用数字货币置换现金的外国人。日本客户的日元提取功能仍然是完好无损的，这也使套汇成为一种稳赚不赔的买卖，每次都能给作案者带来10%～20%的利润。

即使后来在2013年7月，Mt. Gox表面上恢复了美元提取功能，但是问题仍然存在，因为客户开始指控Mt. Gox已经破产。事实是，之前跟Mt. Gox合作的Mizuho Bank银行已经被美国当局的行为吓坏了，它宣布不再处理电汇请求，并且迫使Mt. Gox去其他地方开展业务。

2013年7月，Roger Ver为Mt. Gox说了几句话。他觉得Mark Karpelès是自己的朋友，就帮对方了一把，拜访了他的公司总部。就在他眼前，正如他后来描述的一样，Karpelès登入了Mt. Gox的银行账户，向他展示了余额。这家交易站拥有的法定货币价值大概1亿美元，因此Roger认为，它并没有资金流动问题。

但是他随后做的事情，让自己肠子都悔青了。Roger仍然待在Mt. Gox的总部里，然后录了一份视频，向比特币社区的成员澄清：所有事情都正常。视频中，他首先表明跟Karpelès进行了一次“愉快的对话”，谈论了美元提取的问题，并且在这次对话中，这位Mt. Gox的CEO还展示了他的银行对账单和银行与律师的信件，这些都向他确认交易所的资金是可流动的。毫不奇怪的是，考虑Karpelès的态度倾向，他把锅全部甩给了“传统的银行交易系统”。他听起来几乎是自吹自擂：“跟Mt. Gox进行合作的传统银行伙伴不能满足日渐增长的比特币经济需求，但是我们很快会增添新的银行伙伴。对于此刻，我希望各位能继续在Bitcoin项目上齐心协力，让我们的世界变得更好。”

Roger对Mt. Gox投的信任票——听起来跟Andreas Antonopoulos的说法有很大不同——确实减轻了人们对Mt. Gox要倒闭的恐惧。但是新的交易所逐渐在蚕食它的市场份额。尽管在2013年4月，Mt. Gox承担了所有比特币交易总量的70%，但是到了2013年11月，它的全球市场份额骤降到了只有 14%。各种各样的故事在四处传播，说海外的客户要等上几周甚至几个月才能成功提取现金，甚至还有一些人最终一分钱都没取出来。对于美国客户而言，它几乎变成了一个金融地狱。2014 年年初，Mt. Gox 位于涩谷的办公室中，电话一直响个不停，愤怒的客户一致要求公司给个说法。当时 Mt. Gox 的职员大概还有 30 多人，他们都使尽浑身解数躲避这些电话。但是对于 Roger 而言，作为一名日本人，他存取资金还是很方便的，所以他仍然在这家交易所中储存了数百比特币。

在 2014 年 2 月初，客户甚至开始连比特币都提取不出来了。2 月 7 日，Mt. Gox 终止了所有数字货币提取服务——这是第一次清晰地表明这家公司的问题到底有多严重，跟公司最开始表明的情况完全不一样。当天，一份表达糟糕的新闻稿（因为它是后来重写的，然而却并没有丝毫提高拼写和语法水平）向客户们表明：提取问题只有当系统处于静止状态时，才可能被解决，这也意味着需要暂时停止所有提取行为，以便清楚地审视现在的技术状况。新闻稿承诺道，Mt. Gox 的团队将在周末着手处理这个问题，并在周一提供最新消息。而在同一时间，正在排队等待提取的资金将原路退回客户的钱包。交易活动还是像往常一样进行，但是因为比特币的提取被暂停了，美元的提取也变得不可能，所以在交易所中有资金被卡住的客户现在没有任何方法把钱提取出来。这使得 Mt. Gox——这个目前排在 Bitstamp 和 BTC-e 之后，仍然是世界第三的比特币交易站——成为一个等同于加利福尼亚州旅馆式地狱的交易平台。

毫不使人惊讶的是，比特币的价格在新闻发布之后就骤然跳水。在东部海岸的上午，根据 CoinDesk 比特币价格指数（它可提供全世界范围内顶尖交易站平均比特币价格），秘密货币从当天开盘价 784 美元，下降了大约 61 美元，损失了将近 8%。

周一的消息更加糟糕。据 Mt. Gox 所言，比特币软件核心中的一个漏洞会使系统极容易遭到偷窃。这个漏洞称为可塑化交易（Transaction malleability），人们可能利用它来修改交易的细节，导致在交易发生的情况下，做到好像它并没有发生一样。这也就意味着客户在发出提取比特币的要求时，交易站会建立一个对应交易，并把它发给比特币网络；尽管这个交易后面会被比特币网络确认，但是 Mt. Gox 也可能会被欺骗，认为交易失败了。因为认为系统其实没有把钱打过去，并没有遭受损失，所以 Mt. Gox 会任由这笔钱被提取。这样，发动了可塑性攻击的客户就会得到两倍的钱，因为他既有退回来的比特币，同时在 Mt. Gox 的账户中还有一笔相同数额的钱，这笔钱之后也能够被提取出来。Mark Karpelès 现在一直在责怪是可塑化交易惹的祸，而不是系统的问题，他并不认为系统是导致比特币提取失败、造成比特币流失的唯一原因。

但是这个漏洞也不是所有人都能利用的，而且这个漏洞也不是每次都能起作用。可塑性攻击其实是一种重复消费攻击，比特币被设计出来正是要阻止这种攻击方式。当 Karpelès 说问题在于比特币本身时，他显然是不会说实话的，但是媒体却在不加鉴别地附和他。

在这样的紧要关头，人们还是疑云密布。可塑化交易一进入比特币使用者的视野中，就瞬间成为整个产业一个关乎生死存亡的威胁。用 Andreas Antonopoulos 的话来说，僵尸网络（一种作为一个单一实体，被感染了恶意软件，并在主人不知情的情况下被远程控制的计算机网络）发起过针对众多比特币交易站的“大规模的协调攻击”，其中被攻击的站点就包括世界上最大的两个比特币换美元的交易站 Bitstamp 和 BTC-e。僵尸网络会在同一时间制造很多合法的交易，以及很多畸形的交易，使得整个网络笼罩在一团疑云中，Antonopoulos 说道。作为回应，Bitstamp 就像之前 Mt. Gox 做的一样，也停止了现金提取，而 BTC-e 则警告交易可能会被延迟。当他们改进内部系统时，由 Gavin Andresen 领导的比特币核心开发者，也开始积极行动起来。在数周内，他们就发布了一个新的比特币软件版本 0.9.0，0.9.0 版本能对解决可塑化交易提供极大帮助。

当时，比特币经济的主要投资者察觉到了威胁，立刻采取行动，成功地阻止了可塑化交易。据 Antonopoulos 所说，攻击并没有造成资金损失，它只是给目标交易站的后端会计系统造成了一些破坏而已，只是让一些交易没有被确认，但是没有成功偷窃任何人的比特币。

后来日渐清晰的是，Mt. Gox 关于可塑化交易的新闻稿使全世界开始提防这个之前没有被关注的漏洞，但是事实上也正是它，引发了整个比特币网络中一大波可塑性攻击。2014 年 2 月 7 日之前，最多有 1800 比特币参与可塑化攻击，但是当 Mt. Gox 发布了新闻稿之后，立即就产生了 25752 次袭击，袭击中共使用了 286076 比特币。不过没有一次攻击能影响 Mt. Gox，因为它很早就停止提取交易了。但是这个时间点强烈地表明，这些攻击者想利用这个漏洞去祸害其他地方，想在众多交易站中撒下混乱的种子。不管 Mark Karpelès 想不想要这个结果，但是“城门失火时，殃及池鱼”这似乎也是不错的转移注意力的方法。

一周之后，Bitstamp 就已经恢复运转，然而 Mt. Gox 仍然处于下线状态。事实上，后来人们都很清楚了，其实是 Mt. Gox 的系统容易遭受可塑性攻击，而非核心比特币软件的问题（这也是在事情最不确定的时期，Gavin Andresen 提出来的对它的控诉）。Mark Karpelès 继续装傻充愣，好像这件事情并不是他负责的一样。“我们很惊讶，所有人都指责 Mt. Gox，而不是去找比特币软件的麻烦。”他跟一位记者说道。

此时，一位叫 Kolin Burges 的比特币交易员从伦敦跑到 Mt. Gox 的办公室进行抗议。每天，他都会出现在位于涩谷的玻璃幕墙大厦前，手里举着一块牌子，上面写着：“Mt. Gox，我们的钱在哪？”他自己有超过 30 万美元无法从交易站中提取出来。但是 Mark Karpelès 在上班路上遇到他，却拒绝回答他的问题。

其他 Mt. Gox 客户采取了另外一种措施。一个名为 Bitcoin Builder 的网站出现了，它能为深陷 Mt. Gox 困境的交易者提供一个安全屋。这是一个特别的网站由一位 30 多岁的成功互联网企业家运营。这位企业家叫 Josh Jones，他曾经在洛杉矶建立比特币讨论组。 Bitcoin Builder 能让人们用所谓的“Gox 币”来交换真正的、不受限制的比特币。从 Mt. Gox 中提取的行为被禁止了，但是把钱从一个账户转移到站内另一个账户中还是可以的）这个网站有一份开放的订单书，并且其交易比例一直在波动，而波动的情况取决于人们认为 Mt. Gox 会重新开放并把 Gox 币转换成真正物品的可能性有多大。因此，这个数字货币就被分割成了一个双层系统了。

Bitcoin Builder 把一个困境摆在了交易者面前——要么把手里的 Gox 币卖掉，获取一点钱财来减小损失，要么就继续持有这些 Gox 币，并祈祷 Mt. Gox 会重启提款行动。不过后者就像你存着民国时期的钱币，并希望民国会再次出现一样。Jason Maurice 是 Roger Ver 在东京的一位美国朋友，他数月以来一直在 Mt. Gox 和 Bitstamp 之间进行套汇行为，将价值 1 万日元的资金升值成了 4 万日元。不过他也发现自己处于困境之中了。之前他和他朋友做出了一个系统，凭借这个系统，他们能够周而复始地让钱在 Mt. Gox 和 Bitstamp 之间循环，不断地把日元转换成比特币，再把比特币转换成日元，每次转换都会赚取一定的利润。他们认为自己是永远不会有损失的。事实上，这个套汇计划赚的钱是如此之多，以致在不停地赚钱的过程中，Jason Maurice 一直坚持自己的想法。随着时间的流逝，他说道：“我变得越来越自信，然后入局了。”随后，不凑巧的是，当 Mt. Gox 关闭提款行为时，他刚好把所有的钱都投入到了交易站中。他和他朋友看着 Bitcoin Builder 上的交易汇率，思考应该怎么办。

当 Mt. Gox 的前景越来越暗淡时，Jone 的网站交易量却达到了一天 5000 比特币。就像一群老鼠从即将沉没的船只上逃离一样，只有在这种情况下，想着船只万一能恢复正常，才会有其他老鼠用极大的折扣价来获得好处。“我的一些朋友很有野心，他们在 Bitcoin Builder 上购买了更多 Gox 币”，Maurice 说道。因为一枚未受限制的比特币能换取很多 Gox 币，所以他们认为潜在的奖励比风险更大。这就是这个货币的未来，就像高风险的赌博一样。Josh Jones 在每次交易中抽成 2%，最后在交易费中，他获取了价值超过 100 万美元的比特币。

最终，不管是 Maurice 还是他的朋友，都没有在 Bitcoin Builder 上抛售他们的 Gox 币。他们和 Jones 一样，拒不参与抛售，Jones 声称在这个失败的交易所中，他自己有超过 8000 枚 Gox 币提取不出来。“我们都坚定地相信 Mt. Gox 会有一天恢复正常”，Maurice 说道。

但是一天天过去了，网站恢复的可能性也变得越来越小。2013 年 2 月 23 日，交易站仍然处于关闭状态，而 Mark Karpelès 在没有发表任何声明何时将重新开始运营的情况下，从 Bitcoin Foundation 的董事会中灰头灰脸地辞职了，就像一个月前 Charlie Shrem 做的一样。并且不太吉利的是，公司的推特账户也被抹除得一干二净——数年的交流记录都被抹除了。

第二天，一位住在波士顿的博主 Ryan Selkis（他几月前才开始报道比特币界的一些内容）得到了一份看起来来自 Mt. Gox 内部的文件，这份文件描述了公司处理现在危机的策略。危机已经严重到任何人想都不敢想的地步了，根据文件所说，让人极其震惊的是，Mt. Gox 因为“数年当中悄无声息的可塑性攻击”而遗失了 744408 比特币，其中 624408 比特币是属于客户的，另外 12 万比特币是公司的财产。现在加起来，公司的钱包中只剩下 2000 比特币。这份报告说：“比特币储蓄被清除得干干净净，而一般这样的偷窃行为是不可能发生的，除非是内鬼做的。”

这份战略文件悲观地评价了公司的未来，也分析了公司崩溃后可能会造成的影响：

事实就是，Mt. Gox 随时可能破产，当然作为一家这样的公司，这也是它应得的。但是，随着公众最近越来越接受比特币/秘密货币，公众认为对这种技术的可能威胁可能会使破产延后 5～10 年，同时也会使政府迅猛地采取行动。当危险变得十分夸张时，比特币的末日可能就要到了，至少对于大多数人而言是如此的。

恢复计划需要一系列激烈的手段。首先，Mark Karpelès 要从 CEO 上退下来。这个过程本身就比较困难，因为在日本，一位 CEO 要辞职的话，必须要提名一位新的 CEO。然后，Mt. Gox 要关闭一个月，关闭网站之后，他们需要以 Gox 之名重新出发，让这家公司使用新的公司标志，处于新的管理层之下，甚至可能要开在另一个国家（新加坡被认为是一个可能的选择）。根据文件，公司需要的新员工包括市场分析员、一流的开发者、网络安全主管、营销人员、比特币专家、经济学家、首席财务官、首席运营官、首席营销官……而且还需要上台新的服务和新的货币。最重要的是，需要一笔资金的注入，使得交易站重新运转起来，让它逐渐偿还用户的损失。但是为了避免银行对秘密货币进行挤兑，现金和比特币的提取仍然要受到限制。

对于那些起草文件的人而言，他们明显毫不怀疑 Mt. Gox 在比特币经中的关键甚至不可替代的作用。“现在的情况会消极地影响所有拥有比特币和使用比特币的人”，文件说道。这份文件作为一个解决方案，它是因为制定者自己所认为的一些必要性而被规划出来的，如必须要保持开放，才不会让市场受到惊吓，才不会给整个产业的领头羊——这个世界上最大且仍然最著名的比特币交易站——带来监管的迎头痛击。“如果不这么做的话，其代价是无法估量的”，报告说道。

不用多久，客户就可以知道文件中描述的问题是否是真的。美国东部时间 2013 年 2 月 25 日，Mt. Gox 的网站下线了，出现在浏览者面前的是一个空白页面。在大多数人眼里，毫无疑问这家交易所破产了。同样很明显的是，它的 CEO 肯定是知道内情的。核对公司账单是一件很简单的事情，这样肯定会发现客户的存款和公司的实际持有量是不匹配的。拿 Jason Maurice 举例来说，他对 Mark Karpelès 的奸诈行径感到十分厌恶。在 Mt. Gox 停止取款业务及彻底关停之间的几个星期，“你仍然可以把钱存进 Mt. Gox，但是你就是不能取出来，这也正是 Mark 真正邪恶的地方。” Maurice 说道：“Mark 在吸收存款时，实际上已经知道账户里并没有足够的比特币了，也知道他已经破产了。所以这就是刑事欺诈的问题所在之处了。”

关于丢失的钱跑哪去了，仍然众说纷纭。那份战略文件把责任推到了“大量的强盗行为和糟糕的比特币核算”上，但是后来日本警方判定只有 7000 比特币是可能被公司以外的黑客盗取的，而这还不足丢失总量的 1%。其他丢失的 643000 比特币可能就是交易所内部系统的原因而消失了。

在 Mt. Gox 形势一片黑暗时，Roger Ver 在这个交易站中还持有 670 比特币，其价值接近 400000 美元，另外 Bitcoinica 的 Mt. Gox 账户还欠了他将近 25000 比特币——他打算从清算人那要回一些钱——对于他而言，交易站的崩溃是一次真正的金融打击，就像其他人遭受的冲击一样。但是它也同样是一次突发事件。他曾经偏爱地认为，比特币是一种解放国家控制的工具，是一种争取金融自由的战争利器，并且它的发展正处于上升时期，2012 年 2 月 2 日至 2014 年 2 月 2 日，其对美元的升值幅度达到了不可思议的 13500%。不过他的这个想法现在岌岌可危了。因为人们的情感日渐激烈，他们对 Mt. Gox 的批判也越来越高涨，这让他的言论不再可信。Mt. Gox 的批判者并没有站在他这一边，如果人们重视了这些批判者，其实也会有很多人会支持他们对数字货币广泛的批评。这些批评会导致政府更加严格的管控，甚至是直接的禁令，虽然比特币是一个去中心化的系统，这样并不会完全摧毁它，但是却能让普通大众不再喜欢比特币，并且让全世界的比特币价格都骤然降低。

在某些地方，这种变化已经开始发生了。2012 年 2 月 26 日，议员 Joe Manchin 是一位来自西弗吉尼亚的民主党人，他号召政府官员去禁止比特币。他送了一封信给美联储主席 Janet Yellen 和财政部长 Jack Lew，在信中，他描述比特币是“特别不稳定的”。在提到中国、韩国和泰国对数字货币的管制的同时，他也竭力主张美国官员“禁止这个危险的货币，不能让它伤害勤劳的美国人民”。然而第二天，在参议院银行委员会面前，Yellen 耐心地解释，比特币“是一种完全发生在银行业之外的新型支付方式，联邦并没有能力来管控它”。

即使如此，Roger Ver 不得不让谈话回到重心上来。只针对于 Mt. Gox，而不是数字货币的责骂是必要的，但也必须得限制在一定范围之内，而且责骂要和一些对比特币公司的称赞保持平衡，这些公司是值得信任并负责任的公司，他们一直在为货币的未来而努力。他也认为是他在 7 月录的那份视频的缘故，他欠比特币同行一次道歉，现在他承认：“那份视频最终使得我们又一次相信了这家公司，但其实它不值得我们一丝一毫的信任。”也是因为这些，他又录了另外一份视频，并上传到 You Tube 和 Facebook 上，视频中他祈求比特币使用者们去“了解下整个大局”。他和所有人一样，都对 Mark Karpelès 的无能感到愤怒，同时也同情那些遭受经济损失的人，但是他并不把管控看成一种解决方案。Mt. Gox 的失败应该被视为是一家管理不当的公司的失败，这件事情是令人遗憾的，但是如果考虑当时的情况，这件事情又是不可避免的，甚至是必要的，它是由于“一塌糊涂的编程和记账”引发的。他一个又一个地列举了 Mt. Gox 倒闭的好处：“我们不再需要跟一个不能及时提款的交易站打交道了，也不需要等几个月它才同意打款，而且它的价格还和其他交易站相差巨大。”换句话说，所有人都应该为它的倒闭感到庆幸。

并不只有 Roger 一个人在控制损失方面做出了努力。Nic Cary 和其他的 5 家比特币公司的领导人仓促地发表了一份联合声明，他们谴责了

“这个辜负 Mt. Gox 用户信任的悲剧”，并且恳请让他们带头执行一些消费者保护措施。除 Nic Cary 之外，签名者还有 Coinbase 的 Fred Ehrsam；Kraken 的 Jesse Powell；Bitstamp 的首席执行官 Nejc Kodric；BTC 中国的首席执行官 Bobby Lee；还有 Circle 的 Jeremy Allaire——这是世界上最著名的几位比特币商人。像 Roger 一样，他们都试图正面描述 Mt. Gox 公司的惨败，认为这只是一家“令人憎恨的公司的行为”，并不能反映整个数字货币产业的情况，并且向人们保证：“众多负责任的比特币交易所正在联合起来，致力于比特币的未来，以及客户资金的安全问题。”他们想让大家知道，在持有客户资产方面，他们完全清楚他们公司肩任的重要监护职责。就像 2013 年 1 月，在 Ben Lawsky 坚持管控有价值时，Fred Wilson 退让了一样，现在比特币企业的领导人也被迫承认“要当保管人，需要设立一个高门槛才行”。那跨过这个门槛又意味着什么呢？需要执行安全措施，防止偷窃——“要周期性地审查并测试”；同时作为一家商业实体，还要留有足够的资金保证运转；需要对顾客坦白；还要有明确的政策，禁止使用客户的资产来做自营交易或当成杠杆交易中的保证金贷款。这项建议听起来很主流。他们最后说道：“对我们而言，Mt. Gox 作为一家金融服务提供商，却没有采取任何一项重要的措施。”这些言论在 Blockchain 及其他公司的网站公布出来，这也显示出 Mt. Gox 带来的公共关系灾难有多么严重，居然让 Blockchain 和 Coinbase 都联合了起来。尽管 Ben Reeves 和 Nic Cary 建立公司时，就把公司设计成为能躲避大多数监管的公司，但是 Coinbase 的 Ehrsam 和很多他的同事却准备在之后接受这些监管。他们甚至会欢迎这些管控，因为比特币世界和大多数产业一样，他们能够在其中建立高门槛，阻拦竞争的创业者进来。比特币最开始，是作为一种替代银行和支付中已成熟系统的方案出现的。而现在这场 Mt. Gox 风波所留下来的持久影响，将会使一群比特币公司中出现一些被规则保护的公司，就像在那些本应该被数字货币毁灭的产业中，仍然屹立不倒的公司一样。

但是对于 Roger Ver 而言，比特币作为一种不受政府控制的技术，其意义巨大，所以他仍然对 MT. Gox 抱有一丝希望。2013 年 2 月 27 日，日本财政部副部长 Jiro Aichi 在一次媒体会议上说，需要国际合作来恰当地管控比特币。而在同一天，Roger 也和其他人进行了一些合作，他和包括 Charlie Shrem 在内的一些比特币使用者一起进入了一间网络聊天室，他们一起讨论了已经发生和可能要做的事情。“大伙应该知道下面这件事，这周早些时候我听说 Mark 已经在咨询破产律师，询问破产需要提交什么文件了。” Roger 跟他们说道：“所以如果我们要做点什么的话，留给我们的时间已经不多了。”

两天前，他刚和 Mark Karpelès 沟通过，质问他已泄露的战略文件是不是真的。Karpelès 坦白说它是真的，并且也承认他公司现在确实面临着无法想象的经济损失。当 Roger 想逼他说出更多东西时，他发来了一条令人无比沮丧的信息：“目前正在申请破产，之后会更新关于此事的信息。” 现在 Roger 和其他比特币使用者们在聊天室中抱成了团，有一位比特币使用者很感谢 Roger 和 Charlie 的诚恳坦率，用他的话来说就是，他们绞尽脑汁想着“希望的曙光在哪”。

但是他发现他首先得为自己夏天前的行为做解释，在证据最充分的时候，他选择为 Mt. Gox 的健康状态做了担保。如果人们认为在这方面想多一点，会不会认为是他的错呢？“我从来没说过 Gox 会破产”，他澄清道，“我只是说它银行方面的延迟并不是资金缺乏流动导致的。即使现在往回看，做个事后诸葛亮，我也认为我是对的”。不管是热钱还是储存不动的资金，他从来都没有关注过交易所的账目。他为什么会这样呢？因为，当时并没有比特币的提取问题。

聊天室里，所有人都很迷惑。Roger 带来的即将破产的消息，简直就是一个晴天霹雳，众人立即在键盘上狂敲字，轰炸式地问了他无数问题，不管是短句还是病句，都一股脑丢过去再说，一行字刚发过去，立马就被后面的十几条留言顶了上去。各种言论在刷屏，消息也变得越来越难以看清楚，最后 Charlie Shrem 不得不提醒大家，Roger 只有两只手打字。此时，整个聊天室中，众人瞬间能感受到的只有一个中心思想，用一个问题来总结的话就是：见鬼了，这个人怎么把 100 万比特币搞到损失了 3/4 的？

Mark Karpelès 作为一位荣誉加身的百万富豪，是最早接受秘密货币的人，还是为比特币打下繁荣基础的先驱者之一，聊天室里的大部分人都在想，这样的一个人是怎样把全世界最赚钱的数字货币公司给弄垮的呢？“他看起来失去了理智”，一位名为 Aquent 的用户写道，“不然怎么把每月流水 10 万元的公司弄破产？”直到后来所有人才知道，在 Mt. Gox 的最后几周中，这家公司的 CEO 还在任性地玩忽职守，整天在办公室看《绝命毒师》，还因为想在办公楼一楼开一家咖啡店而面试各种法国大厨。“他召开和咖啡店有关的会议的次数，比开和银行或者工作有关的会议的次数还要多”，一位懂内情的人士说道。当两位瑞士大学的研究者表明可塑性攻击只能为很少一部分损失的比特币负责时，这时，Karpelès 的官方解释成了一纸荒唐言，消失的 20 万比特币这时才出现在 Mt. Gox 掌控之下的一个老式钱包里面，而这个钱包从 2011 年 6 月开始就没人动过了，这一切都表明这家公司运营得有多么粗枝大叶。

“我们要制订一个确定的计划，搞清楚我们到底想从 Mark 那得到什么”，Roger 跟其他人如此说道。虽然他几乎不了解《日本破产法》，但是他并不报任何幻想，觉得这会是一个轻松的过程。就像之前的 Bitcoinica 一样，处于绝望状态的 Mt. Gox 让人回想起 1907 年处于一片恐慌中的美国金融机构，因为这些恐慌，J. P. Morgan，John D. Rockefeller 和美国财政部还组织了紧急救援。在网上流传的战略文件中，它提到了一个解决危机的办法：“告诉那些精心挑选出来的比特币主要玩家现在的情况，并请求得到他们的帮助，帮忙注入一些比特币将是最有用的办法，但同时还需要一些现金。”不过，那些最著名的比特币公司都对此种激烈的行动，表示并没有什么热情。

上个月，当 Blockchain 准备对苹果公司发动公关攻势的时候，Coinpunk 的 Kyle Drake 正坐在 Nic Cary 纽约的起居室里，现在聊天室中，他也给出了自己的想法：“说实话，我不认为你能做什么。如果他亏空了 5000 万美元，可能确实有这么多，但是没有人会给他 35000 万美元的。”

Charlie Shrem 不同意：“3300 万美元已经足够偿还人们 10%的所持股份及 5%的普通股票了。而且 5～10 年中会一直返还红利。”

“肯定有人会考虑拿 3300 万美元的 5%出来”，Drake 回复到，“但是我觉得我不会这么做”。

“我真希望把 Mark 也加到这个频道里来，让他跟我们讲讲到底发生了什么”。一位聊天名叫做 Tiraspol 的人愤怒地说道。

Roger 问他们之前是否曾尝试拯救这家摇摇欲坠的交易站，现在 Roger 的语气比较激烈了：“我没有，我从来都没有提出要购买 Mt. Gox，而且当人们意识到这家公司欠的债有多大的时候，我也不认为会有人想购买它。”

“投资 Mt. Gox 的核心点其实就在于它的品牌，但是在现在这个点，它又到底能值多少钱呢？我的意思是，你都可以用远少于 3300 万美元的钱，开一家自己的交易站了。而且这笔钱还能让你把办公室放在旧金山，还足以在每个州都获得货币转移许可证……这家公司已经完了，救都救不了了”。他总结道。

最终，Roger 不得不同意他们的观点。他非常想从 Mt. Gox 中拿回欠款，“这是一笔能改变我生命的钱”，他说道。在当时，他本可以拥有 10670

比特币——人们算出这个数字是因为首先他可以从最初在Bitcoinica中损失的 25 万比特币中，通过清算人而拿回 40%损失的钱，再加上他放在Mt. Gox中的670比特币，加起来这笔钱价值超过600万美元。但是“在现在这个时候”，他说道，“我对人们可以从 Mt. Gox 中拿回一分钱已经不抱任何希望了。”他对他早期固执的主张付出了高昂的代价。

2013年2月28日，Mt. Gox向日本地区法院申请了破产保护。不过这时又上演了一出好戏：之前危机战略文件中声称有744408比特币的债务，但是现在公司在重新调查了交易记录后却说，其实数字货币损失总计有85万比特币，其中有足足75万比特币是属于顾客的。Mt. Gox无止境的轻率，让它之前少算了7%的比特币。将这些比特币兑换成美元，损失规模约1022亿美元，占据全球流通现金和比特币的7%。

要准确判定损失比特币的价值是很困难的，这主要是因为这家坐落在东京的交易所破产，引发了价格的剧烈波动。然而，用Coinbase上2月28日的平均价格（568.3美元）来简单相乘的话，总价值为4.83亿美元。换句话说，将近 5 亿的数字货币化为了渺渺青烟。同样地，起草危机战略文件时，交易站有多少法定货币损失也不清楚，但是估计也达到了数千万美元。

那些比特币并不是真的消失了，除非进入钱包的钥匙遗失了。因为区域链作为一种公共记录，能够记录下发生过的交易信息，那么有计算机的人，都能接触这个记录，所以从理论上来说，可以通过追寻之前属于Mt. Gox的比特币移动，重新找到遗失的资产——不过要承认的是，这会花掉大量的人力，也需要相当复杂的探测工作。事实上，一些人已经开始齐心协力寻找那些消失的钱了，其中知名度最高的人便是 Charlie Shrem。但是他们并不能保证一定能找到，而且不管怎么样，媒体也好，媒体所告知的普通大众也好，他们都不了解这件事；Karpelès自己还使这件事情变得更混乱了。破产立案后，在法院拥挤的新闻发布会上，这位遭众人唾弃的CEO穿着灰色西装、淡紫色衬衫，打着条纹领带，梳着大背头，向众人鞠躬表示道歉。“系统中存在一些弱点，然后比特币就消失了”，他用日语说道，“我很抱歉给大家带来了麻烦”。考虑有将近5亿美元的经济损失，他说的话实在是太轻描淡写了。

这正是媒体等待的一刻。当交易所破产，而Mark Karpelès又坚持认为过错在于比特币协议本身时，媒体们就伸出了他们的獠牙。一些媒体评论家，尤其是那些不喜欢秘密货币对自由的影响的改革者，毫不留情地幸灾乐祸起来。Bloomberg View得意洋洋地说道：“Mt. Gox的倒闭，会给比特币带来毁灭性灾难。”即使是新保守主义派的*Weekly Standard*也加入了这场批斗会中：“投资者可能还没意识到这一点，但是现在你捅比特币一刀试试，看它会不会动——它不会动的，它已经完了。”

但是，即使一些专家预言这将会是数字货币的末日，但是也有理由相信比特币将从Mt. Gox的遗骸上浴火重生，并将变得比以往更强大，就像“线上交易网站”倒闭之后，它所做的一样。*Weekly Standard*的Jonathan V. Last认为，缺少一个比特币的联邦储蓄保险公司是要遭雷劈的，但是其他人却乐于如此，因为这点可以让这家垂死的公司最终倒下，而不是被救回一条命。同时这也意味着，这家曾经的顶尖比特币交易站的垂死挣扎，可能会使他们喜欢上这种真正自由的市场运转机制——然后可能会赶紧去建立一家更好的公司，来代替Mt. Gox。就像中本聪曾经说过的一样，在比特币的世界中，所谓的“太伟大，而倒不了台”是不存在的。

从这个角度出发，一个交易站的崩溃并不会使整个系统出现问题。比特币的价格在恐慌性抛售后骤降到了400美元，但是在24小时内，又稳定到了 600 美元，这点也证明了人们对比特币的持续信任有多深。Andreas Antonopoulos现在是Blockchain的首席信息安全官，他在那个月早些时候说过的话现在听起来仍然是很恰当的：“认为比特币会死去的言论，之前已经出现过很多次了，所以我们可以下一个结论，比特币实际上远比评论家所想得要更具有生命力。”随着供应的减少，流通中剩余比特币的价值最终可能会增加，但现在的秘密货币已经自11月下旬的巅峰开始，失去了一半的价值，当时如果用膨胀的 Mt. Gox 的价格来算的话，1比特币的价值已经超过了一盎司黄金的价值。然而，媒体报道是如此的凶猛和不负责任，以至于当我们跟陌生人小小地交流一下时，往往会得到两个互相关联的事实：第一，他们听说过比特币；第二，刻在他们脑海里的是，比特币会导致人们自杀。

事实上，大型投资公司变得比以往更加热情了，他们开始从购买数字黄金，转变为把他们自己的钱投到能用比特币发挥各种功能的创业企业中。公开宣布投资数字货币企业的资金，从2014年1月的100万美元和2月的270万美元，激增至3月的6020万美元。在那个月中，身为秘密无政府主义者并且也是 Ross Ulbricht 支持者的 Cody Wilson（他因为发明了世界首把3D打印的手枪而出名），接受了英国广播公司脱口秀主持人 Stephen Sackur 的采访。当提到 Mt. Gox 的这件事时，Wilson 和主持人说道："现在比特币仍然有很强的价格支持。”鉴于美元“处于永恒的自由落体状态中”——它因为通货膨胀，虽然缓慢但是一定会失去购买力——比特币仍然是很有价值的。Wilson 总结道：“数字自由论者，仍然渴望得到比特币。”

这些人中的其中一位便是 Roger Ver，他在 Mt. Gox 倒闭时，损失了巨额金钱。他劝诫比特币使用者不要因为监管，就夹着尾巴仓皇逃跑。“要解决我们的问题，不依赖于让律师去撰写更多的法律”，他在东京说道，“这个世界上，我们已经有够多的法律了。我们现在需要的是通力合作，并使用一个不可靠的系统。在这个系统中，没人能够专横地控制其他人”。为了给同伴打气，他提到了一些已经开始接受比特币支付的大品牌，其中包括 Overstock 和 TigerDirect，另外他还提到了一位正在行动的企业家——Barry，他认为 Barry 会在2014年的夏天建立一家一流的比特币交易所。

正如 2014 年春天他在福布斯上说的一样，即使 Mt. Gox 倒闭，Barry 仍然相信比特币是他这辈子当中，能带来最高回报的投资项目之一，而且不只是对他如此，对其他人，甚至是还没有进入这个市场中的人而言也是如此。他认为 2014 年将是华尔街进入比特币市场的一年，同样也是为大众接受比特币打下基础的一年。几个月以来，当人们对比特币的公共意识开始成长，金融界特别需要听到他的观点。“我能够把我每天的时间表从早到晚填满 3 次，里面安排的全都是各种会议、教育座谈会、和大银行吃饭”，他在 1 月时说道。为了要让比特币发挥出全部的潜力，它必须要整合进现存的金融系统当中才行。

然而，金融机构至少在公开场合，是不愿意承认他们对比特币有兴趣的。2014 年 2 月 11 日，JPMorgan 发表了一篇名为《胆大妄为的比特币》的文章，在文章中，这家公司的外汇战略主管 John Normand 认为比特币极其不具有流动性，并且非常不稳定。他对待加密货币的整体立场是十分负面的。“冒着被人认为是勒德分子（反对技术进步的人）的风险，我觉得比特币这样的发明是不值得人们注意的”，Normand 写道，“作为一种交换的媒介、计算的单位及价值的存储手段，它都远远比不上法定货币”。尽管承认比特币有疯狂的价格浮动——在过去的一年中得到了惊人的增长——“这对于一种刚出现的货币而言，也可能只是一种正常的不稳定表现而已。”Normand 认为现在其价格的不确定性不可能使比特币成为一种良好的价值存储手段，不管是对机构而言，还是对个人投资者而言，都是如此。

第 2 个月，Goldman Sachs 的一份报告掀起了轩然大波，它宣称尽管比特币网（Bitcoin）是一个有前途的支付网站，但是比特币本身就不是一种货币，而是一种极不稳定的商品。其中一位报告作者是 Jeff Currie，他是 Goldman 的全球商品研究主管。在报告中，他把比特币和黄金做了不利的比较。黄金在数千年中，一直是一种令人满意的价值存储手段。它比银更稀少，密度更大，体积足够紧凑，人们能够随身少量携带。Currie认为比特币不可能作为一种价值存储手段而替代黄金，然而即便他的这句话没有深层次的错误，至少也是自相矛盾的。从一方面来说，他声称比特币并没有比黄金更优秀；但是另一方面，他又承认相比于贵金属，比特币更容易储存及更方便运输，也可能更难以被伪造——这些都是显著的改进。两位 Goldman Sachs 的经济学家认为加密货币处于货币、商品及金融资产三者之间的交界地带。从净值上来说，比起出现时作为一种广泛使用的替代货币，更可能的是，比特币会通过强迫现存的参与者适应它或者吸引其他人加入，从而最终对支付技术的创新产生显著影响。Goldman 的报告发表后不久，Andreas Antonopoulos 就讽刺地对他的矛盾言论做了一番总结："比特币不是货币，而且也很不稳定，因此它不是一种威胁，这也是银行会为此而写一份 25 页内部报告的原因。嗯，就是这样。"

这份报告的重点是对六七位外人及 Goldman 专家的采访，这也使它几乎不可能从同一方面来叙述。Eric Posner 是芝加哥大学的一位教授，他明确反对 Currie 的观点，极力主张比特币在货币方面可以和黄金承担一样的作用，但是会远比黄金更加高效，因为它不需要物理方面的储存与运输。然而尽管如此，Posner 也严重地怀疑数字货币是否能成功。阻碍它成功的因素包括来自严苛监管的威胁、不稳定的价格变动、持有不靠谱比特币公司的安全措施、可能突然出现的替代币竞争、区域链规模的增长（对于普通用户的硬盘而言是个潜在的储存问题），以及更多的问题。

面对这些批评时，Barry 仍然保持着乐观的态度，但是他并不是完全不同意其中的一些观点。他认为，在发达国家中，2014 年早期最有趣地使用比特币的方式是将它当做一种投机性投资。虽然人们已经在

Overstock 和 TigerDirect 上使用比特币来购买商品，它在发展中国家汇款和其他应用方面具有极大潜力，但是在真正对抗其他主流支付方式之前，加密货币仍然有很长的一段路要走。截至 2014 年 3 月中旬，它的每日交易量比 Paypal 3.97 亿美元的 1/4 还要少。而那年春天之后，比特币的交易量降到只有 2100 万美元；而 Paypal 的交易量相比全世界范围内的主流信用卡和借记卡公司的交易量，仅是沧海一粟。2012 年，Visa 的交易量达到了 110 亿美元；MasterCard 为 73.8 亿美元；American Express 也达到了 24.3 亿美元。至于比特币替代政府资金——对于像 Roger Ver 一样的自由主义者而言，这是一个衷心希望它实现的梦想——它的市场价值上限太小了。到 3 月中旬，目前被挖出来的有 125 万比特币，这些存在的比特币的价值，加起来接近 80 亿美元，相比大多数法定货币，这个量级是不值一提的。考虑人们故意限制了对它的供应，比特币不可能在电子商务或者汇款支付方面完全发挥出它的潜能，除非它的市场价值上限能够增长十倍甚至百倍以上，到那个时候，大多数支付就都能用比特币来完成。但是没有人知道这一天什么时候会到来，或者会不会到来。

甚至是在 Mt. Gox 倒闭之前，Barry 就决定了要在纽约建立一个比特币交易所，把它作为一种完成他几个互有关联的目标的手段：要增加投机活动和市场的流动性；要向 Benjamin Lawsky 及金融服务部的其他人证明，数字货币公司能够给他们的国家带来经济利益——这也是 Barry 在 1 月的听证会上表达过的观点；要为比特币贸易带来其所急需的信任，在此之前，他已经使众人相信，人们能把比特币当成一种投机资产去投资了。他花了一些时间来为这样的一所交易站来制订计划，但是 Mt. Gox 的崩塌及伴随而来的媒体之间的疯狂竞争，都加速了这些计划的进程。2 月 25 日，他向大众公布了这个消息。在不断发酵的丑闻当中，他说，他希望能用一家值得信任的机构来填补 Mt. Gox 的空白，通过这家机构，大型银行和其他机构的投资者能够大量押注在比特币身上。

Barry 意识到，建立一家制度化的比特币交易公司，市场上仍然是一片蓝海。在设计交易所的时候，他从不同的渠道获得了灵感，因为这样适合比特币的多种本质。

从纽约股票交易所，他学到了所谓的中枢辐射模型。在这个模型当中，只有会员公司，如华尔街的银行，能直接进入市场中，然而个人投资者必须要通过其中一个会员公司，才能下订单。这些会员公司数量在15～20 家，Barry 希望这里面不仅包括全球的银行和大型证券交易商，也包括顶尖的比特币公司，如 BitPay、Circle 和 Coinbase，他本人在这些比特币公司中都持有股份。通过这些非会员企业或者散户参与交易的过程，就跟通过经纪人在纽约证券交易所里面做交易一样。

从黄金市场中，Barry 又学到了现货定价的概念。新的比特币交易站将会有一个重要功能，那就是要根据买卖双方的拍卖，在一天中一次或两次设立一个价位，让那些交易、金融衍生品和挖矿合同能够以此为基准。通过这种方式，交易所能够增加现金流动性，减少价格的不稳定性，并且为主要零售商提供足够深的资金池，让他们能够大批量地接受比特币，并立即将它们转换成美元。Barry 想让事情变慢一点，并且创造一个能真正表示比特币价值的标志。

这家交易所也将承担结算所的功能，这样会员公司就能够在一天结束之后，在这里结算所有交易。所以会员需要在决算表上持有足够的比特币，这样就能保持交易所货币的流动性了。最后，它还会设立一个自我管控部门，以确保公司遵从所有州及国家的法律。这些措施都意味着 Barry 并不是仅仅想建立另外一所比特币交易站，而是建立一所独一无二的比特币交易站，在这个站中，世界上所有其他交易站都将是它的会员。

对于明智的投资者或者银行的精英来说，除可能的巨大利益之外，还有其他很重要的东西。Kauffman Foundation 在 2010 年做的一项研究表明，创业企业在为美国提供就业机会方面，产生了极其巨大的作用，平均每年在全国提供 300 万个新岗位。研究总结，如果没有这些创业企业，美国经济中就不会有净就业增长了。不仅在大萧条时期如此，在有记录查证的每年都是如此，一直可以追溯到 1977 年。当国际媒体聚焦到 Mt. Gox 上时，Barry 想把这些关注重新带回美国，带回美国的金融首都里来，并想证明给监管者看，比特币是一个合法的产业，它能为世界带来真正的经济希望。他开交易所的目的是把每天比特币的交易量从数千万美元提升到数十亿美元。“一旦这个目标达成”，他几个月后说道，“你就会看到那些大商人和大型实体零售商就接受比特币了”。华尔街参与进来后，将成为一把催化剂：“如果资金进来了，比特币就能像其他资产类别一样被交易，那么我们就很有可能看到比特币在价格方面的巨额增长，以及交易总量方面的巨大飞跃。”如果一切顺利，这个交易所将在 2014 年的夏天开张。

3 月 24 日，在曼哈顿的一家酒店中，Barry 坐在了其中一间房间里，这个房间里的床已经被移走了。这是 Barclays Emerging Payments Forum 开会的第一天，Barry 是这里的演讲嘉宾。他的很多私人会议都必须放到一起，因为出席的金融公司很想和他谈谈。在同一时间内最多有 4 家不同机构的代表跟他一起交流想法，听取他的意见。在接下来的两天中，Barry 和他的一名员工 Michael Sonnenshein——一位留着大胡子、声音柔和的男人，他也是 Bitcoin Investment Trust 的客户经理——要出席 18 场会议，每场会议都坐满了想更多地了解比特币的投资者。每半小时换一批人，Barry 说道：“这就像《偷天情缘》中演的一样——我一遍又一遍地重复着相同的话。”

这 38 名投资者加起来，拥有超过 2500 亿美元的资金。他们主要来自对冲基金和共同基金，但也有一些来自家庭理财室，还有一些人是捐赠基金的代表。对于 Barry 而言，这是一次很好的机会，能给这些可能投资 BIT 的机构留下印象，甚至可能让他们参与比特币交易站的建立。

在了解比特币的基本知识之后，这些金融公司想咨询投资 Western Union 和 MoneyGram 的学问。他们问：如果你想把比特币投入这场浑水，对于国际支付产业而言会有什么样的意义？

“在保持股票或者卖空股票方面，我们显然不能给人们提供建议”，Sonnenshein 说道，但尽管如此，他们仍然清楚地表明，数字货币或者更加准确地说是掩藏在其下的区块链技术为他们提供了一项具有说服力并能替代传统金融手段的方案。Barry 的建议是：时刻关注比特币，观察它是否开始蚕食转账公司的收益，甚至是利润空间。

纽约举办 Barclays 会议的当天，一位欧洲中央银行（ECB）的执行董事会成员在罗马发表了一次精心准备的演讲，演讲中他说道：他的机构并不相信虚拟货币对经济很重要——它确实很有趣，但是会带来风险。然而，他又补充道，ECB 会继续紧密跟随行业发展。如果欧洲的顶级银行仍然在缓慢地了解比特币的潜力，那大西洋另一端，代表 2500 亿美元资金规模的机构能认识到它就很重要了，或者至少也要愿意承认数字货币可能在全球经济中产生重大的作用。众人都同意最容易受到比特币影响的是 Western Union 和 Money Gram；而与其相反的是，那些大型信用卡公司近期就一点都不用害怕了。Barry 后来说，他和 Michael Sonnenshein 在会议期间遇到的人中，大概有 15%已经相信了比特币的潜力，然而大部分人（64%）仍然还处于观望状态，其余的都是一些怀疑论者。（截至 3 月 26 日，有 1/3 的人请求 SecondMark 开展后续会议或者是跟踪电话）。Michael Sonnenshein 认为，在金融公司及数字货币爱好者中，越来越多的人意识到“Netflix 之前对 Blockbuster 做了什么，比特币将会对 Western Union 和 MoneyGram 做什么”。

这些马拉松式的会议让 Barry 发现另外一件有趣的事，而这件事他可以为之采取一些行动——Barry 碰到的大多数代表所在的公司都没有得到授权或者特许证，因此不能真正地购买比特币。但是如果有这样一个基金即将公开发售，而这个基金又能让这些公司接触比特币，那么那些被限制在比特币市场中的即便没有上亿，也有数百万美元的资产，就将倾泻而下。他意识到，Bitcoin Investment Trust 的未来就在这个公共交易所上了。

3 月末，Bitcoin Investment Trust 最早一批持股人已经度过了 6 个月的门槛，此时他们可以选择出售股份，但是没有人这么做。根据 Coinbase 的数据，即使比特币的价值从 3 月 21 日 564.24 美元的平均值降到了 3 月 31 日的 477 美元，它也仍然比 2013 年 9 月 26 日的 125.59 美元高出了 351.41 美元，而这一天也是 Barry 建立 BIT 的日子。这也给他们带来了 280%的投资回报，而且很多人还期望将来能带来更大的收益。在 2013 年年尾，比特币的价值相比 2013 年年初增长了 56 倍。一项资产能带来如此巨大的回报，在这样的状况之下，SecondMarket 向所有 BIT 投资者收取每年 2%的管理费又算得了什么呢？如果认为在意这点管理费，那么比特币的价值上升或下降几美元又何如呢？“对我和对比特币界的大多数人而言，这是一个二元问题”，Michael Moro 说道，他之前是 Citigroup 的投资银行家，后来成了 SecondMarket 的交易部门主管。“每比特币要么上涨到 10 万美元，要么就跌到 0 美元。对吗？不是第一种可能，就是第二种可能。那么你买入的时候是 420 美元、430 美元或者 440 美元，真的有差别吗？不，真的没有什么差别。我认为一些集团买主能理解 5 美元或 10 美元的差别并不会改变整体的收益状况。它仍然将上涨至无穷无尽，或者是跌到分文不值。”

也就是在这样一种气氛之下，SecondMarket 的交易员在努力工作着。公司的交易桌上，有 3 名交易员专门负责比特币，而另外 4 名交易员同时负责比特币和拍卖利率债券。在最初的时候，他们将大量投资资金投入 Bitcoin Investment Trust 的任务受到了比特币价格不断变动的阻碍，9

月底比特币的价格在 120～125 美元之间浮动。“当我们第一次开始运作时，提交一个 10 万美元的订单对我们来说是很苦难的，因为它需要很多比特币”，Michael Moro 说道。而他们仅有的能获得比特币的地方，就是 Bitstam 和 Mt. Gox。这点是很难的，不仅因为在交易站上购买这么多比特币需要花费时间，而且还因为每天下午 4 点，BIT 会基于交易站的平均价格，为基金设立一个每日净资产值。然后 SecondMarket 的交易员就会在订单中，使用这个净资产值。但是因为在交易站中，其价格可能也确实会在一天中波动，有些时候价格波动很大，所以最后交易员可能会让公司亏损。“如果下订单的时机不好，那么这次交易的钱就打水漂了。”

几个月后，情况有所好转。交易员和 150 家交易方建立了联系，他们可以直接向这些人寻求比特币，而不需要通过交易站。其中一些人是坐在数字货币金山上的挖矿人，另外一些人是像 Coinbase 一样的收单处理机构。对他们而言，在一家公司整体抛售他们的比特币，比在公共交易站零碎地交易更好，这不仅是因为更方便，而且还因为在交易量小的交易中倾销大量比特币，会使价格下降，减少利润。到了晚春的时候，他们和场外交易的卖者建立了如此巨大的网络，以至于 SecondMarket 只有不超过 20%的交易依赖像 Bitstamp 一样的公共交易站。其余的都是以私人交易的形式进行的。这就好像 SecondMarket 为比特币制造了一个交易暗池一般。

尽管区块链相当于一个公共记账单，能确保所有交易（甚至是私人交易）都被记录下来，但是场外买卖行为是不会被纳入交易站的交易总量的，因此 SecondMarket 的大多数交易并不会影响比特币的价格，不会让它在 Bitstamp、BTC-e 和任何其他交易站上的价格上下浮动。“你在公共交易站上购买 100 比特币，就会使市场有 10～20 美元的上下浮动”，Michael Moro 说道。“不过你不用担心 1000 比特币的量，因为我们的一部分工作就是为他人保证市场稳定。”然而如果都依赖私人交易，公共交易站的价格——它可能在 2014 年 3 月，从 580 美元上浮到 678 美元，也可能跌到 449 美元——并不能准确地反映出世界范围内投资者的利益。在那些公众看不见的地方，正在进行巨量交易。

2013 年 4 月 10 日，Barry 宣布 Bitcoin Investment Trust（BIT）取得了里程碑式的进展，它代表投资者，一共持有 10 万比特币。即使 4 月 10 日比特币价格暂时下降到 395 美元，BIT 的价值也接近 4000 万美元，而且它还在继续增长。例如，到 5 月 22 日早，BIT 又持有了另外 6000 比特币，而且比特币的市场价格还恢复到了 510 美元，这家基金公司的价值一下就窜到了 5400 万美元。不过这并不是说投资者特别关心这样的价格波动，他们还在等待长期利益，等待大鱼上钩。

到了春末，SecondMarket 的交易员不仅为 BIT 买卖比特币，而且还帮那些想私人持有比特币的投资者做交易，最小的订单是 25 比特币（大概价值 12500 美元）。一些投资者并没有试图避开比特币获取和存储的麻烦，他们反而认为自己拿着这些比特币——用 Michael Moro 的话来说，就是“搞清楚这家伙到底是怎么用的” ——能够让他们更深层次地了解这种资产类别。

另外的一群个人买家本身就是比特币经济人，他们从 SecondMarket 中获取比特币，然后又反手卖给自己的客户。Moro 说道：“他们并不是自己买期货，只是收集一些小订单，然后整合起来，再通过我们下单。”这与 Robert Faiella 从 BitInstant 上获得比特币，再把这些比特币卖给“线上交易网站”上的客户没什么两样，但是唯一的区别就是 SecondMarket 把交易都放在了台面上，而且他们应对的经纪人可能也不是为了非法交易市场的客户而获取比特币的。这家公司的“可寻址的宇宙” ——想要在比特币中占有一席之地的客户的数量——每天都在增长，Moro 说道。从 4 月末到 5 月初，这段时间的几场交易都是场外交易，而不是在 Bitstamp 上进行的，SecondMarket 给一位买家卖了近 1 万比特币。在那个时候，

SecondMarket 上一半的订单都是来自那些想持有比特币的投资者，剩下的一半就留给了 BIT。

有了 BIT 后，Barry 就把比特币带出了货币循环，降低了交易的速度，即不管是在贸易还是商人的活动中，比特币转手的速度。本质上，这家基金在为了投资者囤积比特币。而囤积货币对于主流的经济学家而言，是一件极其糟糕的事情，因为它减少了市场的流动性和流动速度，而更难以用货币进行市场经济行为。这个思想流派中的一位比特币怀疑论者 Mark Williams，是波士顿大学金融学讲师，他尤其担心这一点。他在 2014 年 10 月向世界银行宣称，如果我们让比特币成为像美元一样的法定货币，那么根据格莱欣经济学法则——劣币驱逐良币——我们就会使身为劣币的比特币被大众使用，而身为良币的美元却被囤积起来，这样会让整个经济处于不稳定的状态。他说的这种比特币和美元之间的关系，显然和 Roger Ver 及其他自由主义者、秘密无政府主义者提倡的数字货币的关系是完全相反的。在他们看来，美元和所有其他法定货币都是劣币，它们禁锢了世界太久太久，因此要被驱逐出去。Barry 没有如此极端，但是他认为对于比特币而言，投机性投资和囤积是发展到新世界的中间阶段，在这个世界中，数字货币会被广泛地用来支付电子商务和国际交易。换句话说，这个世界的商业是建立在比特币之上的，它能让商人和企业以最小的损耗，跨国转移数百万资本，也能让来自新德里的出租车司机花上可以忽略的手续费，向家里寄送生活费。“我并不打算说比特币会替代美元”，Barry 向 Bloomberg Markets 说道，“但是它能像 Facebook 一样改变世界吗？我认为可以”。

“当像我们一样的基金逐渐壮大，同时比特币的个人持有者也开始囤积比特币，并且不打算在近期卖出去的时候，比特币的稀有性就变得更重要了”，Mike Moro 说道，“目前，世界上只有 2100 万比特币，但是如果其一大部分不再参与货币循环，那么打算新加入的玩家就不得不购买市场中能购买的货币了，而它们一定会非常稀少。所以你会发现，在那个时候，货币的价格会剧增”。然而现在有一个问题尚未定论：如果比特币的价格在短期内持续下降，而挖矿者又想要通过售卖他们挖出来的比特币，来弥补他们的成本，那么这种行为作用在比特币价格上的下行压力，是否能被买家的投机行为扭转呢？如果不能扭转，那么价格会一直保持平稳，或者是继续下跌，导致进一步压榨挖矿者，并伤害到投资者。就目前而言，这还是人们的猜测。

同一时间，BIT 一个潜在的竞争者也出现了。7 月，Cameron 和 Tyler Winklevoss 明显没有被 BitInstant 的惨状吓倒，它们向 SEC 提交了文件，准备建立一家公开交易的比特币基金。这家基金的名字叫 Winklevoss Bitcoin Trust。就像 BIT 一样，Winklevoss 兄弟的基金也将出现在纳斯达克或者纽约股票交易所，也能让人们能在不真正直接购买比特币的情况下，触碰到比特币。而且它还具有一个很大的优势：他不仅向授信投资人开放，也向所有想在未来货币中分一杯羹的人开放。“我们的驱动力”，Cameron Winklevoss 在 2013 年秋天说道，“就是我们要把比特币带给主流投资者”。这就好比一个人，买下了世界上几乎全部的小麦，却又转头想说服张三李四，让他们相信餐桌上只缺一块面包了。

这对兄弟和来自 Katten Muchin Rosenman 的律师一起，花了数月的时间来起草这份 97 页的 SEC 申请书。与他们合作的律师曾经在 25 年前完成了世界第一笔交易所交易基金的法律工作。但是，Winklevosses 兄弟的申请书自从提交之后，就没了音信。事实上，SEC 的批准书很可能要过很多年后才会下达。Reggie Browne 曾经是 ETF 交易在 Knight Capital Group 的领导人，他笑着把 Winklevosses 兄弟提出的基金计划称为一场暴乱。

但是多年的体育训练磨练了他们面对竞争和失望时，所要拥有的钢铁般的意志。在那些年中，他们一年有 11 个半月在训练，一天要训练 2～

3 次，这些磨砺教会他们怎样去获得成功。赛艇是一种需要掌握节奏、时机、合作与团队协作的运动，但为了赢得比赛，它同时也是一种对抗水流、对抗敌方团队的运动，需要极大的努力才行。所以，到 2013 年秋天，他们已经集聚了 11.6 万比特币，或者说全球比特币总供应的 1%。当时，比特币的市场价值上限大约是 15 亿美元，因此也使得他们的个人囤积的比特币价值达到了 1500 万美元。这些比特币在经历了那一年后来的泡沫期后，其价值甚至呈指数上升，利润变得更加巨大，就像 Facebook 的股票在它开业后，为他们带来急剧上升的价值一样。在接下来的几个月中，即使当他们寻求那些跟比特币没有关系的公司的投资时，他们也一直依靠比特币，从不远离它。“所有曾与我们竞争过的赛艇队伍，别人都对他们说他们是最棒的。是的，他们之前确实是最棒的”。Tyler Winklevoss 说道，“但是你必须要足够固执，足够自信——咬牙坚持每一天——这样你会发现你们两个将是最终胜利的人”。

每次别人提起 Winklevoss Bitcoin Trust 的事情，Barry 都不愿意多做评论。“我不认为用他们自己的名字命名是一个好主意。”这是他在公众场合下对此事说得最重的话了。尽管他也宣称他并不担心竞争，但是这绝不是虚张声势。“SEC 将 Winklevosses 的申请拖好几个月。”Barry 说，“Winklevoss Bitcoin Trust 可能永远不会通过审批，而且即使它通过了，它的存在也是对比特币有利的。”事实上，如果审批通过的大门被打开，那么 BIT 将是下一个通过这扇门的公司。但是事实是，Barry 的层次已经超越了这对兄弟，超越了基金，即使这个基金是公开交易的 ETF；甚至在春天来临之前，他就已经做好了计划，把 SecondMarket 所有跟比特币相关的活动全部剥离，与众多投机者一起组成一家单独的公司。一个月又一个月过去，他的愿景逐渐成形。到了夏天，他终于可以说他的愿望是建立比特币中的 Berkshire Hathaway 公司。

2014 年春天，Charlie Shrem 谋杀了数名警察。他的武装直升机上装备了空对地导弹，把洛圣都（Los Santos）炸成了 Michael Bay 电影中的场景。不过黏性炸弹仍然是他的最爱。在他父母的地下室，他一直玩着侠盗猎车手 5（GTA 5）。在这款畅销的视频游戏中，玩家要扮演 3 个罪犯的角色，而每位罪犯为了获得高分，都要使用各种暴力手段——可以通过任何必要的形式，如驾驶军用机场里的战斗机轰炸，来提高个人力量和自我资本。Charlie 玩这款游戏，是为了消磨在家监禁的无聊时光。4 月的某个下午，在向拜访者炫耀了一番之后，这款游戏就成了他娱乐的一部分，好像他在游戏中控制的多个角色能够向那些迫害他的人复仇一般。

几周以来，他一直试着让自己忙碌起来，这样他就可以不用思考可能等待他的牢狱之灾了。虽然他心里仍然充满了新的投资想法，但是他的精神状态十分低落。整个严寒的 2 月，他都被困在了爸妈家，屋外的积雪堆积在外面安静的街道上，郊区的那些独栋的小屋和那些围栏围起来的小草坪中没有传来一点声音。这里的 1 月有 19 天的最高气温低于每年同期的平均气温，而这 19 天中又有 11 天的气温都在冰点之下。Charlie 仍然被困在室内，与世隔绝。他不玩 GTA 5 的时候，就会看 Netflix，修补他的机器人玩具，尽可能地给 Twitter 上联系他的人提供建议和帮助。他也会每天喝大量的酒，这个习惯是那些过来安慰他的朋友给培养出来的，这些朋友来的时候通常都会拿几瓶好酒。他曾经一直是很苗条的，但是现在尽管一直做运动，也还是一直在长胖。大多数时候，他都会熬夜到很晚，通常到早上四五点钟，然后睡到下午一点。2014 年 3 月末的时候，一位 CNNMoney 的记者发了封邮件给他，询问是否能够和他坐下来谈一谈，但是 Charlie 之前已经几乎不跟任何人说话了。就在一个月前，他还侃侃而谈，认为对他的指控一定会失败。而现在，他境况的严重性给了他无穷的压力。

让他更加沮丧的是，他的女友 Courtney 不在他身边。因为不断被媒体骚扰，在 Charlie 被逮捕后又无法独自支付市中心公寓的房租，Courtney

搬回了宾州的约克和妈妈一起居住，那里也是她长大的地方。Charlie 决心维持和女友的这段关系，他们经常联系，Charlie 会给 Courtney 写歌，视频聊天时还会弹吉他唱给她听。每天晚上，他们都会在 Skype 上一起看视频。黄金时间一档叫《Scandal》的肥皂剧是他们两人的最爱。Charlie 紧紧地依靠着他的女友，除此之外再无其他人会无条件支持他。除了去见律师，他被禁止去任何地方，也跟曼哈顿的奢侈生活再无关系，他要求得到 FBI 的批准——就像他在一首歌中讽刺的一样——让他能离开这间房子。

在他的监禁处之外，他曾经帮助建立的比特币世界在没有他的情况下，以一种奇怪而预想不到的方式发展着。加密货币中涌现了数十种新的替代币，它们都是比特币和莱特币的克隆体，最多有点细小的差别。这些币一出现，人们就开始挖矿，并在 24 小时运营的网络交易站里面买卖。通常来说，这种行为等同于“哄抬股价，逢高卖出”的伎俩——也就是在一段时间内大量交易替代币，从而将其价格抬高，当价格高到能让抬高者赚取利润时再卖出去。而那些没有入局的投资者，就会亏损。当这种伎俩出现在股票中时，证券交易委员会认为它是一种非法欺诈行为，但是当时在另外一个数字货币的世界中，就几乎不存在对此的规定，甚至更不用说规定的执行问题了。虽然现在很多人已经熟悉了这个伎俩，但是在《华尔街之狼》中描绘的那种电话销售的欺诈已经过时了。互联网的兴起及随之而来的社交网络的发展，如 Facebook 和 Twitter，使诈骗犯更容易蛊惑大量受众。

在最严肃的比特币提倡者的眼里，替代币简直臭名昭著。比特币当然是给世界带来了一些新的元素，而且作为一种货币的形式，它本身的价值及支付系统都赋予了它价值。但是人们却可以简单地靠复制比特币，并稍加改变就创造一种持久的数码财富。这件事很荒谬，甚至很多货币爱好者认为，没有任何理由能让他们去投资比特币；毕竟为什么不就使用比特币呢？为什么要为了局外人而混淆这两个本质不同的事物呢？Eric Posner 在 Goldman Sachs 对于比特币的报告中表达了另外一种担忧，如果比特币成功地成为一种广泛使用的货币，那么它可能因为与之竞争的替代币的兴起，而成为自己成功的牺牲品。“如果这些替代币能与比特币互相竞争”，Posner 说道，“那我们就不得不接受国内面临的价格波动和汇率风险，会和我们现在在海外交易中的一样了”。

但是替代币几乎不可能挑战比特币的统治地位。Charlie 曾经在 Auroracoin 上试了一次，这个替代币是为了成为冰岛的国家秘密货币而被设计出来的，结果栽了一个大跟头。在替代币传播到数千名冰岛市民中后，Auroracoin 的价格突然在一天之内损失了一半，所以他现在只投资比特币；事实上，他刚刚才购买了更多比特币，因为外国政府会压制比特币的消息，人为地打压了价格，但这不是仅有的关于此事的外国新闻。俄罗斯入侵了克里米亚，精英黑客为此发动了代理战争；乌克兰和俄罗斯的政府网站都被黑掉了。这也让 Charlie 想起了往日他和 Casi、Polynomial 及其他同伴一起奔跑的日子，一起和其他黑客团体进行争夺领土的日子。

在另外一场战争中，战斗双方已经火力全开——这是一场私人同样也变得更加公众化的战争，其中一边是充满自由主义的比特币早期使用者，另外一方则是野心勃勃希望通过比特币赚钱的商人。Marc Andreessen 是第二方人中最显眼，也最能言善辩的一位，他十分清楚地表达了自己的立场。“我们喜欢边缘技术”，他说道，“但是我们不喜欢边缘政治”。另外一群不久前才听说这种技术，但是又丝毫不了解它的评论员，却从一个旁观者的角度为此事火上浇油。换句话说，比特币现在树大招风，足够吸引那些仇恨者了。

Paul Krugman 在获得诺贝尔经济学奖很久之前，就已经在纽约时报社论上声名显赫了。那些社论中，他对民主党表达了悲观科学中的善意，同时也针对共和党，并且只针对共和党，想在其中寻找那些破坏社会的种子。他现在极度怀疑比特币是否是一种储存价值的手段，而且更怀疑能否从它身上获取任何社会福利，如果它能做到这点。在一个专栏里他论述道，比特币的价格并不是建立在真正的基石之上的，而且如果说它作为一种交换媒介是有用的，以此来回答那些关于其稳定性的疑问，那就有点骗人的意思了。

对此持有怀疑态度的，不仅是他一个人。Charles Stross 是其中措辞最为强硬的反对者之一，他是一名英国的科幻小说家，Krugman 曾经在有关经济学的问题上提到过他。Charles Stross 说他想让比特币在火焰中灭亡。后来在一篇提到他看法的文章中，VICE Media's Motherboard 的科技博客把他误认为一名经济学家。"比特币看起来像是被设计成一个武器，用这把武器中透露的自由主义的政治想法，来摧毁中央银行和发行货币的银行"。Stross 写道。对于任何读过他小说的人来说，他反对比特币并不是件令人惊讶的事情。2001 年他具有突破性的中篇小说《龙虾》讲述了一位在环球旅行的利他主义冒险者的英勇事迹。这位利他主义冒险者和风险投资者是相反的一类人，前者在追寻后稀缺社会中，用自己的时间想出了价值数亿美元的点子，然后又把这些点子送给其他人。Stross 的言论中有一种"拿走你的蛋糕，还把它吃完"的特质，而这种特质 Andreas Antonopoulos 也在众多反比特币的观点中看见过：一方面，这种所谓的加密货币是疯狂的，而且永远不会起什么作用，任何一天它都可能像流星一般消失不见；另一方面，它会毁灭我们所依靠的现行系统。Stross 写道："如果比特币的价格继续高涨，那么它会严重地损害我们稳定的统治，更不用说会损害我们再分配的税收系统，以及社会保障/退休网络了。它好像设计出来，就是要这么做的一样。"在这些批评的浪潮中，人们也可以听到比特币自由主义支持者的声音。对于他们的新型货币，这些支持者只想做 Stross 恐惧的事情；并且人们也可以想象到 Erik Voorhees 会对大部分人都在做无用功的言论摇头不已。

不管 Charlie Shrem 站在哪一边，他都不可能加入论战中。在他的生活中，他只能体会别人的感受。3 月下旬，Cody Wilson 来到纽约，并参加了现代艺术博物馆里关于 3D 打印武器的讨论会。在这场讨论会中，他仍然坚持己见，认为信息即使是难觅踪影的武器的图纸，都需要变成免费；另外他还道歉，他之前和 Amir Taaki 及其他人合作的比特币项目 Dark Wallet，是一个洗钱的工具。他这番话看起来让监管者最大的担忧成了现实——Charlie 渴望得到关于他的消息，并且更希望得到像 Cody Wilson 这样的人对他做出的评价。Wilson 说，当你们想在规则旁走钢丝时，Charlie 的事情是值得你们警惕的。

“在某种意义上，他讲的没错”。听到 Wilson 的言论后，Charlie 说道，但是他仍然认为不管是在字面上，还是在私底下，大规模地蔑视法律都是不可取的。他并不想和政府监管者一路对抗到底。“跟他们合作，是一种两害相权取其轻的做法。我们没有其他选择。我不想坐牢，所以我觉得合作是正确的。”如果他不是可能面临数十年的牢狱之灾，如果他仍然在 Bitcoin Foudation 的董事会中占有一席之地，他可能会推动比特币和政府管理者之间更大的合作；或者从另外一个方面来说，他可能也会随意站在 Cody Wilson 的队伍里。事实是，现在 Charlie 的公司没了，被困在父母的房子里出不去，已经是一个局外人了。然而，4 月因为臭名昭著的 Amir Taaki，这场战火烧到了他家门口。

Charlie 之前是把成为一名法外之徒的事当成儿戏，但是 Taaki 却是真的在犯罪：他私自占有了一间房子，之前他是名流浪汉，而且也不像 Roger 和 Charlie 一样，他即使是在玩扑克牌赌钱的那段日子里，也都没有富裕过。甚至在完全展现了他作为程序员的技能，并成长为公司中位高权重的人物之后，Amir Taaki 也仍然保留着诗人的那种暴烈、热情并且多变的灵魂。也正因为如此，再加上他对开源软件的执着，导致他陷入了 Bitcoinica 的泥潭中，让他成了大部分比特币社区中的过街老鼠。

他曾经是思想特别保守的人。2014年4月，他第一次来到美国纽约时，他专门拜访了处于危急关头的Charlie Shrem。他不停地在市中心穿梭，嘲讽着看见的所有事物，说道："忘掉那些欧洲的小村庄吧，我现在是在灯红酒绿的大城市里了。这里是"大苹果"——纽约啊！这里是勇者的家乡！我们现在是它力量的一部分了。我们成功了"，他对他旁边的女孩说道，这位女孩笑得跟打嗝似的，她愿意尝试任何事情。"我不再是欧洲的泥腿子了，我现在是美国富佬了！"他开始唱起了歌："喔，我是多么热爱美国，至少在这里我是自由的……"

2014年4月19日，星期六，Amir穿着不变的红色裤子，蓝色T恤，伤痕累累的机车靴，以及连穿了好几天、还褪了色的灰色连帽衫，出现在了Charlie的家里。他下巴和脖子上的胡须四处张扬着，蓬乱的发型向后梳成了一条辫子。与他同行的金发女孩是一位无政府主义的追星族，是Amir来纽约之前，在多伦多的比特币会议上碰见的，不过Amir对她基本不了解。她想为她的YouTube频道录一个视频，不过当时有一个问题：他们拜访的时间撞上了逾越节，过节期间是禁用电子产品的。

Charlie的父母严格遵守了教规，在家中营造了一股肃穆的气氛，但是Charlie本人却不是如此。在逾越节中，他继续使用手机，而他的父母因为宗教传统而关闭了手机。另外还有一个麻烦，他带来的金发女孩不仅不是犹太人，而且年龄还比他大几岁，他的父母想让他和犹太女孩约会。"我讨厌我父母"，那年春天，他懊恼地说道，但是他又尊重父母对于客人的要求；逾越节中，他禁止在家里有任何形式的摄影。这个消息让Amir Taaki和他的同伴很惊讶。Amir抱怨道："现在应该把宗教的事放一边才对。"但是很明显，在Shrem家人的眼里，一个Youtube视频的重要性没有这两位年轻的无政府主义者眼里的事情重要性大。最终他们不得不放弃了摄像的想法。

他们走到门廊前，因为温暖的4月，气温达到了21℃，他们席地而坐，沐浴在阳光里，嘴里吃着零食。这些都是事先做好了，可以直接吃的食物，因为在逾越节做饭也被认为是一项工作，是要被禁止的。穿着得体的犹太人，怡然地从人行道上走过，前院当中的樱桃树也繁花似锦。天气已经回暖，Charlie 珍惜每一分钟能待在外面的时间。几天前的一个晚上，因为要参加宗教仪式，他被特批能和家人们一起去犹太教堂做晚礼拜。他在礼拜时想到，尽管他并没有什么自由好庆祝，但至少他现在没有被关在监狱里。

用 Charlie 自己的话来说，他和 Amir Taaki 见面的场景很奇怪，有点像以色列总理和沙特阿拉伯首相一起去看棒球比赛，还坐在一起聊天。像往常一样，Charlie 把裤管下面的电子追踪脚环露了出来。看到脚环时，Amir 几乎用崇拜的语气说道："这真是个特殊的东西"，他说因为他在英国的违规活动，令他不能再回英国了，而 Charlie 现在又是一个真正的国家公敌，因此他对 Charlie 产生了新的敬意。与当年为了让主流社会接受比特币，而在 BitInstant 担任 CEO、在 Bitcoin Foundation 担任董事时的感受相比，Charlie 的想法可能更与 Amir 无政府主义的感情相贴合。

自从被逮捕之后，Charlie 针对比特币计划的理念基础，做出了深入的思考。对那些接受了比特币最基本含义的人而言，其中一项奠基式的文件是 1993 年 Earic Hughes 写的《加密者宣言》（*Cypherpunk's Manifesto*）。这份文件中的某些部分，Charlie 都能够默写出来。Hughes 写道："我们是一群加密者，致力于缔造匿名系统，并使用密码、匿名邮件发送系统、数字签名及电子货币来保护我们的隐私。"而 Amir Taaki 也致力于这项工作。在 Dark Wallet 项目中，他和 Cody Wilson 是最显眼的两位参与者。这个项目是一个开源并且加密的比特币钱包，能直接插入谷歌浏览器中，所有人都能使用，十分简单。这个软件使用 CoinJoin 协议，这是其关键的一次创新，因为它能把众多使用者交易中的比特币混合在一起，然后就像洗牌一样把它们打乱，这样就很难判定这些比特币来自哪里了。就像 Tor 网络能够对用户的网页流量进行伪装一样，凭借 Dark Wallet，用户也能用比之前更隐秘的方式来发送并收取比特币。Nic Cary 自己也使用 CoinJoin 协议，不过他有一个无伤大雅的原因——他要隐藏给 Blockchain 员工发工资的来源，因为如果他们知道了工资是从哪个比特币地址发出来的，那么他们就能够知道公司一共持有多少资金了。然而，Amir Taaki 并不满足于只提供一种能匿名地储藏、发送与接收数字货币的方式，他还力图提供一个能秘密花掉这些钱的场所。在他来到纽约之前，他参加了多伦多会议中的黑客马拉松聚会。在聚会上，他和另外两位开发者提出了一个网络市场的原型，并赢得了 2 万美元的一等奖，这个原型超越了“线上交易网站”，是一个革命性的进展。事实上，DarkMarket 是完全基于点对点方式运转的，其内没有中央服务器可被没收，法律执行部门也找不到单一的目标来调查；它之于“线上交易网站”就好比 BitTorrent 之于 Napster：它是一个去中心化的系统，因此相较之前在法律行动方面不堪一击的开创性服务，它能更稳定地运转。如果要关闭 DarkMarket，调查员必须要逮捕每个买家和卖家。用 Amir Taaki 的话来说，这个市场就如一条九头蛇般，它的头是砍不完的。在他的黑客马拉松陈述上，他对自己的聪明才智感到很得意：“科技是一种力量，在争取自由的斗争中，我们已经打开了一个新的前线地带……科技并不是，而且永远都不会是中立的。软件是一种艺术。”

然而，不管 Amir 的工作给 Charlie 留下了多么深的印象，Charlie 是一位企业家，而不是一位艺术家。他看见 Amir 选了一条他本可以选，但没有选择的道路；他对 Amir 的尊敬，是一位商人对改革者的尊敬：“Amir 有各种机会赚钱，但是他参与进来不是为了钱，也不是为了名声，而是为了未来。”（尽管在这个过程中，确实也赚了一些钱。）谈到 Dark Wallet 的团队，Amir 说道：“我们有很多富有的朋友，他们相信我们正在做的事业，因为 Dark Wallet 能起到巨大的社会效用。”但是 Charlie 现在反过来却成了过街老鼠，同时他发现自己与无政府主义者居然有了相同的目标；虽然 Charlie 正受联邦政府的指控，但 Amir 却是一个自由人，这件事是特别具有讽刺意味的，却没有给 Charlie 造成困扰。

但是，在最早一批使用比特币的人中，他并不是唯一的“阵亡人员”。Erik Voorhees 现在也在接受 SEC 的调查，因为他销售了 SatoshiDice 的股份——一种未注册的证券。因为自己官司缠身，Erik 现在对待他的旧老板就仿佛对待核辐射一样。Charlie 和 Amir 说：“我给他发 Skype 信息，但他的反应是‘你好 Charlie，你要跟我说的所有话，请先跟我的律师说。’”

但是 Erik 和他的未婚妻 Michelle 正在计划参加下周三的 Tribeca 电影节，并观看一部关于比特币的纪录片首映式。在这部电影中，Charlie 和 BitInstant 扮演了极其重要的角色。因此，Charlie 为了参加首映式专门穿了黑西装、乐福鞋、打了灰色领带，逼迫一些观众把座位让给他和他的小随从，并声称这部纪录片是“我的电影”。Charlie 得到了特殊的批准，能够出席这场首映式。不过他坦白道：“我不知道要怎么跟他说话。”

Charlie 和 Erik 可能并不是真正的法外之徒，不过他们的确是开拓者和极端主义分子，但是在法律的眼里，这两者没有区别。

但是现在，Charlie 把脑海中阴暗的想法都清除了出去。尽管被逮捕之后，他就陷入了深深的忧郁当中（如此沉痛，以至于 Thomas Holzinger 提着一箱伏特加，专程飞到纽约，想让他高兴起来），但是过了几周之后，他活泼开朗的天性又重新掌握了主动权。为了让自己的头脑保持清醒，他免费为所有询问他问题的人提供咨询服务，并再次开始玩弄起了谋略。他萌生了一个开一家 24 小时网络电视公司的念头，让这家电视公司播放比特币编程节目，并且把入口放在他拥有的网站（watchbitcoin.com）里。另外，他还开始为一家新的网上扑克网站写代码。

“这就是我的想法，你准备参与进来吗？”他对 Amir 说道，他知道他一定会有兴趣的。“这个网站会拥有最简洁的设计——你只需要进入网站，并且和一个人进行匹配，网站不需要注册，也不需要列出牌桌；只有你和其他人。你得到一个牌局，一个二维码，然后不需要其他确认过程，只要把你的比特币充进去就好：然后系统就会轮流给你和对方发牌，接着你要么赢，要么输，要么单击'和新玩家匹配'——就这些，这是一个极简主义的扑克网站。"

他们一起讨论了在比特币网确认交易之前，就把资金打入使用者账户的风险，因为使用者可能会通过重复消费比特币，对网站进行欺诈。但是每次依赖欺诈获得的数字货币是极少的，Charlie 不想给人们任何动机去欺骗系统。"不管怎样，这只是我的一个想法，但是要实现只需要很少的资金"，他说道，"如对一名开发者而言，我认为只需要花 2000 美元就可以让它运转起来"。

他又有了另外一个想法——应该把 Amir 推荐给他的演讲代理人，让这位变节的程序员能从居无定所的生活中，赚取一些钱财。Charlie 说，这位代理人已经为他预订了来年 Webwinkel Vakdagen 会议中的一段演讲时间，这个会议跟他当时回国被逮捕前，在荷兰参与的会议是一样的。尽管他未来有没有自由还不确定，会议组织者也立马把他的时间段安排了进去，而作为交换，Charlie 也没有在费用方面计较；他第一次开会时赚的 20000 美元足够应付了。

另外一个需要分享的信息是：Charlie 开始在一家拥有 1000 万名用户的跨国支付公司 Payza 中，担任付费咨询师。就像更大型的 Paypal 公司，Payza 能为客户提供储存资金的电子钱包。就像 Charlie 所说，其公司的高管越来越意识到"全互联网的人们，都在用自己的钱包系统来买卖比特币"。例如，某人在 Payza 中有 100 美元，他会把这 100 美元打入另一个人的 Payza 钱包账户，来交换相等价值的比特币。Payza 的高管看到了一次良机：如果用户间有使用比特币的需求，那为什么不让他们直接用 Payza 来购买比特币呢？所以他们就雇佣了 Charlie，让他来提供建议，告诉他们怎样更好地把比特币融入他们的企业中。

“这是一件很简单的事情，因为他们已经有了周密的防欺诈系统，也在 100 个国家中有了像 Coinbase 一般的借方，还能进行电汇——他们肯定会火起来”。Charlie 充满信心地说道。“他们做这行已经有 10 年了，知道该怎么管理事情，他们将成为欧洲的 Coinbase”，他又补充道。事实上，Payza 的网络范围远远超过了欧洲，已经铺展到超过 190 个国家，其中包括像孟加拉国这样的次等市场。孟加拉国的比特币：这是一件需要沉思的事情。

两个月后，当传言说 Charlie 将加入 Payza 时，这家公司尽管称赞他精通比特币市场的知识，但是也很谨慎地提到它基于有限的参与度，为他的职能设定了具体的范围。（毕竟他还可能会坐牢。）合约确定了 3 个月的工作期，Charlie 每个月可以获得 5000 美元的报酬。他告诉记者，他可以在被软禁的条件下，赚取很多钱财。而且他仍然将在传播比特币方面，扮演重要的角色，他是不知疲倦的。常言道，美国人的生命中没有第二幕，不过现在 Charlie 想试试这是不是真的。

与此同时，Amir Taaki 有其他打算。他议程上最重要的是：他要去拜访奥斯丁的 Cody Wilson，那里也是他的公司 Defense Distributed 的总部。他兴冲冲地跟 Charlie 说道：“我准备去得克萨斯，打几把枪——砰砰砰！玩一些塑料的，我会发一些照片给你看的，怎么样？”

CHAPTER 11

货币网络

官僚主义并不是凑巧在改革之后出现的，它其实是被该死的改革孕育出来的。

——尼古拉斯·戈麦斯·达维拉

2014 年的整个春天，Blockchain 一直在发展壮大，不曾停歇。3 月，它宣布收购了一家新的企业：RTBTC。这是一家以网络为基础的交易平台，它渴望发展成一站式平台，希望把股票、债券和商品中的严谨性和复杂性，也带到严肃的比特币交易者中。几个月以来，RTBTC 的创建者 Clark Moody 一直都在跟 ZeroBlock 的共同创始人 Dan Held 保持通信，他们商谈了把他们的产品融合到一起的可能性。这样对双方都有很好的协同效应，是一件互利互惠的事情。ZeroBlock 的实时消息和市场数据令其成为了评分最高，也最受好评的比特币应用软件，但是同时，这个优势也能提高 RTBTC 交易平台的吸引力，让使用者能接触到市场走势的信息。他们甚至还幻想做出一款手机应用软件，让用户能在途中随时交易。

Nic Cary 想把平台打造成比特币的电子交易平台，并希望能减少价格波动，鼓励交易者更积极踊跃地参与其中。他也想稳固并强化比特币经济，使之发展成和普通货币一样的经济体，让其本身变成一种生态系统。但是随着收购而来的，还有一系列挑战。从 2013 年 7 月 RTBTC 成立的那天开始，到 2014 年 1 月，平台上一共进行了价值 15000 万美元的交易，但是从那以后，其发展速度就变得平缓了。Moody 只得跟另外两家交易站 Bitstamp 和 Mt. Gox 建立合作关系，不过 Mt. Gox 后来也关闭了。作为一家一站式的跨交易平台，如果它只跟 Bitstamp 有合作，那么大众就没有什么理由选择使用它了。Held 和 Moody 之前因为收购而加入了 Blockchain，他们深知需要签下更多交易站。可能说服第二家交易站，让其签订合作是比较难的，但是对于第三家和第四家就会比较简单了。后来他们把目光放在了 BTC 中国身上，但它现在是世界最大的比特币交易站。在这个站点中，用户每月会被收取 20 美元的费用；如果 Nic 的交易平台能把足够的商业引流过去，向其证明自己的价值，那么他希望能够从这个交易站的收入中抽取 1%的佣金。

他们从来不奢望能把 BTC 中国收为囊中之物，但是他们的尝试是很有启迪意义的。那些天，Blockchain 的员工工作起来很疯狂。感谢 Nic Cary，人们能够明白公司的雄心壮志：只有使用它的产品，人们才能够买卖比特币，安全地把它们储存起来，并且把它当成一种支付方式，而且人们还能够追踪不同大型交易站上的价格，一直站在产业新闻的最前沿。很快在很多地方，人们就能消费数字货币了。4 月，Nic 把所有产品整合到了一起，并且签署了一项协议，租下了 bitcoin.com 的域名，一共租了 5 年。这个域名之前的主人是 TradeHill，但是这家公司在 2012 年 2 月倒闭了，不得不放弃了这个网址。最近它又曾属于 Coinbase，为它输送客户流量，不过现在它是 Blockchain 的了。

Nic 几周后说："bitcoin.com 是域名中的一朵仙葩，就像他人为了赚取未来的财富，而买下 sex.com 一样。" 2010 年，sex.com 的购买价是 1300 万美元，创下了互联网域名的最高价格纪录。他很早就意识到了一个好的域名的价值。他还是个少年时，当时正处于互联网淘金热，他的一位朋友买下了所有你能说的最难听的字眼，然后他把这些域名都卖了。他朋友的做法有点像买下第二个住所，但是目的只是赚钱。

Blockchain 的影响范围是极其巨大的，它囊括了：全世界最受欢迎的比特币网站，能为区块链提供搜索服务，而其本身也是一个数据宝库；

最大的比特币网络钱包，其用户多达 1500 万人；ZeroBlock，一款能提供实时市场数据及聚合产业新闻的移动软件；还有一家加密货币交易平台。Nic 现在畅想着，把这些不同部分安装到我们的母舰——bitcoin.com 上，而且在这个网站上，他还能够通过卖广告来赚钱。blockchain 为用户提供的钱包服务及商业软件都是免费的；而付费广告则能在公司不需要风险投资的情况下，给公司提供足够的资金。Nic 说道："对我们而言，流量及曝光率就代表着钱。"

到了 3 月初，Blockchain 有 20 名员工。事实上，Nic 并购其他公司的原因很简单，那就是要得到那些已经熟悉比特币的员工，因为要让一名对比特币缺乏了解的工程师加快工作速度，要花的时间太长了。新员工中最大牌的就是 COO Peter Smith。他是一名像 Roger 一样的自愿主义者，曾说自己可能没 Roger 那么激进，但是也相差不多。在他睡眼惺忪的眼睛和一成不变的讲话风格的背后，隐藏的是他敏锐的头脑，以及当他不高兴时更加咄咄逼人的语气。他的背景不是特别清晰：据 Peter 所说，他之前在非洲及新加坡待了一段时间，然后又回来待了几年，在经历了一个主要的清算事件后，他就变得衣食无忧了。现在他正在寻找新的挑战，而 Blockchain 就是他要寻找的。Nic 挖苦地说道："他现在的工作很具挑战性，他还要再长长见识。"Peter 要准备从公司的最高层次，往下负责监管公司的软件项目、法律事务及企业发展方面的问题。

一些员工认为 Nic 把太多责任过早地转交给了 Peter，但是 Nic 却很乐意这么做。要管理分布在全球各地的员工团队，是很有挑战的。时差使协同工作很困难，缺乏面对面的互动交流也是如此。Peter 大部分时间都待在纽约，而 Nic Cary 和 Ben Reeves 在约克，Bill Hill 住在巴黎，技术部门总监 Changpeng Zhao 则待在了东京。为了互相沟通，他们使用了 Skype 和 Google Hangouts 等软件，不分昼夜地发送电子邮件。而 Blockchain 的近 20 位员工也都对比特币怀有极大热情，他们愿意加班加点地工作，而且如果需要的话，也愿意牺牲自己的时间来完成任务。然而，即使不需要再微调他们的工作，也很难使他们向一个共同的目标前进。Nic 认为，他们肯定需要把劳动力都拧成一股绳，在过年前把所有精力都投入一个或数个中心目标上。

Nic 做事极有条理，而这也是他管理混乱局面的诀窍。随着时间的流逝，你可以像 Roger Ver 在 2011 年春天做的一样，阅读市面上能找到的所有关于比特币的资料。但是即使只读标题，也要花掉一整天的时间。而 Nic 则做了一个电子表格，其内记录了所有即将到来的，跟电子货币、支付产业及银行未来有关的会议时间，上面还加了标记，标明了哪位员工应该去参加哪项会议。Nic 自己准备参加阿姆斯特丹 5 月的会议，不过他对那些盛大会议并不是很积极，之前每次看到的都是熟面孔，他喜欢参加一些草根聚会，如去年 12 月，他曾经在布宜诺斯艾利斯参加会议。他认为，阿根廷将成为比特币的一片沃土。毕竟这个国家在没有摧毁它经济的情况下，创造了一个宗教。

他在机场花了大量时间。3 月初，当他晚上飞往智利的首都圣地亚哥时，他感觉身体好像穿越了几十个时区。时差对他来说不再是一个来了又会消失的东西，它变成了一种常态，他几乎时刻处于在线状态；对他来说，想在生活和工作中取得平衡已经变成了白日做梦。在过去的一个月中，他从纽约跑到华盛顿，从华盛顿跑到温哥华，然后又去了西雅图，从西雅图跑到雷克雅未克，从雷克雅未克又到巴黎，再从巴黎到了尼斯。从那里他乘直升机飞到摩纳哥，然后乘飞机去了伦敦，在伦敦他又登上东海岸干线的火车，前往纽卡斯尔和爱丁堡。从约克离开后，他跟 Ben Reeves 取得了联系，不过很快他又再次坐上飞机，绕了一大圈，飞完了最后一程回到纽约，然后在 Atlantic Media 的 New York Ideas 论坛上做了演讲，接着又准备途经多伦多，长途跋涉到圣地亚哥。旅途中，他几乎没有一点自由支配的时间，只有在尼斯，他通过 9flats.com（一个类似 Airbnb，但是接受比特币支付的网站）租了一间公寓后，他才得到了喘息之机。午夜他爬上床铺之后，想着第二天休息一下，晒晒太阳。但是他一觉就睡了 17 个小时，当他醒来时，已经是下午了。他空着肚子跑了会儿步，然后沿着人行道散步，找了一家比较好的餐馆吃晚饭，这也是他一天中的第一顿饭。他大口吃着牛排，尝着肉酱，对他来说，这真是一个奢侈的时刻。

可以想象他的老导师会说什么：上帝啊，你认为要去做一些不那么有压力的事情，而你却选择了这辈子中最有压力的事情。对此，除了害怕无聊，他并没有其他答案。此外，这也是一个千载难逢的机会，他能去做一些能真正改变世界的事情，所以这值得他付出最大的努力去为之奋斗。

但是那个春天，也不是所有的事情都很顺利。3 月，超过 3 家比特币公司被黑客袭击，损失了数以千计的比特币。在 Mt. Gox 倒闭后的一周内，成立于 2011 年的 Alberta-based Flexcoin 是第一家被袭击的公司，这家公司被称为比特币银行，旨在简化比特币的储存和转移环节。2014 年 3 月 2 日，一位黑客入侵了它的热钱包，并盗走了全部比特币：当时价值 62 万美元的 896 比特币。热钱包因为与互联网相联，容易受到入侵，但是公司的官方解释是黑客利用了网站代码的弱点，而这个代码是控制 Flexcoin 用户之间转账用的。通过同时发起数千次转账请求，黑客使系统处于过载状态，并且在系统发现账户已变成赤字之前，他就迅速透支了这些账户。那些额外支付 0.5%费用的客户，把他们的比特币放进了 Flexcoin 的冷藏库（通常是一些专门防止这种入侵发生的离线硬盘）中，这些人的比特币毫发无损，不过那些损失了资金的人，就没这么好运了。Flexcoin 拒绝补偿这些存款人——事实上，根据规则，服务条款中也免除了它对损失比特币的责任。这家公司抗议道，它没有资源、资产或其他方式来偿还这些损失，并宣布将即刻关闭入口，把安全保存在冷藏库中的比特币重新返还给客户。

3 月 4 日，就在 MT. Gox 倒闭，Flexcoin 宣布所有热钱包失窃一周之后，一家叫 Poloniex 的小型加密货币交易站也遭受了黑客袭击。在袭击中，它损失了 12.3%的资金，加起来共 76.69 比特币，当时价值约 50000 美元。黑客使用了与袭击 Flexcoin 相似的手段，但是 Poloniex 的安保措施防止所有的钱被洗劫一空；因为黑客不同寻常的提款行为触发了防卫机制，冻结了受影响的账户。这家交易站的创始人 Tristan D'Agosta 对此做出了回应，他暂时降低了所有客户的存款（达 12.3%），因为他认为如果采用其他措施，那么客户都将逃离这家交易站。因为所有人的资金都是汇集到一起的，所以那些首先提取资金的人会毫发无损，但是那些最后提取的人，将血本无归。不过他记录了客户之前的存款，并且承诺会用交易费，甚至是自己的存款，来逐渐补偿客户的损失。D'Agosta 写道：“我将承担所有责任，我会捐出自己的一些钱财，而且在还完债之前，我不会从中赚取一分钱。”

Poloniex 成立还不足两个月，不过它是一个与众不同的交易平台。大量的新型加密货币在这个平台上突然出现，又突然消失，每种看起来都有自己的特点，每种都有自己的一套传播和挖矿方法，以及要占领的市场，如 PotCoin、LoveCoin、WolfCoin 等。但是不像比特币可以用来兑换美元，这些替代币是为了交易成比特币，然后在其他地方再兑换成美元；另外因为这些替代币在刚出现时，它们的价格波动是极其巨大的——就像让 Charlie 懊恼不已的 Auroracoin 一样——所以它们的利益相应地是极其巨大的。如果折合成比特币或者美元，大多数替代币都是分文不值的，但是就像便士股票一样，即便是价格上最细微的上涨，也会给主要投资者带来很多红利，这就好像你拥有 1000 万股的股票，然后股票的价格从 0.01 美元上涨到 0.02 美元，那么你得到的净利润就会达到 10 万美元。

Poloniex 不可能是这个星球上，唯一的此种类型的交易站。人们不可能呆呆地坐在计算机前，看着价值数百万的电子货币在一家网上交易站中就这么被交易，而且这家交易站还是一天 24 小时、一周 7 天不停歇地运转，并且人们还能够从这个星球的任何一个角落登录这个交易站。就在这个过程中，那些虚幻的财富，就随心所欲地被转化成了法定货币。此时此刻，所有人都会见证这个真正自由市场中令人恐怖的魅力，这可能是世界上第一个名副其实的全球市场。

既然加密货币时代已经来临，对于货币的历史而言，这似乎是一个逻辑的发展过程，甚至是一个终结点。电子货币的出现，引发了上一次货币革新；而在此之前，则是金本位制度的终结，这也是一道分水岭——纸币失去了它的内在价值，变成了一张张废纸。而替代币除了它们的代码，没有什么值得人们在意的特点，它只不过是比特币的复制品，很少有开发者会支持它，人们很难大规模地接受它，但尽管如此，它是更加缥缈空灵的一件事物。它有价值，是因为有足够的人认为——在此刻——它有价值。在一个替代币的市场中，你会发现，人们对某个特定的加密货币的热情会猛增——可能会持续好几天或者好几个小时；你会看见，当它的价格上涨时，人们的欲望也随之上涨，一瞬间就会吞没数千比特币，制造出各种激动人心的赚钱故事。但是之后，人们高昂的兴趣慢慢平息下来，替代币的价格也开始下滑，恐慌开始在人群中侵袭，导致人们大量售卖那些有害且价格过于膨胀的资产——但为什么在价格膨胀之前，人们没发现这点呢？与此同时，有少数风险家是特别聪明的，他们等待着，想从那些可怜虫手中以极低的价格大捞一笔，因为这些可怜虫之前买入的价格太高了，而且没能及时脱手。人们嘲笑这些不幸的人，给他们取了一个绰号，叫麻袋夹持器，还觉得这个外号很适合他们。而这些倒霉蛋也在求神拜佛，希望下轮会大获丰收。就像早期的革命一样，体现在价格方面的巨变通常是不可逆转的。

在前 4 年，比特币使用者愤发图强，希望能被严肃对待，并且现在也仍然在奋斗；其中很多人都想尽可能远离替代币，认为它们是加密货币世界中的老鼠屎。但是，比特币交易站也容易遭受盗窃。在 Mt. Gox 倒闭之后，这点已经显而易见了，然而黑客对波兰顶尖交易站 Bitcurex 的袭击，让人们更清楚地意识到了这点。2014 年 3 月 14 日的早晨，交易站热钱包的一些比特币被交换出去之后，其内的交易都被终止了。尽管有 10%～20%的资金被偷窃——冷藏库中的比特币和法定货币存款没有受到损失——但是 Bitcurex 的团队就像 Poloniex 的 Tristan D'Agosta 一样，成功地阻止了潜在的大规模地比特币盗窃。事实上，相比其他的偷窃灾难，Bitcurex 做的可谓是令人振奋的。交易站系统注意到正在遭受袭击的一瞬间，自动安全程序就强势介入，阻止黑客完成更多未授权交易。管理员关闭了系统，并修复、改进了安保措施。一周内，Bitcurex 又重新恢复了运营，它的母公司弥补了所有损失——在一个政府机构不确保资金安全的行业中，这是一个很有必要的解决方案。

但即使如此，因为频发的盗窃案，使很多地方的人们变得十分悲观。这就好像 Mt. Gox 的崩塌，吹响了黑客进攻比特币产业的号角一样。如果持有客户资金的公司会像一家被醉汉守卫的银行一样，被轻易打翻在地，那么即便比特币优于其他电子货币，又有何用？媒体人和普通大众几乎不了解计算机安全方面的知识，他们很难区分一家管理良好的公司与一家管理糟糕的公司——或者区分像 Mt. Gox 一样的灾难，还是像 Bitcurex 一样的灾害。于是比特币价格开始剧烈滑坡，从 3 月初的平均 680 美元——偶尔巅峰会攀升至 700 美元以上——下降到了 4 月初的 400 美元以下，甚至短期坠落到了 340 美元。

对于 Nic Cary 而言，这些盗窃案更让他下定决心，要建立属于 Blockchain 自己的安全措施。让 Blockchain 的员工无法接触客户资金，同样的道理，黑客也不可能通过 Blockchain 的系统接触这些钱。不管钱包所有人采取了什么安全防护措施，系统展现在黑客眼前的是数以万计的小型目标，而不是一个单独的高价值目标——公司本身（对于潜在的黑客而言，这就相当于一次一个地洗劫 100 万人，而不是直接抢劫一个银行）。这是一个针对不完美世界中的残酷现实而设计出的系统。“当公司托管客户资金时，我们一次又一次地看到相同的事件上演：要么因为公司员工是恶棍，他们直接卷跑了资金；要么就是公司被黑客袭击了，因为没有一家小型公司——甚至是大型团队或者是资金充足的团队，能够战胜动力充足、狡猾而又通力合作的黑客军团。”Nic 说道：“你是不可能打败他们的，最终一定会让他们得手。”后来越来越多的黑客成功袭击了像 Target 一样的大型零售商，他们的行动似乎证明了他的观点，就如 Flexcoin 的自白书中说的一样：“Flexcoin 做了所有能做的措施，来尽可能确保我们服务器的安全，我们也定期对服务器进行测试。在公司成立的 3 年中，我们成功抵御了数千次袭击，但最终我们还是输了。”

但是即使发生了这么多事情，Nic Cary 仍然对比特币有信心。不管发生什么，比特币都不可能变得分毫不值；可能之前它的价值会变成零，但是现在不会了。而且法定货币面临的情况更加糟糕，已经退出流通的津巴布韦币，从收藏的角度来说，还具有一定价值；纳粹德国倒台之后，德国马克的购买力大幅减少，甚至趋于零了。他表示，比特币仍然会有一定价值，即使遭遇了黑天鹅事件。

2014 年 2 月，他花钱干了点实际的事情——把价值 1 万美元的比特币通过 BitPay 的非营利性账户，捐献给了他的母校普及海湾大学。这个大学并没有和数字货币相关的捐赠政策，因此需要别人指导怎么接受这笔捐款；而在这个过程中，比特币的生态系统向人们展示了它多么优雅简洁，以及它是怎样使跨国交易成为可能的：BitPay 把捐赠数额的发票通过电邮发送给了在柏林出差的 Nic；然后他用手机扫描了发票的二维码，这个二维码中包含比特币该发往何处的详细信息；一瞬间，BitPay 就收到了支付通知；一旦区块链上确认了它是合法交易，它就会以美元的形式，汇入学校在 BitPay 的账户里。正如众人所知，这笔 14.5 比特币的小额电汇，是第一笔捐给美国大学的数字货币。

除此之外，还有一些其他的亮点。3 月 13 日，Xapo——一家新的比特币电子钱包和保险库——公开成立，并且在此之前已获得了价值 2000 万美元的 A 轮投资。Ribbit Capital 是其中一家投资商，这家来自硅谷的风投企业的创始者是 Micky Malka，同时他也是 Bitcoin Foundation 的董事会成员之一。Xapo 就好像是从石头里蹦出来的一样，而且此时在它名下，已经有了数千个账户，包括对冲基金、主权财富基金、风险投资公司及其他大型企业投资者。它的创建者 Wences Casares 是一名阿根廷人，在成立 Xapo 之前，他跟 Malka 已经在超过 4 家金融服务企业中进行了合作。他的行为，虽然实际上不是，但是看起来是在对 Mt. Gox 的惨败做出回应。他向客户保证，他明白客户对安全方面的忧虑。“比特币的最终成功将取决于信任”，他说道，“既是对货币本身的信任，也是对产业安全及服务提供商的信任”。客户的资金不仅应该免遭偷窃，而且在灾难发生时，也要丝毫无伤才是。

在后 Mt. Gox 的世界中，这项承诺听起来很不错。Nic Cary 对 Casares 感到很亲切，因为后者的家乡在皮奎，也是在巴塔哥尼亚出生的。另外 Erik Voorhees 也为他做了担保，把这位 Xapo 的 CEO 称为他是一位极度成功的商人，也是一个多才多艺、有魅力的家伙，是我见过的最有趣、最诚恳的人之一。Erik 期待看见 Xapo 的巨大成功，他将成为比特币生态系统中的支柱。不过，中本聪的想法是要革命性地从商业之外的领域获得信任，不要银行，不要依赖第三方去储存并守护钱财。而现在，一家新的银行诞生了。

看着比特币一步步从诞生、发展到现在，这个过程就像看一部关于货币和银行史的延时电影。最初，它对所有人都是免费的。在 Mt. Gox 之前——就像金属硬币没有标准的称量系统之前——世界上没有一种可靠的方式来确定比特币的价值，而在很多情况下，它的价值几乎是零。

对于大多数人而言，认为数字代币有价值是毫无逻辑可言的。花了数千比特币，却只交换了几块比萨；Roger Ver 迫切希望在这些置换中赢得胜利，他把自己所有的比特币都花了出去。个体程序员提供了最早的钱包服务，当时的交易系统很原始，或者压根就不存在。但是很快，事情就开始稳定下来。第一批机构 Mt. Gox、Tradehill、BitInstant 和 Bitcoinica 出现了，他们带来了更多的实用功能，更好的安全性及一个真正的市场，随之而来的，还有信任。当人们证明他们信任错公司的时候，那些没良心的公司就逐渐被更好的公司替代了——尽管这个过程中造成了伤害；声誉良好的企业家也替代了那些企业叛徒的位置。（如果 Xap 为加密货币提供了一种新的银行保险库，那么其实 Flexcoin 之前就已经在储存人们的数字财富了，尽管他们的工作不是那么完美。）这个行业里里外外都开始受到监管。从某种意义上来说，那些黑客袭击及丑闻，都在驱使比特币生态系统变得更加复杂，更加成熟。作家 John Brook 曾经对世界上首家股票交易站评价道，他认为这家 1611 年成立于阿姆斯特丹一个庭院之内的交易所是一个揭露人们新反应的化学实验室，而比特币产业也向人们证明了同样的道理。

比特币发展的速度震惊了每个人。从我们第一次使用比特币购买东西，到 Xapo 坐拥 2000 万美元起家，这中间只有不过 4 年的时间。

投资比特币的机遇之门已经被打开。3 月 25 日，Kuraken 筹集了 500 万美元的投资，这是一家坐落在弗朗西斯科的比特币交易站，由 Roger Ver 的朋友 Jesse Powell 掌管。同一天，新闻曝出 IRS 发布了对比特币的税收指导文件。毫不奇怪的是，Powell 说 500 万美元中的大部分钱，将花在法律费用和其他合规费用中，这也是作为先驱者应当承担的代价。第 2 天，如果没有其他公司超过他们，Circle Internet Financial 的创建者 Jeremy Allaire 和 Sean Neville 宣布，他们在 10 月的 A 轮投资中筹集了 900 万美元之后，又额外筹集了 1700 万美元。在两周之内，人们宣布一共筹集了 5200 万美元投资，而且在 2013 年所有的投资中，其中有超过一半的投资是给比特币创业企业的。

那些最勇敢的投资者，显然没有被少数比特币企业的安全问题所吓倒。风险投资家 Marc Andreessen 的公司 Andreessen Horowitz 曾为 Coinbase 筹集资金，他在 3 月末说在被比特币的坏消息笼罩了一个月之后，他对比特币有种似曾相识的感觉。他解释道，比特币是怪异、可怕及令人讨厌的，里面充满了陷阱和欺诈，就像曾经的互联网一样。他知道他在说什么，他之前创立了第一家大型网络浏览器 Mosaic，并且还与他人共同创立了 Netscape Communications，在他 24 岁生日后的一个月，他就帮助这家公司成功上市了。起初，他认为比特币中并没有任何机会可供投资，但是最终他确信里面其实是有的。 2013 年 4 月，在加利福尼亚州门洛帕克的 Rosewood Sand Hill hotel 里举办了一场年度会议，会上他与 Andreessen Horowitz 的咨询委员会进行接洽，并向其询问了关于比特币的事情。他表示："乍看上去，你一定认为我们疯了，但是我们确实要投资这个虚假的数字货币。"2014 年 1 月，当他在纽约时报上发布了他的社论时，这家以他的名字命名的公司，已经在比特币初创企业中投下了数百万美元，而其中大部分钱都投向了 Coinbase。在此之后，Mt. Gox 崩溃了，在行业中留下了一个大缺口，让更优秀的后来者得以填补空缺。Andreessen Horowitz 深深地迷上了比特币，他在 3 月又做出了计划，将来要在比特币公司中加投数百万美元。这表明他对数字货币生态系统持有极大的信心，这不仅是对比特币作为货币的核心功能有信心，更是对区块链技术的众多应用感到有信心，这些应用是在最高层次极客圈中一定会被提到的创新：智能合约、改进型证券交易结算、非营利性质的透明账务服务及分散式投票等。这些创新促使《经济学人》发表了一份好似在呼应 Andreessen Horowitz 的文章，它宣称比特币可能不仅将成为互联网中的货币，而且将成为货币中的互联网。

在跟 Nic Cary 的新生活有关的所有事情中，最让他意想不到的就是他收获的名声。一直以来，他都不习惯把自己当成一个公众人物。Bitcoin Foundation 的成员请他进入董事会时，他拒绝了，因为他从来没想过成为比特币的发言人。但是作为 Blockchain 的 CEO，他确实感受到了身上沉甸甸的责任感，他需要向潜在的客户解释公司提供的服务，而这也逐渐使他成为业界权威。2014 年 4 月，在纽约举办的 Inside Bitcoins 会议中，他对上一年度比特币尤其是 Blockchain 经历的极大增长，做了一个乐观的陈述。他告诉观众，2013 年 1 月 26 日，世界上只有 10 万个 Blockchain 钱包，但是一年后，这个数字增长到了 100 万个。此时，WordPress、Reddit、OKCupid、Overstock、TigerDirect、Zynga 和 VirginGalactic 都接受了比特币；其中 VirginGalactic 是 Richard Branson 创建的一家商业太空业务公司，它计划售卖 25 万美元一张的车票，把客户送到地球大气层之外。

3 月 7 日的晚上在圣地亚哥，他的领导能力再次得到了凸显。当时他正在 Javier Salcedo 家里做客，后者之前和其他人共同创建了智利的第一家比特币交易站，此时正在忙着烧烤。一群年轻人围成一团，看着 Nic 展示一个专为安卓手机设计的测试版 Blockchain 钱包。作为联谊会会长，他用流利的西班牙语及和蔼可亲的态度，直接向众人介绍到："当我们发布这个应用时，这个功能暂时还不能使用，但是你们之后可以按这个按键"——他指着屏幕上的一个按键——"然后你可以找到 California Cantina 和其他所有接受比特币支付的地方。"这个软件从网上其他的资源中获取信息，然后让人们能够十分方便地进行浏览。他的团队已经完成了定位功能的所有编程和设计工作，但是他抱歉地说道，仍然还要进行大量的安全测验，才能够把这项功能发布给用户。

如果 Barry Silbert 是在鼓励投资者把比特币当成一种新的资产类别，并把它储存起来，直到它的价格在稀缺性的作用下上涨时再卖出去——因为他认为只有当比特币的市场价值远高于现在时，它才能发挥出全部的潜能——那么Nic就是在重视当下，鼓励现在就要把比特币当成一种独立的货币，把它花出去。这也是当他讲述那些小型企业老板的故事时，他会那么高兴的原因，如Sofiane Bouhaddi就曾经被说服而接受了比特币，并且后来很乐意通过Blockchain的App应用去使用这种未来货币。Nic的工资是用比特币支付的，另外在生活中，他也尽可能使用比特币来满足他的日常需求，而并不把它兑换成美元、英镑或欧元。与此同时，他在巴拿马的老朋友Erik Voorhees也是这么做的。他的初创企业Coinapult主要依靠比特币来运营，并且用数字货币来支撑虚拟主机及支付部分员工的费用。另外在他自己的生活中，也尽可能避免使用日常的金钱。他用比特币从Overstock中购买家居用品；用比特币支付有线电视费、电费和电话费；还用其支付和朋友、同事一起在酒吧和餐馆的费用。2014年3月，他甚至还计划用比特币买一辆汽车。这个新的Blockchain的App比以往都更加方便，相比把比特币当成电子黄金并锁起来，它能把比特币当成货币消费出去。

两天之后，Nic在智利天主教大学（一所成立于1888年的高等教育精英机构）中，发表了非正式讲话。座谈是在这所大学新修建的创新中心举行的——这是一个14层的庞然大物，灰白色的墙面上嵌刻着一扇扇巨大无比的窗户，这些窗户就像时间停止时的俄罗斯方块一样，一动不动。此时距离后院烧烤的那天已经很久了，尽管这次讲话是几天前才安排好的，但是因为这件紧急的事情，四面都镶嵌着玻璃的会议室中很快就被人群充满，里面有企业家、老师、学生及技术人员。这也是Nic在比特币上观察到的东西，他发现比特币能把不同背景、不同利益的人都吸引到一起。有些人是因为社会因素而对比特币感兴趣，有些人是因为政治因素，还有一些人是因为经济、商业或者计算机科学等原因。

心里想着他的观众，Nic的讲话一开始就提到了他对第二故乡智利的热爱。他解释道，他的爸爸在1993年就搬到了这个国家教英语，并且住在圣地亚哥一个很小的公寓里。而他现在也娶了一位智利妻子，他妻子在一家英语教育机构担任执行董事。Nic 还是个孩子的时候开始，就会每年拜访这个国家，他对智利未来的创新感到十分激动。这个国家发展得十分迅速，而且有可能在接下来的几年内，得到真正的改进。他说道："重新进入金融界是十分重要的。"他所想传达的信息十分清楚：比特币不仅是美国的比特币，更是全球的比特币。

事实上，Nic 所说的东西，也即比特币，一个已经发展了 20 年的故事的最后一个章节，它代表着现实货物和服务的货币化。20 年前，给别人带个消息，往往就意味着寄送一封信；而现在则是发送一封电子邮件或信息。音乐的载体也从磁带发展到激光唱片，再从激光唱片发展到可下载的文件，最后发展到串流媒体，在整整一代人的成长环境中，他们从来都不是坐在 Hi-fi 房间中听音乐的。"同样的事情也发生在了电影、书中"，Nic 说道。就像 Marc Andreessen 这位典型的书呆子所说的一样，他在 2011 年华尔街日报上明确又隐晦地表示，软件正在啃食我们的世界。Amazon 之前摧毁了 Borders；Netflix 消灭了 Blockbuster，那么现在比特币又会颠覆什么呢？在它的死亡名单上，我们会看见 Western Union、MoneyGram、各种各样的银行服务商，甚至是资本较小的外国货币。就像所有年龄段的人都希望从云中下载媒体文件一样，Nic 告诉 Gómez 和其他人："对于千禧一代及其他和数字媒体一起成长的人而言，我们可以期待的是，未来的货币也会数字化。"

他的观点跟后来一些国家政府的观点不谋而合，虽然这些国家之间的差别极大，如厄瓜多尔和澳大利亚。Sam Dastyari 是澳大利亚的一名议员，他领导了一项调查，探究了比特币是怎样完成颠覆国家"腐烂的"银行产业——这项急需做到的任务的。他表示，当某种科技的时代已经来临，现在是时候让监管者去适应这种技术了。"数字货币一定会占有一席之地"，Sam Dastyari 说道。而在厄瓜多尔，40%的国民没有银行账户，但是它却计划走得更远。7 月，这个国家的议会批准了制造厄瓜多尔官方的数字货币，同时还禁止了它最明显的竞争者——比特币的使用。为了避开经济危机，这种数字货币将和美元一起（美元从 2000 年开始就成了厄瓜多尔的国家货币）取代之前的货币单位苏克雷。与其说它是数字货币，还不如说是一种移动支付手段，但是总统 Rafael Correa 认为这种新的电子货币——也是全球第一种国家电子货币——将帮助那些没有银行账户的人，让他们进入现代经济中。12 月，有消息称，厄瓜多尔人将可以把现金转换成电子货币，并储存在移动手机的电子钱包中。

所有的这一切都跟 Nic 向智利观众所说的一样，这个比特币带来的世界发展得如此之快，以至于众人都只能选择当一名事后诸葛亮。在谈话结束之后，Innovation Center 的执行总裁 Alfonso Gómez，这位衣冠楚楚、额头突出、剪着短白胡子 50 好几的男人，和 Nic 说道："我敢肯定地告诉你，这不是我们最后一次谈论比特币活动。"随后，他讲述了自己是怎样拥有第一个比特币的。当时他和 Xapo 的 CEO Wences Casares 一起乘坐出租车，但是 Casares 没有现金来均摊车费，结果他就给 Gómez 发了 1 比特币作为车费。Casares 跟他半开玩笑地说道："可能某天，这块比特币会价值 100 万美元也说不定呢！"

Nic 感觉对此次谈话很高兴。当他和别人深入讨论并传授给人们关于比特币的知识时，当他们的讨论触及货币的本质和数字科技的益处时，他感觉自己整个人都活了过来。看着人们心里的那个灯泡"叮"地一下亮起来，这赋予了他一直坚持做下去的能量。就像他的妹妹，Tatiana，跟随她父亲的脚步，进入维和部队一样，Nic 也继承了他爸爸的能力，成了一名领导者和老师。

在离开智利之前，他还有另一次机会展现他的天赋。他乘坐出租车，从大学前往 Aurus 公司的办公室。Aurus 作为一家风投公司，坐落在圣地亚哥的高档区 Vitacura 里，这家公司的执行合伙人、财务总监及高级经理在会议室里接见了他。因为他们中的大部分人都对比特币一无所知，Nic希望打开他们的眼界，让他们见识到比特币是呈现在企业家和投资者面前的巨大商机，但是他本人并不是在寻找资金。Aurus成立于2008年7月，一个合伙人说它当时是互联网密码时代，尽管它在智利是一家大公司，但是如果用美国标准来衡量，它是相对较小的，它只在高科技和生命科学的初创企业中投资了6000万美元。而且Blockchain已经拥有了正向现金流，不再需要外来资金的帮助了。

虽无内患之扰，但是却有外患之忧。一天前，新闻报道说BitPay又在A轮投资中筹集了3000万美元的资金，这轮投资使得企业的估值达到了16000万美元。这也是在比特币初创企业中，前所未有的最大单笔投资。其中，Index Ventures领投了此轮投资，这家公司和其他网络2.0公司一起，在Dropbox、Etsy和SoundCloud中都持有股份，并且在旧金山、伦敦、日内瓦和避税天堂泽西岛都设有分公司。Peter Thiel也参与了此项投资，把早前投资给BitPay的钱翻了一番。与此同时，亿万富豪Richard Branson的公司Virgin Galactic也是BitPay的客户，他也加入了。到月底时，坐落在亚特兰大的BitPay表示，它在比特币交易中的每日处理量达到100万美元——有望打破2013年整年11000万美元的纪录，并且它将在阿姆斯特丹、旧金山和布宜诺斯艾利斯开设分公司。它的CEO Tony Gallippi在3月末离开了他之前的高级职位，并加入了现在的公司，他表示公司正在招兵买马，想再募集70名悍将，把现在已经扩张到3个大陆的团队再翻上三番。其中，将有40%的新员工负责软件开发，而第二大块的新员工则是负责国际销售的，这次招募的核心目标就是要进行急速扩张。在新技术中，很少会有家庭式产业发展得如此迅速，这吸引了众多亿万富翁的投资。即使在新闻工作者及经济学家中，仍然还有很多人怀疑比特币，但是有比以往更多的聪明人却早已看穿一切，在比特币上进行投资。

Andreessen 承诺，他要给加密货币的初创企业加投数百万资金，不过 Nic Cary 十分确定这中间至少有一部分资金会流向 Blockchain 的竞争对手。BitPay 已经把 Bitcoin 的一位核心开发者 Jeff Garzik 挖了过来，这也是这个产业正在变得成熟的一个标志。在今年结束之前，Blockchain 需要找到自己的投资者。Nic 拜访 Aurus 的举动，尽管并不是一次推销行动，但也是一次实战演练。

当 Aurus 的伙伴开始吃午餐时，Nic 站在了房间的白板前，他说道："比特币完全是一种全球性的现象，它并不属于任何国家，也不属于硅谷，它也并不在乎纽约。它是一种科技、一项协议，它是开源的。相比每天谈论价格的变化，这个网络本身对我们而言更加重要。"他继续解释道，这个网络本质上是一种产权制度，它存在于一个分散的环境中，没有任何一方能掌控它。货币只是这个系统中第一个实验性的应用，还有其他的应用也是可能的。"首先我们把比特币当成一种货币，然后把它应用到交易中"，他说道，"接着，其他的事情会自然而然地出现"。

最初，在中本聪发布了比特币软件之后，人们能够用普通的笔记本或者计算机来挖掘比特币，这也是 Hal Finney 所做的事情。但是很快，挖矿的人就多了起来，当更多的处理器被投入使用时，这些数据块就更难获取了，这也就导致抬高了对做这项任务的计算机的要求，因此高性能图形处理器就成了这项任务的标配。为了 Aurus 伙伴的利益，Nic 在白板上画了一个图形，把比特币矿工做的计算量和极其有挑战的数独游戏进行了对比。"当计算能力上升时"，他说道，"数独游戏也变得更加巨大，所以你不得不获得更多的计算能力来处理这些问题"。矿工把他们的计算资源都集中到一起，均摊他们获得的收益——现在每个信息块中能获得 25 比特币，但是在这之前却有 50 个。2013 年，挖矿行为变得更加先进了，微处理器制造商开始制造专门用来比特币挖矿的芯片。这些芯片都是 ASIC 型的，或者称为专用集成电路，一片这样的芯片能抵上数千枚普通的、通用的芯片，这在挖矿硬件中是一个巨大的飞跃。同样也开始终结之前极端民主、任何人都能参加的挖矿时代。现在不能花 5 位数金钱去购买专用设备的人，他们挖矿都将成为无用功，烧掉的钱只是让电费越来越多罢了。当比特币的价格在 2013 年年末经历了爆发式增长后，用 Bloomberg Businessweek 的话来说，“当时是头猪都能赚到足够的钱” 。而现在则成了装备的竞赛，因此芯片制造商竞相设计更好的 ASIC 芯片，比特币硬件初创企业也争先恐后地开始设计、制造专用计算机，并把这些计算机投放到市场中，它们只做一件事情：印刷虚拟货币。“芯片历史上从来没有一次装备竞赛能与之争锋”，三星的前芯片设计员 Ravi Iyengar 说道，他辞职后创建了 CoinTerra，专门生产比特币采矿机。当然，一直以来，这些狂热的挖矿行为都巩固了数字货币交易的存在，并使整个系统因此受益。Nic 做了一下估计，并告诉 Aurus 说：“现在有价值数十亿美元的计算机硬件，正在专门管理并确保比特币网络的安全。”

最终一位年长的合伙人表示：“我不明白。”他承认：“我已经落伍了，但是如果你在工作，那么你就会生产出某个东西，但是比特币是无中生有的对不对？它并没有基础资产。”当然，他也问道，如果人们需要用法定货币才能转化成比特币，那么比特币不就永远不可能在日常使用中替代法定货币了吗？

事实上，Nic 回应道，现在越来越有可能让一个人几乎只用比特币生活，当然这些比特币是矿工挖出来的，而不是由交易站提供的。区块链已经完全脱离了传统的金融系统，他告诉他们：“我们运营的是一家国际企业，我们没有银行账户，所有员工的工资都以比特币发放，我们用比特币支付服务，完全不需要与现存的金融系统合作。”

一位风险投资者想知道，如果 Blockchain 这么做，能上市吗？

这位 Blockchain 的 CEO 想了一会，最终说道：“这个问题很好，但是我不知道。如果我们成功了，我们也就不需要上市了——这是重点。”

当 Nic Cary 走出智利的会议室，他已经十分明白如果要让大众接受数字货币，依然前路漫漫，并且人们仍然在做关于比特币的思想斗争，但是与此同时，Barry Silbert 很早之前就已经做出决定，他已经全身心投入其中。在 2014 年初夏，他就以个人的名义投资了 28 家比特币初创企业，在这点上，没有任何天使投资人能与其相提并论，Roger Ver 也是。再往前推一年，他决定把 SecondMarket 和 Bitcoin 结合到一起，当时他知道这场游戏可能失败，知道他可能会损失时间、金钱及他无法承担的人力损失，但是他也同样清楚地意识到，在 SecondMarket 的发展陷入泥潭时，Bitcoin 可能会飞速发展。如果这个情况发生了，那他就准备卖掉公司，远离他辛勤努力了 10 年的工作，让 Bitcoin Investment Trust 和其他加密货币企业自力更生。另一种可能则是，Bitcoin 和 SecondMarket 都表现良好，而这也正是现在发生的事情。在 2014 年上半年，Barry 的公司为私人企业在次级市场中，完成了超过 9 亿美元的交易——这 6 个月不仅打破了纪录，而且与去年同比翻了三番。在成立 10 年后，SecondMarket 得到了喘息之机。

Barry 的职业道德体现在他彷如超人一般去工作。他每天很早就上班，午饭在办公桌上解决，通常他表现出来的就是他仍然在运营一家初创企业。他的女儿降生时，人到中年的他做了唯一一次妥协；他提前 1 小时从办公室回家。他的公寓就在附近，走路就可以到，这也就意味着他仍然可以整天工作。星期天他一般都在处理之前没处理的邮件。每周，邮件都会如洪水般涌来，于是他把这些信件分成了 3 类：看一看的、回一回的和等不了的。他一般在周日处理 “等不了的”文件夹里面的内容。这时，另外两类邮件仍然在不断增加，直到变成数百封邮件。（距离上次“收件箱零邮件”，已近过去了 18 个月。没有邮件的收件箱对于互联网时代中过度劳累的人而言，简直是圣杯一般的存在。）他总是需要花时间处理各种各样的事情，而除了那些最重要的事，为了让他满意地及时做出处理，他的助手被迫要提前好几个月帮他预订公寓。

慢慢地，他发现他的心已经不在和比特币无关的事情上了。比特币之前初次吸引到他的注意力，随后又几乎将其注意力完全从SecondMarket上吸引了过去。从他购买第一批比特币开始，他要参与数字货币事业的雄心就不断增长，直到2014年年初，他决定把SecondMarket中的比特币业务分离出去，当成独立的实体运营——这就成了Bitcoin Investment Trust和它的交易桌。当春天过去，夏天来到，他的愿望进一步延伸。他想要创造一家全新的，专注在数字货币领域的公司。

在6月的第2个星期，也是在他向员工宣布SecondMarket将成立一家私人比特币基金一年之后，他不再担任公司的CEO。在SecondMarket中会有一名临时CEO替代他的位置，而现在他自己会担任Digital Currency Group的主席及CEO，他会把自己所有精力都投放到这家全新的公司上去。

这将是一家不小的企业，它刚建立时，这家公司就负责了一项叫Grayscale Investment的资产管理业务，在这项业务中，Bitcoin Investment Trust是旗舰产品；另外从SecondMarket的比特币团队中，还诞生了一家数字货币交易公司，叫Sypher Trading（后来改名为Genesis Trading.）。这两家公司加起来，带来了700万～800万美元的收益。Digital Currency Group同样也从SecondMarket的控股公司中获得了价值2000万～2500万美元的比特币。Barry打算成立的比特币交易站也将成为DCG的一个组成部分，并将有自己独立的品牌标识和运营团队。虽然建立交易站的时间比Barry预期的要长，但是他对此的雄心一点都没有因此消退。当它成立后，它将为比特币设立全球参考价格，从而代替Bitstamp一类的顶级外汇交易所，它不仅将成为普通贸易，也将成为场外贸易的明确标准。

而这还没有完，即使Bitcoin Investment Trust的早期投资者见证了他们的股份价格在2013年秋天急剧上涨，尽管后来价格有下降，但仍然保持在初始价格之上，所以Barry Silbert最初在比特币的价格是个位数时投资的 20 万美元，现在已经翻了很多倍。从这些增值的钱中，他在一些比特币初创企业中进行投资，通常都是付给他们比特币，所以他现在在大多数比特币初创企业里都持有股份，这些公司包括 BitPay、Coinbase 和 Coinapult（不包括 Blockchain）。他的个人投资工具 Bitcoin Opportunity Corp，现在焕发了新的生命。在外界，投资者呼喊着；对他们来说，Barry 的投资组合看起来是最靠谱的，是押注整个行业及比特币淘金潮中涌现出的数十家无技术含量的公司的最佳方式。Bain Capital Ventures 投资了 100 万美元，而同时一家纽约公司 RRE Ventures 投资了超过 300 万美元，这轮过后，这家公司的价值达到了 2500 万美元——这就是 Barrry 投资组合的强大之处——这个估值是 Barry 两年前在 Bitcoin 上所下赌注的 125 倍。

有了 RRE 和 Bain 的助推之后，他向 SecondMarket 的董事会提出了一项建议，提议把 Bitcoin Opportunity Corp 和 Digital Currency Group 合并（请忽略 DCG 还几乎不存在的事实）。董事会同意了。于是一夜之间，DCG 从拥有两家比特币企业——BIT 和贸易公司，发展到了在 30 家企业中拥有股份的程度。Barry 这么做，最重要的是受到了 Warren Buffett 的传奇公司 Berkshire Hathaway 的鼓励。如果说有一家公司能够代表美国的经济，那么就必然是 Berkshire。这家公司有超过 50 家分公司，并且分布在众多不同的行业中，如铁路、银行，以及一些家喻户晓的品牌，如 Geico 和 Dairy Queen。Berkshine 的投资都是在纽约股票交易市场上公开交易的，并且在过去几十年中，它的投资是人们最佳的参与对象，这不仅是因为 Warren Buffett 的敏锐投资目光，而且还是因为它在很多关键行业中拥有众多跨区域资产。它的股票价格一直在不断攀升，直到 2014 年夏天，Berkshire 股票中一个单一的 A 类股价格，在历史上首次达到了 20 万美元，是全世界第二昂贵的股票价格约 800 倍之多。

Barry 认为，通过多样化控股使 DCG 上市，他可以把公司发展成比特币领域中的 Berkshire。“在此类事情中，投资者是有需求的，而且他们不可能在公共市场上投资比特币生态系统”，他说道，“这是最佳的方式”。而且还有一个原因促使他上市：上市能够给予 DCG 一种公开交易的货币，也即是公司的股票，他可以用这些股票筹集资金，进行更多收购。“所以如果我们想购买某某比特币公司，我们就使用 DCG 的股票来购买”，他说道，“这些股票只能花在正确的收购上；我不认为我们能够用现金做到这点，但是我们却能很容易地在公开市场上筹集资金，然后再用资金去完成这些投资”。

但是首先，他要先消除他对公共股票市场的保留意见。2011 年 12 月，他在美国参议院小组委员会上表示，公共市场拥有几个结构性问题，其中包括由计算机推动的短期交易、对小市值公司的研究不充足，以及强调完成季度盈利的预测等，他说这些缺陷导致公众对公开市场的信任度降低，也令像我一样的企业家对公司上市缺乏兴趣。他的观点并没有改变，但是美国的股票市场是世界上最深的资金池，他无法假装看不见摆在他新公司面前的机会。所以，尽管他有些意见，他也准备尽快使 DCG 进行首次公开募股。

在上市过程中，他遇到了贵人。Robinson III，认识他的人都知道他是 RRE Ventures 的合伙人，并且得到了 Lawrence Summers 的重视。作为一名成功的经济学家，Lawrence Summers 是美国政府中的三朝元老，因此他也获得了巨大的声誉。在克林顿政府时期，他担任财政部长，在职期间，他推动了对金融业的放松管制，这也使政治左派对他深恶痛绝。2013—2014 年，Summers 逐渐相信，大萧条和经济复苏都预示着国际事务的一个新阶段。在这个新阶段中，现在的宏观经济策略是不足以解决就业问题及最大化生产力问题的，至少无法在不损害经济稳定性的情况下做到这点。就像很多反对主流经济学的人一样（如 Barry Silbert），Summers 也对 Bitcoin 越来越感兴趣了。他向 Jim Robinson 征求意见，想知道他应该在数字货币生态系统中扮演什么样的角色。这时候 RRE 刚完成了对 Bitcoin Opportunity Corp.的资助，于是 Robinson 立刻就想到了 Barry 的公司。其实 Summers 自己也想了解那些比特币公司，只不过 Barry Silbert 的出现推了他一把。

几年以来，Barry 和 Summers 可能见过三次，然而每次他们都只是交谈了几分钟。“他记得我，是因为 Facebook 上的一些东西”，Barry 说道，他指的是 SecondMarket 在私人公司股票里面的交易。“考虑他和 Facebook 的渊源，我觉得那件事情吸引了他的兴趣”。Lawrence Summers 从 2004 年 4 月开始，在哈佛担任校长，而当时 Cameron 和 Tyler Winklevoss，以及他们的商业伙伴 Divya Narendray 一起冲进他的办公室，向他抱怨 Mark Zuckerberg，当时双方都谈得很不愉快。Summers 说道：“我很少碰到这样趾高气扬的人，不过我尽力平和地和他们说话。作为大学校长，你知道如果一个大学生在周三下午 3 点打着领带，穿着夹克，那么就只可能有两种情况：第一种是他们正在找工作，准备面试；而第二种是他们就是一群混蛋。当时就是第二种情况。”Winklevosses 一行人被学校前校长如此指责之后，写了一封长长的公开信，与 Narendra 共同签署后，递给了现任哈佛校长，控诉不管是过去，还是现在，他们在 Summers 手上遭受的种种不好待遇。

Summers 和 Barry Silbert 之间还有另外一个接触的机会，而这个接触点就是 Chamath Palihapitiya。Palihapitiya 是 Facebook 的前主管，她的公司曾在 3 年前给 SecondMarket 投资了 1500 万美元，另外他和 Facebook 的 COO Sheryl Sandberg 关系也很紧密。而反过来，不管是在学业上，还是在事业上，Sandberg 都从 Summers 那获得了极大的支持。起初当她还是哈佛经济学院的一名学生时，Summers 是她的论文指导老师；之后在世界银行，他是首席经济学家，而 Sandberg 是他的研究助理；在克林顿执政时期，Summers 是财政部长，而她一直是他的高级顾问。Palihapitiya 同样也跟 Sandberg 的丈夫 Dave Goldberg 关系很好，后者是 SurveyMonkey

的 CEO，同时也是一名比特币积极分子。Barry Silbert 的背景很深，而且 Palihapitiya 现在是 SecondMarket 董事席上的一员，他是 Summers 信任的人——至少是他得意门生信任的人，这一定会让 Summers 对 Barry 充满信心。

6 月初，他和 Barry 一起在曼哈顿喝咖啡，Barry 向他展示了他对公司的展望，他们也讨论了让 Summers 参与其中的方法。在 Barry 的想法中，毫无疑问，长者是一项资产。他见过 Summers 在不同场合发表讲话，他很相信这位经济学家的指挥，并且也坚定地认为他将给比特币产业带来与众不同的观点。另外，他也总是认为和比自己聪明的人待在一起，是一项很好的商业策略。但是 Summers 的意义还远不止如此。他是如此有名望，以至于他参与 Digital Currency Group 中，用自己的名字为公司背书可能会帮助 Barry，让已陷入停滞状态的纽约比特币交易所得以加速发展。对 Barry 而言，还有一个更加宏伟的全球战略需要考虑，这个战略还在孕育过程中，要完成它都不知道是哪年的事了，但是现在已经可以开始引导他的各项行动了，而 Summeres 和各外国银行领导的关系（如外国的中央银行），则对战略而言是无价之宝。最后，这对比特币本身而言，也有公共关系方面的好处。在比特币事业中，如果赢得了像 Lawrence Summers 一般威严的人物的支持，那么 Barry 认为："人们关于比特币的说法就会受到极大的改变。"——从郁金香泡沫、庞氏骗局，改变为可能这真的是一项可以投资的资产，可能它的潜能和互联网一样巨大。

最终，Larry Sumers 同意了。他承诺作为战略顾问加入 Bitcoin Opportunity Corp.，而且一旦 Digital Currency Group 成立，并且吸纳了 Barry 的投资，那么他就会正式加入 DCG 的董事会。到那时，他就不再是一名顾问，而是一名董事了，并且他的话能影响比特币未来的发展走向。Barry 兴奋极了。

Digital Currency Group 首次公开募股的跑道，将由外来资金铺就。

Bitcoin Opportunity Corp.被吸收进 DCG 之后，会形成一家价值 7500 万～1 亿美元的公司，他计算道。并且在此之后，公司会筹集 2500 万～5000 万美元的私人资金。“到那个时候，公司的价值将达到 3 亿～4 亿美元，此时我们就会准备上市了”，他说道。他并不期待这一切会在 2015 年前发生，但是准确的发生时间将极大地取决于比特币本身的价格。“现在我们拥有价值 2000 万美元的比特币”，他在 6 月份说道，“如果其价格再上涨 10 倍，那么不仅是比特币的价格，整个投资组合的价格也将极大地增长。这件事可能会很快发生，或者永远也不会发生，但不管怎么样，比特币的价格将是一个主要的驱动因素”。

2014 年 3 月比特币的价格降到了 500 美元以下，这表明在一个过热的市场中，翻了 4 倍的数字货币价格只是一个短暂的泡沫而已，但是 Barry 很有信心，认为下一个泡沫即将到来，这个泡沫可能会驱使比特币价格上升到 1500 美元或 2000 美元。6 月初，比特币的运载火箭好像准备发射了：从 3 月中旬的 1 比特币平均 450 美元，猛涨至 1 比特币平均 675 美元，并且短时间内又接连上涨，最后接近 700 美元。但是这个时候，情况出现了。6 月 12 号，法警署宣布将拍卖从线上交易网站上没收而来的 29656 比特币。早在法官 J. Paul Oetken 取得成功之前好几个月，民事资产没收行动就启动了。只有美国公民才有资格参加 6 月 27 日的拍卖，而且入门标准很高——它要求在美国的银行中有 20 万美元的电汇。这条新闻一经发布，比特币的价格就迅速跌落至 550 美元，而原因很简单。在全球最大的交易站之一 Bitstamp 上，过去一个月中，平均每日的交易量只有 11000 比特币。而法警署现在一天内就几乎倾泻了 3 倍的量——尽管都是属于场外交易。

尽管如此，Barry Silbert 也看见了商机。拍卖会的入场门槛拦住了很多人，不管是因为他们不能交出 20 万美元的订金，还是不能满足最小的买单数量——一份 3000 比特币，价值 180 万美元——又抑或是因为他们是外国人，但是其实并不一定需要这么做。他利用 SecondMarket 的平台，组成一个投标人的联合组织，这样就能降低入口门槛了——他把最小的买单数量降到了 50000 美元——并且为全世界的投资者开放了拍卖资格。联合组织的参与者不用担心泄露隐私；SecondMarket 将作为官方顶在前面，他们并不需要向法警署报告自己的身份。作为回报，SecondMarket 将从成功的投标人中收取 1%的拍卖费，另外 Barry 承诺将这些钱中的 10%捐献给 Electronic Frontier Foundation，这是一家致力于发展数字隐私权，并接受比特币捐款的非营利性组织。42 名投资者加入联合组织，一共提交了 186 份竞标文件，总价值为 48013 比特币——远比拍卖会上的数额要多。

但是，最后就像其他的 44 名投标者一样，所有联合组织成员都没有达到预想目标。尽管努力了，但是 SecondMarket 没有从拍卖会中赚到一分钱。其中，Tim Draper 是一位个人竞标者，也是一名风险投资者，他花费了至少 1770 万美元，获得了所有的 10 份比特币。Draper 准备和一家他投资的叫 Vaurum 的公司合作，一起计划使用这笔数字财富，用来资助发展中国家的比特币交易服务。对于很多没有银行账户的人而言，获得比特币仍然是很困难的。在媒体会议上，他赞赏了比特币的能力，认为它能提供流动性，并且能在被疲软的货币拖累的市场中给人带来信心。就像 Nic Cary 一样，他也选中了阿根廷，这是一个曾多次被失控的通货膨胀破坏、已经满目疮痍的国家。他说道：“我们将因为比特币，而变得更加富裕。”

虽然 SecondMarket 的联合组织并没有赢得任何比特币，但是 Barry Silbert 知道还有更多拍卖即将到来。从 Ross Ulbricht 的计算机中被没收的比特币里，还有 144336 比特币没有着落，它们都等待着，要么被美国政府没收，要么就作为他的合法财产而归还给他。如果政府得到了这些比特币，那几乎可以肯定的是，它们会像其他比特币一样被政府拍卖。同时，因为首场拍卖会体现出的里程碑意义，Barry 准备好好庆祝一番。法警署并没有一直守着这笔战利品，也没有不加区分地将它们卖到公共交易站里，相反地，他们把这些比特币以可能的最高价格卖给了私人投资者。这么做也就代表美国政府官方承认了比特币的商品价值。

然而，随着夏天一天天过去，仍然没有一分官方文件能给比特币进行分类。SEC 认为它是一种债券，CFTC 认为它是一种商品，但是两者都一直保持沉默。人手不足的 CFTC 依然抓着多德弗兰克法案不放，这也使这家有 700 人的单位要负责监管 700 万亿美元的外汇期货市场，因此根据一位消息人士所说，甚至都没有人在做这件事情，员工觉得自己有更重要的事要干。

然而，纽约市金融服务部门却抓住一切时间，赶紧为比特币企业制定了管理文件。7 月 17 日，它为所有在纽约运营的公司，或者在纽约为客户提供服务的公司公布了一套规定。此规定适用于代表他人操控比特币的公司，不管这种操控是接收比特币、制造比特币，还是把它兑换成其他货币，都将接受管理。虽然这项初版的提议并没有法律效用，但是它却使比特币界都大吃一惊。它把所有的比特币交易站、像 Coinbase 一样保管钱包的提供商、像 BitPay 一般的商家支付处理商、像 Bitcoin Investment Trust 一样的基金，甚至是数字货币的直接买卖者都一网打尽。尽管储存客户的比特币是被允许的，但是公司在任何情况下都不能使用或者借出这笔比特币；换句话说，在纽约，数字货币企业被禁止像普通银行一样使用部分储蓄金。正如 Marco Santori 所说的一样，储存比特币是可以的，但是将它拿来做银行业务是不被允许的。同样地，数字货币企业不可以使用它所控制的资产来进行投资。

至于 AML 和 KYC 的管理要求成了比特币执照管理制度的一部分，这对打算在美国创建第一个国家级 AML 报告计划的 NYDFS 而言是闻所未闻的，更不用说令其无比惊讶了。对于比特币创业企业而言，作为货币服务商，仅仅提交可疑活动报告给联邦监管机构 FinCEN，以及仅向其报告任何价值大于 10000 美元的现金交易已经远远不够了；他们现在不仅需要把这些报告发给 NYDFS，向国家监管者上报任何相同规模的加密货币交易，而且还需要记录下每笔交易的数额，不管它有多小，如即使某人用一家公司的钱包服务向友人汇了 0.0001 美元，也要记录下来，甚至还要记录下涉及人物的实际地址。考虑金融隐私是比特币使用者一直以来的口号，这点要求有点多，甚至太过了。公司需要每个季度向 NYDFS 上交财务报表，另外每年上交一次已审核的财务报表。

这项提议的影响之广、要求之多、限制之严，都使每比特币在 6 月末的 650 美元，成了之后 6 个月中的最高价格。Barry 期待的泡沫到此为止了。当然，还有其他因素影响了价格的下降，但是大多数内行人都认为是比特币执照提议的原因。

人们还有一线希望。在接下来的 45 天后，NUDFS 将听取利益相关者对此提议的意见。需要承认的是，45 天是法律对这种提议要求的最短时间。因此，即使当评论如潮水般涌来时，一些比特币使用者结成团，向 Ben Lawsky 请求再延长 45 天——是之前时间的一倍。其中一位就是 Barry Silbert，他在请愿书上写道：比特币执照管理条例将实实在在地影响整个新生产业。产业中的利益相关者——很多都是个体或者是那些预算有限，也没有广泛法律资源的小型公司 ——他们必须要有足够的时间才能了解此项提议，并且合适地进行反馈。这份请愿书不仅 Barry Silbert 签了名，而且签名的人还有 Erik Voorhees，Kraken 的 Jesse Powell，Circle 的 Jeremy Allaire，Brian Armstrong，Coinbase 的 Fred Ehrsam 及其他十几人都签了名。这是一项拖延战术，但是却合情合理。一个月之后，Ben Lawsky 批准了。

他们成功拖延了一段时间，但如果要成功地创建 Digital Currency Group，以及让它的价值增长，并最终上市，比特币的价格必须要迅猛增长才行，因此 Barry Silbert 就押注在了来年的丰收上。他为新成立的公司保留了一台纽约证券交易所的股票行情自动收录器。直到 2016 年夏天，他都一直是 DCG 集团骄傲的拥有者。

CHAPTER 12

死神与税务官

当全球经济仍然在蓬勃发展时，世界上没有任何现存的国家、国家联盟或国际组织，能与金钱的力量匹敌。

——杰克·韦瑟福德

2014 年 3 月初，Roger Ver 走进了巴巴多斯的美国大使馆中，他最终还是决定卸下他用肩抗了一辈子的重担。从很早开始，他就感觉到了压力，甚至压得他喘不过气来。他认为这压力必然跟世界上的那些使人警觉的事物、错误的事物及令人惊骇的事物有关系。现在他决定放下的这个压力，在之前他成了一名罪人，和沉默集体中的一员，因为即使不是他们的选票，也一定是他们的税金制造了那些猎食者无人机的死亡轰鸣。而这个给他带来无穷压力的东西，就是他的美国公民身份。在他宣布准备放弃之后，他被立即告知需要为这项权利花费 450 美元。似乎，他必须要购买他的自由才行了。

如果他没有做好特定的安排，他是不可能做出这样激烈的行动的。首先要做的安排，便是要提前几周获得第二份公民身份。于是他直接购买了一个：而代价是价值 40 万美元的房地产投资项目——这是一栋常年空无一人的公寓楼。不过这点并不会影响他，因为重要的并不是这项所谓的投资，而是这项投资的目的。有了这项投资之后，他就可以用自己的方式穿行整个世界，不需要签证，毫无阻碍地周游 132 个国家，欧洲的所有国家都包括在内。2014 年 2 月 13 日，他收到了新效忠国的确切证明：这是一份护照，证明他是加勒比海上一个小国圣基茨和尼维斯的公民。

他更喜欢在政府管辖区域之外，开拓一个新领地。阅读 Murray Rothbard 的作品可以发现，他认为政府的真正面目已经在他这个年轻人面前表露无遗了。Rothbard 是他的精神导师，他赞誉道，相比 Rothbard，他碰到的其他非正统的思想家都像一群被驯化了的民主党人或共和党人。多年以后，他仍然对这位作家的言论记忆犹新，书里表示兵役就相当于道德上的绑架和奴隶制。尽管美国在 1973 年就废除了兵役，但是还有很多国家（如以色列和韩国）中的年轻男性都需要服强制性兵役。而这也是他对国家想法的转折点。在此之后，Roger 说道："我意识到我不能无脑地支持他们做的事情。"但是，除了完全放弃，他曾决定，他要彻底地庇护于一个更能让他接受的国家当中，但是在他的新公民身份证件上，有一个东西一直在不经意地提醒着他，他只是将就了一个他曾狂热地想改变的现实罢了。在他的新护照封面上，浮雕着金线；在纹章之下，描绘了一群抓着甘蔗、咬着椰子树叶的鹈鹕；护照上还写了一条国家箴言：国家高于个人。这些话跟他自己的理想是如此相冲，对他而言就彷如胡说八道。

尽管如此，他也没有轻易地跨出放弃国籍的一步。自小在硅谷长大，而且又对计算机有着浓厚的兴趣，他认为自己生在美国还是比较幸运的。但是他也同样知道，考虑到世界的状态，如果他不是美国人，他可能会更加安全。日本是一个更加合适的选择，但是在美国想获得日本的国籍是行不通的。尽管美国很乐意给美国公民的配偶公民身份，但是日本政府却不会因为 Roger 的妻子是日本人而有所妥协。Roger 确实申请过日本的公民身份，但是却并没有什么成效，因为他频繁旅行让他失去了申请的资格。一年中，你如果有 60 天没有待在日本，那么你就不能算当年在日本居住，而如果你想成功地申请到公民身份，则至少要在日本居住 5 年，如果配偶是日本人，则需要居住 3 年。Roger 虽然在日本居住了将近 8 年的时间，但是却经常出差不在日本。"从日本政府的方面来考虑，我在日本居住的时间是零。"

在前往巴巴多斯之前，他曾经想在离家近一点的地方办理放弃国籍身份，但是在接下来的一个半月中，东京的美国大使馆脱离美国国籍的请求都被排满了，他没有约到时间，这让他有点不敢置信，好像他赶上了一场潮流。对星条旗说拜拜的美国人数已经破了纪录：2011 年，有近 1800 人放弃了他们的美国公民身份，或者上交了绿卡。在当时这个数字是前所未闻的，但是两年后，这个数字上涨到了 3000 人。

一部 2010 年颁布的《海外账户纳税法案》（*The Foreign Account Tax Compliance Act*，FATCA）要为该弃权数量的激增付主要责任，这部法律的本意是惩罚逃税者，但是这部法律却出乎意料地把普通大众赶出了美国。2008 年，只有 231 名美国人放弃他们的美国公民身份，但是在 FATCA 颁布的 2010 年，人数却陡增至 1534 名。第 2 年甚至更高，并且之后每年都在增长，这是一场前所未有的永恒告别。在奥巴马的管理之下，虽然个人所得税最高税率从 35%涨到了 39.6%，并且相匹配的资本利得税也从 15%增长到了 20%，但是却并没有起到积极作用。因为 FATCA 变本加厉，它的要求数量整个翻了一番。从本质上来说，这部法律要求海外的美国公民公开他们的外国银行记录及其他资产，同时，还要求所有国外金融机构（包括对冲基金），不管美国人的资金多么少，都要把他们所有的账户情况报告给 IRS。这就导致很多金融机构就不再接纳美国客户，因为做他们的生意意味着要服从 FATCA 的约束，而让外国银行乐意服从 IRS 的规定，那就是和尚打架扯辫子——没可能的事。

最终，除了有权势的人，生活在海外的普通大众的生活也受到了影响。想象一下，仅仅因为你的国籍，你就不能去开一个银行账户或者不能持有一个银行账户（住在巴拿马的 Ira Miller 就碰到了这个问题）。这就是新规定导致发生没有意料到的结果的完美例子。立法者总是通过一项法案，但却不考虑牛顿第三定律——每个作用力都有一个大小相等、方向相反的反作用力。例如，当国会议员表示，一项新的香烟税能为某个值得的事业筹集一定金钱时，这些人认为新法案会像一颗滑入池塘的卵石一般，静悄悄地融入社会，他们觉得尽管香烟的价格会更高，但是不会影响购买量。而实际上，你会看见涟漪效应：州之间的香烟走私变得非常猖狂。全国香烟税最高的纽约，也同样面临着最大的走私香烟问题：全州所有的香烟中，有 58%是没有收税的走私品。

FATCA 也没有例外。外国银行和投资基金干脆利落地拒绝接受美国客户，就是这项新法律的一个意外后果，而越来越多的人放弃美国公民身份，则是另外一个意外后果。随着 FATCA 的通过，美国的侨民越来越清楚地了解到纳税申报要求有多么复杂，更不用提如果没有正确申报，将面临的严厉处罚了；即使偶然忘记申报其中一项披露报表，也将导致 10000 美元的惩罚（美国也是少数希望公民为在国外赚的钱缴税的国家）。而如果故意不申报国外的金融账户，则会导致 10 万美元，或账户金额一半的罚款，无论哪项都是更严重的——而且如果不申报账户，之后每年罚款都会变得更加厉害。即使你在国外没有欠过任何税，你也仍然需要填一张表，否则就会受到处罚。所以这也毫不奇怪为什么有些人会在这一堆混乱的事情中，选择洗手不干了。

2014 年 8 月，国务院把放弃公民身份的费用上调至了 2350 元，比 Roger 之前付的费用高出了 4 倍不止。不管这是愤世嫉俗地一次举动，想阻止人们因为繁重的规定而放弃护照，还是如国务院宣称的一样，是为了填补日渐上涨的需求，它都对那些想摆脱美国公民身份粗暴束缚的人而言，没有什么好处。

对 Roger 来说，他一刻都不想拖延。当时，他想上交他的美国护照，已经想了超过 10 年了。感谢这个新鲜出炉的圣基茨和尼维斯的公民身份，他终于能有一个可行的选择了。

3 月初，在巴巴多斯举行了为期 5 天的国际金融密码协会年会，而这一年，比特币第一次成了与会者的主要感兴趣的主题。Bitcoin Foundation

赞助了此次会议，而几家学术期刊也参与了，表达了对加密货币研究的关心。跟 Roger 富豪作风完全相匹配的是，他搭乘飞机来到了巴巴多斯，这个位于迈阿密东南方 1600 英里的小岛上。IFCA 的加密货币极客们，刚好都是他的同道之人。他曾经用过 E-gold——当政府把它关闭时，他损失了价值数百美元的电子货币——后来他才认识到比特币是一种更有前途的发明创造；跟他一样的是，很多年以前 IFCA 的伙伴们就相信 Gavin Andresen 所说的，电子货币将占领整个世界；他曾在 2014 年会议上领导了一个工作室。虽然当时宣传得很好，但是那些年，人们却失望地发现这件事并没有发生。现在他们又再次因为比特币激动了起来。不过 Roger 这次旅行还有另外一个目的。当他降落到岛上之后，他就拜访了美国大使馆。和东京的美国大使馆不一样的是，这个大使馆立即召见了他，官员开门见山地问道："所以，你付放弃国籍费是现金、刷卡、还是比特币？"

Roger 目瞪口呆地问："你怎么知道我要用比特币？"

"嗯，我们知道你是谁"，官员笑着说，"所有到这里来的人，我们都用谷歌搜索了一遍"。

不过最终，官员说能接收数字货币付款只是在开玩笑而已。尽管如此，Roger 也对他产生了好感，因为他不像其他的大使馆官员，他对待任何事物既不粗鲁，也不刻薄。

他读了一长串一旦 Roger 确定要放弃美国公民身份就会失去的权利。他说道："你知道如果你要放弃你的美国公民身份"——这肯定是想让我不放弃——"你知道如果你放弃美国公民身份，你就不能在美国空军中服役了吗？""开玩笑，我宁愿坐牢也不愿意参加任何军队，尤其是美国的军队，所以这点不会让我回头的，这是我想法中最大的一个好处。"他又接着说道："你知道如果你放弃美国公民身份，你就不能再投票选举了吗？""开玩笑，我从一开始就反对选举，而且从法律上来说，自打我十几年前成为重刑犯开始，我就不能再投票了，所以这点我也不在乎。”最后他又说：“你知道如果你放弃美国公民身份，你就不能再领社会保障金了吗？”而我确信 30 年后，美国社会保障系统早就消失了。

在第一次见面中，官员告诉 Roger 他将会有一个为期一周的强制冷静期，在这段时间中，他需要仔细思考两次，是否要放弃国籍。于是 Roger 在参加 IFCA 会议时度过了大部分的冷静期。接下来的周一（3 月 10 日），他又来到大使馆，想参加宣誓典礼。官员看见他回来了，感到很惊讶，因为他跟 Roger 说的是至少要花一周的时间把事情想清楚，而不是刚好一周的时间就要马上回来，但是 Roger 去意已决。他举起右手，发誓他明白这意味着要放弃他的美国公民身份。

放弃国籍费是最不重要的：对于净资产超过 200 万美元，或者过去 5 年内的年收入超过 15.7 万美元的美国人而言，需要付出一笔离境税。而因为他的企业及他的比特币的价值，Roger Ver 满足了这些要求，因此不得不付这笔钱。对一些美国公民而言，如 Facebook 的共同创始人 Eduardo Saverin，他在 2012 年放弃了美国公民身份，并居住在新加坡，对他所有虚拟售卖资产所收的税，真真实实地达到了数百万美元。净值中的 68 万美元是不收税的，而超过的部分就要收税了。

到了 4 月时，Roger 为了支付纳税单，他一直在忙于出售美国的所有资产。2012 年他就已经把他在加利福尼亚州的房子给卖了，而现在他打算卖掉他的计算机公司 Memory Dealers，或者至少卖掉它的加利福尼亚州分公司，把它卖给一个竞争者或者是自家员工。他认为这会花上几个月的时间才能完成所有的售出工作，但是他并不会关闭 Memory Deals 的东京分公司，因为靠这家公司，他才能拿到日本签证。

他还需要考虑其他东西。2013 年 3 月 25 日，就在 Roger 拜访了大使馆后的几天，IRS 发布了对其他加密货币的指导文件。因为比特币是在 2009 年诞生的，当时 IRS 没有把它列入收税义务名单中。但是，现在它判定应该把数字货币当成财产一样处理，人们同样能从销售或者比特币交易中获得净收益，而取决于一年上下这些比特币花在哪里，这些比特币都应该被收取正常的所得税或资本税。然而，如果这些比特币是工作赚来的，而不是从交易站上买来的，那他们就会被认为是正常的收入。IRS 认为，即使用数字货币买一杯咖啡，那也是要收税的。换句话说，它希望美国的比特币使用者记录下数字货币的买卖价差价，然后相应地计算总体收益或损失。在收税时代，政府会根据他们的纳税等级及年收入来计算他们的税金。如果他们的损失超过了他们的收益，那么他们最多能减少 3000 美元的税金。人们想简化这个过程的需求，则成了一些企业家的商机；市场上很快涌现了很多软件服务，它们能自动计算用户的比特币纳税金额。对 Roger Ver 来说，因为他一直在买卖比特币，而且尽可能地用它代替美元或者日元去买所有的物品，所有 IRS 的规则就不是一般地让他不开心了。更加糟糕的是，IRS 还影响了平衡，它使得比特币更容易被当成是一种财产，而不是一种货币，但是 Roger 并不感到惊讶。他知道美国政府不会放过任何一个可以增加收益的机会，所以他从第一天起，就认为他的数字货币会被算成是他净资产的一部分。

所以，这位人们称为“比特币上帝”的男人诉诸到了最高权力机关。虽然离境税要到 2015 年 4 月才会收，但是同时在 2013 年的财政年度中，还有其他的普通税要交。即使在一些昂贵的会计师的帮助之下，要判断他要交多少税也是相当复杂的，所以 Roger 申请了延长交税，但是最终仍然付晚了；他后来回忆道，他要交的税大约是 57.5 万美元。

他自我安慰道，他还有 30 年的时间可以赚钱，而这 30 年赚的钱，一分钱都不用给 IRS，他已经迫不及待地想和资助美国政府说拜拜了。人们曾经问他对日本总理安倍晋三的看法，Roger 回复道：他有很多话要说，当美国用国家财富资助战争机器时，日本把钱都花在了国内的基础建设上，而且日本也从来没有把他束缚在牢笼里。那些不同意统治阶级行为的人应该使用比特币，因为在日本并不需要收比特币的税，而且 Roger 相信，作为一种真正的国际货币，它可以从本质上消除国界，并瓦解所有好战的政府。“此时此刻，你面临一个选择，那就是开始使用比特币，不再使用美元、欧元或日元”，Roger 说道，“比特币是和平之币。”对 Roger 而言，事情就是这么简单。

他的事情办完了，于是 Roger 离开了巴巴多斯，但是在离开之前 Salon 发布了一篇文章，宣称比特币上帝（他的绰号太棒了，每次媒体都抵抗不了它的诱惑力，不停地在头条上使用这个词）因为害怕，而躲在了加勒比海上的一座无名岛屿里面。Roger 没有笑，感谢他在监狱里的时光，他已经见识到每条法律的背后，都有暴力的威胁，最终还有死亡的威胁。无法体会他经历的记者可能会误解，认为他时刻想着碰到一位持枪的人。但是事实并不是如此，Roger 向朋友们保证，他并没有躲着任何人，他现在对他的生活感到很幸福。

4 月底，Roger 从莫斯科飞回了东京。在莫斯科，他参加了另外一场两天三夜的比特币会议，其中很多人都在问俄罗斯对待比特币的立场。Roger 也问了同样的问题，然后对方用正宗的俄罗斯风格回答道：“没人知道立场是什么，也没人在乎它。”对于与会者而言，这可能还真是真的。

事实上，世界上不同国家管控比特币的方法都不一样，甚至有一些国家完全不对数字货币进行管理。2 月初，身为美国参议院国土安全和政府事务委员会主席的议员 Tom Carper 发布了一份报告，此份报告由议会法律图书馆编写，报告说明了数十个国家数字货币的管控方式。其中关于俄罗斯的部分写道，普京政府并没有发布针对比特币的法律，但是一家俄罗斯公司警告道，俄罗斯的民事法典规定了卢布是国家的唯一支付方式，所有其他货币的价格都应以卢布标明。事实上，这也是后来俄罗斯总检察长说的话，他宣布货币替代品（如比特币）都是违法的。俄罗斯的中央银行曾禁止数字货币，但是几个月后，它又改变了立场。7 月初，俄罗斯银行宣布不再阻碍数字货币的使用，而且它的第一副主席甚至还说道："我们不应该拒绝这些工具。"这种突然改变立场的行为折射出在如潮水般袭来的技术，以及它所带来的利益和威胁面前，行政政府本身的不确定性。同时，在莫斯科的会议上，Roger 向数位新闻记者赠送数字货币，帮他们建立了自己的比特币钱包。他解释道："我是为了这些新闻记者才这么做的，如果他们自己有了少许比特币，那么他们可能会为比特币说一些好话。"

与此同时，日本街头对比特币的看法比较糟糕。感谢 Mt. Gox，大城市中很多人都听说了比特币——大型报社和电视网络帮 Roger 把这项提高意识的事情给做了——但是，也因为同样的原因，大多数人都对数字货币全无好感。"很多日本人都很困惑"，Roger 一天晚上对他朋友坦白道，"他们认为比特币出问题是因为 Mt. Gox。"比特币价格骤降并没有使事情好转。Roger 就像一位狂热的街头布道者，一直在劝说他人改变观点。大多数时间，他就像 Erik Voorhees 一样，打扮平凡而整洁，穿着朴素的长裤和 POLO 衫，一些衣物是从韩国用 10 美元的价格买回来的，同时他也不会穿戴任何昂贵的手表或珠宝，但是一周总有四五天，他会穿着印有比特币标志的衣服。而且他还一直在和记者见面，以客人的身份出席一些图书馆的节目。"我现在已经镇定一点了，而且也有了大概的想法，但是我已经习惯了在任何时间、任何地点和我碰到的任何人谈论比特币"，他说道，"我会告诉他们所有关于比特币的事情，并且帮助他们设立比特币钱包；我还会给他们价值 1 美元的比特币。很早之前，我直接给他们一整块比特币。我给了数千比特币，完整的比特币"。

在六本木生活区一个时髦的外籍酒吧餐厅 The Pink Cow 中，Roger 至少每月都会对东京的一些顽固分子报以同情。这家酒吧是一位美国女人 Traci Consoli 开的，她是加利福尼亚州本地人，有着加利福尼亚州标志性的蓝色眼睛、长长的金发和咧嘴大笑。酒吧供应墨西卡利的食物和进口的啤酒。上个 7 月，它因为是东京第一家接受比特币支付的餐馆，而变得为人所识。酒吧的台面上绘着花卉图案，墙壁上挂着古怪的抽象油画，还有一个能表演现场音乐的舞台。酒吧后面的洗手间旁边，挂着一幅时尚艺术家 Kenta Matsuyama 的模板画（这位艺术家的笔名是 281_Anti Nuke），画上描绘了一个女孩，她双眼紧闭，用手指堵住了耳朵，并且在她的无袖连衣裙上还写着一行忠告：不要相信政府、电视、大公司和核武器。在这间酒吧中，这些装饰鼓励人们发表和现实中的共识不一样的见解，Roger 在这里定期举办比特币聚会。

4 月 27 日，他看见团队的共同创始人 Ken Shishido 和其他成员一起坐在桌子旁，便问他最近怎么样。当时 Ken Shishido 这位硬通货积极分子，戴着一条纯银项链，项链上挂着一个象征比特币的吊坠，上面是一个有两条竖线的大写的“B”。

“我还好”，Shishido 说道，他的声音略微有点沮丧，“天没有塌，股票市场还存在，我们仍然生活在纸币的幻想中。你呢？”

团队经常讨论普通货币难以跨越国界的问题，因此就提出了使用比特币的想法。团队中，一位瑞典程序员 Fredrik Friis 就不能在东京使用他的 Master 借记卡，因为东京大部分 ATM 机都不接受它。所以他就鼓励 Pink Cow 接受比特币支付。虽然比特币平时很有用，但是 Shishido 说道：“比特币什么都不是，它只是一个工具而已。”

Roger 表示同意。他认为，比特币真正的价值在于它能开辟一个更加自主的世界。在这个世界中，没有人能因为他有更多枪，或者因为他工作的大厦门口有旗帜飘扬，而强迫他人做事情。

这个观点释放的信息，和比特币社区中其他人的观点极为不同。当月早些时候，在纽约 Inside Bitcoins 会议的一个主要演讲上，Circle 的 CEO Jeremy Allaire 对未来做了一个预测，他认为将来统治政府将建立管控比特币挖矿集团的协议，并将通过他们的中央银行来管理比特币。

Roger 认为没有必要直接与此观点对抗。他是 Jeremy Allaire 的粉丝，就像他是 Barry Silbert 的粉丝一样。他认为这两个人都在做伟大的任务，都将推动比特币的使用。让他们拥有应得的尊敬吧，他们并不理解，也不关心比特币会对现状造成多么大的破坏，同时像 Roger Ver 和 Erik Voorhees 一样的人，就变得不能再高兴了。如果在其他地方，比特币成了现代金融毁灭之轮的一部分，那么至少在这里，在六本木中心这些顽固分子的眼里，比特币的革命性就有用武之地了。比特币，就是他们期望用来撬动世界的那根杠杆。

外人很难想象 Roger 没有因为这些聚会、商谈、讲座、会议而精疲力竭，而且其中一些还需要他飞到国外，和移民、海关等官员一起商谈；很难想象他并没有对这些反复诉说的话感到疲倦，毕竟他既要向比特币新手和那些一无所知的新闻记者解释数字货币的微妙之处，还要解释它对世界的广泛影响；也很难想象他不会对重复讲述自己的启明之旅、去大马士革时的彻悟感到厌倦，他一遍又一遍地把他的听众引导到同一个结论上，这就好像是一幅连点成线的图片，正确的解决方案总会成百上千次地产生同一个结论。如果是普通人，恐怕很早之前就会累瘫了，也可能在成为比特币行走的人形海报的压力下崩溃。但是 Rger 并没有，这要感谢他巨大的精力储备，他对比特币不变的热情，以及一个不了解他的人不知道的因素：他对所过生活深深的热爱。在一些访谈中，他表现得几近疯狂，但是他并不是没日没夜地对着世界秩序咆哮，他很享受自己的生活。的确，这个世界充满了暴力与不公，而他决定要终结这种现象，但是他很理性地知道自己的极限；对于自身成为他想在这个世界中所看见的改变因子，他或多或少地感到满意。当然，他的执着也为他带来了回报——高度集中的注意力和敏锐的视觉，能让你看到别人看不到的机会。正是如此，他购买圣基茨和尼维斯公民身份的经历，以及他在国外的朋友需要跨国转移金钱的需求，滋养了他新企业的诞生——他把它称为 Passports for Bitcoin。

他的想法是，世界上有很多富人，他们可能会因为各种各样的原因而很重视第 2 个公民身份。很多富人生活在专制政权中，而且面临混乱的经济和动荡的政治环境。于是，圣基茨和尼维斯就成了一个完美的避难所。这个由两个岛屿组成的国家没有个人所得税，没有资本利得税，也没有遗产税。你甚至都不需要踏足这个岛屿，就能成为它的公民。另外也感谢 2009 年和欧盟的一项协议，圣基茨和尼维斯的公民不需要签证，就可以在任何一个欧盟成员国中旅行。但是也因为同样的原因，在这个新兴市场中 1%的人需要一个逃离计划，以防他们祖国的情况变得极其糟糕时，他们不能把钱转移到海外，完成要求的 6 位数投资。

事实上，Passports for Bitcoin 的客户群很明显是那些提供英文、俄文和中文的网站。对被像普京一般的人统治的人而言，一个很明显也很关键的诱惑力就是申请者的祖国并不会被告知申请者申请了圣基茨和尼维斯的公民身份。该网站提供的第 2 个护照，只是对未来一个更精明的押注，防止政府干预和过度征税。全球的富人好似同意这点。据估计，仅在 2014 年，他们在购买新护照上花了 20 亿美元。

为了建立 Passports for Bitcoin，Roger 和一家有许可的申请处理代理商 International Investments & Consulting Limited 合作。这家公司已经成功处理，并提交给了圣基茨和尼维斯政府近百份公民身份申请。据报道，它跟 Paul Bilzerian 有很深的关系，而此人之前作为一个企业掠夺者，因为违反证券税收法律，没有公开自己的资产，而在监狱里待了两年。Bilzerian 的儿子 Dan 是一个职业扑克选手，也是一位玩信托基金的花花公子。Dan 的弟弟 Adam，同样也是一位职业扑克选手，他在 2008 年上交了美国护照，已经是一名圣基茨和尼维斯公民了。

毫不奇怪的是，美国政府尽可能地给这个加勒比国家的经济公民身份项目泼冷水。2014 年 3 月，财政部表示，伊朗人为了避开祖国的经济制裁，就在圣基茨和尼维斯申请了公民身份。而 6 个月之后，加拿大第一次宣布，针对持有圣基茨和尼维斯护照的人群实行签证要求，正如官方所说，他们对这个岛国经济公民身份项目中的身份管理措施感到很担忧。然而，到了 2015 年年初，不仅是圣基茨和尼维斯，还有塞浦路斯、马耳他、格林纳达、保加利亚、多米尼加、科摩罗伊斯兰、安提瓜和巴布达岛都建立了这样的项目，而且每个都有其自己的货币和居住要求，项目能给参与者带来利益。于是公民身份成了一种商品，而这对 Roger 而言刚好合适。如果我们脚下的地球要被人瓜分并设立警戒范围，那至少在选择归属地时，能有一个自由的市场竞争。而如果人们能参与其中，使之成为现实，就更好了。

他之前也不总是这么勇敢。在从监狱里出来后的 10 年，他一直低调做事，只深耕自己的一片田，发展自己的公司，在内心保守着自己的政治信条。如果这种对他最深处自我的审查对他造成了伤害，那它也让他能在商业中集中注意力做一件事情，而这让他的妻子 Ayaka 崇拜不已。他在加利福尼亚州还是一名年轻人时，Ayaka 当时在 San Jose State 大学留学，第一次碰到了他。他的准则一直是尽管你可以通过作弊在短期的交易中赚到钱，但是在长期的交易中，你必须要做正确的事情。他是一个深思熟虑、保守自己承诺的男人。2011 年，1 比特币的价格大约是 10 美元，Roger 公开打赌说在接下来的两年中，比特币的价值将超过黄金、白银、美国股票市场和美元。他在数字货币上赌了 10000 美元，而当时对大多数人而言，这种数字货币就跟大富翁游戏中的钱一样。后来他的预测成了现实，2013 年 11 月比特币的价格有了极大增长，但是却超过了两年期限几个月的时间。他信守了承诺，把当时对赌中价值 10000 美元的比特币——现在价值 110 万美元——捐给了 Foundation for Economic Education。他说，这是一家自由主义的非营利性组织，它出版的书籍，让我了解了比特币会变得多么重要。

他发现比特币让他脱离了沉默的牢笼，他说道：“现在我可以毫不顾忌地说，我不支持这个星球上的任何一个国家。”换句话说，即使是最强大的皇帝都是没有穿衣服的。Roger 十分相信人类自主交往中存在的双赢策略，甚至在更好的情况下，会有三方获利。这就是他看待价值百万美元捐赠的方式：“这对我来说是好的。对他们来说是好的，而且我认为这对全世界的人而言都是好的，因为现在他们能够用那笔钱去传播思想了。”

但是 Roger 并不只满足于捐钱，然后让别人去跑腿工作。就像一位精力充沛的传教士，他继续在比特币事业上耕耘着。3 月底，他飞到新加坡，参加了 Coin Congress，并大声疾呼反对赤字开支和战争债务融资。他认为能够通过大量使用数字货币，来解决这些地理政治的现实问题。因为比特币的供应是受限制的，因此当人们的需求上升时，不可能做到简单地印刷钱或者去借更多钱。“我预见了一个所有人都使用比特币的世界，而且对地球上的每个人而言，这个世界远远比现在的更加和平安宁。”他说道。这是一个很高尚的目标，对一群人而言是不可能的事情，却是另外一群人不能不去做的事情。

3 月 23 日午后，Roger 被黑客盯上了。他最初知道这件事情大约是在中午的时候，当时他还在新加坡的香格里拉酒店里面。他的朋友 Jesse Powell 给他发了条信息，警告他有一个很奇怪的账户正在 Facebook 上假扮他，而且还在向其他人借比特币。Roger 查看了一下，然后确定确实有人黑掉了他的之前的一个账户。这个账户是在几年前建立的，Roger 直到当时才想起来有这个账户。他和 Powell 一起运营比特币交易站 Kraken，两人成为朋友已经近 20 年了，Powell 瞬间就知道这是个“李鬼”。Roger 的其他朋友也足够聪明，都不会上当。但是他的旧 Facebook 账户被人窃取，虽然最多只是让人小小地恼火一下，但是却显示出有件严重得多的事情正在发生。

本地时间下午 5 点 24 分，因为没能骗倒任何人，这名黑客联系了 Roger。一位网名叫 Savaged 的人通过 Skype 的信息联系 Roger，并向 Roger 提供了他之前的社会保险号码，所以 Roger 确信他就是那名黑客。他清楚地表示，他手上有 Roger 的个人信息，以及需要他赎回来的数字财产。如果他没有收到钱，或者如果 Roger 仍然冥顽不灵，那么……他表示："我认为你不想让你的妈妈遭受痛苦吧？我可以做到这点的。"

Roger 立即开始与他沟通，争取时间。他首先要与黑客周旋，同时要找出哪个账户被入侵了。但是当他有几分钟没有说话后，黑客威胁要派特警队去圣克拉拉市，史葛大道 3350 号 32 栋——Memory Dealers 的总部所在地。呼叫特警队是一个臭名昭著的恶作剧，通常是向受害者当地的警局拨打虚假报警电话，说发生了暴力犯罪事件，而且还有人被挟持——这类报警会让特警队前往报警地址。

黑客写道："我需要你把比特币打到我的钱包里，然后我就会停止入侵。你才刚注意到我，我会入侵你的域名，然后把它转移过来。"

"哪一个域名？" Roger 想知道。

对方立刻回复道："memorydealers.com。"

这就糟糕了。他之前用旧的邮箱地址 Roger_Ver@hotmail.com 注册了那个被黑掉的 Facebook 账户，而他很快发现这个邮箱被盗用了。现在黑客用这个 Hotmail 的邮箱地址入侵了 Roger 在域名注册商 Register.com 上的账户。大约 15 年前，Roger 用 Register.com 建立了 Memory Dealers 的网站，而且他一直在用 Roger_Ver@hotmail.com 关联这个注册网站上的账户，这么多年他从没想过要更新联系信息。这个邮件地址就像 Register.com 一样，并没有双重验证，因此相比他的主邮箱 roger@memorydealers.com 而言，它们是极容易被攻破的。

这些联合在一起，会发现一个真正让人惊悚的问题。通过 Register.com，黑客能够更改 Memory Dealers 网站的设置，令其域名指向一个在黑客掌控中的 IP 地址。而这也就意味着任何发往 memorydealers.com 域名的邮件或信息，都将落入黑客手中。他可以把 Roger 所有网络账户上的密码进行重置，盗用这些账户，包括 roger@memorydealers.com。又因为这是他的商业域名，因此黑客能够抓取的不仅是 Roger 自己的邮件，而且整个域名的来信都将被一扫而空。所有员工的账户都可能会被盗取，他们也会陷入身份盗用的危机中。没有人能说得准，这名黑客究竟能造成多大伤害。

Savaged 变得趾高气扬。下午 5 点 33 分，他写道："我觉得我们两个都知道这不是一件让人快乐的事情，而且老实说，你做不了什么，你抓不到我的，我可是一名老手。"

在整个谈话中，这名黑客时而讲道理，时而又发出一些古怪的威胁。在某一时刻，他告诉 Roger，他尊敬他是一名比特币用户/偶像。但是，当 Roger 有 4 分钟没有搭理他后，他又瞬间转变了态度："老实说，我会把你的社会保险号和你的个人信息卖给诈骗犯，他们会以你的名义贷款，然后再拿到你妈妈的社会保险号，再以她的名义贷款，我会把你们两个人的生活都毁了。"

这是人们能想到的最奇怪的事情了，一边被勒索者奉承，一边又被他威胁。因此 Roger 很困惑，他写道："如果你尊重我，认为我是一个比特币用户/偶像，那么你为什么要这么对我？"

"因为我想要 37.63289114 比特币，这就是原因。"他回复道。他想要刚好价值 20000 美元的数字货币。

这个时候，Roger 呼叫了后援。他当时很幸运：Jason Maurice 也同样在新加坡参加会议，并且也正好像 Roger 一样，住在事发地的香格里拉。Jason

在听说这件事后，就从酒店另一头跑了过来，和 Roger 汇合，帮助他抵御这次袭击。

Roger 对黑客的所有威胁都置之不理，只是一直在问他是怎样获得他的个人信息的，或者问为什么要刚好这个数额的金钱。他并不知道黑客是怎样知道他的社会保险号或者他之前的美国护照号码的，但是他和 Jason 很快达成了一致，不能打钱给对方。给勒索分子打钱，一定是一门亏本生意，Roger 说道。“他们只会一次又一次地勒索你。”与此同时，他脑海中浮现了一个计划，他想反击。他后来说道：“他联系我的那一刻，我就知道我要做什么了。”在他一边和黑客谈话时，Jason 为他朋友的域名打响了一场战争。他要改变 DNS 服务器，令其指向他自己的网络，而几分钟之后，黑客又能够把它给改回去。他们没有办法直接反击，他们也不知道黑客是谁，没有办法接触他。能重新把 Roger 的数字财产掌握在手里，看起来是他们所期望的最好结果，但是 Roger 并不满足于此。

6 点 30 分时，Savaged 很快失去了耐心。他写道：“你是想让这个折磨你的游戏的难度再难上 10000 倍吗？”但是两分钟后，他并没有收到 Roger 的反应，于是他就改变了策略：“听着，我妈妈做肝脏移植手术需要 15000 美元，不然我不会做这件事的，我很抱歉，但是我不得不这样做。”

终于，在 6 点 39 分，在第一次与 Savaged 接触的 1 小时 15 分之后，Roger 打破了沉默，并提供了一个链接。这个链接连接他在 Facebook 上发出的一个帖子，其中对有助于逮捕这名黑客的信息，都发布了悬赏，而悬赏的金额刚好就是 Saveged 想从他这勒索的金额。这是你能从比特币上帝身上所想到的最好的方法——这是面对暴力和恐吓时，一个自由市场的回答方式。叫警察可能会让某些无政府主义者停止动作，但是 Roger 不会。他有一种在激进理想主义分子中特别少见的意志，要用实际的方式来解决问题。“如果这是真的”，提到 Savaged 的妈妈，他说道，“我愿意帮助你筹集移植手术的大部分资金”。但是现在，已经太迟了。

黑客仍然装作一副很勇敢的样子，吹嘘没有人知道他是谁，但是他很快就投降了，把 Hotmail 邮箱删除了，另外把他所窃取的所有账户里的密码都交了出来。他之前把每个密码都改成了一句种族歧视的话语。他气冲冲地结束了谈话：“我只是想为我的妈妈筹集资金而已，但是既然你不愿意帮助我……”

在 Roger 警告 Savaged 他发布了悬赏 9 分钟后，他收到了用户名为 TGOD 的一条 Skype 信息，宣称他知道这名黑客的真实身份，并把信息交给了 Roger，以此来交换悬赏金。再一次，Roger 拖延了一会儿时间，说他需要几小时来重新获得这些账户。而这中间，14 分钟没有说话后，Savaged 变得越来越让人可怜，从最初的口出狂言，变成摇尾乞怜。“先生，我真诚地感到抱歉，我只是一个传话筒而已，这些话都是别人让我说的”，他急匆匆地写道，“我真的只是说了别人让我说的话，我什么都不知道”。然后，在更多的求饶之后，他又问道：“你会找一名职业杀手来杀我吗?”

现在，事情很完美了。从针对 Ross Ulbricht 的指控开始，他就了解到了比特币世界当中所发生的此类事件。而如果这名黑客真的相信 Roger 悬赏缉拿他——不仅是为了要逮捕他，而且还是要他的项上人头。Roger 并不打算纠正他的想法，在让这个禽兽落入 Roger 想让他落入的法网之前，他不打算纠正他。“有人告诉我一些关于你的信息”，他回复道，“我会跟他们谈一谈”。

事实上，Roger 压根就没相信那位 TGOD 是一位好心人，他可能就是真正的黑客，也就是 Savaged 一直在喋喋不休地那个人——假设真有这个人的话。所以他把 TGOD 晾了一段时间，直到这位赏金猎人失去耐心。“我有你要的信息，我就是不明白为什么你还让 Facebook 和 Twitter 上的那些菜鸟追踪我手里已经有的消息”。他愤怒地说。即使这次黑客袭击还在进行中，这件事在 Twitter 和 Facebook 上已经火了起来；已经有些业余的警探在尝试追捕这位黑客了。Roger 不打算上交 20000 美元来交换一些无用的信息，或者更糟糕，一位无辜路人的个人信息。

他清楚地意识到，TOGD 不会在没有付钱之前，提供他的证据，所以 Roger 开始主动搜索他的信息，同时假装在和网络警察打电话。这参考的是 YouTube 上之前一个病毒式传播的视频，视频中一位儿童的父亲针对一堆网络恐吓，发布了一些搞笑的威胁言论。像大多数网络幽默一样，一经解释就不再搞笑了。TGOD 最后变得很沮丧，然后放弃了。同时，Jason Maurice 成功地把 Memory Dealers 的域名从被盗的 Register.com 账户中转移了出来，让黑客再也接触不到它。

在这一场奇怪的事件之后，还发生了一件奇怪的事情。一天，Roger 回忆道，他接到了一位自称是密苏苏里小镇上的警官的电话。而他正准备把电话挂掉时，“我一般不跟警察叔叔说话”，他说道。这个男人说他打电话是因为那次黑客事件。于是 Roger 就继续听他说。如果这个人是在假装他密苏苏里的口音的话，那这伪装也太好了。很明显的是，这位尽管，或者不管他是谁，是想得到追捕黑客的悬赏金。但是 Roger 没有这么容易就被得手。在这个持续几分钟的电话之后，他搜索了这个人的地区代码，的确和电话号码相匹配。但是这个电话号码并不是警察局的电话号码，而且警察局里也没有这个男人所提供的警官名字。当 Roger 回拨电话时，号码被转到了一个 Google Voice 的号码上。你能够在任何你想要的地区号码中，购买 Google Voice 号码，所以 Roger 确信刚刚跟他说话的就是真正的黑客，他想通过其他方式获得最初的这笔赎金。

后来，关于悬赏金及 Roger 是怎样让黑客夹着尾巴逃跑的新闻，就像燎原大火一般传播着。他发现自己被电子邮件淹没了，每天都有几十封邮件，去哪都是一些来自媒体的请求，想为他提供帮助。网络敲诈明显是个很敏感的话题，而受害者还打败了黑客，这个消息就让看客的想象力之火开始熊熊燃烧。

但是 Roger 并不是 Savaged 唯一的受害者。几天过后，Savaged 还敲诈了 Hal Finney。一位宣称住在 Finney 的男人给圣巴巴拉郡治安部门打了电话，说他杀死了他的老婆和孩子，然后准备自杀，并且还要把房子给烧了。

当特警队、警察、消防队员及警用直升机到达 Finney 的家里时，当地的学校都被关闭了，并且他的邻居都被疏散开。一周之前，Elliot Rodger 在圣巴巴拉市大开杀戒，6 名无辜群众死亡；而警察没有抓到任何机会。在搜索他家时，他们很快就发现这是个恶作剧，但是 Finney 因为葛雷克氏症而四肢瘫痪，已经在自家草坪上颤巍巍地等了半小时。

消息说，这位密码学家和他的家人已经被骚扰了数月，敲诈者向他们勒索 1000 比特币，当时这笔比特币价值超过 40 万美元，拿到钱后才肯放过他们。作为最早的比特币使用者之一，Finney 因为早期挖了一大笔比特币而出名，并且在金融自由与全球伙伴关系方面，他对比特币抱有厚望。而现在他却因此而遭受折磨；理性的沉眠，滋生了人性的怪物。Finney 在 8 月去世，但是在他生命的最后几周中却充满了威胁电话。“当我听到他们对 Hal Finney 所做的一切时，我真的愤怒到了极致”， Roger 说道。他告诉其他的比特币投资者，这“足够让所有人都怒发冲冠。”

所以他并不满足于仅仅赶跑袭击他的人。尽管发生了这些事，但是他也仍然坚定地相信比特币带来的好处远大于坏处，而他想证明这点。如果网络犯罪嫌疑人能利用比特币来伤害无辜的群众，那么受害者也能利用比特币让他们付出代价。最后，产生的结果便是 Bitcoin Bounty Hunter 的诞生。

Roger 偶然想到了一个主意，认为人们能够把对比特币的捐款集中到一个网站中，然后为各种帮助逮捕犯罪嫌疑人的信息支付赏金。在收集了足够的证据，并促使犯罪嫌疑人被逮捕、定罪后，想领赏的猎人会在比特币区块链中嵌入一个加密摘要。这能让他证明他获得信息时，没有暴露自己的身份，或者把信息散播出去。这步完成后，证据就会被发往适合的权威机关和 Bitcoin Bounty Hunter 进行审核。没有人可以知道获得赏金的人的身份信息，甚至 Roger 自己都不行，申请者对赏金拥有无可争议的所有权。

Roger 在 2014 年 9 月成立了 Bitcoin Bounty Hunter，网站最初看起来就像业余爱好者的作品，但是它代表的进步，以及它阐释的可能性，都给人留下了深刻的印象，这是一种最小可行性的产品。一开始，Roger 就把对 Savaged 的悬赏列了上去，这个人目前还没有抓到。他说道，在几年中，比特币的价格可能会上涨，令这份悬赏的价格达到数十万美元，“不管悬赏信息的价格是多少，只要能抓住这个家伙，不管他在世界的哪个角落，我都乐意付出这 37.6 比特币。”他从没有因为此次黑客袭击而放弃自己的主张或理想。也是因为这些理想，他正在为 Ross Ulbricht 筹集他的法律辩护基金。

“线上交易网站”的创始人仍然待在监牢，Ross 的妈妈 Lyn 正在全国四处跋涉，代表他的儿子发言。3 月，她出现在得克萨斯比特币大会上，接着又去他儿子的家乡奥斯丁，然后 6 月在 PorcFest 节日上，她也做了演讲，演讲后观众都起立鼓掌良久。她拼尽一切努力，想把 Ross 塑造成一位烈士，一位在数字时代像 Aaron Swartz 一般的自由斗士，以及一个被野心勃勃的且走入歧途的政府所迫害的温柔灵魂。关于围绕她儿子的案件，媒体可能不公平的报道，她与网民发生了激烈的争论。然而，她又好像不得不一直跟媒体沟通。这就好似她控制不住自己一样，但她实际在做的就是在控制自己，毕竟 Ross 的律师 Joshua Dratel 可不便宜。

她建立了一个网站，以此收集人们的募捐，然后支付儿子的法律诉讼费用。募捐活动刚开始时进展得很慢，但是她话讲得越多，收到的钱也就越多。她把儿子的案件描述成一个有深远影响的事件，是一个潜在地危害互联网隐私和数字货币的先例。她说其影响的可不只一个人。

如果政府抓错了人，那么 Ross 的理念支持者就没有一丝理由需要担心他的命运了，至少应该跟担心司法系统中其他被误判的人的命运是一样的。而明显的是，Ross 很多的支持者认为，这位 30 岁的得克萨斯州人和那位臭名昭著的非法交易市场商人完全就是同一个人，而且事实上也是因为这个观点，他们才会支持 Ross。他们并不是忽视政府指控他的证据，而是仅仅认为，帮助人们摄取改变精神的药物并不是真正的犯罪。当然，如果 Ross 被判雇凶杀人未遂，就像之前在马里兰被起诉的一样，那么就是另外一回事了。别人现在对他的同情立马会消失殆尽。自由主义者认为，Ross 是一位平民英雄，是一位充满浪漫主义色彩的法外之徒。在 PorcFest 上，Lyn Ulbricht 筹集了数千美元的捐款。

Roger 用另外一种方式表示了支持。“如果 Ross 是无辜的，那么政府应该立刻释放他”，他在 Facebook 上写道，“而如果他确实是有罪的，那么实际上他也是一位英雄，因为他建立了‘线上交易网站’，同时帮助全世界的人们参与自由贸易”。不管他到底是什么样的情况，在数字货币的使用当中，他都是一位先锋人物。Roger 对支持他并没有任何的良心不安。他怀疑雇凶杀人未遂的指控，其实只是一场恶意营销罢了。至于其他指控，“人们聚集到一块，在一张纸上写几句话，然后就说这是法律”，Roger 说道，“而这并不会在任何方面改变道德本身”。

7 月，当他在首尔参加比特币聚会时，他在 Twitter 上承诺，他每收到一条回复，就会给 Ross Ulbricht 的辩护基金捐 10 美元。他的保证就像病毒般扩散开来，当他决定设置一个捐款上限时，已经有超过 16000 条回复。于是在几天之内，他向 Free Ross 的宣传活动捐赠了价值 16 万美元的比特币。“Ver 是一位英雄”， Erik Voorhees 写道。Blockchain 的产品总监 Keonne Rodriguez 在推特上支持道，Ross 仅仅是因为创造了一个更加安全便宜的非法市场，但又没有让政府分一杯羹而获罪。事实上，不让政府分利润是成立“线上交易网站”的信条之一。2010 年 7 月 5 日，独立日刚刚过去——4 年后 Roger Ver 刚好立下誓言——Ross 在思考有关税收的事情。“人们普遍认为与死神和税务官的遭遇是不可避免的，但它们真是这样吗？”他问道。“这是一种理解而已，只是尝试想从过去推断未来，但其实真实情况并不是如此，因此它只会限制可能的事情发生。”Roger 完全同意这些缥缈的言论。现在，当他即将把自己从这两个古老的无法避免的事物当中解放出来时，Roger 又好像回到了他一位无法照顾自己的战友身边一样。

如果 Passports For Bitcoin 只是作秀，那么就像它在外界所展示的一样，它是产生了效果的。6 月中旬，Bloomberg News 和其他媒体都打电话过来；据 Roger 所说，几位最初听说可以购买圣基茨和尼维斯护照的客人都向他表示了感谢，并且决定继续走完转换公民身份的流程。但是这个项目太棒了，并没有能持续下去，媒体的目光实在太耀眼了。

从 2006 年开始，圣基茨和尼维斯的经济公民身份项目，其中最古老的一项从 1984 年就存在了，一直都在总理 Denzil Douglas 的直接管辖范围内。人们能够想象，当他听说了一个他之前闻所未闻的项目，而且这个项目没有使用被广泛接受的投资移民的说法，而是在做买卖护照的生意时，他会有多么惊愕了，而且这个项目还把他的政府和数字货币联系在了一起。这就很难使这项经济公民身份项目受人尊敬；他最不想做的一件事情，就是跟如此臭名昭著的技术有所牵连，而且这项技术还和很多黑客及灾难联系在一起，并且还被美国政府（他与美国政府有引渡条约）认为其会导致资助恐怖主义的后果，所以 Douglas 政府站出来抵制比特币。在他们官网上关于投资获得公民身份的网页中，贴出了一份警告，说圣基茨和尼维斯政府“请大众相信，我们并不认为比特币是一个可以做金融交易的法定投资货币……我们进一步强调，我们现在并不接受比特币，之前也没有接受过比特币，并且将来也不会接受比特币”。

这份声明继续说道，CIU 会发起一项调查，任何宣传能为比特币的交换而提供公民身份服务的公司，都将被取消申请过程的执照。而这也确实发生在了 Roger 的伙伴公司 International Investments & Consulting Limited 身上：它的执照被圣基茨和尼维斯的金融服务监管委员会取消了，这直接导致它做不了生意。于是 Passports for Bitcoin 就夭折了。

然而，如果没有其他事情发生，这个项目其实已经证明了，跨国界比特币支付能够变得多么强大。Roger 对此的积极态度并没有受到影响。“比特币即将变成全世界的永久货币”，他在那年夏天说道。大约有 6 万家互联网零售商接受数字货币了，而到了 8 月，离他涩谷的家步行就能到的地方，已经有 3 家餐馆接受比特币了。他认为，下一项伟大的成就是它将大规模代替法定货币。即使比特币的价格在 2014 年下半年无情地下跌，也没有动摇他的信心。如果 Nic Cary 喜欢一种新世界性的存在，作为在国外的 CEO 能自由地拥有两本护照，手机里还存储着能跨越边境的货币，Roger 就更进了一步。他生活在一个未来充满奇思妙想的自由世界中，充满对黎明无限的期待。而现在，现实好像越来越想跟上他的脚步，或者就如网络叛客（cyberpunk，赛博朋克）小说家 William Gibson 写的一样，“未来已来——只是它不是平均分布的罢了。”

CHAPTER 13

有罪陈述的双刃剑

每人都是自己命运的工匠。

——阿庇乌斯 · 克劳狄乌斯 · 凯库斯

5 月，Charlie 无法忍受再被软禁在家里了。他和 Courtney 相距 200 英里，因为爸妈的反对，他俩被迫秘密地私下约会。Charlie 的爸爸 Allen 好像并没有理解他大儿子作为企业家的成就，也没有理解清楚他被指控的犯罪行为，他把这个在逐渐发展的案件看成只是他桀骜不驯的儿子略微过线的行为而已。他说："没有人是故意这么做的，这并不是一个巨大的阴谋诡计。从我个人角度来说，这只是一个愚蠢的错误而已。他在凌晨两点半玩游戏时被抓走，然后又躲在了爸妈的庇护之下，只是一类这样的事情而已。"

5 月中旬，Charlie 的一个律师 Marc Agnifilo，成功地让 Chairlie 从周日到周三的早上 9 点到晚上 9 点都可以不必软禁在家，尽管他还是被限制在纽约的 5 个区内。表面上的理由是要让 Charlie 去找工作。而实际上，他已经在为 Payza 提供咨询服务了，不过他父母的房子并不是一个让人舒服的工作环境。在此之后，Charlie 能在外面待多久就待多久。自由的滋味，让他对真实的事物变得更加渴望。他决定等他的案子结束，就马上离开纽约，而且因为这件事情，他认为也可能会直接离开美国。

他之前对家乡的态度，以及对将来居住环境的想法一直都是很坚决的。几年前，在 2008 年总统选举的前几天，他在 Facebook 上写道："（Charlie Shrem）我讨厌反美的自由民主党的奥巴马，而且如果这位倾向社会主义的、还给我们增加赋税的、无知且谎话连篇的共产主义分子成了总统，那我会在选举日搬到以色列居住。”他后来并没有遵守这项承诺，这只是一个 18 岁少年在竞选热潮中说的大话而已。但是，就像 Roger 一样，在缓刑快结束的时候，他希望离祖国越远越好，他甚至想要搬到澳大利亚去。当时他很忧郁，每天都在酗酒。“我白天出门，在外面吃中午饭、喝酒”，他说道，“然后我会去酒类专卖店买上一瓶威士忌，然后一直喝到早上 6 点，然后再一直睡到第 2 天下午两点，接着再重复前一天的活动”。

尽管他酗酒很厉害，但是他不再喜欢参加各种派对了。甚至当他的软禁没那么严格之后，他能够在白天更加自由地在城市里闲逛，但是他也没有回到 EVR，回到那家他曾经拥有 2%股份并且接受比特币支付的酒吧里。“对我来说，EVR 已经是过去时了”，他说道，“没有 Courtney，那里是没有任何乐趣的。那里是我们共同的回忆。如果我去那里玩，但是身边没有她的话，我会感到很忧伤”。于是 Charlie 把他在酒吧的份额卖掉了，但是并没有在这项投资上赚到任何钱。

然而，他又恢复了他对美好生活的品味。3 月末，他加入了纽约一家叫 Margnises 的专属会员俱乐部。Margnises 的目标人群是年轻且易流动的专业人员，它一方面是会员俱乐部，另一方面是一个创业企业，并且能提供专属的聚会和演讲活动、高层次的交流机会，以及一些特殊待遇，这些特殊待遇包括从在纽约最火的饭店预订晚宴席位，到定制服装店的 VIP 服务。大多数会员是金融从业人士，或者是专业技术人员。

这家俱乐部的中心建筑是一栋三层楼高的住宅，位于 West Village 的格林尼治大街上。这栋房子建造于 1920 年，并且被 Magnises 以每月 13750 美元的租金租了下来。这里也成了 Charlie 的新办公室，以及他的第二个家。尽管这里的装饰品实际上是 Early Blasio 的风格，但是它也可以被认为充满 Late Bloomberg 风——一群继承者、硅谷的奋斗者及信托嬉皮士混杂在这里——正如俱乐部的室内设计师 Inson Dubois Wood 所说，这里是天才与疯子相遇的地方。当 Charlie 加入时，楼房的最上层是客厅，里面摆着一张覆有马海毛的埃姆斯椅子，墙上还挂着一条价值 50 万美元的原始风格的挂毯。这条挂毯是 Fernand Léger 的作品，叫 *Les constructeurs à l'aloès*。其他地方还摆着 Thierry Guetta 画的超人与美国队长的漂染油画。Thierry Guetta 是一位法国的街头艺人，也是一位涂鸦大师，他把自己称作 Brainwash 先生。从顶层下楼，便是一个装有各种亮闪闪不锈钢器具的厨房和一个酒吧，酒吧里面摆放着晶莹透亮的酒杯和一瓶瓶朗姆酒、威士忌、龙舌兰酒、伏特加酒和杜松子酒，会员可以随意享用这些酒。餐厅则是大家公共的工作空间，里面摆着一张木质长桌和一些 Philippe Starck 做的注塑半透明的 Lexan 椅子。这些椅子每张都要大约 600 美元，Charlie Shrem 就坐在这样的椅子上完成工作，把充满魔力的互联网货币带给大众。

他在 Payza 的工作进展迅速。到了 3 月末的时候，公司宣布它正在积极地探索着把比特币整合到它网上付款平台的方法，同时它的全球风险与合规总监 Ferhan Patel 出席了 2014 年在阿姆斯特丹举行的比特币会议，并对此产业有了一定了解。“对我们来说很明显的是，总体上，加密货币，尤其是比特币，都不应该被人忽略”，他后来说道，“作为一家在电子支付行业的公司，Payza 有责任去探索把相关加密货币整合到我们平台中的方法”。这家公司提到，作为探索的一部分，它咨询了比特币社区中的众多专家。当然，其中之一便是 Charlie Shrem，他认为最开始 Payza 对比特币一无所知，更不用提怎么从中赚钱了。当时他们面临一些问题。“我们要得到具有流动性的来源——也就是我们要有得到比特币的渠道——还要搞清楚怎么把它整合进来，怎么定价，怎么做测试，怎么把它推销给消费者”，他说道。这个时候 Charlie 在 BitInstant 中的经验就发挥出了作用。“所有他们不知道怎么做的，我都知道。所以我帮他们节省了没有几年，那也有几个月的研发时间。”虽然这话有点夸张，但是 Payza 付给他的每月 5000 美元的工资还是得到了成果。最后，他们制订了一项包含几个发展阶段的计划，同时当他们向每个阶段目标进发时，Charlie 会帮助他们监管研发者。

与此同时，他的律师与美国其他律师还在进行谈判拉锯战。Charlie 为他的辩护聘请了强大的法律公司 Brafman & Associates，这家公司在很多犯罪案件中以为众多名人辩护而著称。Charlie 刚接触比特币的那年，当一个酒店管家提出性侵指控时，Ben Brafman 为 International Monetary Fund 的前任总裁 Dominique Strauss-Kahn 提供了辩护，导致指控最终被撤销。Charlie Rose 在他的电视节目上曾经借用 CNN 法务分析师 Jeffrey Toobin 的话来介绍 Brafman，他把 Brafman 称作“我在法庭上见过的最厉害的律师”。他也同样很可能是最能体会 Charlie Shrem 感受的律师。他承认自己是一个矮小的犹太小伙，只有 5 英尺 6 英寸高（Charlie 只有 5 英尺 5 英寸高），并且是一位大屠杀幸存者的儿子，成长在布鲁克林的一个严格的东正教家庭中，而且像他公司的这位新客户一样，他也在犹太神学院读过书，然后在布鲁克林大学毕业。但是跟 Charlie 不一样的是，在 2014 年时年满 66 岁的 Brafman 打扮得十分光鲜亮丽，穿着细条纹西装，法式袖口衬衫，还夹着领带夹。他的外表掩盖了他老派的工作作风：正如 Toobin 说的一样，“有很多会打扮的律师，也很擅长交互讯问，但是他们是不会做准备的。而 Brafman 就像一位无聊透顶的老牌律师一样做着准备，但是在庭审表现方面，却又无懈可击。我的意思是，他在这两个领域都是最厉害的。”

这些对一位可能面临 20 年有期徒刑的年轻人来说，都是一个很好的安慰。但是，Charlie 说道：“我最不想做的事情，就是出席庭审。审判的时候，没有人是赢家。”事实上，因为请了他，确实 Ben Brafman 的客户有时候会在审判当中获得胜利，但是这次诉讼确凿的证据太多了。最不利的是 2012 年 1 月 17 日的一封邮件，Charlie 把这封邮件也抄送给了

Gareth Nelson 和 TrustCash 的 CEO，他在邮件中禁止了 Robert Faiella 使用 BitInstant 的服务。“我们已经在之前警告过你了，我们是有上限的，你在一天中不能存入超过 1000 美元的资金”，他写道，“你已经违反了我们的服务条款，而且我们知道你在“线上交易网站”上转卖你的服务，这是非法行为。”后来 Faiella 威胁说要向联邦政府举报，因为如果他持有 Faiella 的 4000 美元资金，这就是在偷取他的客户资金。这时他又给对方发了第二封邮件，反驳道：“不要威胁我，因为你也在非法的“线上交易网站”上售卖你的服务。”然而，他后来确实把资金归还给了 Faiella。

正是由于这样的邮件，高级诉讼律师 Marc Agnifilo 及一位 Brafman 中的合伙人（后者因为了解比特币和金融犯罪，而在 Charlie 的案件中发表了观点）坚持要做认罪协议：“我看了这些邮件，然后说：‘Charle，你必须得认罪……在本案中，这些都是些很详细的细节，也会有一些很有趣但对你不利的论点，而且上帝知道的，在做出有趣的并且有影响力的论点方面，我们找不到一个比 Rafoff 更好的法官了，但是因为你鲜明地指出了 Faiella 在非法的“线上交易网站”上销售比特币，在某种意义上你已经帮助了所有人。’”这话来自一位承认自己代表高级国际武器走私嫌疑犯的律师口中说出来，它就已经很具有说服力了。

在这个案件中，Charlie 想在民意法庭上试试机会。即使当他的律师秘密地在努力，在知道他会认罪的情况下，尝试尽可能制定出最好的协议时，Charlie 自己也一直在比特币社区中露面，暗示这件事针对他的案件是没有仁慈可言的，或者至少他被犯罪司法系统不公平地对待了。在某些比特币投资者眼里，如 Ross Ulbricht，他被看成是这项事业的殉道者。

在摆脱了最严重的沮丧时期之后，他试图重新树立自己在社区中的领袖地位。他再次开始频繁地在比特币论坛和网上讨论小组中发布帖子。他最初并没有公开他和 Payza 的工作关系，但是当新闻爆料出来之后，承认它也没有让他感到害羞，他跟记者说明了此点，并且还在自己的博客上写了一篇博文。他写道："Payza 专攻那些金融服务不发达的国家，我真的很高兴能与一个大型团队合作，可以帮助我把比特币带给最需要它的人。"

到了 6 月下旬，Charlie 发现自己迷上了即将到来的美国元帅拍卖会。譬如说，在比特币讨论组中，他就把自己入迷的事表达了出来，他发表了一篇思考良久的长篇大论，文章中分析了比特币最近的价格趋势，并衡量了新泡沫产生的概率——这个泡沫也正是 Barry Silbert 所期待的。尽管他不像 Barry，他并不是在一时的价格高峰和低谷中获利，但是从长远的角度来说，Charlie 对比特币仍然很乐观。他整个星期都在想购买更多比特币，他认为 6 比特币就能参加拍卖了，另外宣布拍卖结果时的价格应该也就再加上 6 比特币而已，但是他已经拿不出多余的钱了。6 比特币需要他花上 3495 美元，他虽然在信用联盟账户中还有 2～3 倍的资金，但那是他的应急储蓄：他喜欢保留足够 3～4 个月开销的费用。如果他现在购买 6 比特币，那么他的应急储蓄就会被缩减至只能够 2 个月的开销了。对于个人理财而言，这种谨慎甚至可以说是小心的方式在早期的比特币用户中十分普遍。从外人的眼里看来，这似乎是一个矛盾，因为他们使用着主流金融顾问可能合理地称为高风险的投资，但是像 Charlie Shrem 一样的人并不这么想。美国元帅拍卖会将于 6 月 27 日星期五开始拍卖。对于 Charlie 来说，接下来的周一是发薪日，他会收到他每月一半的咨询费用，如果以现在的交易比率计算，价值 2500 美元的比特币。他承认："我在静静地祈祷，希望如果价格要下降，也要到周一下午再下降。"但是他告诉人们，不要理会短期的价格波动，"如果你今天买 1 比特币，5 年后你会感谢我的。"

如果这些都是为了争取人们支持的一种策略，那它跟 Ben Brafman 的策略是完全相反的。在和媒体打了很多年交道之后，他采取的这样一种公开谈论案件并把信息泄露给记者的策略，在 20 世纪 90 年代就已经出名了。“你要做的并不是找一个比较好的采访日，而是要赢得案件的胜利”，他在 2012 年说道，“我经常说如果当天采访日情况不好，但是你胜诉了，那么没有人会记得采访得不好；如果采访日当天情况良好，但是你输了案件，那么也没有人会记得采访日的盛况。” Marc Agnifilo 同样建议 Charlie 不要跟记者谈话。如果我的客户都很会讲话，那么也就不用雇佣我了，他说道。但是对 Charlie 来说，胜诉只是相对而言，并不意味着会被无罪释放，它只表明会减免部分刑期，或者给予最多几年的缓刑而已。而他还年轻，即使在刑期结束之后，他也仍然有大把时光。他已经在期待结束案件的那天了，并且认为自己正在为将来的事业打下基础。

在比特币的保守派人士中，那个夏天并不只有 Charlie Shrem 一个人想解决诉讼案件。他只是其中名气最大、最受人关注而已。GQ 在 6 月写了一篇 5000 字的文章，在这篇文章中，Charlie 向毫不了解比特币的大众介绍了比特币，这也是他最自豪的时刻。另一方面，Erik Voorhees 因为提供未注册的证券而被 SEC 起诉，不过他很开心没有人把注意力放在他身上，他将在 9 月结婚。

起诉 Erik Voorhees 的议案取决于他销售了 SEC 认为是非法的证券——一家比特币赌博公司 SatoshiDice 的 1300 万份股份在 MPEx 上被分成了几份，然后被销售一空，每份股票的平均价格是 0.0035 比特币。这使 Erik 和在这家企业中缄默的合作伙伴或一群合作伙伴，分割了剩下的 8700 万份股票，其中 Erik 拥有的股份不超过 5000 万份。几个月后，到了 2013 年夏天，在 SEC 起诉会签，Erik 搬到了巴拿马，并把 SatoshiDice 卖给了一位匿名的个人。这场交易的价格是 126315 比特币，最开始价值 1150 万美元，随后在 2013 年秋天的价格泡沫中飞涨到了一个惊人的程度——在巅峰时期，其价值接近了 1.4 亿美元。因此谣言四处传播，说 Erik Voorhees 变得非常富有。

事实上，他说：“我得到的远比别人觉得我能拿到的要少。”这是由他报答股东的方式所决定的。其他股东一共持有 SatoshiDice 13%的股份，因此在他的权利范围内，他可以分销售中 13%的利润（16421 比特币）给他们。虽然这也就意味着拿到的比特币比他们最初投资的比特币要少，但是因为在这期间，比特币的价值急剧上涨，因此所有股东仍然可以得到一大把收益。不过他并没有这么做，相反的是，他决定分给每位投资者最初他们投资数量的数字货币，这也就意味着每份股票都要付出 0.003 比特币（共 45500 比特币），或者是销售价格总和的 36%。Erik 从自己的收益中出了这笔额外的钱，因为他希望所有人都肯定是第一次参加比特币证券的大型买卖，让他们认为它是成功的，是他追寻的一个美好愿望，而不是一次简单的支付。“尽管他们都把钱兑换成了美元，但是我想让那些说我弄丢了人们资金的批评者闭上嘴”，他说道，“13%的所有权得到了 30%的利润。”这在比特币之外的产业中是无法想象的，任何投资经理或者 CEO 都不会为他们的客户和股东做同样的事情。

在给了他的投资者比他们所期待的更多的钱之后，Erik 得到的回报则受到了 SEC 的调查。这家机构指控他违反了联邦证券法律，尤其是没有向其登记任何证券交易。表面上，登记条款是为了保护消费者，免遭金融大鳄的伤害，不过这个描述并不适合 Erik Voorhees。他并不是那位来自得克萨斯州的比特币庞氏骗局诈骗犯 Trendon Shavers，后者被 SEC 指控骗取了借贷人近 20 万比特币的贷款。

Erik 本来不知道此事，直到后来他收到了通过一封电子邮件发送过来的法院传票，要求他准备好跟这次买卖有关的文件。因为律师认为电子邮件并不构成传票的正当服务，因此他没有理会；但是当他几个月后再入境美国时，在机场他又收到了传票。他并不介意在 SatoshiDice 的交易中牺牲一点自己的利益，但是这件事情是他不能承受的。“在我为所有股东做了那件事之后，居然受到了 SEC 的调查”，他说道，“这简直是……你懂的，如果我之前就讨厌政府，这就是……我不敢相信这样的事会发生。”

他明白，他别无他法，只能着手处理此事。他并没有承认 SEC 的调查发现，也没有否认它，他在 6 月初支付了 50843.98 美元——其中的 15843.98 美元是他卖掉股份后赚的钱，还要加上 35000 美元的惩罚——以便撤销此次指控，并且他承诺不会再犯。

但是即便在处理完 SEC 的指控之后，Erik 也仍然没有跟他的老朋友，也是前任老板 Charlie 说话，因为这件事深深地伤害了他。虽然如此，但是当要给 Payza 推荐一个比特币钱包，以便让公司推荐给刚接触数字货币的新用户时，Charlie 推荐了 Coinapult 的比特币钱包。Charlie 的审判过去几个月之后，这两个男人之间的关系开始逐渐解冻，到 2015 年 2 月基本恢复了正常。不过即使这样，在比特币社区中，这位 BitInstant 的前任 CEO 也仍然被人嫌弃和怀疑。“人们仍然认为——虽然人数不多，但是确实有这么一些人认为我身上还一直装着窃听器”，他当时说道。Andreas Antonopoulos 虽然在公开场合为他辩护，但是私下里却没有回复过他一封电子邮件，Charlie 说道。同时也有一些比特币投资者责怪他，认为他玷污了他们珍视的这项创新科技的公共形象。对于这位体重渐涨、面相看起来远比之前更老的年轻人而言，头痛变成了家常便饭。

Charlie 之前的法律问题带来的真正悲剧是，这群人把比特币本身也拖下了水。他们让 Charlie 成了局外人，尽管监管机构对控制数字货币的态度变得更为严肃，而机构投资者也赚取了成千上万比特币，但他们却使他远离了行业的许多变化。在旧金山有一家小型对冲基金叫 Pantera Capital，它完全把重心放在了数字货币上，并且在 3 月成立了一个像 Barry Silbert 的 Bitcoin Investment Trust 一样的比特币基金，以便使大型投资商获得这项有风险的新型资产更加简单。Pantera 的资金是由这个国家最大型的对冲基金 Fortress，以及另外两家硅谷的风投公司所支持的，其中一家公司是 Rabbit Capital，它的创立者 Micky Malka 是 Bitcoin Foundation 的董事会成员之一。这三家公司和 Pantera 之前都投资了 Xapo，这家公司现在保存着 Pantera 的比特币。在加密货币的发展早期，像 Roger 一样的人看起来在所有事情上都有参与，他们在人与公司之间织起了一张关系网。而现在越来越多的精英企业家、融资人，以及那些名校毕业、背景深厚的人都在做着相同的事情。比如 Dan Morehead，他既是普林斯顿的校友，也是 Goldman Sachs 的前任衍生品交易员，现在还运营着 Pantera。他们的目标就是要在全球推广并使用数字货币，这也是已背叛的早期数字货币投资者永远做不到的事情。

Malka 说，如果要把比特币当成数字黄金，需要数十亿人都信任它才行，而不是仅仅是数万人。Pantera 的基金是向这个目标发展迈出的一步。

与此同时，Charlie 在为 Payza 提供咨询服务，并且还在 Twitter、博客及比特币讨论板块上发表了很多文章，但是在其他方面，当他可能为像 Pantera、Xapo 或者 Blockchain 一样的公司提供他的专业知识和人脉时，他主要是为了努力恢复自己的形象。他甚至创建了一家新的公司——他现在更加成熟，更加智慧了，而且有了更好的支持人员。曾经，他可以既用一位铁杆自由主义者的口吻说话，也能从一位常春藤毕业生的角度说话；他的初创公司之前是第一家筹集了大笔风险投资的公司。如果他没有被起诉，如果他没有从 Bitcoin Foundation 副主席的职位上辞职，他华丽而丰富的经验——从 2011 年夏天起，他就加入这行当中了，考虑比特币发展的速度，他实际上是比特币中的元老级人物了——本可能是极具价值的。相反的是，他的倡议被他潜在的罪犯身份玷污了。随着他的影响力逐渐消退，来自华尔街和硅谷的政治掮客就开始蚕食起他和其他人的地盘了。

然而，那些有钱的暴发户也陷入了丑闻当中。2013 年冬天，当时国家第四大银行 Wells Fargo 的高管与 Fortress 的联合主席 Peter Briger 及他在纽约的团队一起私下里进行了商谈，讨论了合资企业的可能性：在美国建立一家完全受管控的比特币交易站。但是当 Charlie Shrem 被拘留之后，Wells Fargo 迅速地从这项计划中退了出来。如果 2013 年 10 月“线上交易网站”的倒闭预示着比特币黑暗一面的终结——尽管见多识广的专家知道并不是这样——那么不到 4 个月之后，Charlie 被逮捕一事则令人生厌，让人回想起了这么多比特币投资者是反政府的，似乎他们的每个举动都是为了违反法律。BitInstant 偶尔的疏忽及公然的违法行为，不仅伤害了 Charlie 的未来，还毁灭了比特币产业中无数的可能性——甚至可能摧毁了 Roger 非常渴望建立的那个“更自主的世界”。

尽管比特币走向主流接受的步伐受到了重重阻碍，但是它一直在稳步前进。6 月，Pantera 的比特币基金已经获得了 45 位投资人价值超过 9600 万美元的数字货币。同月，雅虎把比特币的价格加入它的金融网站上。现在在检查股票报价的同时，这个网站每月超过 3700 万名访问者也能看到最新的比特币兑换美元的比率。在之前的 4 月，Bloomberg 也把比特币的价格加入了它的终端中。

在 Charlie 的个人生活中，他头顶的乌云也开始逐渐消散。夏天，Charlie 的法律团队让美国律师办公室同意，不管他们制订出怎样的认罪计划，他们都不会要求 Charlie 承认洗钱。“最开始，政府说他们能撤销除洗钱之外的所有指控。‘我们说不行，把洗钱去掉，然后我们再谈。’现在检察官最终让了一步。虽然还没有发表官方声明，‘但是它真让我松了一口气，因为我知道洗钱是件大事，一件会让我坐 21 年牢的大事。’”

当他的境况慢慢得到好转，曾经那位阳光的年轻企业家又回来了。即使是在他最黑暗的时刻，用 Marc Agnifilo 的话说，也有着一个极好的积极向上的态度。可能因为他感受到了 Charlie 天性里的善良，这位律师——正如他后来回忆道——告诉他的客户：这个案件会让你变得更加强大。我跟他说：“你会成为一个更好的人。这个是一定会发生的，而且这个案件中有些事情，真的是上帝在帮你……你会从中脱离出来，并且变得更好，而且会拥有超乎年龄的睿智。”

同时，Charlie 仍然决定要把他的信念传播开来。尽管他被禁止离开纽约的这 5 个区。但是 7 月，他仍然通过一个远端临场机器人出现在芝加哥的比特币会议上。这个机器人由 Double Robotics 制造，通体由铝和塑料组成，还装有一个 iPad，这个 iPad 装在了一根离地 4 英尺高的杆子上，并与轮子底座相连。Charlie 能够在世界的任何一个角落，控制这个 14 磅重的机器人，并能通过 iPad 与碰到的任何人视频通话。美国检察官办公室能够监禁他的身躯，但是不能阻止他的身外化身。即使屏幕上只有他的一张脸，他也是一位名人，能与参会者一起合影。他就像是一位 Edward Snowden 这样的海报男孩；在这个时代中，科技使人们（包括持不同政见者和被起诉的商人）越来越不在乎国界了。

虽然如此，那个月的晚些时候，Charlie 本人亲自出现在了纽约的 American Banker 会议上，当时他穿着一条深色牛仔裤，脚踩一双休闲鞋，里面穿着白色 V 领 T 恤，外面还套着一件胸前缝有漂亮亚麻口袋的海军蓝休闲西服。他与 Marc Hochestein 进行了现场访谈，后者是该杂志的总编辑。他分享了他对 BitLicense 提案的看法，认为这是一种有钱的公司所做的保护性举动——它通常都会欢迎监管的到来，让其阻碍竞争的创业企业的加入——同时还谈论了美国之外的比特币管控，以及数字货币具有颠覆性的本质。Charlie 说道：“电子邮件是怎样影响邮政服务的，比特币也会怎样影响货币。”

但是 Hochestein 想知道，考虑货币在坏人手中可以产生极大的破坏力，它应该和信息一样可以简单地被四处转移吗？

“我认为在某种程度上”， Charlie 说道，“它是应该这样做的。我认为非法支付和恐怖主义都是非常邪恶的事情，但是我们可以用正确的方法来做事情。在 2000 年，如果他们告诉我们，我们要创建一个电子邮件地址，必须要实名申请，那会发生什么呢？那将是一件非常可怕的事情。”

无论在受到指控的低迷期时他干了什么事情，Charlie 很明显经历了漫长而艰难的思考，在这个数字货币不仅仅存在，而且还无处不在的世界中，他思索了这个世界更深层次的含义。所以当 Hochstein 继续问道，“钱会说话吗？”这时 Charlie 把这个问题反问给了 Hochstein。“我认为它至少可以说话”，Hochstein 说道。他指的是比特币早期发生的一件事情，当时 Visa、MasterCard、PayPal 和 Western Union 都受到了来自美国官员的压力，于是它们停止接受对维基百科的资助，而比特币是能够绕开这种封锁的。所以在这种情况下，网络的中立性为言论自由提供力量；但是从另一方面来说，难道像 Robert Mugabe 这样的真正的怪物也同样可以利用比特币网络来转移他的不义之财吗？这是中立性的代价吗？如果是这样的话，那么这种网络值得吗？每个人、每个国家，似乎都会考虑这个问题，但是都会得出不同的结论。

后来他们又谈到 Paypal 早期对金融法规的一无所知，以及当它在国际支付行业立足后，它又立刻奋起直追的事情。然后，不可避免的是，Hochstein 向他提出了这个问题：“基于你现在所知道的一切，你觉得是请求许可更好，还是乞求宽恕更好？”

Charlie 重重地叹了一口气，随后观众中传来阵阵笑声。“我曾试着寻求对方的许可”，他最后回答道，“但是他们不答应”。

当夏末的秋意渐浓时，Charlie 的诉讼交易中的谈判取得了一个新的里程碑式进展：经营未经授权的资金转移业务的指控被撤销了。现在唯一遗留下来的指控就是协助并教唆了无证的资金转移者。因此，Charlie 的法律团队成功地把 Charlie 和 Robert Faiella 区分开来了。他并没有洗钱，也没有直接转移赌资；正如 Marc Agnifilo 所说，他仅仅是帮助了那些帮助某人购买违禁品的人而已。

但是即使在实质上达成了协议，当 Charlie 认为检察官无知时，他仍然表现得目中无人，或者无法被他人压制。在 8 月初审判前的听证会上——叫这个名字的原因是 Charlie 还没有正式承认有罪——当美国检察官助理在谈论比特币的定义及比特币的工作机制时，他一直在摇头说不对。最终，他的律师让他停了下来，因为这种不尊敬的举动可能会激怒法官。在后来的一场听证会上，法官认为 Charlie 的表现是一种年轻人的傲慢。不过，他有资格骄傲。8 月 11 日，Payza 向有已认证地址的用户，即那些提供了身份证明和居住地址的人，提供了一项功能，当用户简单地把根据法定货币计算出的基金退回比特币钱包时，他们就能购买比特币了。这是一个漂亮的解决方案，使这个过程对于数字货币新手来说非常简单。

因为诉讼费用，Charlie 的资产大幅降低了。10 月下旬，他在总互联网档案馆联邦信贷联盟中的活期存款有 22504 美元——这是一家总部位于新泽西州的非营利性组织，它一直为比特币企业提供有问必答的金融服务，但是 2013 年 8 月它突然宣布停止服务，这件事导致 Tradehill 的第二次也是最后一次崩塌。根据他给准备量刑报告的缓刑监督官的信息，Charlie 还拥有价值 22000 美元的比特币。另外他的两张信用卡中还有 10092 美元余额。

作为 BitInstant 的 CEO，他每月的工资是 8000 美元。他报告中调整后的所得税收入在 2011 年度只有 10739 美元，当年他与 Gareth Nelson 一起建立了这家公司，但是在此之后，他的资产就开始猛增。2012 年，他报告了 130625 美元；第二年，他的资产再次大幅上涨，增加到了 192054 美元。除工资之外，他还同时在做比特币交易，而且在公司倒闭之后，他也一直在直接交易比特币——在一次交易中就可以赚 10000 美元。到了 2013 年年末，他变得富得流油了，甚至比 IRS 知道的还要多。有一次，他和 Courtney 租了一架私人飞机去巴哈马。然而，当 2014 年夏天别人问他是否害怕被 Winklevoss 兄弟或者其他人起诉时，他说道："让他们试试看。我没有民事律师，我也不会请他们，我既没有资产，也没有公司，他们拿什么起诉我。我没有资产，所有的资产都在比特币里面。"

那他的数字货币又有什么用呢？结果证明，为了让比特币成为现实而奋斗了 3 年之后，他现在却要依靠它的非物质的性质了。“它并不存在”，他说道，“这就是比特币的美丽所在”。

9 月 3 日，在他认罪听证会的前一天晚上，Charlie 在 SOHO 与朋友一起喝酒。那晚是与众不同的，因为他只喝了一瓶啤酒。自从他被逮捕并被监禁起来开始，他一直酗酒，他那迅速胀大的啤酒肚就能证明这点，但是今晚他却不能再喝了，因为他需要保持清醒的头脑。第二天如果法官要求 Charlie 用自己的话解释他是如何犯下他所认的罪——他一定会问的，Charlie 仍然不知道他会在法庭上说什么。

让认罪变得更难的是，不管他说什么，都一定会跟他自己的想法相冲突。从事实上来说，他认为自己有罪；但是从精神上来说，并不是如此。他认为指控他打破的法律本身就是不公平的法律，并没有得到均衡的使用，即便从最好的角度来看也是一部已经过时的法律，它干涉了公民行为的权利，也干涉了他想支配自己身体及财产的权利。他跟 Roger 的观点一致——当 Charlie 被逮捕时，Roger 向媒体强势地表示了他的观点。甚至除了金融隐私，即使在家里被关了几个月，Charlie 也并不认为“线上交易网站”上的违禁品交易在道德上是错的，或者是完全不道德的。他感觉被不公正的起诉了。他说，除了药物缓刑，他想知道在更糟糕情况下的处罚是什么。他有可能直接伤害其他人，不过他悬崖勒马了。

然而，为了从法官那获得宽大处理，他将不得不悔过，也不得不为他的罪行承担责任。所以他在宵禁前就回到家里，准备写这份声明。第二天早晨他一反常态地早早起床，把它写完了，然后出门与一个日本的风险投资家吃了早餐。同时一个纪录片摄制组加入了他们。

16 点 40 分，联邦法院召开听证会，会上 Rakoff 法官表示失望，宣布不会再有审判。“因为 Agnifilo 已经多次在本法庭证明自己是一个出色的律师”，他说道，然后又向 Charlie 询问道，“你准备剥夺我审判的权利，对于这点我很伤心，但本法官接受了，你打算认罪，是吗？”

“是的，我表示歉意，阁下”，被告回复道。

这位脸面无光的 BitInstant 创建者并不知道这位法官言辞背后含义。巧的是，这位 71 岁的法官 Jed Rakoff 硕士毕业于哈佛法律学院，他在担任联邦检察官之前，恰好在 Charlie Shrem 现在被指控的街区担任过法官，另外他也担任过私人辩护律师。在这两个方面，他都成了白领犯罪方面的法律专家，并且他对辩诉交易过于频繁的使用提出了强烈的抗议。他现在在纽约南区的美国地方法院担任高级职务，这是一种半退休的职位，但是有全额工资，只有达到特定年龄和任期的法官才可以选择这个职位。而在他漫长的职业生涯中，他看到过许多与他观点不同的人。在他仁慈的蓝色瞳孔之后隐藏着的是他的睿智与千锤百炼的道德意识，而后者常令他被美国刑事司法系统惹怒。这个司法系统在全世界的民主国家中都是特立独行的，其中超过 97%的联邦刑事案件——也就是那些没有被彻底驳回的案件——都是通过辩诉交易解决的。Rafoff 认为，这是一个由被告操纵的法律系统。

1973 年，Jed Rakoff 成了一位助理检察官，同年，纽约州规定，仅出售两盎司可卡因、海洛因或大麻，就可判处 15 年有期徒刑。从那以后，正如 2014 年秋天他在纽约图书评论中写的一样，他认为法定的最小限额及量刑指南，为检察官们提供了一种武器，而这种武器吓得被告不得不求助辩诉交易。在杰弗逊的理想中，你可以在法庭度过一天，你可以有权利面对原告，并且让你社区中的成员去衡量证据，最后你可以宣布公平审判的结果，而这些理想在联邦刑事案件的审判中都已不复存在。“事实上，我们的刑事司法制度几乎完全是一种辩诉交易制度，都是在闭门谈判和没有司法监督的情况下进行的”， Rakoff 写道，“宣判结果在很大程度上是只由检察官一人决定的”。

Charlie Shrem 的例子就完全符合这种情况。一旦检察官早期没有促成诉讼交易，他就会以最严重的罪名起诉 Charlie——被告可能会认为他恼羞成怒了：洗钱、无证转移资金，以及帮助并唆使无证资金转移者。他帮助的这位无证转移资金的人，就是那位自称 BTC 国王的 Robert Faiella。在此之后，诉讼交易的大门仍然是敞开的，但是要进行诉讼交易并不简单，主要的胶着点就在于洗钱的指控上。Charlie 的案件跟普通案件不一样的原因，就在于他有一帮具有三寸不烂之舌的律师，他们经过几个月的努力，想方设法地逐渐消除了他们的客户面临的几乎所有指控，最后只留下了一个最不严重的指控。如果 Charlie 在陈述时运气再少一点，如果他没能负担得起，请到像 Brafman & Associates 这样的公司，他能期待的就完全跟现在是相反的了：他可以接受的认罪协议的前景将随着时间的过去而变得愈发渺茫。

因此当他的听证会开始时，Charlie 认为法律是一种卡夫卡式的概念，既神秘又令人害怕，同时充满荒诞，然而考虑合法法规的平等地位，又必须遵守它。“我们有一本书，然后我们把它称为法律”，他说道，“如果你住在这个国家中，你就必须要遵守它。它说你不能够做某些事情——而我做了，所以我破坏了法律”。他又表示，同样有部法律禁止把长颈鹿锁在一个电线杆上，而如果他违反了这部荒谬的法律，他也要同样地因为破坏法律而感到内疚。网络上很多人说这部法律是亚特兰大的法律，尽管其真实性还未确认。在听证会上，他想把事情处理好——这对他来说很重要——他想知道指控他破坏了的法律是不是一部公正的法律。但是他的律师建议他保持沉默，所以当他承认做错事情的时候，他的话语干巴巴的，只是在陈述事实，只和检控方说他们想听的事情。

“我承认，2012 年 1 月 2012 年 10 月期间，我帮助了一个叫 BTCKing 的人，他有一个资金转账业务，我帮助处理了他的比特币订单……我知道 BTCKing 未能满足联邦资金转移业务的要求；我知道 BTCKing 参与了转移基金业务，并且在“线上交易网站”上把这些资金兑换成了比特币。我也知道很多企业在“线上交易网站”上非法买卖违禁品……我认识到我做错了。我认罪是因为我有罪。”

但 Rakoff 法官并不满意。对这个年轻人的坦白，他决心查明真相。在他的纽约书评文章中，Rakoff 指出，从 1989 年开始，1428 名罪犯中，有超过 10%的人都是虚假认罪。也许这些被告对审判的机会感到绝望，因为如果被判有罪，他们将面临很长的最低刑期，所以他们将诉讼交易视为两种不幸中较轻的一种。“理论上说，当被告认罪时，我们就要拆穿他的伪装”，他写道，“但是实际过程中，大多数法官都很高兴能避免一场旷日持久的审判，所以他们几乎不会怀疑被告的有罪陈述，相反的是，他们基本依赖检察官（未经任何盘问）对潜在事实的判断。”

但 Rakoff 法官并不是这样的人。“我并不是完全清楚你的角色到底是什么”，他告诉 Charlie。

所以 Charlie Shrem 解释了 2011 年夏天到 2013 年夏天，他怎样当 BitInstant 的 CEO，他为比特币交易站处理付款问题，也解释了 Faiella 怎样利用他的系统，给“线上交易网站”的用户提供比特币。

“所以，实际上——通过你刚才提到的方式——你帮助他达到了他的目的，对吗？法官问道。”

“是的，法官大人。”

“而你知道他其中的一个目的是把钱转移出去，以便促进‘线上交易网站’上违禁品交易的发展，对吗？”

“是的，法官大人”， Charlie 说道。

“很好，那我先问下政府，对于他的认罪供词，政府方面有任何想让我询问或者想让我转述的吗？”

“没有，法官阁下”，美国助理检察官回复道，“我认为已经没问题了”。

听证会结束了。Charlie 仍需穿着跟踪脚镯，仍然被宵禁约束，从任何角度来说，他都是不自由的，但是最艰难的部分已经结束。

然而，现在离他的审判还有数月之遥，他不得不面对来自其他比特币使用者的批评。“我必须承认，我对 Charlie 感到失望，”一名叫 Bitbirdhunt 的用户在比特币论坛上写道。“如果你真的是无辜的，那么任何你没有犯下的指控，你都不应该认罪。我们不能允许联邦黑手党就这么轻松地威胁使每个人就范。这为未来和其他比特币用户，建立了一个非常糟糕的先例。”自从 BitInstant 的这位前任 CEO 被拘捕之后，这种想法一直在比特币社区最高层中酝酿着。但是其他比特币领导人更加沮丧，因为他们认为 Charlie 的犯罪行为玷污了整个数字货币。“我对 Charlie 感到失望”， Gavin Andresen 几个月前说道，他已经对这件事厌烦了。“事实上，我对他有点生气。这对比特币而言绝对不是什么好事，当然对 Charlie 也不好。你看，他才 24 岁，而现在在比特币世界中就有一个庞大的反政府组织了。我对此表示同情，但是现在是时候让比特币成长了。”

Charlie 也很想长大。逃离父母家的限制是他的头等大事。9 月 23 日，他在西大街 90 号一栋地标式建筑的复式公寓里签了 6 个月的租约。房租将于 10 月 1 日开始，每月 3600 美元，但只有法院同意后，他才能搬进去。所以当几天后因为审判前的访谈，Charlie 与缓刑官坐在一起时，他让缓刑监督官 James Mullen 了解了很多他的家庭情况。他告诉 Mullen，曾经在一个激烈的时刻，他爸爸直接砸烂了他卧室的门。他说，他给法庭写一封电子邮件说明了这件事，但是他的父母看到了这封邮件，所以他们已经很紧张的关系又进一步恶化了。他后来说道，由于这些事，Rakoff 法官允许他搬到公寓居住。虽然当时他仍处于宵禁状态，但他总算脱离父母了。11 月初，Courtney 在宾夕法尼亚待了很久之后，与他一起搬了进来。

同时，Payza 推出了另一个阶段的计划：让它的用户能出售比特币。

正如购买比特币时，你就从 Payza 钱包中把资金提取出来一样，出售比特币时，资金就会以存款的形式进入你的钱包。它的工作原理是这样的：你单击账户中的“添加资金”选项卡，然后选择比特币，输入你想存入的比特币数量，此时界面中会显示当前的汇率。为了完成交易，你需要确认交易细节，并把你的比特币发送到 Payza 提供的地址中。在这个过程中，资金是立即可用的，Payza 的网络中任何业务都能够使用它。瞬间，Payza 让 10 万名商人成了数字货币的用户。

11 月 22 日晚，Charlie Shrem 在新家中为自己举办了生日派对。

在逃离了折磨他已久的 Brooklyn 的地下室之后，现在他和女友住在公寓。这所公寓是由 Cass Gilbert 设计的一个地标式建筑，他也是当时世界最高的伍尔沃思大厦的设计师，伍尔沃思大厦和公寓都是新哥特式风格的，从 Charlie 的窗户可以看到它陡斜并沾满铜绿的屋顶。这个公寓的市场价值超过 100 万美元，但是在派对当晚，看起来却特别温馨舒适。在场大概有 20 位宾客，他们用塑料杯喝酒，随意地聊天。靠墙的桌子上摆满了装有薯条、酱汁、虾和炸鸡的碗，还有一个装满芦笋的砂锅和一锅烩饭，托盘上堆满了自制的花生酱软糖。

Charlie 穿着一件红色的泡泡纱短袖衬衫，他是无可争议的焦点。能把这些人都邀请过来很难得，因为一般情况这个公寓都被封锁了。“我告诉他们在没有我批准的情况下，不要让任何人进来”，他对门卫和大楼管理员说道，并给了他们一大笔小费，确保他们会遵守他的指示。但这笔钱似乎并没有给他们留下足够的安全意识。他说：“前几天，他们让一个拿了订单收据的送货员进来了。”他们说：“嗯，他有一张收据。”我则说道：“任何人都可以打印收据！你们在做什么？他也可能带着枪，准备杀了我也说不定！”

他有理由担心他的隐私和安全。他现在是瓮中之鳖，他的软禁还没有结束。一到宵禁的时间，他就要回到公寓，这和他最初被捕后在父母家的那几个月是一样的。他说在几周前的秘密听证会上，他证明了他的父母在虐待并想控制他，让他接受一个他不再信任的宗教，并把他和他所爱的女人拆散，而这个女人在他这辈子最黑暗的时期帮了他“一百万次”。Charlie 吐露道，法官听到他说的话后，都准备把他父母关进监狱了，但是他为了父母阻止了法官。监护这位认罪的犯人的任务就交到了 Courtney 手里，而这是以损伤和父母的关系为代价的。“我现在是他的家人了”， Courtney 骄傲地向外界宣布。所以现在他的监护人减少了两位，而他仍然臭名昭著。但是在觥筹交错之间，那个疯狂枪手的威胁已经被人遗忘了。

派对上的大部分客人都是比特币用户。其中两位是来自 Blockchain 的代表：穿着一件衬衫但是下摆没有塞进牛仔裤的 Peter Smith；以及打扮不同寻常的 Marco Santori，他穿着十分休闲，穿着一件黑绿相间的格子衬衫和一双黑色的袜子。所有客人都被要求脱鞋入内。另外一位英俊的光头男子是 Adam Sherman，他说他曾是一名华尔街的算法交易员，不过之前放弃了金融游戏，后来在下东区经营一家酒吧，已经开了两年。现在他也是在曼哈顿一家名叫 Asymmetric Return Capital 的小型对冲基金的管理合伙人。也正是和 Adam Sherman 及另外两个人，Charlie 策划了自己的复出。

他们正在准备成立两家初创公司。其中一个叫 Action Crypto，这家公司 99%准备成立了；另外一家已经走完一半流程了。他在去年春天向 Amir Taaki 描述道，第二家公司是一家网上扑克网站，但是比较特别，它没有房间是满员的。相反的是，这家网站匹配的引擎将让你和它挑选的对手面对面比赛。Action Crypto 是一家与众不同的公司，一个能为比特币价格提供二元选择的网络市场。二元选择本质上是一种依据合同的对赌行为。一项资产的价格，如苹果公司的股价或五花肉的价格，会在某个特定的时间超过或者低于某个特定的价格。如果在那个时候，赌局赌对了，那么赌对的人就会得到之前就确定好数量的现金。如果没有赌对，那么他就什么都得不到——实际上还会亏钱，因为交易平台会对每个选择权契约收费。可以把它想象成玩 21 点。如果这局你输了，就会损失那笔钱。二元选择就是一种孤注一掷的游戏。Charlie 新的公司将与加密货币和现代金融进一步交融在一起，这是一个让人们去赌比特币和美元兑换汇率上下波动的场所。

晚会上，在 Adam Sherman 向记者演示的流畅预览版中，合同的时间可能只有 5 分钟，为交易者提供了比当日交易更为即时的满足感，它将是金融赌博行业中的 Adderall。而且，就像一个赌场确保它的庄家优势一样，交易平台将通过支付的大小和合同的价格来权衡投资本身的预期收益。如果你有一半的机会获得 50 美元或损失 100 美元，输一次，必须要赢两次，多才能保本。几年前，美国证券交易委员会和商品期货交易委员会发布了一个联合投资警报，让人们对这类具有二元选择的期权交易平台保持警惕，近年来它们的数量在飙升。根据监管机构的说法，它们中的很多平台正在进行无记名期权合约买卖，买卖无论与股票有关，还是与黄金、小麦和玉米等大宗商品有关。“大部分二元期权市场都是通过基于互联网交易平台运作的，它们不一定遵守适用的美国监管要求，也可能从事非法活动”，投资警告说道。

Charlie Shrem 知道了他的朋友 Erik Voorhees 的遭遇，所以他绝不愿意违反美国证券和商品法律。他准备建立的两个网站将是美国人的绝对禁区，但其他国家的公民可以自由使用。

窗外，世界贸易中心如庞然大物般在黑夜中耸立，它的灯光明亮，如梦如幻，好似伸手就可以触到。当双子塔倒塌的时候，西大街 90 号受到了可怕的冲击。南塔中掉落的燃烧着火焰的残骸猛烈撞击着它一英尺厚的赤褐色外墙，把它的钢梁都撕裂了，引发了室内的熊熊大火，足足燃烧了两天。好几层楼房都在大火中烧成了废墟。不过多亏了防火的设计，楼房并没有倒塌，但是它的重建任务是艰巨的，人们用了数年时间，花费了 1.48 亿美元才把它重建好。在这段时间中，这个地标式建筑一直被遮蔽在建筑网及脚手架中。Charlie 在这栋浴火重生的建筑内开始了自己的新事业，这其中仿佛有一种寓意，他似乎很喜欢这种相似之处。起居室内挂了一幅装裱好的手绘插图，展示了 Cass Gilbert 最初的西大街 90 号设计方案，这幅插图载于 1907 年 1 月 19 日出版的《美国建筑师与建筑新闻》。Charlie 出生于布鲁克林中产阶级家庭，他的生活经历了科技巨变，并且成了纽约顶端人群中的一员。他今年 25 岁了，接下来的岁月会带来什么呢？他接下来又要做多少事呢？

在午夜的某个时刻，各位的酒杯中都倒满了香槟，Charlie 开始举杯祝酒。此时，高兴的气氛变得严肃起来。当他说话时，站在他身旁的 Courtney 开始哭泣。“当我因为之前干的蠢事而被逮捕时”，他开口说道，“Courtney 做的第一件事情就是进入战斗模式，她准确地知道要给谁打电话。于是她打电话给了律师，并在当晚就给他们安排了飞机。如果他们没有来，那么请把比特币藏起来，然后把保险柜扔了吧”。

“我们手里仍然有那个保险柜”，某人插嘴道。

“如果那天晚上我的律师没有上那架飞机，第二天早上把我保释出来，我就可能要在监狱里蹲很长时间了。在保释听证会上，如果没有一个好的律师，我就完蛋了。不仅如此，如果是其他女孩，她们在那刻可能都会仓促行事”，他补充道，当时他想说明的是大部分人都会让他自生自灭。“但是 Courtney 没有。她回到家里和妈妈一起生活，我们每天晚上在一起看电影，一起视频、聊天，我们确保能互相见面，我们每个小时都在聊天——”“上帝啊”，Diane 善意地插了一句，“听得我心痛！”

“——但是我们成功了！终于成功了！”Charlie 继续说道，“我做了不利于我父母的证明，并且从软禁中脱离，因为我父母不想让我——”

“一周以后”，某人加了一句。

“——一周以后”， Charlie 同意道，“Courtney 来了”。他转过身来，面对她：“我爱你，并且谢谢你。你永远是最棒的。”

“娶她！”一位名叫 John 的客人叫道，他曾经从约会软件 Tinder 中和一位女人第一次约会，然后就把她带到了派对。

房间里顿时爆发出阵阵起哄声和欢呼声。当晚剩下的时间都是纯粹的庆祝活动。一整瓶的纪念款白色龙舌兰消失在人们的酒杯中，喝完龙舌兰之后，是一罐又一罐的 Tecate 啤酒。Charlie 并不知道他没有机会建立他计划中的初创公司了，他也不知道他注定要坐牢。已经过去 10 个月了，一切仍皆有可能。他拥抱着他的女友，他的女友将幸福而又泪光点点的脸庞紧紧地靠在了他的肩膀上。

CHAPTER 14

辩　护

硅谷很早之前就应该抛弃比特币了。

——奥列格·安德鲁

2014 年夏天，Blockchain 进入了战备状态。它的钱包服务现在拥有 170 万个账户，而 Nic Cary 正在与两岸的各个风投资本家见面，他认为让公司维持优势地位，保持增长率的手段——它在如此多的领域都有发展——就是要引入外界数千万美元的投资。此时，他面对的时机不可能更好了。6 月 5 日，比特币初创公司在 2014 年公开的风险投资的金额——1.132 亿美元——已经比 2013 年一整年筹集的资金高出 80%。而再往前一年，比特币的初创企业，也就是 Coinbase 和 BitInstant，他们公开披露的基金只筹集了 210 万美元，其中 BitInstant 占了绝大部分。但是一年半之后，情况已经发生了极大转变。在中本聪的伟大发现后的几个月中，比特币一直处于冬眠状态，并且在接下来的几年里也只是在缓慢发展，但是现在，比特币向一个目标的发展开始进入了快速轨道，它逐渐超越了普通的过程，超越了革命创新寻常的生命周期。所以，它的提倡者的改革速度也在相应地增加，并且他们还为这种迅速的改变设计了一个术语——“区块链时间”——在这段时间中，那些具有颠覆性的事件会突然出现，然后又迅速消亡，被埋进无人在意的尘埃里。

即使如此，Nic Cary 也不确定自己的公司是否一定能从中获益。如果商战开启——它将不仅仅是通常意义上，在一个炙手可热的产业当中两方竞争公司的战争了，而是对一项颠覆性技术的不同理念之战——他觉得他会成为输家。“看起来好像所有的钱都被拿去开新的银行了，我不明白这是为什么”，他在 6 月初评价道。“现在的情况就好似我们在与整个世界对抗，因为我并不知道还有人做的事跟我们一样。大多数公司并不研发开源软件；大多数公司的产品也并不免费；大多数人会集中保管信息——控制用户数据和用户资金。而这些事情，我们一件也不做……从企业发展的角度来说，这完全是疯了。”他笑道，并料想到了投资人可能会询问的问题：“你怎么赚钱呢？”

投资者有可能并不了解 Blockchain 和其他众多比特币初创企业之间的不同，这也有可能导致它逐渐地败给资金更充足的竞争对手。这种情况是有可能发生的，因为甚至 Nic 自己都不确定，这项他与 Ben Reeves、Roger Ver 和 Peter Smith 共同投入的企业战略——事实上等于一种哲学——是否是他希望的一流战略。简单地说，他并不确定 Blockchain 会打败 Coinbase。“最终，它们代表了两种相互竞争的使用比特币的表达方式。从长远来看，他们都可以成为成功的公司。但是很自然地会出现我们与他们竞争的情况。我并不知道是否会像微软和苹果公司竞争的情况一样，但是有点类似。我们的技术和安全立场不仅彼此完全不同，而且从我们的角度来说，Brian Armstrong 对 Ben 不好是一件略微鼓舞人心的事情。”

然而，并不是想打败 Coinbase 的欲望在驱使他，驱使他的是他想看见比特币成功——这个如 Erik Voorhees 所称呼的比特币的元组织，第一家去中心化的、开源的公司成功。Nic 说道：“我们可以在不受负面影响的情况下做到这一点。同时，我们最大的挑战是要让消费者确信，我们的安全措施是更好的。不过要做到这点并不简单，因为如果你损失了部分资产，Coinbase 能把你的密码重置，而有些人很喜欢这个功能。”投资者是否能理解他公司的方法是一个问题，而且正如他告诉 Aurus 的伙伴一样，这种方法是否能吸引接下来的数百万用户也是一个问题。而我怀疑它做不到这点，即无法吸引所有人。西方世界可能很难理解，但是在某些发展中国家，人们并不信任银行，甚至更不信任他们发行货币的政府，他们要费尽九牛二虎之力才能跑到能兑现和套现的零售场所买卖钱财。总体上来说，比特币——尤其是 Blockchain 的方法——可能看起来会是一项巨大的改进。

从另外一个角度来看，在和风投公司关系良好的同时，Blockchain 获得了一个强大的地位。首先，它成了世界上最受欢迎的比特币钱包服务提供商。其次，它还拥有 ZeroBlock，能提供各种市场信息及行业新闻，并且在 iOS 系统和 Android 系统中都是评价最高的比特币应用。5 月 21 日，ZeroBlock 在它的交易平台添加了一个新的交易站 BTC-e，这使浏览者能够访问比特币界中最深的两个流动资金池——BTC-e 和 Bitstamp。

此外，它还拥有一个 Blockchain 的商户应用，这项应用能够让小型企业操控数字货币。Bill Hill 曾经认为它只适合在平板电脑上使用，在发布这款应用的晚上，他们给 Sofiane Bouhaddi 赠送了 Nexus 平板电脑，但是后来他发现这款应用也能在智能手机上使用。下载这款应用是免费的，而且 Blockchain 并不收商户佣金或交易费。到秋天的时候，这个应用每天将处理 1600～1700 笔交易。最后，还有其他 Blockchain 的开源应用程序接口——很多从事支付处理、钱包创造及交易数据等有关工作的开发者都在使用这些应用接口。例如，在 Mt. Gox 倒闭前的一周内，Nic Cary、Roger Ver、Erik Voorhees、Ira Miller，包括 Swedbank 的前股票研究主管 Anders Bruzelius 等人，给瑞典的一家比特币交易站 Safello 注入了 60 万美元的扩张资金。这家交易站能向用户提供钱包服务，让他们存储货币，但这只是一个前端；它背后使之成为可能的代码都是 Blockchain 的代码。

尽管公司还有一些问题，但是相比其他顶尖的比特币初创公司因为业务成本上涨，而流行的动辄数百万的风险投资，它成立时只花了很少的资金。在一个月内，通过在它的网络资产和 ZeroBlock 应用上售卖广告位，Blockchain 就赚取了 6 位数资金。它也可以从机构买家导向特定的比特币交易站的业务中赚取资金。同时这家公司一直以来对资金都小心翼翼，一如他的 CEO 在私生活中的节俭一般。截至 2014 年 5 月，Blockchain 只在市场方面花费了不超过 2 万美元的资金。Nic 说："我们并不想把用户买过来。"但是不管怎样，用户还是来了。这也给了 Nic Cary 和 Peter Smith 信心，他们在 6 月 23 日飞到加利福尼亚州，和潜在的投资者见面。

在奥克兰，为了省钱他们住在了 Nic 的大学同学 William Augustus Ghirardelli 四世的家里。在大学中，人们是未闻其人，先闻其名，并且有谣言说学校里有一位巧克力王朝的后裔，就像是一位现实生活中的 Willy Wonka 一样。事实上，Ghirardelli 并没有所谓的巧克力财产可供继承，他的家族企业几十年前就被卖掉了。而认识他的人都知道，这位谣言中被称为 Bo 的巧克力巨头，事实上非常小气，脑子里想的就只有那辆已经坏了的手动挡 2003 Honda Civic 轿车。他还在慢慢修理着这部汽车，毕竟这是他的主要交通工具，不过它的发动机罩、挡泥板及车顶上 3/4 的油漆都脱落了。尽管看起来都要进垃圾场了，这部破烂货也不知道为何还能安稳地跑起来。Nic Cary 和 Peter Smith 正好借了这一辆汽车，还开着它在硅谷四处串门，就如 Nic 所说的一样，开着这辆车向全地球最富有、最聪明的一群人做推销。

在驱车的漫长时间中，有很多事情需要思考。Blockchain 各式各样的服务可能会让风险投资者怦然心动，但是事实上却会阻碍投资。Blockchain 想让它的投资者把注意力都放在它身上，但是对于一家在比特币中有严重利益关系的公司而言，很难不会出现利益冲突，因为几乎所有大型比特币初创公司都会是 Blockchain 的竞争者。另外，Nic 也不太安心。当风险资本交易进入细节阶段时，他会感觉不太舒服，他害怕投资者某天会强迫他离开他呕心沥血建立的公司。之前他从来没有带领一家公司走到出口，也就是没有 IPO 或者被收购，这么说是因为投资者能够在这项投资中，通过售卖股份而获得回报，或者因为股权而拿到补偿金，所以他说他对他们而言还未证明自己。这是一个比较可怕的情况。“我喜欢开发软件，不喜欢谈论那些复杂、让我提心吊胆的事情。”Blockchain在A轮投资中只有一次机会，因为未来的投资都会重新提到它，所以用Nic的话来说，任何文书中的错误，也就是协议条款中的错误，都会永久地搞砸这件事情。

他解决法律问题的方法自然就是聘请了强大的法律公司来保护他的权益。更加不同寻常的是，他支付给法律公司的是比特币。在这家公司的政策中并没有接受数字货币这一条，但是这是对Blockchain的经营行为的一种让步。Blockchain用比特币支付了员工的工资、广告协议等内容，另外价格可能有波动的比特币通常也是这家公司的账户单位。反过来，Blockchain为这家法律公司建立了一个BitPay账户，就像几个月前，Nic Cary为菩及海湾大学建立的账户一样，这样这所大学就能接受他的捐赠，并立即把它兑换成美元。“我感觉BitPay应该给我一笔劳务费”，他开玩笑说。当你在筹集风险投资时，你能够为了一些事情优化你的交易。其中之一就是投资的规模，另外则是你接受的资金类型是借款还是现金。然而，还有公司的估值问题。它就是被投资者认可的你的企业的市场价值，因此筹集1000万美元以换取10%的股权价值，你的公司就价值1亿美元。Nic知道，如果吸纳投资者，他和Roger Ver、Ben Reeves的股权就会被稀释；但是他也同样知道，如果他不够小心，没能和Roger、Ben一起持有这家公司的控股权益，那么有一天他可能会被之前的盟友从背后捅一刀。这不仅是先发制人的自我保护行为。到现在为止，他怀疑那些风险投资公司是否真的有先见之明，能够穿过这片他一直顺利航行的充满风暴的海域。但是，同样他也承认：“我不想被开除掉。”

当他们到达Menlo Park时，这个地方让Nic感觉特别奇怪。从Interstate 280号开始，Sand Hill路就一直向东北方向延伸了4英里，直到经过一家购物中心后，它最终指向了 State Road 82 号，这个地方叫 El Camino Real。与此同时，Sand Hill 路上还聚集了几十家风投企业和私人募权公司的办公室，其中大多数办公室都坐落在路边。这些建筑都比较低矮，它们所处的环境毫无疑问是绿叶丛生的郊区，所以当你驱车经过的时候，可能不会注意那些公司的总部，如 Andreessen Horowitz（Sand Hill 路 2865 号）、Silver Lake Partners（Sand Hill 路 2775 号）、Makena Capital（Sand Hill 路 2755 号）、Kleiner Perkins Caufield & Byers（Sand Hill 路 2750 号），以及更加靠近路边的 Opus Capital（Sand Hill 路 2730 号）、Greylock Partners（Sand Hill 路 2250 号）、Lightspeed Venture Partners（Sand Hill 路 2200 号）。另外在州际公路东边，还有少部分特别富裕的公司被一些修剪整齐的球道包围。这些球道都是 Sharon Heights Golf and Country Club 的球道，把房子围起来后，令这些公司看起来像鸟巢中的蛋一样，这些公司包括 Sequoia Capital、Redpoint Ventures、Deep Fork Capital、Institutional Venture Partners、Mohr Davidow Ventures、Voyager Capital，以及一个奇葩——哈佛商学院加利福尼亚州研究中心。把 Sand Hill 路上的公司加在一起，它们一共管理了超过 1000 亿美元的风险投资资金。Nic 说："因为某种原因，某个人有一天决定让 Sand Hill 路成为所有风投公司都要去的地方。"不过这个原因很明显，因为靠近斯坦福大学。这所大学因诞生了众多大放异彩的高科技杰出人物而闻名，如 Larry Page 和 Sergey Brin，William Hewlett 和 David Packard，Kevin Systrom 和 Mike Krieger，Vint Cerf、Reid Hoffman 还有 Peter Thiel。就像那些蒙大拿的牛羊大亨一般，他们都是一些有长远目光的人，尽管这只是空间上的距离，而不是时间上的距离。这家大学的企业家校友的公司，每年在全球收益中贡献了 2.7 万亿美元；如果把这些公司组合成一个国家，这 4 万家包括 Google、Hewlett-Packard、Nike、Netflix、Charles Schwab 和 Cisco Systems 的企业，凭他们自己的实力就能成为全球第十大经济体。用 Nic 的话说，他和 Peter Smith 到这里来是为了向 Sand Hill 的众神鞠躬致敬。

他们在硅谷的 5 天行程中，接连谈了近 20 场会议，他们从一个办公室跑到另一个办公室，从一个谈判桌谈到另一个谈判桌，他们走到哪儿进展的消息就会传播到哪儿。对于 Sand Hill 路的居民而言，在这里先进的知识就是力量，另外他们的存在并不是秘密，但是外界基本不知道他们。一直追寻外界的投资，其结果就是 Blockchain 开始反感宣传，Nic Cary 几乎不再和媒体说话，并且在 Blockchain 律师的建议之下，其他职工甚至说得更少了。“我们基本进入了闭关锁国的模式”，Nic 在 6 月的一天评价道。对于 Blockchain 的员工而言，这就意味着暂时不能与记者单独沟通，因为担心口误或不恰当的措辞会使即将到来的交易打水漂。Peter Smith 不屑于为了让员工保守秘密而向员工撒谎，如告诉员工某位记者接近他只是想写一篇关于 Blockchain 的稿子。现在和公司策略保持一致远比之前任何时候都更为重要。

那为什么这样做呢？Nic 说道：“因为风投公司研究团队的唯一目的就是想落井下石，他们在不断寻找每件你做错的事情。”事实上，第一位投资 Blockchain 的人是一位已被定罪的罪犯，这不是一个好的开始。Nic 很清楚，单单一件负面新闻就会给他带来多大的代价。4 月 15 日，一家属于 Gawker Media 的网上八卦小报 Valleywag，它专门揭露名人隐私，还发表了一个爆炸性故事。这个故事把 BitPay 的 CEO Tony Gallippi 与一家现在已经倒闭的网站 Soopermodels. com 联系了起来。这家网站上有众多敏感照片（不超过 PG-13），很多模特都是青少年。十几年前，这个网站背后的公司明显是一家能提供模特预订服务的公司，而 Gallippi 就是其创始人和制作人。人们要求他对此事做出评论，他把 Soopermodels 描述为仅仅只是一个受雇于各家机构的摄影师团队，他们为各年龄段的人拍照。”而对于更多的敏感照片，这里有一个严格的 18+的年龄限制要求。

但是此事已经造成了伤害。一个月后，就在 BitPay 刚刚宣布获得了破纪录的一轮 3000 万美元的风险资本融资之后，Gallippi 悄悄地由公司的最高职位转成了主席职位。BitPay 的共同创始人和首席技术官（CTO）Stephen Pair 成了 CEO。就 Nic 了解的产业而言，他猜测要获得这笔资金的条件就是让 Tony Gallippi 下台。

Nic 自己没有什么可隐瞒的，但不管怎样，Gallippi 的事情灌输给了他一个接近偏执的谨慎。谁能从中受益最多呢？他问道，他的意思是谁会向记者通风报信，去揭露 Gallippi 的阴暗过去呢？“风险投资公司。他们蠢笨地搞砸了公司的价值，想吞噬更多生意。”他无法证实自己的怀疑，但他相信风险资本家为了得到一个更好的交易，是干得出来这种事的，所以他决心不当那个暴力战术的猎物。在与 Redpoint Ventures 的一次会议上，Nic 侵略性地问道：“为什么你们会投资 BitGo？从我们的角度看，他们是我们的竞争对手。请你们解释下为什么不认为他们是我们的竞争对手。”Nic 回忆道，Redpoint，这家合伙人公司出席会议的整个团队都大吃一惊。他们不可能料到有这种咄咄逼人的做法，但是 Blockchain 的领导态度坚决，决不要跟一家刚刚把钱给他们竞争对手的公司坐在一起讨论自己的全球统治计划。

Nic 提到的竞争公司是 BitGo，这是一家刚刚在一轮当中筹集了 1200 万美元的公司，其领投者是 Redpoint，其他的投资公司还包括 Peter Thiel 的 Founders Fund、Barry Silbert 的 Bitcoin Opportunity Corp.，以及 Ashton Kutcher 的 A-Grade Investments。这笔投资是在 Nic Cary 和 Peter Smith 登上前往加利福尼亚州的飞机前的一个星期，也就是在 6 月 16 日宣布的。作为投资的一项条件，Redpoint 的合伙人 Jeff Brody 加入了 BitGo 的董事会。

BitGo 变得众人皆知是因为在 4 月的时候，当 Mt. Gox 倒闭的冲击仍然在比特币产业中回响着时，它针对企业用户率先引入了多重签名的数字钱包。不像普通的比特币钱包，一个具有多重签名的数字钱包也会有多把私人密钥（独特的字母数字密码），而如果没有多个钥匙签发交易是不能移动资金的。在 BitGo 的钱包中，用户持有其中一把钥匙（并且跟网上热钱包相连），BitGo 也持有其中一把钥匙，最后一把钥匙放在冻结的备份库。这样分配钥匙的方式，以及每个交易中都必须要应用这些钥匙的要求，保证了在面对损失或偷窃行为时，能够做到万无一失，这就像发送核导弹时，必须要两把物理密钥同时转动才行。换句话说，尽管 Blockchain 让用户能够控制自己的私人钥匙，而 Coinbase 能代表自己的用户控制这些钥匙，但是 BitGo 开辟了第三条路线。

事实上，BitGo 看起来弥补了另外两者的缺陷。Changpeng Zhao 在 6 月末离开了 Blockchain，然后加入了一家大型比特币交易站 OKCoin，并成为了它的 CTO。他当时承认，他的前公司希望用户能在某种程度上，变复杂一点。除了让他们记住私人密钥，用户也必须确保他们的计算机是安全的，上面没有安装那些给入侵者开后门的恶意软件。然而不幸的是，很多人都不知道如何防止自己的计算机被恶意软件感染。“从产品设计的角度来说，我认为这是 Blockchain 的一个盲点”，Zhao 说道。那些类似 Coinbase 的钱包，同样有对用户友好的钱包，会避免复杂性问题，但是它本身面临的风险却更大。它可能被黑客入侵，可能丢失客户信息或资金。事实上，BitGo 的技术前途如此光明，以至于一个月前身为软件工程师，同时也是一位比特币天使投资人的 Ben Davenport 就从 Facebook 辞职，并成为这个初创公司的产品总监。

另外，作为一种安全服务，这家公司正计划为众多企业提供多重签名技术，这些企业包括交易站、矿池，甚至是其他电子钱包的提供商。人们认为在数字货币方面，BitGo 可能做到数年前 Versign 为电子商务做的一样，后者让网上购物时提供的信用卡信息变得相对更安全。事实上，Verisign 的前任 CEO Statton SSclavos 现在是一家投资了 BitGo 的风投公司合伙人，并且他也和 Redpoint 的 Jeff Brody 一起，成了 BitGo 董事会的一员。在 1200 万美元的一轮投资中，BitGo 的 CEO Will O’brien 表达了他的雄心："我们正在建立一家能让财富 500 强的公司，以及最大的对冲基金信任的公司，能让他们把我们当成他们的安全平台。"

在与 Nic Cary 及 Peter Smith 商谈的过程中，Redpoint 的投资者尝试解释道，尽管 BitGo 拥有消费者钱包，但是它只集中服务于企业客户，因此并不是 Blockchain 的竞争对象，而 Blockchain 的高管并不接受。6 月 23 日，Ashton Kucher 发布了一条 Twitter："感谢 Bitgo.com 能为管理我的比特币提供一个简单而又无懈可击的安全场所。"如果这家公司只是为了那些企业消费者，那为什么一位顶级电影明星会为超过 1600 万名粉丝站台宣传它的好呢？

Nic Cary 和 Peter Smith 与 Redpoint 的人见面，只是为了看它的合作伙伴会怎么自圆其说，然后他们就离开了。

"这些投资人的手段很狡猾"，Nic 说道，"他们会为商业情报而举办一场大型会议，一直缠着你直到把你绑起来，然后他们就会走开。所以这真是一场步步惊心的危险游戏。"

就像在任何一场战争中一样，双方会传播一些错误信息。在和那些已经在其他比特币初创企业中有过投资的公司谈判时——也就是那些有明显冲突并且 Blockchain 并不会真把对方当成潜在投资者的公司——Nic Cary 和 Peter Smith 会修改他们的陈述内容，要么言不符实，要么言过其实。就像打扑克牌时，手里拿着一对 10，却虚张声势，让投资者认为自己拿着一对 A。Nic 说道："只是吓唬吓唬他们，或者制造一种紧迫感，让整个局面变得扑朔迷离。"他们知道在硅谷，八卦是怎样传播的，整个空气中都弥漫着谣言的气味。"你真正想要的，就是让你的潜在投资者焦虑起来，让他们认为他们需要更快地行动，让他们觉得这是他们最后的机会了"， Nic 说道。

但是对于其他公司，他们就单刀直入，实话实说了，如 Jeremy Liew

的公司 Lightspeed Venture Partners——Jeremy Liew 曾在 Snapchat 中投资，并且 5 个月前，他和 Barry Silbert 一起参加过 NYDFS 有关比特币的听证会。在与他的交谈中，他们不仅构想了数字货币和消费者钱包，构想了一个被不引起争端的跨国界支付助推的全球公民身份，而且还设想了一个没有银行账户的人会成为自己银行的新世界。为了证明这一点，Nic 在陈述时大量引用一个月前在 TEDx 大会上用过的图片，当时他在纽约市中心 AOL 的办公室中谈论有关货币的未来，这些都是他旅行到撒哈拉沙漠的照片，以及一些已经接受了 Blockchain 商户应用的小型企业老板的照片。据他估计，完成他的构想会需要 5 年或 10 年，甚至 100 年的时间。Blockchain 着眼于长远考虑；它希望它的合作伙伴也愿意做长远的打算。

他们关键的宣传卖点集中在 3 个方面：消费者钱包的数量在过去的 12 个月增长超过了 5 倍，从 31.5 万个激增到了超过 170 万个；由 Blockchain 设计的服务系统及 Blockchain 本身的服务系统一起移动，并被分散到比特币网络中的资金规模；以及在整体网络中它占的百分比。令人无法置信的是，在过去的两年半中，通过 Blockchain 的钱包及基于 Blockchain 的 APIs 的系统，完成了大约价值 300 亿美元的交易。“所有矿工都需要我们的节点，以确保他们能第一个接触交易，然后开始在上面埋头苦干。”Nic 当时说道：“所以因为这一点，我们分配到网络中的整体交易量十分巨大。”随后他又补充道：“这中间没有货币兑换的情况发生，我们的服务是免费的。”这也是让大多数投资者兴奋的地方——现在交易规模巨大，另外随着时间过去，它还可能变得更加巨大。同时，Blockchain 的网络流量也很大。当时，每月都会有数百万名拜访者进入 Blockchain.info，加起来会产生 1 亿人次的网页浏览量。这在比特币产业中，可能没有其他公司的曝光度能与之媲美。Changpeng Zhao 即使在离开 Blockchain 后，正如他在 2014 年夏天说的一样，他也仍然认为：“在整个世界中，他们都遥遥领先于任何一家公司。”

但是在 Nic 的想法中，在说明 Blockchain 的发展时，仅仅只用事实和数字让投资者目眩神迷是不够的。他想让他们明白，Blockchain 和其他同规模的比特币公司之间的基本发展哲学不同。Blockchain 首先是一家软件公司，而不是一家金融服务提供商，它并不集中控制用户的资金，这也是使 Blockchain 的方法优于其他公司的原因。随着每年建立钱包的新用户的增加，Coinbase 的安全风险也会增加；而即便现在的用户数量翻上 10 倍甚至 100 倍，Blockchain 的风险也会保持不变。事实上，甚至当它发展壮大时，Blockchain 的风险还可能会减少。“当越来越多的用户创建了 Blockchain 钱包之后，这就像建造了越来越多的保险箱”，Nic 说道，“黑客必须把每个他们要进攻的保险箱的密码猜出来。所以创建的钱包数量越多，要入侵私人钱包就需要黑客付出更多精力、计算能力及时间”。

Nic 在 1 月前评论道：“世界上的公司都需要做安全方面的选择。”“像 Coinbase、Circle、Xapo 之类的公司，它们都是建立在一个不可靠的协议上的新型银行，而这点对我来说没有任何意义。因为它又把交易双方当中的风险重新带了回来，比特币存在的意义就是要消除这些风险。我看着他们的行为，然后完全被他们建立的东西给弄晕了。然后他们跑到华盛顿说我们是那群害群之马，说我们创造了危险而不受控制的系统，因为我们碰不到客户资金。但是其他团队，不管是 Coinbase、Xapo，还是 Cirle，它们都是再次把风险集中到一起。所以他们到底在干什么？”“好吧，如果实在有风险，我们就会卖掉保险。”所以他们只是复制了我们已有的金融系统。可能这在心理上来说是比较吸引人的，因为有现存的金融系统及他们能够赚取费用的吸引力，还有能控制掌管他人钱财的诱惑力。如果你掌管了人们的资金，那么你就能利用这笔钱去做其他事情，比如当成一种衍生金融投资工具或者是把它借出去。历史上确实有人会想这么做，即使它是一种新的货币模式。那么问题来了，我们还需要多少个 Mt. Gox 呢？

当为期 5 天的会议结束时，Nic 和 Peter 坐飞机飞到纽约，在那里他们安排了更多会议，和更多风险投资者见面，他们在东西海岸掀起了一场竞标战争。最初，他们并没有告诉投资者他们想要的准确的筹集资金。"你不会想先出手"，Nic 说道，"你不希望当你说'10'的时候，对方回答'嗯……5。'你希望他们先说话，比如'这次机会让我们很激动，我们想确保投资的公司有足够能赢的资金。'然后他们就开始报数字了。"

Nic 之前是一名销售，他很喜欢叫卖活动。但是即使当他和 Peter Smith 和潜在的投资者接触时，Blockchian 的日常业务仍然在极速发展。在纽约之后，Nic 又飞到了西雅图，中间经停英国后又再次穿越大西洋，进行了一次硅谷朝拜之旅。之后他拜访了都柏林，然后在伦敦参加了为期两天的 CoinSummit 会议，最后终于在 7 月中旬回到了约克。但即使在那里，他也不是无所事事。Blockchain 在准备新版的 Android 应用时，把它重置了一次，然后成了最终推送版本。当开发者夜以继日地工作时，Nic、Dan Held 和项目经理 Keonne Rodriguez 一起，大多数时间都在重新检查模型，并测试这个应用的早前版本。

他们想让用户包括那些完全不懂比特币的用户，能尽可能快地上手，Rodriguez 说道，因此他们尽可能地创造了一个只需要单击一下就能完成任务的新型比特币钱包。这个过程如此简单，而为了保护用户钱包，这款应用还有几步需要完善。它被设计成被一道 PIN 码及一份备份保护着，这份备份会被电子邮件发送至你选择的一个邮箱地址上，让你丢失手机后，还能进入应用。"为了尝试教育人们，并且温和地强力推行这个安全策略"，Rodriguez 解释道，"如果人们没有设置好密码及电子邮件备份，我们就在软件启动时，在界面上添加一个让人头痛的信息"。

在重置手机应用时，Blockchain 的开发者团队最终植入了一个与众不同的功能，即两个月前，Nic 在 Javier Salcedo 圣地亚哥的家里提前展示过的商户地图。通过使用手机的全球定位系统（GPS），它会随时随地为你提供附近商店、餐馆、酒吧和其他接受比特币业务的商店的地图及描述。商店类别不同，颜色也不同，如咖啡馆是红色标记，酒吧和啤酒厂是紫色，餐馆是橙色，商店是蓝色。比特币自动取款机——允许人们把现金兑换成数字货币的机器是绿色。Keonne Rodriguez 后来说道："这个特色功能大获成功，"然后又补充说，"Blockchain 计划继续改进这项功能，让之后的版本能够随时随地提醒你，你附近有一家接受比特币的商店。而 Nic 则承认这个商户地图可能并不会完全改变全球金融，但是他认为这是让普通大众使用比特币的一个实质性进展。通过把企业在 Blockchain 的商业名录中高亮显示出来，在竞争中助他们一臂之力，他想给商店们一种刺激，让他们能接受数字货币。"

这个新的 Android 应用在 7 月 19 日初次登场。3 个月中，它就在移动端被下载超过 10 万次。它为 Blockchain 赢得了很好的宣传，但是还有更重要的事情，它引起了 Apple 的注意。

自从 Apple 清楚了 App Store 中所有比特币钱包及支付应用以来，几个月中比特币开发者和用户都大量地流向 Android 系统。但是 6 月初，在没有任何提示的情况下，Apple 更新了 App Store 中的指南，又再次地为数字货币应用打开了大门——至少在理论上是如此。根据新的指南文件，开发者所提交的应用可能会促进已经获批准的虚拟货币的传播，如果它们能符合应用所在的州与联邦的法律。比特币社区中立刻刮起了一阵震惊和激动的旋风。如果世界上的 5 亿位苹果手机用户能再次使用他们的手机，发送、接收和存储比特币，那么结果将是颠覆性的。Nic Cary 充满兴趣地研究了更新后的政策，他对此抱有一种谨慎的乐观态度，但是他决定还是等等看。"对于花费大量时间、资金来设计发展适用 Apple 的应用，我们并不是特别积极，除非他们后面清楚地表明认可这项产品"，他说道。他知道，在过去的 4 个月中对比特币应用闭门不见的 Apple（这段时间对于 Blockchain 来说极其漫长），要吸引曾经被它伤害的开发者，需要经历一段比较艰难的时间，但是他期待 Apple 用户重新使用 Blockchain。

7 月底，发生了两件事情，加速了他计划的实现。首先，6 月 15 日，自从政策发生变化后，第一家比特币钱包应用进入了 Apple 的 App Store。这个应用是 CoinPocket，它在产品特色方面苍白无力，但是对它的接受表明，Apple 在重新打开大门方面是很严肃的。第二件颠覆性的事件就是 Blockchain 的新型 Android 钱包应用的成功发布。Nic 表示，这个钱包让我们对于比特币能带来商业利润感到信心十足。

几天之后，在一个技术会议上，Nic 通过一位比特币投资者朋友，接触到了 Aolle 的开发者团队中的一员。在与他见面时，Nic 解释了他的钱包能做什么及怎么做。这位 Apple 的员工看起来明白了他的意思。随后 Blockchain 又重新提交了它的 iOS 应用。3 天之后，在 7 月 28 日，它通过了审核。又过了两天，Blockchain 更新了这个在之前 6 个月中都被忽视的应用，并加入了在 Android 系统上很受欢迎的商户地图。其编码者是 Ben Reeves，他在几个月以前就和开发部总监 Matt Tuzzolo 一起写好了初始版本，后者在 5 月加入了 Blockchain。

比特币投资者的反应十分强烈且直接。Peter Smith 说道，iOS 钱包的下载量就如爆炸般上升，在最初的几天中，就有数千名用户安装了这个应用，App Store 迎来了 Blockchain 的胜利。

8 月 10 日，网络上，iOS 系统与 Android 系统中，Blockchain 钱包的用户总数量达到了 200 万人。Blockchain 是第一家，也是仅有的一家拥有如此多用户的比特币公司。在用户数量增长的同时，在这个价格极易波动的加密货币市场中，比特币的每天平均价格已经有超过两个月的时间没有低于 550 美元或超过 674 美元了，这个新出现的货币也被认为价格稳定了。据 Peter Smith 所说，这件事情证明比特币已经远离了投机热潮，发展成了一种交易模式，借此它能够和现金、信用卡、Paypal 和其他形式的电子支付模式进行竞争。

短短的几天中，好消息接连而至，这也让 Blockchain 在与风险投资家谈判时有了更大的底气。投资者和 Blockchain 高管谈话的方式，与高管和投资者交谈的方式不一样。“Blockchain 已经在很多方面都极度成功了，因为作为一家公司、一个团队，它的创始合伙人都对他们想完成什么有高度统一的目标。而这也让全世界的人都对他们的交易方式刮目相看——在一种去中心化、分散且开源的方式中运转，同时还不持有我们用户的资金”， Nic 说道。“我们需要找到能理解我们梦想和使命，并且能高度投入其中的合伙人”。Nic 想确保 Blockchain 不会因赚快钱而倒闭。

到秋天时，Blockchain 已经说服了两家公司来领投，分别是来自硅谷的 Jeremy Liew 的 Lightspeed Venture Partners 和来自金融界的 Wicklow Capital，后者是 GETCO 的创建者 Daniel Tierney 和 Stephen Schuler 的私人投资工具，而 GETCO 是一家已发展为全世界最大商品证券公司之一的高频交易平台。Wicklow 坐落在芝加哥的地标式建筑蒙纳德诺克大厦中，最开始通过投资金融科技公司为自己赢得了名声；而它在金融服务方面的专业知识，也正是 Blockchain 想要的，刚好与 Lightspeed 对消费者技术的丰富了解珠联璧合。与这两家公司一起的还有其他投资者，如来自支付公司 Braintree 的亿万富翁 Richard Branson 和 Amit Jhawar。至少有 9 家机构和个人投资者最终参与了投资。

10 月 7 日，Blockchain 向世界宣布了一个消息，它结束了第一轮风险投资，整体的投资规模达到了 3050 万美元。这个数字还有一个潜在的含义，它超过了 BitPay A 轮 5 个月前所获得的 50 万美元投资。如此一来，此轮投资不仅成了历史上比特币公司获得的规模最大的首轮投资，而且同时也是所有投资轮中规模最大的。Coinbase 自己的 A 轮投资是在 2013 年 4 月进行的，但是比它 1/6 的规模还小。事实上，Blockchain 首轮筹集的资金——3060 万美元，已经几乎与他的主要对手在三轮中筹集的全部资金相等了。这算是对 Blockchain 商业模型的一个有力证明。

对于 Ben Reeves 这位常败将军而言，这也是他个人的一种胜利。“如果不是 Ben 的辛苦劳动，我们不会发展到现在这一步”，Bill Hill 说道；他之前在集团的电话会议上得知了这个打破纪录的投资消息。就像所有在 Blockchain 中工作的人一样，他也因为这个消息而非常激动，但是他也同样知道这不是沉湎于成功的时候。他说道：“这意味着，我们要深呼吸，然后向下一个阶段进发。”

除了雇用更多工程师更新他们的产品，并且在新的市场中进行扩张，Blockchain 打算花一些钱在伦敦租一间办公室，让它成为这家公司首个真正意义上的总部，并把其他 4 间办公室的员工都拉到全球金融的心脏地带。就像那些从寒夜中进入室内的流亡者一样，他们拿自己的生命、名誉及收入来对赌外来技术成功的微小可能性，而现在他们被主流认可了，他们在成熟的技术圈中占有了一席之地。然而，即使 Nic Cary 在伦敦物色着合适的地产，他主要的注意力还是放在了大洋彼岸的华盛顿上。他并没有太在意 A 轮，认为它不太重要。他认为，和新出现的金融资源一起，最重要的是这些重量级投资者带来的政治关系。他虽然比较讨厌这些政治活动，但是对于这场激烈的竞争而言是必要的。他说从个人的角度来说，我并没有任何政治关系。有些人想把我踩在脚下，因为我看起来比较好对付；但是他们不会去欺负那些能直接跟美国总统打电话的人。

一周以后，Benjamin Lawsky 又给 Blockchain 带来了另一个好消息。在纽约的 Benjamin N. Cardozo School of Law 中讲话时，他明确指出，比特币执照要求虽然繁重，但是不适用于比特币软件公司。“我们正在监管金融中介机构，但不是要监管软件的发展”，他说道，“比如说，一个创造并提供钱包软件给客户，让他们自己使用这个钱包的软件开发商就不需要执照”。然而像 Coinbase、Xapo、Circle 和很多其他的创业公司，如果他们继续在纽约运营，那么他们就要完完全全地遵从即将到来的规定，但是 Blockchain 将会是一个例外。这并不是因为 Blockchain 的商业模型，而是因为它的拥有关系的理念。因为它是让用户控制自己的私人密钥及基金，所以这家公司拥有了竞争优势。

这并不是一件小事。当比特币执照的制度在 2015 年 8 月生效的时候，它迫使数十家公司，包括 Kraken、Bitfinex 和 LocalBitcoins，停止在纽约经营。而那些坚持要留下来的公司，包括 Bitstamp 和 Coinbase，他们为了获得比特币执照，每个都在法律费用、合规费用及人力费用上花费了数万美元。到了 2016 年 6 月中旬，只有两家公司取得执照：其中之一是 Jeremy Allaire 的 Circle，另外一家是成立于 2012 年的非比特币加密货币创业公司 Ripple，它在几个月后获得了这个执照。

躲过了这场危机之后，Nic 并不奢望他的忧虑会就此结束。加利福尼亚州也像纽约一样，在考虑是否要管控及怎样管控数字货币企业。在 2014 年 6 月，州法院通过了一项法案，宣布比特币和其他形式的货币种类合法，并废除了一项宣布美元是唯一有效货币的州法律条款。民主党州议员 Roger Dickinson 撰写了此项提案，他当时说的话听起来比较像哈耶克。他告诉《洛杉矶时报》："在一个支付方式不断进化的时代，从亚马逊币到星巴克的星星，要忽略现金替代品都是不切实际的。"

但是在来年夏天，加利福尼亚州推出了一项新的法案，准备压制数字货币企业。尽管在很多方面并没有比特币执照那么麻烦，但是因为它还并不成熟，并且牵涉范围太广，它也招到了很多人的批评。The Electronic Frontier Foundation 认为它既阻碍了这个创新产业的发展，也抑制了激发消费者兴趣的热情。州立法议员、提倡数码的团体及比特币和区块链产业的代表之间经过数月激烈的讨论之后，这项议案最终被束之高阁。但是在冷藏了将近一年之后，它在 2016 年 8 月被重新修改了一遍，又卷土重来。新的议案提出，所有参与区块链技术商业应用的企业都必须加入一个登记项目——参加此项目需要缴纳 5000 美元的申请费及每年

2500 美元的会费。不注册的公司将被禁止运营比特币。

它再次引发了人们的大声抗议。非营利性研究和宣传小组 Coin Center 的常务董事 Jerry Brito 写道:“它的监管不仅不清晰，而且如果不改变，它会把这项创新完全扼杀掉。”后来这项法案也被搁置了，但是立法议员表示 2017 年可能还会推出一项新的法案。不管相关法律文件的命运如何，很明显的是，州立法议员对掌握比特币一直都不死心。早在 2014 年年中的时候，Nic Cary 就预见了即将到来的风暴，他很肯定在某个时刻，区块链的代表不管是去曼哈顿还是华盛顿、萨克拉门托，他们都要解释这项技术是怎样运作的。如果 Blockchain 避免在其中竞争，那么它就不可能再获得如此值得吹捧的成就。它必须进入美国民主的加工工厂中，而这也是 Nic Cary 惧怕的。“如果我们卷入了一系列诉讼，或者政府认为我们是一家能转移资金的企业，那么我们的技术是怎样运作的就不重要了，即使我们不持有客户的资金账户，我们也必须把每个账户进行申报处理，否则就要把它们清除，这些事情处理起来会十分艰难。”

为了防止这种事情发生，2014 年 9 月，Blockchain 聘请了 Marco Santori 作为其全球策略顾问。5 月在阿姆斯特丹举行的一个会议上，他赢得了一项由 Blockchain 部分赞助的产业大奖，当时他收到的选票比其他所有候选人加起来的选票还要多。还有其他一些原因使得 Santori 成了完美的候选者，他是比特币基金会监管事务委员会的主席，并且之前也反对比特币执照。他认为他在 Blockchain 中的职位有教育意义，他能帮助监管者了解 Blockchain 是怎样和其他钱包提供商的运营有所不同的。不过与他不同的是，Nic Cary 认为这个职位能够预示危机，是为了金融隐私和人们能与任何人交易的自由进行的战斗——他表示就像言论自由一样，对于这种权利的限制应该越少越好。他说道:“为了这项技术，也为了我们的用户，我们将参加到这场战争中，并且将为保护他们而花费一笔巨款。”

所以 Nic 并没有停下来歇息。2014 年 10 月 8 日，就在 Blockchain 宣布了集资之后的第二天，他就在伦敦的一家墨西哥酒吧中与谷歌的开发者小组进行了会晤。这个小组的职责就是推动包括 Android 系统在内的谷歌技术的发展，帮助这个科技巨头取得成功。Blockchain 的钱包服务如此受人欢迎，以至于引起了他们的注意。Nic Cary 很清楚他的团队需要什么：需要谷歌在将来更新技术时，能给他一个通知，以便他们能相应地进行规划和构建。“我们不能被大型操作系统的改变或者 API 的改变惊讶到”，他告诉他们。从当时起，他就想让 Blockchain 成为谷歌的首选合作伙伴，能接触对方提前提供的新型软件开发工具。

9 点 30 分，他离开酒馆后立刻向国王十字火车站飞奔而去，搭乘回到约克的火车。他在晚上 9 点 55 分到达了车站，再过 5 分钟火车就开走了。此时他已经精疲力竭，那天早上他为了在 BBC 上讨论 Blockchain 创历史的 A 轮投资，早上 4 点半就起床了。他现在只想倒头睡一觉。火车一路向北，黑暗的田野掠过他的窗外，空荡荡的地面就仿佛是等待他去填补的未来一般，而且这个未来将不受制于政治家的怪诞想法，而将由他的个人期望塑造。在 Blockchain 的筹资新闻被爆出来后不久，他与他的父亲进行了交谈。事实上，他父亲 Philip Cary 庆祝这个新闻的时间比他还要长，并且他知道 Nic 是怎样严肃地对待工作的，知道他是如何全身心投入其中的，也知道在紧要关头他心中的希望有多大。在交谈中，父亲对两代之间的差异感到惊奇，他自己的生活和他 29 岁儿子的生活是完全不同的。他说道：“Nic，你懂的，我 29 岁的时候生了你。”

CHAPTER 15

百家争鸣

如果我们去看科技的生命周期，首先会看到一个过度热情的早期阶段，然后是幻灭之后的萧条，接着才是真正的革命。

——雷蒙德·库茨威尔

2014年12月19日，在对Charlie Shrem的审判中，对于被告的刑期，Jed Rakoff法官无意遵照联邦准则宣判。2005年，美国最高法院在美国诉Booker案中驳回了查理案，联邦法官在规定范围内对其施加了57～60个月徒刑的要求。不再被强制要求遵照联邦指引，法官可以自由地听从自己的道德心。然而若Charlie是在2005年前被审判，法官别无选择，只能对他处以近5年的徒刑。事实上，大多数法官在量刑时依然谨遵联邦准则。Charlie是幸运的，因为Jed Rakoff法官不属于这大多数。Jed Rakoff说："我被要求参考这些准则，我也确实这么做了，然后我发现它们不值得去参考。"

紧接着，就轮到Marc Agnifilo和Serrin Turner来说服法官究竟该如何定刑，被告辩护人首先发言。他在Charlie在犯罪时期年少无知上大做文章，同时指出Charlie帮助Robert Faiella在一定程度上来说属于暂时的失常。尽管事实上，Faiella在脱离BitInstant后，又在"线上交易网站"上干起了比特币经销商的营生。因此，Agnifilo不是论证宽恕，也不是罚罪相当，而是品性。Agnifilo说："如果Immanuel Kant站在这里，其实我认为，Immanuel Kant的精神就在每个联邦法庭看着我们的审判。他会说，我们不能这么做，我们不能用Charlie Shrem来杀鸡儆猴，去给世界上某个地方身份不明的人传递信息，从而警告他们不能用比特币或者其他流通货币来做些不该做的事，这是错误的，它与绝对命令相悖。”

然而法官没那么好说服，他回应道：“Immanuel Kant 虽然是历史上的大人物，不过根据我的记忆，他并不是国会议员。普遍威慑是会被考虑的，这是国会颁布过的。那么更重要的就是，我们需要用什么样的惩罚措施来实现普遍威慑。”

等到起诉人发言的时候，他坚持重刑。他把重心放在违禁品贩运上。此外，他说像 Charlie 这类的犯罪行为侦查起来很不容易，政府资源稀少，很多犯罪行为都被掩盖过去了。因此，一旦这类犯罪被查实，让外界知道他们得到惩治就显得尤为重要，他想以 Charlie 为诫。他可能不是 Kant 的忠实学生，他承认比特币有合法用途，但它也有成为洗钱者首选货币的风险。法院必须传达出一个信息，即反洗钱法律不能被忽视，因为这些法律可以让洗钱者承担后果，并且为了帮助提升比特币产业的合法性，必须发送这个信息。如此，通过一个漂亮的修辞伎俩，他把自己打造成了这个特殊行业的拥护者，一个他曾经尝试监禁的在这个行业最突出的人物之一。

最后轮到 Charlie 做自我陈词。他语速很快，一会儿认罪，一会儿又为自己辩护。他的话矛盾重重，前一刻愧疚懊恼不已，下一刻又沾沾自喜。在他连珠炮般滔滔不绝的话语中，真相变得难以捉摸，事件的时间线早已被人为抹去。此刻 Charlie 声称，遵循美国财政部金融犯罪执法局在 2013 年春发布的关于数字货币贸易的条例，BitInstant 的管理层已经自愿关闭公司，不会再游走在法律的灰色地带，这不是真的；在他被捕前，公司已经停业近一年了，这也不是真的。在 Charlie 认罪的时候，他是 BitInstant 唯一的雇员自然也是假的。他参与 Robert Faiella 交易的犯罪行为可能始于 2012 年 1 月，但是持续了几个月，其中有些发生在雇用 Erik Voorhees、Ira Miller 和 Rachel Yankelevitz 之后，即使在细节上有些许偏差，整体上也是很真实的。Charlie 对法官 Rakoff 说：“当你坐拥权势，很难坚持对自己负责、对道德负责。当没有什么牵制你的时候，迷失自我再容易不过，我失败了。”

如今，在他看来，比特币需要从犯罪活动中脱离出来。事实上，比特币需要远离那些曾经跟 Charlie 一样的人，还有谁会比一个改过自新的比特币创造者更适合改造比特币。他跟法官说：“我需要出去，以确保不会重蹈覆辙。比特币是我的孩子，我爱的东西，我的全部，我的整个人生。我做的一切都是为了帮助世界建立一个没有歧视、不为腐败服务的金融体系。如果尊敬的法官允许，我很想回去，帮助世界上的其他人，确保人们不会像我一样做愚蠢的事情。”

Charlie 狂热的理想主义让 Rakoff 法官唏嘘，虽然可能与预期的大相径庭。法官回应说：“我不确定对于任何一个 25 岁左右的人来说，立志拯救世界是不是好的人生观，有些事情谦虚一些可能更合适。”短短几句话可以看出两种不同文化之间的抵触。一种是以硅谷为中心的，由 Charlie 这样朝气蓬勃的热血男儿使之壮大的破坏性创业文化；一种是被白发的高智商人群推崇的英美法理学文化，如 Jed Rakoff 法官。

最终，法官认可 Serrin Turner 的观点，不能忽视 Charlie 的判决对其他比特币玩家和非法交易市场中商人的威慑效果，他拒绝对被告人进行缓刑处理。不过，也没有处以 Preet Bharara 办公室希望做出的严厉判决。法官没有按照起诉方的意愿，也没有听从出具量刑报告的缓刑官 James Mullen 提出的处以 57～60 个月监禁的建议，法官 Rakoff 判处 Charlie 2 年监禁加 3 年监外看管。

Charlie 如释重负。回顾往事，他后来写道，他判刑当天是他一生中最幸福的日子之一，他终于知道这一切烦恼都会结束。在他被捕后的头几个月，每天晚上睡前都会担心未来 30 年要在监狱度过，但 2 年还可以接受。随着时间的流逝，如果好好表现，他可能把刑期缩短到 13 个月左右。也许一开始，他觉得他是能做到的。

至此，Charlie 也同意向政府缴纳 95 万美元的罚金，虽然 BitInstant 可能从 Faiella 的交易中只获得了近 15000 美元的收入，非常严厉的没收条款是 Charlie 认罪协议中的一部分，政府给了这家创业公司的前任 CEO 一记响亮的耳光。据说，这笔罚款是所有在 Charlie 的帮助及 Robert Faiella 的唆使下，流经 BitInstant 公司的非法资金的总和，它的象征意义显著，大部分被告都没有偿清全部罚款。David B. Smith 是民事和刑事罚没法专家，也是亚历山德里亚精品律师事务所 Smith & Zimmerman 的合伙人，他曾经写过："政府喜欢下巨额罚款判决书，尽管通常都拿不到。他们想要统计，尽管毫无意义。"

Charlie 将于 2014 年 3 月 16 日下午 2 点被送押至宾夕法尼亚州的路易斯堡监狱，这座监狱在 Courtney 母亲家附近。入狱那天是周一，想起自己的经历，Roger Ver 告诫 Charlie，不要在周五入狱。因未经许可经营汇款业务，2015 年 1 月 20 日 Robert Faiella 被判处 4 年有期徒刑加 3 年监外查看。他在 2014 年 3 月 3 日认罪，比 1 个月前被判刑的 Charlie Shrem 早了近两周。

Charlie 充分利用了 3 个月的缓刑，每周持续为 Payza 工作几个小时以支付罚金，同时规划自己的事业。他曾告诉他的朋友，在申诉谈判早期，政府需要他做一个配合的证人，一个秘密举报人，那意味着他又要走老路，又要戴上窃听器。但是他拒绝了，他不想背叛同伴。事实上，据 Agnifilo 说，政府从来没有要求他做举报人，故事并不真实，但 Charlie 兜售得如同事实。为了赢取监狱管理局的印象分，他报名了联合广场一家门诊推出的病人戒毒所的项目，不过没有成功。这之后，Charlie 说："我在一周后就退出了。去那后我觉得很好笑，因为我没吸过毒。在我被带去做检测，像作弊的运动冠军一样小便时……" 这里的一个工作人员把他带到一边。那个女人对我说："Charlie，我们需要谈谈。你每天检测出来都是阳性。" 我问她什么意思，我根本没吸过毒。她说酒精，那是我以前的爱好。我跟她说："你们没告诉我必须戒酒。"那女人继续说："这是戒毒所，就好像……"说到这里，Charlie 摇了摇头。"该死的，我没任何问题。我现在只剩下酒精了！大麻要戒，烟要戒，我不喝酒会死掉！"那女人又说："好吧，你不能参加这个项目了。"我说："我这就走。"我在入狱前必须把酒戒了，不过我打算一直喝到入狱。

Charlie Shrem 决定好好享受仅剩的几天半自由的日子。他不是无辜的人，但他的判决还是让他的老朋友 Erik Voorhees 愤怒又难过，与一些犯过更严重罪行的人得到的结果比起来，这个判决显得很讽刺。

Charlie Shrem 向那些帮吸毒者购买违禁品的人出售比特币就被判处 2 年监禁。"如果说，还有任何人怀疑我们是在与一个急需被替代的不道德的系统作斗争"，他补充道，"那就让我们终结这种怀疑吧"。

他的辞令背后确实有些道理。2013 年 12 月，就代表真主党金融家转移资金一事，HSBC 以 32400 美元与美国政府达成了庭外和解。Everett Stern 是 HSBC 前执法长，他也是这起交易的告发者。他对前上司只被轻罚感到很不满。当他把事情公之于众的时候，他的事业就泡汤了。然而不管怎样，他的老板却不需要承担任何个人后果。Everett Stern 说："他们承认为恐怖组织提供资金，然后被罚了 32000 美元。如果是我做的这些事，那我会被判终身监禁。这不是这家银行第一次犯罪。就在一年前，2012 年 12 月，为了了结美国司法部门对其多年公然违法的调查，HSBC 同意支付 19 亿美元罚款。"这家银行巨头为满手血腥的墨西哥贩毒集团洗了数百万黑钱，把钱转移到依附真主党和基地组织的地方，还违反美国制裁，处理了数以亿计的与伊朗和朝鲜这样的国家有关的交易。也就是说，政府担心的毒资和恐怖组织资金经金融系统实现大规模的转移正在发生。并且，不是通过那些小型电子货币创业公司，而是通过主流银行。然而，哪怕违反了以上每条法律，正如律师及前参议院调查员 Jack Blum 所指，HSBC 依然没有一个人被起诉。

首席检察官助理Lanny Breuer在一次公布19亿美元庭外和解金额的新闻发布会上明确解释了为什么司法部没有给出致命一击。他说："如果美国当局决定对 HSBC 提起刑事诉讼，HSBC 必定会被吊销银行执照。那么这家银行的未来将受到威胁，整个银行体系都会不稳定。"换句话说，经济影响大于法律制裁。HSBC 的高管受益于现代艺术的成型公式。一袋垃圾只是一袋垃圾，但如果有人在这些垃圾的周围建一个泰特美术馆，那垃圾就变成了艺术。同样地，一个洗钱者应该被起诉、被判刑，除非他是世界级巨大银行的管理层。坐在那个位置上，他就成了一个不能被打破平衡的体系的代表。Erik Voorhees 认为，对 HSBC 这类银行处以多次警告和罚款而不是以刑事起诉论处，司法系统所做的就是考虑经济的管理多于公平公正，如不要把管理层扔进监狱来惊扰市场。

从 2001 年 9 月 11 日恐怖袭击后通过的新金融条例来看，目前似乎有两种法律体系，一种针对大银行，一种针对小数字货币企业，Charlie 就在那条线错误的一边被捕。在 Charlie 被判刑两周后，Peter Thiel 与无政府主义人类学家 David Graeber 辩论时说："像 PayPal 这样的公司永远不会出现在与'9·11'有关的地方，以后洗黑钱是会被监控的。"那条他以前闲庭信步的路如今已经堵得死死了。

Charlie 说："是我弄砸了。比特币社区的人以前信任我，现在他们很害怕。他们看到一个像我这样曾经站在世界顶端的人在机场被捕。没有人会再做这件事了，比特币世界里不会再有洗钱事件发生，他们很恐惧。"但在这种情况下，像许多人一样，他只是简单说了他觉得听众想听的话。过了几周他的判决结束后，他和一位生意伙伴被安顿在百老汇西街 379 号一间公用的小办公室里，然后他改变了论调。"我想每位比特币玩家都在一定程度上违反了法律，其中有些人依然会继续这么做。"他说得很隐晦。

到 2014 年 9 月，Barry Silbert 绷紧的弦几乎要断了。在过去的 4 个月中，SecondMarket 董事会特别委员会已经与 Bain Capital 和 RRE 就 Digital Currency Group（当时已正式从 SecondMarket 分离出来）和 Bitcoin Opportunity Corp（Barry 的组合投资项目，Bain 和 RRE 也都有投资）之间的并购议题进行了协商。4 个月过去了，事情仍然没有解决。4 个月！他之前认为不会超过 60 天。更沮丧的是，他不能亲自参与谈判，太过明显的利益冲突让他不得不置身事外。

眼下没有条款说明，他面临一个艰难的抉择。如果并购无法继续，他就得为了 Bitcoin Opportunity 的发展放弃 SecondMarket 的比特币业务，或者让其他管理者接手 SecondMarket 的投资，他自己专注于 Digital Currency Group。没有任何利益方愿意让他既做比特币业务负责 DCG 的战略投资，又额外管理一家私人投行，那不可行。他左右为难。他不能出去为 Bitcoin Opportunity 拉来更多资本。直到有某个机会出现，但他不得不拱手让人。他也明白就算有个机会让他专注于 Bitcoin Opportunity，他也不能为 SecondMarket 开发新的比特币业务。

最后，他不需要做出选择。2014 年 10 月初，双方终于达成协议，并拟定了一个条款说明，结局明朗。然而，不知道什么情况，这出戏又生变故。2014 年 10 月下旬，SecondMarket 召集全体董事讨论拟议并购条款。法律顾问在门外随时候命，律师突然指出有问题，也就是 Barry 投资组合的价值。如果 Bitcoin Opportunity 被 SecondMarket 收购了，那 SecondMarket 就会被美国证券交易委员会归类为投资公司，这种归类就不是减速带，而是难以逾越的障碍了。因为在早于 JOBS 法案之前，不可能成立比特币投资信托。律师解释说，那是因为另一条存在数十年之久的法律使了绊子，那就是《1940 年投资公司法》（简称《40 法案》）。

通俗地讲，《40 法案》是 1929 年股市崩盘后通过的大量金融条例中的一部分。法案中说：如果一家美国公司超过 40%的资产属于有价证券，那么这家公司就属于投资公司，投资公司有特殊的核算和备案义务。法案要求投资公司 3/4 的董事会成员必须是独立人士并且公司必须持有其总资产一定比例的现金，这是为了达到就算它不是公开交易企业，有资本结构限制等依旧可以披露其财务状况的效果。在 SecondMarket 的律师解读该条例的时候，整个董事会得出了一个结论：这起拟议交易胎死腹中。

像 Barry 一样知名的对冲基金和私募股权公司管理者绞尽脑汁避免成为《40 法案》。幸运的是，该法案规定了两种可能的豁免方法。在该法案第 3（c）（1）条中找到的最常用的说法是：如果一家公司不超过 100 名投资者，且都是经过认证的投资者，它无须向 SEC 注册成为投资公司。对于那些不能满足这些要求的公司，如 SecondMarket，它有 100 多名投资者，有些还没有获得认证——第 3（c）（7）条规定了另一项豁免方法，即如果一家企业的投资者不超过 1999 名且都是合格买家，也就是拥有不少于 500 万美元的自然人，或者拥有资产不少于 2500 万美元的资金经理——比规定的资金高出太多的只能被认定为一个认证的投资者，仍然无须注册为投资公司。Barry 需要使用这些豁免方法之一来挽救交易。

关于更换企业结构，他开始集思广益，并向 Lawrence Lenihan 表达想法。终于在 2014 年 11 月初他突发奇想：不是让 Bitcoin Opportunity 成为 SecondMarket 的一部分，而是让 SecondMarket 把比特币业务公司 Grayscale Investments 和 Genesis Trading 移交给 Bitcoin Opportunity 来换取 Bitcoin Opportunity 的部分所有权。Bitcoin Opportunity 将有 5 名股东：Barry Silbert、Bain、RRE、Barry's family trusts 和 SecondMarket。那么，Bitcoin Opportunity 就成了合格的买家，被《40 法案》豁免。Bitcoin Opportunity 将其名称改为 Digital Currency Group——实际上就是并购计划预期的超级巨头。

Barry Silbert 如释重负，问题终于解决了，新的条款开始起草。就在这时，律师带来了更糟的消息。一旦这起交易成功，SecondMarket 还是会变成一家投资公司，因为超过40%的总资产将来自它在Bitcoin Opportunity的股份。阻止这一切的唯一方法就是买下许多投资者手里的股份，让股东总数低于100个。如果这样能够挽救交易，实现他的DCG计划，Barry愿意也很高兴这么做。但这也意味着距离这次交易能够圆满落幕仍然路漫漫，拿下许多投资者并不是轻松的事。

情况依然很不乐观，《40法案》的豁免条款还有一个要求：享有该条款的企业不能上市。Barry曾想让Digital Currency Group尽快上市，但目前看起来他并不能，除非他发现另一种允许上市的豁免方法，或者他找到一个方法，让DCG的投资占比不超过40%。另外的部分，60%或者超过的这部分来自DCG运营的子公司：Grayscale、Genesis Trading……或者其他任何Barry能想到的新业务。

深奥的金融法给Barry Silbert上了复杂的一课。而且事情还没完，最后一个障碍是比特币本身——也就是说，其实SecondMarket的管理者和律师尚不明白，《40法案》的目的到底是把数字货币当成一种好的资产、坏的资产，还是完全没有将它当成资产。在数量充分时，好的资产让一家公司免于被注册为投资公司，坏的资产与之相反。如果它是好的资产，比特币的价格上涨就是有利的；但如果是坏的资产，DCG的上市就将变得更加困难。也有一种可能就是比特币完全没有被当成资产算进去，律师很难说清。

这一切让Barry Silbert大为光火，但是他也没什么好奇怪的。这又是一个比特币打破常规的实例，这代表了一种新的金融模式。它与旧体系不相容一点都不稀奇。在这艰难的几周里，他有妻子的大力支持，他每天都与Larry Lenihan交流，征求他的建议，他依托SecondMarket董事会特别委员会，让每件事都得到满意的结果。他说："无数次，我想把我的大脑榨干。"讨论《40法案》的细节就像制订精通的战术，但是，这是为他人生中最重要的比赛而制订的战术。

在上演的大戏中，SecondMarket 还必须要为拍卖“线上交易网站”上比特币的美国元帅拍卖会做准备。这场拍卖会将在 2014 年 11 月末举行，并且本次将拍卖 5 万比特币，远高于 6 月拍卖的 29656 比特币。这些比特币都是之前从 Ross Ulbricht 的个人储蓄中没收的。就像 6 个月前做的一样，SecondMarket 组织了一次投标人集会，并向那些被禁止参与拍卖的外国投资者及更小型的买家开放。第一次的投标人集会只吸引了 42 名投资者，但是第二次却有 104 名投资者加入其中，他们加起来一共横扫了 5 万比特币中的 4.8 万比特币，把 20 个区块中的 19 个都收入了囊中，这是一次极好的转机。虽然所有比特币都分给了那些成功投标的集团投资者，SeondMarket 自己并没有赢得任何比特币，但是这次胜利也为 Barrry Silbert 的公司赢得了一大笔加入集会的会费和很多头条新闻。剩下的 2000 比特币被 Tim Draper 买了下来，他也是在第一次拍卖会中赢得了所有 10 比特币的风险投资者。

两周之后，2014 年 12 月 9 日，在长达 7 个月的谈判之后，Bitcoin Opportunity Corp.与 SecondMarket Holdings 签署了修改后的最终交易合同，前景最终还是变得清晰起来。

随着 2014 年快接近尾声，SecondMarket 形势一片大好。它拥有超过 1300 万美元的现金，还有 40521 比特币（总价值 1290 万美元）。对于机构投资者及高净值人群而言，Genesis Trading 也可能成了领先的数字货币交易平台，从其成立开始它的交易量就已经超过了 3 亿美元，2014 年收入达到 1260 万美元。The Bitcoin Investment Trust，这个历史上第一个面向合格投资者的比特币基金，很快就成了第一个可以公开交易的比特币基金。同样，它也为 SecondMarket 创收。一路跟着 Barry Silbert 的商业哲学发展，这家公司的长期债务为零。

良好的发展形势让 Barry 畅想着 Digital Currency Group 的未来。他的一个想法是聘请行业老手为财富 100 强客户提供咨询，让他们成为比特币行业的麦肯锡。另外一个想法则是设计一种主要使用区块链技术的银行，以此来提供工资服务及点对点的信贷服务。他的理想模型就是Fidor，这是一家德国的银行，它不仅为25万名用户提供基础的支票与储蓄服务，而且它还是一家基于点对点服务的借贷平台。当它们成为分公司的时候，这些设想中的企业都将使全公司变得更强大。它们产生的收益越多，那么DCG一直待在《40法案》能够庇护的一面就越容易，上市也就越容易。

但是，遇到了一个问题，DCG的野心逐渐消退了，这个问题就是建立一家比特币交易站。最初，建立交易站的计划被推迟了，因为当时重组SecondMarket时困难重重。后来，比特币执照规定还是一个草案，人们不确定它是什么样的。“不仅我们想等这个比特币执照出世，想知道它长什么样”，Barry说道，“更重要的是，每家我们谈过的银行都想等等看。”但是后来，Barry听到风声，有一件事情不仅改变了这场游戏，而且事实上还打翻了整个棋盘：Coinbase准备建立自己的交易站。

作为Coinbase的投资人之一，Barry Silbert能够知晓这家创业公司的秘密计划，但是受限于一个保密协定，他不能公开讨论这些计划，但是对他自己而言，他很清楚这意味着什么。从秋天开始，就有谣言在流传，当时Coinbase正寻求一轮新的巨额投资——足有6000万美元之多。事实上，2015年1月20日披露的它在C轮中筹集到的投资数额甚至更加巨大，达到了7500万美元。这个数字远超其他公司筹集的资金数额，不仅超过任何其一轮投资，而且超过其所有投资加起来的总额，这个新闻在业内引发了震动。Andreessen Horowitz和Union Square Ventures都参与了此轮投资，就像他们在2013年12月做的一样，但是那些新的投资者才是人们茶余饭后不断讨论的原因。这些投资人包括西班牙第二大银行BBVA-Citigroup的前任CEO Vikram Pandit、Tim Draper，还有纽约股票交易所。Barry知道，很快所有人都会明白Coinbase想用这笔钱干什么了——如果纽约证券交易所的加入没有泄露消息。

几天之后，尽管没有在星期天的《华尔街日报》上大肆宣传，Coinbase 还是发布了它的交易站。Brain Armstrong 直言不讳地说，他们的交易站要成为全世界最大的交易站，能为机构客户和散户提供大量流动资金。为了达到这个目的，Coinbase 向客户们承诺，保证他们的资金不受黑客袭击，不会遭到内部盗窃和偶然损失。在当时，这是一个很及时的保证书。仅仅在几周之前，Bitstamp 上的一个安全漏洞导致它损失了价值超过 500 万美元的比特币。尽管这个交易站迅速地对此做出了反应，仅仅在 4 天停运之后又恢复了全部服务，并且成为第一家使用 BitGo 多重签名技术的公司，以此来防止潜在的盗窃。但是这远不足以让人们相信他们的比特币是安全的，更不用提那些没有被抢劫过的大型机构投资者了。Bitstamp 承诺会用自己的储蓄来弥补所有损失，但是即使这样，人们仍然怀疑它的金融安全程度。“除非顶级的会计公司（Deloitte、PwC 等）能介入其中，并且审计他们的账目，否则我说什么也不会参与”，一位网友评论道。Coinbase 同样因为强调遵守美国的金融法律而显得与众不同。经过一年的奋斗，从国家监管机构获得了资金发放许可证之后，它交易站的建立是一个完美的回报。虽然仍然离获得所有执照，在全美提供服务还有很长的一段距离，但是在当时它已经比所有人都要走得远了——已经获得了 24 个州的执照。纽约证券交易所主席 Tom Farley 之前为了密切关注比特币的整体情况，他也投资了 Coinbase，现在他认为这个新型交易站是让比特币被众人接受的重要一步。Coinbase 会从交易中收取 0.25% 的费用，但是最初运营的两个月并不收取交易费。据发布会当天工作人员所说，交易站目前只能供美国用户使用，但是 Coinbase 计划最后要扩张到其他国家。

Barry Silbert 最喜欢 Coinbase 交易站的一点是，他们让 Winklevoss 兄弟颜面无存。就在发布交易站 4 天前，《纽约时报》的独家新闻中爆出

Cameron 和 Tyler Winklevoss 正在建立他们自己的交易平台，并把它描述成服务美国客户第一家受管控的比特币交易站——是比特币的纳斯达克。然而当它还在孕育的时候，Coinbase 的交易站已经开张了。后来，又有一家美国的交易站 Kraken 在寻求州政府发放许可证，它之前筹集了 650 万美元的风险投资。从 2014 年夏天开始，这家公司已经在美国的 5 个州获得了美元兑换比特币的交易执照。在这场竞赛中，Winklevosses 两兄弟最好的情况也只能拿第三名了。

尽管有竞争存在，但是 Barry Silbert 仍然认为市场中有空间让他设想的交易站生存下去。这是一个包括 Coinbase 在内，与现在任何交易站都不一样的交易站。在它中心的辐射型结构中，只有受管控的会员公司能直接参与交易站，这也意味着 Digital Currency Group 不用再追求州政府的资金发放许可证了。Coinbase 新筹集的投资中会有相当一部分被花在管控成本上，而 Barry 丝毫不想走这条路。尽管如此，他也承认这家新的交易站很有可能会成为美国市场中唯一的流动中枢。然而，如果发生了，那它只会让纳斯达克和 CME Group（Barry 的交易站）的潜在会员也参与其中。“如果这真的是一个规模很大的交易站，那么他们是不会让纽约证券交易所统治它的”，Barry 说道。而且如果可能的话，他们也想和一个拥有华尔街善意的交易站合作。Barry 认为，一旦 SecondMarket 的重组被他们注意到，DCG 成立并筹集到外部资金，那么他就能再次和潜在的会员机构一起，着手发展这个中心辐射型的交易站了。

尽管在市场中仍然有空间让他的新型交易站发展，但是 Barry 也不认为无限重复老旧模式有任何意义，这只会导致市场分裂。如果你问他，他会坦白地说他并不怎么了解 Winklevoss 兄弟计划中的交易站，不管是他们的团队还是技术，但是他会评价：“这个世界已经有现金充足并且费用为零的受管控交易站了，市场上已经没有余地让他们发展了。我认为他们的模式和 Bitstamp 或 Coinbase 的模式别无两样。”换句话说，

Winklevoss 的风头又被抢走了。

因为他暂停了自己的比特币交易站计划，正如他 2014 年第四季度想做的一样，Barry Silbert 现在能把注意力集中在 Bitcoin Investment Trust 的上市计划上。建立第一家上市交易的比特币基金就像一场太空竞赛，而这也给了他一次与 Cameron 和 Tyler Winklevoss 正面交锋的机会，这两位已经在几个月前向 SEC 提交了他们交易所交易基金的书面文件了。

Barry 认为在上市之前就去寻求 SEC 的批准是错误的。这个申请的过程不透明还很缓慢，如果他现在马上向这个机构提交申请，那么他成立基金的时机就会变得十分混乱。之前听说 ETFs 被 SEC 暂停了很多年，他选择绕过令人绝望的官僚主义泥沼。在这个机构的 144 规则之下，只要股票在合法市场上有报价，并且基金能公开披露其财务状况，那么私人基金投资者在持有股票至少 12 个月后，就可以公开转售其股票。理论上，2014 年 9 月 26 日 BIT 的第一批股份就能进行公开转售了，但是在实际出售之前，仍有许多障碍待清理。

因为要找一家能够公开交易 BIT 股份的场所，所以 Barry 就把目光投向了一个电子交易平台——OTCQX。这家公司由 OTC Markets Group 运营，它把每份债券都分给了三家市场之一，这些证券交易市场之间由必须公开的信息质量和数量进行区分。“底层的公司是粉单交易市场”，Barry 说道，“但是最顶尖的公司真的是些伟大的公司”。而 OTCQX 就属于顶尖公司这一类。为了让 BIT 成为 OTCQX 的座上宾，他必须要和一家法律公司合作，于是他选择了重量级的 Orrick、Herrington & Sutcliffe，它是旧金山第二古老的持续运营的法律公司。在执行过程中，这家法律公司会为申请提供担保，并准备提交披露文件。Barry 本来全身心投入其中，想最早在 2014 年 8 月完成此事，但是此时还需要第二名担保人——一家同意他在股票中做市商的 FINRA 注册的经纪交易商。BIT 需要这样一家公司为 FINRA 提交合适的文件。不过找到合适对象的过程比 Barry

最初预想的要艰难。当夏天接近尾声的时候，他一直在与候选人面谈，但是还没有确定好选哪家。

从好的方面来说，一旦他选择好了做市商，那么申请过程将会很顺利地进行下去。虽然 SEC 只有在它觉得合适的情况下，才会让 ETF 通过审批，但是有了 FINRA 之后，这个批准的过程就是纯粹地走程序了。Barry 听说，整个过程一般不会超过几周。

Barry 的经历并不典型，他最后选中的经纪交易商是 Merriman Capital，它在 12 月初向 FINRA 提交了书面文件——这个时间刚好能让 BIT 在 2014 年尾之前上市。这个申请过程将会被分配给某位案件负责人，他会审视这些文件，如果在被批准之前有任何问题需要回答，他都会写信表明。Barry Silbert 的属下会回答这些问题，然后 Merriman 会把回复以书面形式提交给 FINRA。这个过程很简单，接下来就要看运气了。Barry 回忆道，负责处理 BIT 申请的人生病了，非常严重的疾病，以至于他 9 天没有回办公室。“所以我们被分给他之后，他又不见了。”突然，很快就要到圣诞节了，然后又是新年……Barry 想在 2014 年上市的梦想，就与 12 月 31 日的烟花一起飞上了天空，化为了缕缕青烟。

在节假日之后，所有事情都回到了轨道上，但是荒唐的是又发生了延迟事件。Barry 和其他人一直在等美国金融监管局询问申请问题的信，最终当他们自己去问监管局时，工作人员宣称之前已经把问题发过来了，但是传真明显没有传过去。“传真……”Barry 不敢相信，他一直在念叨。这个传真并没有直接发送给 SecondMarket，而是发送给了 Merriman。美国金融监管局的批准过程要求做市商来操作所有书面文件，然而这些书面文件又明显需要这家做市商反复权衡。所以监管局把它的问题发给了 Merriman，Merriman 把这些问题转给了 SecondMarket，SecondMarket 把回答发给 Merriman，最后 Merriman 把回答转发给监管局。在这种情况下，要么申请被通过，要么这个荒唐的循环又会再一次重复，Barry 已经忍受了两次循环了。

最终，在 2015 年 2 月 26 日晚上，FINRA 向 Bitcoin Investment Trust 签发了临时股票代码（GBTC）以便让它在 OTC Market 的粉单市场上做交易。Barry 想尽快把它升级为 OTCQX；不过要使之发生的申请过程还一直悬而未决。但是尽管如此，BIT 的投资者现在也能公开售卖他们的股份了，Barry 创造了第一个公开交易的比特币交易工具。他一直说让 BIT 上市并不是为了敲钟之类的事情，它会慢慢在人们的视野中淡去，因为它并不会出现在纳斯达克或纽约证券交易所中——至少一开始不会。他非常谦虚，想先脚踏实地地做事。

这件事情做完后，Barry 开始为 DCG 接触各个投资者。到目前为止，比特币产业总共筹集了超过 5 亿美元的风险投资，而依靠 DCG 投资组合的公司筹集了其中超过 80%的资金。对投资者而言，把钱给 DCG，就好比是把赌注下在了整个比特币生态系统中最为精华的部分上。事实上，Barry 的公司就像他之前所说的一样，成为了整个市场的标志。

Barry 一开始想筹集 2500 万美元，并预计还可以从之后两轮的投资中筹集资金，而且他思考着该让 DCG 用自己的钱投资某类初创企业。他之前认为，数字货币的强大只取决于它的核心基础架构，所以他之前主要是投资那些正在建立支付基础架构的公司。然而 2015 年，他的新观点是在比特币生态系统中，大多数重要基础结构已经建立好，至少在美国是这样，它在短期内有了巨大改变。现在需要做的就是去投资一些杀手级应用，因为它们能驱动主流人群接受数字货币和区块链技术。这些应用包括汇款解决方案、为没有银行账户的人提供工资和贷款服务、智慧合同、分布式财产记录、银行与银行之间的结算业务及微型交易。在这些领域中，DCG 将争取得到 2%～5%的股权，同时对于那些繁荣发展的领域，会适时地增加其控股百分比，这将成为一个大杂烩式的投资。

在比特币社区中，你会不断地听到人们拿 2014 年或 2015 年的数字货币情况和20年前的互联网情况做比较。他们认为，比特币不仅是年轻、狂暴而又奇怪的，不仅只是吸引了众多用户，不仅还未被政府掌控；而且还认为这项技术将来的某些应用还没有被创造出来。现在只是建了一个基础而已，只有天际才会限制它的发展。自从Barry Silbert首次尝试从Mt. Gox购买比特币后，他已经见证了比特币行业的巨大发展，而且已经彻底迷上了比特币。他是如此了解这个加密货币的价值主张，把自己的职业、经济、名誉都已投入其中，以至于他相信让比特币的价格归零只有一种办法，那就是出现了一个更好的事物，而他在行业中的位置会让他比所有其他人都提前知道这个东西是什么。当其他人认识到这个东西时，他已经参与其中了。

在放弃美国公民身份9个月之后，Roger Ver想再次入境美国，因为他计划参加2015年1月在迈阿密举行的比特币会议。为了能参加这个会议，他需要拿到一个非移民签证。这也就意味着他不能在美国逗留太久，也不能永久在这个他之前已经放弃居住的国家中长期居住。对于外人而言，这似乎有点蠢，但是对于Roger而言，他根本不相信国界，这完全就是一种闹剧。手里拿着圣基茨和尼维斯的护照，他能够前往美国，但是只能待很短的时间。他之前一直对移民控制嗤之以鼻，在通过边界关卡时，他不止一次穿着一件上面有涂黑的美国地图的白衬衫，衬衫上还有一句话：国界只是想象出来的线条而已。他澄清道："尽管国界可能是想象出来的，但是那些穿着制服，已经被洗脑的人（海关官员）他们脚下的等候线是确实存在的。"

12月末，他回到了巴巴多斯的美国大使馆，准备申请签证。他之前入住了一个酒店，然后参加了8点的签证面试——最早的面试时间。他回忆道，接下来发生的事情就像偷拍相机中的场景一样，Roger觉得他自己被耍了。他之前就知道美国的法律会给予申请者压力，让他们表明自己在美国待的时间不会超过签证上的时间，而这也就意味着要表达自己和某个其他国家有紧密的联系，这种联系迫使你会在短暂拜访后离开美国，所以他带了一大叠的证明，表明他和日本的长期关系。但是面试他的领事官员拒绝看这些文件，而且更加糟糕的是，他甚至拒绝让 Roger 把文件从两人之间的防弹玻璃递过来。在两人谈话之前，这名领事官员就给了他一封拒绝信。上面的第一行字就告诉了 Roger 所有内容。他被发现不符合《美国移民和国家法案》的非移民签证（B）的第 214 条，说他无法证明与另一个国家存在强烈的联系。

Roger 不敢置信地看着面试官。这个玩笑表明他想秘密地待在美国！想象一下，他放弃公民身份时经历的所有困难，现在却好像只是为了成为一个非法移民，这个想法是极其荒谬的。最终他说道："你拒绝我，是因为你认为我想住在美国？"

"你可以读这张纸上的内容"，领事官员回击道，"上面写得很清楚"。

Roger 仔细地阅读了文件，他重复道："所以你拒绝我，是因为你认为我想住在美国？"相比在美国大使馆，他感觉自己被困在了一个无法理解的卡夫卡式官僚主义里。

但是领事馆官员并没有改变想法，甚至几乎都没有承认这个从他嘴里问出来的问题。"我把文件给你了，你是不识字吗？"

这就是他全部的回答。

但就 Roger 而言，这事没完。9 点半时，他回到酒店打开笔记本电脑，预约了下一场面试。为此他必须要再等 2～3 天，所以他得延长待在巴巴多斯的时间，他想到了一个新的战术。

到了预约时间他走入大使馆，把一大沓证据递交给接待桌后面一位特别胖的加勒比女性。她拒绝接收这些文件，表示他应该把这些文件给面试官。Roger 说道："好吧，我前几天来过，但是他不让我把文件递过去，所以我想把它给你，以确保至少有人看过它。”女人宽容地笑了笑，接收了这些文件。所以第二位面试他的领事官员别无他法，只能从这个女人手里接过这些文件。“她翻了翻这些文件，但是她肯定没有读任何一句话”，Roger 说道。

她告诉 Roger 他住在圣基茨和尼维斯的时间并没有达到要求，所以无法满足这些要求。“好吧，我之前在东京住了快 10 年”，他指出。即使如此，她也不愿意否定第一位面试他的领事官员的决定。他想知道，到底要多长时间才能满足这些要求。但是她不能给出一个明确的答复。可能 2～3 年吧。他后来回忆道，这个女人至少对整个事情表示了歉意，但也就这样了。

Roger 再次带着拒绝信回到酒店，并且又再次预约了几天后的面试。大使馆的规则禁止某位特定的领事官员面试他两次，所以他一直参加面试，想耗尽面试他的人选，然后可能，也只是可能，他们没有办法只能给他一个签证。这并不是一个理性的选择，但是他目前经历的事情，没有一件事表明大使馆是讲道理的。

事实上，当他第三次拜访大使馆时，情况还是很糟糕：Roger 尝试穿过防弹玻璃中的窗口把资料递进去，但是领事官员不让他递。这次的面试官是另外一个男人，他并不像第一个面试官那样粗鲁，但是也不像上次 Roger 碰到的女士那样有同情心，就是这样。

但是 Roger 这次受够了。他已经在这家岛上的酒店里待了很多天，在这里他不认识任何人。每次去大使馆都是徒劳无功的，虽然想尽不同办法，和不同人讲话，但是每次结果都一样，而且每次申请还要支付 160 美元，却被官僚主义冷漠地对待，就像风窗玻璃上的一只臭虫。他已经到极限了。三次面试他都带着写给美国财政部一张支票的复印件，票面价值是 32.5 万美元，日期到 12 月 16 日。这张支票是为了支付他 2013 年的一部分税金。所以第三次面试时，他把支票贴在了横在他俩之间的防弹玻璃上，向对方训斥道："你睁大眼睛看这张我3个星期前写的支票。任何有良心的人都应该给我一个签证。你的工资是我付的，你们所做的任何事情我都出了钱。因为我们这群人，你们政府才可能做这些事情。你一边要求我支付数万美元的税，一边又不愿意读我的申请文件，你们这帮人真应该无地自容！"在 Roger 手中，钱不仅在说话，而是站在演讲台上，做了一次演讲。

然而，领事官员对此充耳不闻。Roger 威胁，如果再拒绝他的申请，他将把媒体找过来，但是他还是被拒绝了。在此之后，他最终打包行李回家了。

可能因为他的圣基茨和尼维斯公民身份是花钱买来的，所以可能他给别人留下了一个印象，别人认为 Roger 觉得人们的权利和责任就仿佛在同一个账户中的借贷行为一样，比如 32.5 万美元的存款能让他撤销签证。当他找了媒体，很多人幸灾乐祸，心里充满了偏见。自由主义人士博主 Taking Points Memo 认为 Roger Ver 放弃美国公民身份是为了避税，所以叫他白痴、傲慢的人渣。如果他想抛弃责任，他就不应该被允许回来。"游艇上不能抱怨！"可能就是写这篇文章的主要动力。在人们的抱怨和愤怒永不停息的 Twitter 上，人们的反应差别比较大。有人礼貌地表达了不同的意见："我支持你，你有改变自己公民身份和自由旅行的权利，但是我不同意你的选择。"也有人粗鲁地进行指责："不要再瞎搅和了，自食恶果吧！"还有人火冒三丈："偷税狗！逃税真是有一手！"

在是否是为了避税这一点上，Roger 向来是毫不含糊的：他放弃美国护照并不是为了避税。但是，当他放弃美国公民身份后，他对不能拿回之前在社会保障和医疗保险税中交的钱表示公开反对。"如果美国真的是一片自由的国度，那么我们难道不应该能自由选择不参加社保庞氏骗局吗？"他向联邦政府说道。而且他很清楚，对于很多 Passports for Bitcoin 的潜在客户来说，圣基茨和尼维斯不收税就是一大吸引点。去年春天，

Passports for Bitcoin 在 Twitter 账户上就已经表示得很清楚了："不要所得税！也不要资本收益税！"

虽然他对这些侮辱置之不理，但是他也逐渐开始接受一个沉痛的事实：他再也不能入境美国了。这让他不可相信。在他放弃了美国公民身份之后，他成功地申请到了去墨西哥、澳大利亚、俄罗斯、中国和泰国的签证。再拿一份到美国的签证应该是比较简单的，律师也跟他说这会比较简单。但是在联邦移民法律中有一个条款，被称为《里德修正案》，这个条款禁止之前因为避税而放弃美国国籍的前公民再次进入美国。换句话说，偷税者被之前的祖国永远放逐了。Roger 并不认为他是因为这个原因而被拒绝的。"老实说，我不认为我跟这点有半毛钱关系"，他说道，"如果确实有关系，他们可能会告诉我"。然而现在有可能的是，他确实被禁止回美国了。

当 2015 年 1 月初新闻曝出他不能参加迈阿密的会议时，在比特币社区中产生了极大的影响。世界上有比他更会做生意的商人，有比他更有钱的投资者，也有技术能力比他更强的人，但是世界上只有一个比特币上帝。他通过不懈的宣传、巡回演讲得到了这个绰号，也因为他为比特币赌上了一切——他的职业生涯、名誉、财富和自由。为了追随自己的初心，他还搬到了大洋彼岸，远离家人朋友。在比特币的世界中，他有着无与伦比的街头信誉。现在，看起来他正在为所有预言付出代价，而只有在他的祖国，这些预言才毫无荣耀可言。

这是一个令人清醒的时刻。Chrelie Shrem 在面对最初的指控时承认有罪，并被判处两年有期徒刑。在推迟了无数天之后，终于在 2015 年 1 月 13 日，纽约开始审判 Ross Ulbricht。几个月以来，Roger Ver、Lyn Ulbricht 和 Ross 的其他支持者一直质疑政府，在证明被告有罪之前，一直尝试证明他是无罪的。但是当审判开始时，Ross 的辩护律师 Joshua Dratel 瞬间让他们的努力毁于一旦，他在开场白中的发言震惊了整个法庭。对于检验所有可用证据的记者来说，他在调查了被告人的网上痕迹、和他的老朋友见面、阅读他的邮件、研究了塑造他世界观的政治哲学与经济学著作之后，辩护律师的发言是确凿无疑的：Ross Ulbricht 创造了“线上交易网站”。但是这是在开场白里说的！Ross 的支持者瞬间懵了。审判结束时，Ross 被判 7 项罪名成立，其中包括违禁品走私和密谋洗钱，最终面临 20 年的有期徒刑。

但是在众多丑闻当中，有一件事始终没有发生变化：比特币。不管发生了什么事情，这项创新仍然具有生命力。当北美比特币大会在迈阿密举办时，Roger Ver 出席了会议，他是通过一个远程机器人的方式出现的，就像 2014 年夏天 Charlie 在芝加哥做的一样。人们看着他，给他取了一些小名：Roger Robot、Verbot；有人给机器人贴上了一件 T 恤，上面画着一个白胡子巫师，还写着一行字：比特币——互联网的魔法货币。Erik Voorhees 穿着牛仔、T 恤，外面松松垮垮地套着一件灰色外套，高兴地迎接了他的老朋友。“这太酷了！”他兴奋地说道，“技术再次战胜了政府的铁腕”。

Henry David Thoreau 的话语还在耳边回响，“没有法律会强大到不让人有一点愉悦之情”，他曾写道。“把你的书——那些关乎悲伤、关乎格言与法律的记录都堆叠起来。然后大自然会高兴地站在书籍外面，与书籍里面她那些愉快的蠕虫一起，不久就会把法律推翻。在你的法律之外还有一片大草原。自然是法外之徒的草原。”Roger Ver 通过这个机器人，在数字货币大会上四处转。他的脸出现在了一个 iPad 上，跨越数千英里传递着他的存在，成功反抗了联邦机构，而这完全就是 Thoreau 的哲学，尽管在这里自然应该被替换为科技。他作为一个在屏幕上出现的男人，仅仅只是站在那里，仅仅只是再次站在人前，并自称为斯巴达克斯，就似乎在无言地在诉说着：技术就是法外之徒的草原。

这些想法与 Erik 之前在 2013 年比特币世界大会上所说的不谋而合：

“它代表了众多冒险者、企业家、投资者及解决问题的人，它就是边疆。当这个新世界被绘制成地图，人们将创造海量财富，也会毁灭海量财富。”

尽管人们的大部分努力将处于政府掌控的阴影之中，但是个人仍然还有很多可以努力的事。Roger Ver 作为一名技术人员，一位单一性的狂热信徒，他希望历史之弓终将向自由的一面弯曲。甚至还有希望能重建 Passports for Bitcoin。因为从 1995 年开始就担任圣基茨和尼维斯首相的 Denzil Douglas 在 2015 年的选举中被打败了，所以 Roger 有理由相信他的继任者 Timothy Harris 将更加看好数字货币。

同时，他准备在东京的美国大使馆重新申请美国签证。他认为考虑到他和日本的关系，东京大使馆会更加理智。而且日本还有其他的他可能符合要求的签证可以申请，如 H1-B 及 O-1，这两个签证都没有“214（b）”要求。未来依然充满可能，生活还是很棒的。

2014 年 10 月中旬，Nic 和 Bill Hill 一起在巴黎闲逛。两个人都知道他们很快就要去伦敦了，Nic 从约克过去，Bill 从明亮之城巴黎过去。在这次大举动之前，他们回想着过去的美好时光。这是区块链时间的一大特征，催促他们回想过去。迅猛的发展和改变让他们有很多内容可供回忆。他们沉浸在过去，过去几个月所有的压力和困难就像是一场经历丰富的旅行，虽然在 Blockchain 中从来都没有人忘记它过得有多么艰苦。Nic 回忆道，有批评家最近把 Blockchain 的发展故事称为一团狗屎，并且还指责公司秘密接受资助，这时 Keonne Rodriguez 开始了回击：“那些睡在 Nic 家沙发和地板上的人是反对这个观点的。”

“难道我们就不能让他们住在豪华的酒店里面吗？”Nic 问道。“当然可以，但是这不是重点。”他想让全体员工尊重资本，也就是说要像他自己一样节俭。而这次经历让我们这家创业企业的领导和开发者之间，建立了一种无价的亲密关系。

现在公司的资金库里已经有超过 3000 万美元的资金，于是 Blockchain 决定在伦敦为这些员工建立办公室。不仅 Nic Cary 和 Bill Hill 会搬过去，而且 Ben Reeves 及其他少数员工也会搬过去。他们开玩笑说，这就是一场大迁徙——就像一群野生动物穿越撒哈拉沙漠一样。Peter Smith 之前代替 Nic 成了 CEO，他将在伦敦、纽约及其他地方周转工作。Marco Santori 会作为 Blockchain 的顾问留在美国，试图影响未来管控的模样。“我们在做的事情，并且会一直做下去的事情就是在美国建立一个非常强的存在”，Nic 说道，“坦白说，这是因为美国在法律中引领了很多次潮流。美国人很关注数字货币，所以我们必须要身处其中才行”。但是在整体上，这家企业还是会维持国际性的。

搬到伦敦还有一层特别的含义。Blockchain 是在卢森堡注册的公司，这个欧洲国家面积只有数千平方英里，与法国、德国和比利时接壤。从我们的哲学观来看，根据税收正义网 2013 年度的金融保密指数，它既是世界排名第二的税收天堂——仅次于瑞士，同时也是全球在数据隐私保护、知识产权保护及税收效率方面的领导者。Blockchain 像 Amazon 一样，把它的欧洲总部设在了卢森堡，因为全欧洲再没有更好的地方让他们运营公司了。但是伦敦是世界的金融中心，Blockchain 在约克发展时，Nic Cary 感到伤感，他认为要获得下一批 2000 万名用户，那么伦敦将是合适的一个桥头堡。“伦敦不仅是世界文化和商业的中心，而且已经成为中心很长时间了”，他说道，“所以这是说得通的。比特币并没有离开我们，它只是变得更加强大了。这其中的利益变得日益庞大，现在我们作为一家公司，是时候要进步，要发展壮大了”。Blockchain 搬到伦敦的举动表明有更多人接受了比特币，即便它并没有变成主流的金融方式，那也成了这个时代的一种文化潮流。在这 3 年中，这家建立在边缘科技上的初创公司，从一个人的表演发展成拥有 22 名职员的小型跨国企业，同时还在伦敦肖迪奇建立了总部，这个地方临近老街火车站，也被称为小硅谷。

等待新的永久办公室准备就绪时，年末 Blockchain 团队在 WeWork 中开了一家店，这个地方是坐落在泰晤士河南岸一家预先装修好的工作空间。这个地方设施完善，能让团队完美地空降到其中，拥有一家完整的办公室后，Nic 受到了震撼，感觉比较奇怪，因为在之前的一年中，他一直在约克的家里、街边的咖啡店或酒店的房间里工作，同时还要在全球各地来回奔波。

在 2015 年 11 月的第一个星期中，他永久地离开了约克，搬到肖迪奇。他把这个地方称为伦敦的布鲁克林，因为这里天气凉爽，潮流新奇，尽管它不可避免地有太多赶时髦的人。但是他的行程还是很繁忙，两个月之后他还是不太了解他的邻居。然而，如果住在伦敦确实让他能够更加方便地见到女朋友 Sandrine，她是巴黎人，之前在联谊会上碰到了 Nic，当时 Nic 在帕里准备发布 Blockchain 的商户应用。如果乘坐欧洲之星列车，到法国首都只需要 2 小时 20 分钟，所以他每过几周就会去看她。他们的异地恋虽然距离遥远，但是对他们而言还是比较合适的，他们都把重心放在了事业发展上。Nic 必须承认，在他加入 Blockchain 之前，他的简历与女友的简历相比是苍白的。Nic 后来说道："如果让我一直陪着一个人，我真的没有太多时间，虽然有时我会这么做——因为同一时间要做的事情太多了。"

自从加入 Blockchain，不仅感情要花大力气维持，而且其他的关系也是如此。家庭与他关系十分紧密，他也有一群铁哥们。这些人都十分信任他，也能理解他的动力是什么，这点是很重要的，因为在 Nic 的位置上，他要做他应该做的事情，那么社交的优先级就要往后放了。"你会失去很多东西，也不能参加美国独立纪念日的烧烤会"，他说道，"你失去的这些细小的事情，最后会聚集起来，变得沉甸甸的。"

最终，代价会变得过于高昂。Nic 并不会经常回忆过去，但是有时候他确实会思考他生命会变得如何不同。在遇见 Sandrine 的前 10 年，他只谈过两次稳定的恋爱。最近一次，并且也是最认真的一次，是与一位西雅图的女教师谈恋爱。她与这位贴心的女孩一起相处了 5 年，结果在他去摩洛哥的前夕，又迅速地分手了。曾经，他在圣地亚哥的一家夜总会中思考着过去的恋爱经历，他总结道："我遇到的女孩儿都很好。如果是在 50 年前，我可能会娶其中的一位，然后买一辆车、一个大房子、生一个孩子、买一个沙盒，并对此心满意足。"然后他沉默了，耸耸肩，好像无声地在说："但是现在……"

现在，他还拥有比特币，但是他仍然想与 Sandrine 一起好好走下去。当他们重新联系上，开始交往时，他几乎不能相信他的运气是这么好。他说道："她呆呆的，能自己管好自己，而且还很漂亮。"当上 Blockchain 的 CEO 几个月后，他整个人都要虚脱了，于是在公司的 A 轮投资结束之后，他短暂地进入了一个退休状态。2015 年 12 月，他发现天很早就暗下来的冬天都快让他发霉了，于是他决定和 Sandrine 一起出去度假——这是 Nic18 个月以来第一次出去玩。他们选择了加勒比海上的马提尼克岛，这里不仅沐浴着热带阳光，而且也是属于法国的地方。他们在 Airbnb 上租了一个公寓，并且租了一周，在这期间他完全忘记了工作。相反，他让自己面对了一个新的挑战：获得一份户外水域潜水的专业潜水教练执照。

之前 Nic 对于马提尼克岛的全部印象是："可能在 20 年前，对于欧洲人而言，这里是一个比较流行的旅行之地。"1979 年，Truman Capote 描述道，这个岛屿上充满了变色龙和鬼魂，在时髦酒店的泳池里，那些女士都性感妩媚，而且这里即使是一块肥皂，价格也比法国本土的高上 1 倍。在 Nic 年轻的时候，这里就是这样一个地方，他是不可能想到这里来旅行的。但是现在，他来了。他和 Sandrine 发现了一个荒无人烟的沙滩，他们一起看日升日落。海滩上长着一些棕榈树，但是并没有人烟，整个地方看起来，无比空旷、辽阔。在这里，他们一起看太阳沉入海洋，

Nic 紧绷的心弦终于放松了下来。在一周的最后几天，他和 Sandrine 拿到了专业潜水教练执照。

有趣的是，他身边的这位金发美女，曾经在 Coinbase 工作。从去年 2 月开始，她在 Blockchain 的最大竞争对手那做了 4 个月的客户服务，为那些想开始使用比特币支付的商人提供帮助。有人会说，如果她没有从 Coinbase 辞职，那么 Nic 就是在和敌人同床共枕。现在她是 Nic 在 Blockchain 工作的狂热支持者。

比特币看似是从虚无中诞生的，而现在已经在未经允许的情况下，在金融界开枝散叶。现在它的一些开拓者已经在这个领域中站稳脚跟，南征北战。最后说一件趣事，这个事情能够描绘出比特币快发育成熟时，奇怪的青少年期的模样。当 Nic 要在伦敦找一个新家时，他发现这个过程和为 Blockchain 找一间新办公室的过程一模一样——简直是一个噩梦。他必须提交一个类似金融上的 X 光照片；他的法国护照可以证明他有良好的信誉。但是其中一个问题是，他并没有英国的银行账户。他是一个美国公民，而且工资都是以比特币发放的。另外一个问题是：为了要证明他的工作是有收益的，他需要一封有 Blockchain 公司抬头的信，表明他确实是 Blockchain 的员工。但是公司里没有人力资源总监，也就写不了这封信。这家公司刚把带有公司抬头的信纸印刷出来。

所以作为一个拥有数千万美元资产的世界顶级公司的 29 岁 CEO，他明智地做了一件他应该要做的事情：他给自己写了一封推荐信，难道这封信不能在某种程度上把所有事都证明清楚吗？